国家社会科学基金"十五"规划资助项目
社会学前沿论丛

走向多元话语分析

后现代思潮的社会学意涵

Towards a Pluralistic
Discourse Analysis:

The Implications of Postmodernism Theory for Sociology

谢立中　著

中国人民大学出版社
·北京·

前 言

　　对于社会学研究来说，后现代主义思潮到底可以带来一些什么样的启示？后现代主义思潮到底具有一些什么样的社会学意涵？毫无疑问，这将始终是一个仁者见仁、智者见智的问题。迄今为止，已有不少国内外的社会学者对这一问题进行了富有价值的思考。但尽管如此，由于种种原因，至少在中国学术界，这一问题依然是一个既富有重大理论与实际意义又具有宽广开拓空间的研究课题。

　　尽管对"后现代思潮的社会学意涵"有着种种不同的理解，但本书作者倾向于接受的一个看法是：这一思潮最重要的社会学内涵之一就是试图否定作为全部现代主义社会学理论之基础的那种"给定实在论"传统，用一种（多元主义的）"话语（或文本）建构论"的立场来取代之；尽管这一立场受到了不少人的批评和诟病，但正如 S. 塞德曼、R. 布朗、C. 勒麦特等人所指出的那样，它并非只是为我们修改、完善旧有的那些现代主义社会学研究框架提供了若干这样或那样的启发，而是蕴涵着一种与各种现代主义社会学研究框架很不相同的社会分析框架，从而有可能为社会学研究开辟一条新的发展方向和研究路径。本书的主要内容就是试图通过理论与经验研究方面的一系列具体论述来说明这一基本观点。

　　本书一共包括九章。其中"走向多元话语分析：后现代思潮的社会学意涵"一章是本书的主题章节。在本章中，作者首先对现代主义社会学的基本特征以及后现代思潮的基本特征（包括后现代思潮对现代主义社会学提出的挑战）进行了简要概括，在此基础上，进一步对后现代思潮所具有的社会学意涵进行了初步探索。作者认为，正如塞德曼、勒麦特和布朗等学者所指出，对于社会学来说，后现代思潮既不像奥尼尔等人所说的那样只是一些精神错乱者的胡言乱语，也不像鲍曼和瑞泽尔等人所认为的那样仅仅只是包含着一些对传统社会学有益、可以用来补充和修正传统社会学研究模式的"真知灼见"。在后现代思潮当中蕴涵着的，其实是一种与人们通常所熟悉的那些现代主义社会学研究模式很不相同的全新的社会分析模式。这种社会分析模式是一种建立在多元主义的话语建构论立场之上，以"多元话语分析"为基本特征的研究模式（"把话语既当作主题又当作社会学分析的手段"）。和传统的社会分析模式相比，这种社会分析模式至少具有两个可称道之处：一是在研究对象、研究程序和方法以及研究任务及目标方面都为我们提供了一种值得进行尝试的新选择；二是它尽管否定传统现代主义的实在观、再现观、真理观、本质观和普遍观等，但并没有也不必然将现代主义社会研究模式的内容、概念和方法彻底加以否弃，而是以一种新的方式将其包容于自身之中，赋予其新的意义和价值，因而具有比前者更大的开放性和包容性。总的来讲，对于社会学研究人员来说，后现代思潮是一座值得我们去深入开拓的宝藏，"多元话语分析"就是这座宝藏当中最具价值的东西之一。我们不应对其采取忽视或轻视的态度，从而错失改善或更新我们社会研究模式的机会。

　　在"实证、诠释与话语：以自杀现象的分析为例"、"实证、诠释与话语：以社会分层研究为例"、"实证、诠释与话语：以现代化研究为例"、"'中国社会'：给定实在，还是话语建构？"四章中，作者则分别以自杀现象、社会分层现象、现代化研究和"中国社会"研究为例，将多元话语分析这种社会分析模式与现代主义社会学传统中的实证分析、诠释分析等分析模式进行比较，具体展示了在对个人行动、社会结构和社会变迁三个层次社会现象的研究以及关于"中国社会"的研究领域中多元话语分析模式所具有的潜力和特点，以使读者能够对多元话语分析这种研究模式有一个比较具体的印象和理解。

　　"质性研究"是当前国内外社会科学界非常流行的一种研究模式，而布鲁默的"符号互动主义"理论（和诠释学等反实证主义社会理论流派并列）则是"质性研究"的重要理论基础之一，因此，对布氏的符号互动主义理论进行考察，对于我们更好地理解"质性研究"的特点和局限具有重要的意义。这正是"布鲁默的'符号互动主义'：从多元话语分析的角度看"一章的目的。通过仔细分析，作者认为，从多元话语分析者的立场来看，布鲁默的符号互动主义隐含着"主体际主义"和"给定实在论"两种倾向，这两种倾向使得布鲁默的符号互动主义（以及以此为基础的所谓"质性研究"模式）不仅与当代哲学和科学研究领域中人们公认的一些理论观点相冲突，而且也隐含着某些内在矛盾，从而使得我们必须对它的适当性重新加以思考。

　　"结构—制度分析"和"过程—事件分析"是近年来中国内地部分社会学者所倡导的两种社会研究模式，这两种研究模式的倡导者们之间就两种研究模式的是非优劣所展开的争论也一直是人们感兴趣的话题。对这一争论进行分析和评述，对于推动中国社会学的理论研究，提升中国社会学的研究水平当会具有重要的价值。"结构—制度分析，还是过程—事件分析?"一章即是从多元话语分析的立场对这两种研究策略及发生在它们之间的相关争论所作的一个简要叙述和评论。

　　在当代社会科学和人文科学领域中，不仅"话语"概念的流行、话语分析作为一种方法的流行在很大程度上都要归功于福柯著作所产生的影响，而且福柯的话语分析方法也被社会科学家广泛地当作一种模式。然而，只有极少数人明确地指出过，在福柯前后期思想中使用的话语分析模式中存在着一种明显的对立或矛盾倾向。"话语或权力：福柯前后期话语分析理论之间的矛盾及其消解之道"一章的目的就是试图在对福柯提出的两种"话语分析"模式（知识考古学模式和权力谱系学模式）的内容和特征进行概括性描述与分析的基础上，揭示出在这两种不同话语分析模式之间所存在的对立性质，并就如何消解这种对立提出一个初步的意见。

　　概而言之，"走向多元话语分析：后现代思潮的社会学意涵"、"布鲁默的'符号互动主义'：从多元话语分析的角度看"、"话语或权力：福柯前后期话语分析理论之间的矛盾及其消解之道"三章侧重于从理论研究的角度对形形色色的现代主义社会学理论和后现代主义社会理论（及其社会学意涵）进行了简要的概括、比较和评论，并在此基础上对多元话语分析这一新社会研究模式的特点进行了简要描述和分析，而其他五章则侧重于从经验研究的角度具体展示了"多元话语分析"这种从后现代思潮中引申出来的社会分析模式在实际的经验社会研究中所具有的潜力和特征。这八个章节的内容总合起来分别从理论和经验研究两个层面初步展示了"多元话语分析"的大致面貌，揭示了后现代思潮对社会学研究所可能具有的重要意涵之一。最后一章"多元话语分析：社会分析模式的新尝试（代结语）"则对全书的基本内容进行了一个初步却系统的总结，简要概括了本项研究所涉及的一些重要理论问题。

无论是从国内还是国外的研究现状来看，本书所进行的上述探索都具有很强的挑战性和创新性。作为作者初步完成的一项研究成果，它的突出特色是：（1）努力从积极肯定的一面去看待后现代思潮，试图在批评的基础上继承后者的合理之处；（2）借鉴传统话语分析的一些技巧，将其与后现代思潮中隐含的多元主义视角相结合，构造了一种以"话语分析"和"多元主义"相结合为特点的社会研究模式（虽然"话语分析"和"多元主义"都由来已久，但把它们结合起来，用多元主义去改造话语分析使之具有新的含义和特征，则是本课题所完成的一项重要工作。在某种程度上可以将这视为本课题的一项主要建树）；（3）努力将这一研究模式与经验社会研究相结合，使之成为一种对于社会学者来说真正有意义的新工具，而非一种空洞抽象的理论思考。相信对于国内的社会学研究来说，上述研究成果无论是在理论研究领域还是在经验研究领域应该都会具有重要的启示和推动作用。

当然，本书作者在这方面目前所得到的成果仍是非常初步的，即使就"多元话语分析"这一研究模式的阐释而言，也仍然还有相当多的工作要做。例如，对于多元话语分析的一些具体技巧、多元话语分析所包含的多元主义视角是否会导致虚无主义、多元话语分析对"话语建构论"的强调是否会抹杀人的主观能动性等这样一些重要的方法或理论问题，本书都还未来得及展开或涉及。这当是作者以后进一步的工作任务之一。

本书有关章节曾作为单篇论文在以下刊物或场合发表过：

第一章，"走向多元话语分析：后现代思潮的社会学意涵"，曾经发表于《社会理论学报》2006年秋季号；

第二章，"实证、诠释与话语：以自杀现象的分析为例"曾经以"实证、诠释与话语：社会分析模式比较——以自杀现象的分析为例"为题发表于《江苏行政学院学报》2007 年第 3、4 期，中国人民大学复印报刊资料《社会学》2007 年第 9 期全文转载；

第三章，"实证、诠释与话语：以社会分层研究为例"，曾经以"多元话语分析：以社会分层研究为例"为题发表于《社会学研究》2008 年第 1 期；

第四章，"实证、诠释与话语：以现代化研究为例"，曾经发表于《社会》2008 年第 3 期；

第五章，"'中国社会'：给定实在，还是话语建构？"，曾经以"'中国社会'：给定实在，拟或话语建构"为题发表于《江海学刊》2008 年第 3 期，中国人民大学复印报刊资料《社会学》2008 年第 8 期全文转载，《中国社会科学文摘》2008 年第 10 期摘转；

第六章，"布鲁默的'符号互动主义'：从多元话语分析的角度看"，曾经发表于《社会理论学报》2008 年春季号；

第七章，"结构—制度分析，还是过程—事件分析？"，曾经发表于《中国农业大学学报（社会科学版）》2007 年第 4 期，中国人民大学复印报刊资料《社会学》2008 年第 4 期全文转载；

第八章，"话语或权力：福柯前后期话语分析理论之间的矛盾及其消解之道"，曾经作为会议论文提交给 2008 年 7 月在长春举行的中国社会学第 18 届年会。

在此谨向以上刊物和会议主办方表示诚挚的谢意。

谢立中

2009 年 1 月 18 日

于北京大学

目 录

| 第一章 | **走向多元话语分析：后现代思潮的社会学意涵** |

本章摘要：尽管对"后现代思潮的社会学意涵"有着种种不同的理解，但本书作者倾向于接受的看法是：这一思潮最主要的内涵就是试图否定作为全部现代主义社会学理论之基础的"给定实在论"传统，用一种多元主义的"话语建构论"的立场来取代之。尽管这一立场受到了不少人的批评和诟病，具有某些为一般人所难以接受的"缺点"或"局限"，但正如塞德曼、布朗等人所指出的那样，它其实蕴含着一种与人们通常所熟悉的那些现代主义社会学研究框架很不相同的社会分析框架，从而有可能为社会学研究开辟新的发展方向和研究路径。

关键词：多元话语分析　后现代思潮　社会学

尽管后现代主义思潮对孔德以来的西方社会学理论传统所构成的挑战已不是什么新闻，尽管国内外已经有一些社会学者对这一挑战的社会学意涵进行了富有价值的思考，但由于种种原因，这一挑战在（包括中国社会学界在内的）大多数社会学者们那里迄今仍然没有引起足够的注意和反响（用"置若罔闻"一词来描述众多社会学者尤其是从事经验研究的那部分社会学者对后现代主义思潮的态度，恐不为过），这一挑战对于社会学研究（包括经验研究）来说所具有的一些最重要的意涵仍然没有得到充分的揭示和广泛的认可。因此，深入考察和进一步阐释这一挑战的基本社会学意涵也就依然是一个既富有重大理论与实际意义，又具有宽广开拓空间的研究课题。本书即作者在《后现代主义方法论：启示与问题》① 一文的基础上就此课题再次做出的一个尝试，目的是引起更多人来关注和讨论此一课题。

尽管对"后现代挑战的社会学意涵"有着种种不同的理解，但本书作者倾向于接受的一个看法是：这一挑战最主要的内涵就是试图否定作为全部现代主义社会学理论之基础的那种"给定实在论"传统，用一种（多元主义的）"话语（或文本）建构论"的立场来取代之。尽管这一立场受到了不少人的批评和诟病，具有某些为一般人所难以接受的"缺点"或"局限"②，但正如 S. 塞德曼、R. 布朗、C. 勒麦特等人所指出的，它并非只是为我们修改、完善旧有的那些现代主义社会学研究框架提供了若干这样或那样的启发，而是蕴含着一种与各种现代主义社会学研究框架很不相同的社会分析框架，从而有可能为社会学研究开辟新的发展方向和研究路径。本书的主要内容就是试图通过理论与经验研究方面的一系列具体论述来说明这一基本观点。本章则侧重于从理论上来对这一观点加以说明。

本章在结构上分为三部分。在第一部分，笔者将根据自己对社会学文献的阅读和思考所得到的体会，对本书所谓"现代主义社会学"的基本特征作简要概括；在第二部分，笔者将主要依据自己的体会来对本书所谓"后现代主义思潮"的基本特征及其对"现代主义社会学"所构成的挑战进行描述和分析；以此为基础，第三部分则试图对后现代主义思潮最主要的社会学意涵——它所蕴含的一种与现代主义社会学不同的、新的社会研究模式进行初步的描述和勾勒。在本章的结语部分，我们将对蕴含在后现代主义思潮当中的这种新型社会研究模式的相对合理性作一简要评论。

---

① 谢立中：《后现代主义方法论：启示与问题》，载《中国社会学年鉴（1995—1998）》，北京，社会科学文献出版社，2000；另载谢立中：《社会理论：反思与重构》，北京，北京大学出版社，2006。

② 关于人们对后现代主义思潮的主要批评，可以参见 ［美］瑞泽尔：《后现代社会理论》，谢立中等译，12 章，北京，华夏出版社，2003。

······ 一、现代主义社会学 ······

本书是在一个比较广泛的含义上来使用"现代主义社会学"一词的，它在外延上涵盖了现有社会学理论教科书上所介绍的绝大多数社会学研究取向或流派，这些名目繁多、表面上看来立场各异的"现代主义社会学"研究取向或流派也可以粗略地概括为"实证主义社会学"、"诠释社会学"和"批判社会学"三大基本类型（表1—1）：

表 1—1　　　　　　　　　　现代主义社会学的三大基本类型

实证主义社会学	诠释社会学	批判社会学
早期实证主义（孔德、斯宾塞、涂尔干、帕累托等）	早期诠释社会学（韦伯、齐美尔、滕尼斯等）	早期批判理论（马克思）
结构功能主义	符号互动主义	早期法兰克福学派（霍克海默、马尔库塞、阿多诺等）
社会冲突论	拟剧论	
社会交换论	现象学的社会学	
新冲突理论	常人方法学	后期法兰克福学派（哈贝马斯等）
理性选择理论	吉登斯"结构化理论"	

这些不同取向、不同类型的社会学理论在基本预设、研究方法和具体理论见解方面尽管存在着较大的差异，但作为"现代主义社会学"内部的不同派别或范式，它们相互之间也存在着一些基本的共同点。这些基本的共同点至少包括：（1）给定实在论；（2）表现主义；（3）相符真理论；（4）本质主义；（5）基础主义（将所有现象归结到一些最普遍、最基本的本质及其原理）。

给定实在论

所谓"给定实在论"（given realism）指的是这样一种理论观点：认为作为我们感知、意识和言说对象的各种"事物"都是一种先于我们（日常生活中的普通认知者或科学研究过程中的研究人员）的主观意识及我们所使用的符号系统（话语/文本/理论）而存在、独立于我们的主观意识及符号系统之外、不依赖于我们的主观意识及符号系统、有待于我们应用自己的主观意识去认知和相应的符号系统去表述的一种纯粹自主的、给定性的实在。更具体地说，在"实在"、我们的主观意识以及我们所使用的符号系统这三者之间的相互关系当中，"给定实在论"的看法一般是："实在"是先于我们的主观意识和所使用的符号系统而独立存在的，而我们的主观意识又是先于我们所使用的符号系统而独立存在的。

实证主义社会学家大都是比较典型的"给定实在论"者。无论是孔德、斯宾塞、涂尔干、纽拉特一类的早期实证主义社会学家，还是帕森斯、默顿、达伦多夫、科塞、霍曼斯、布劳、科尔曼一类的后期实证主义社会学家，几无例外，都把作为自己研究对象的"社会现象"看作一种与自然现象类似、在我们的思想和言语之外独立存在、由一些具有外在性和强制性的规律所支配的"物理性"实在。例如，涂尔干就明确地指出"社会现象"是一种像"物质事物"那样的"客观事物"，它不仅外在于、独立于、先于我们的主观意识，而且也外在于、独立于、先于我们所使用的符号分类系统（例如，原始的分类系统就不过是"社会"实在的一种表现而已）；帕森斯虽然认为社会实在中有一些"分析性的成分"是我们必须借助于一定的理论系统才能够去认识和把握的，但他也依然承认这些成分是外在于、独立于、先于我们的主观意识和我们在认识它们时所需借用的理论系统而独自存在的。

尽管诠释社会学反对实证主义社会学关于"社会现象"是一种和自然现象类似的"物理性"实在的看法，主张各种社会现象（结构、组织、制度、事件等）本质上都不过是人们意向行动（或符号互动）的产物而已，社会世界是一个"意义世界"，要确切地把握社会现象，就必须理解和掌握建构这些现象的行动者在建构它们时赋予其行动之上的主观意义；但和实证主义社会学相似的是，对于诠释社会学家来说，作为其理解对象的"行动意向"，对于作为被理解者的行动者本人来说虽然是主观的，但对于每个理解者（无论是日常生活中的普通认知者还是科学研究过程中的研究人员）而言，其实同样也是一种先于其主观意识及所使用的符号系统而存在、独立于其主观意识及符号系统之外、不依赖于其主观意识及符号系统、有待其去理解和诠释的一种纯粹自主的给定性"实在"。

批判社会学既反对实证主义，也反对诠释学的社会研究模式，但尽管如此，自马克思始的现代"批判理论"家们，其在"实在论"问题上的理论立场与实证主义和诠释学两大理论取向之间依然在不同程度上有着共同之处。例如，和实证主义、诠释学类似，经典马克思主义就明确地指出社会是一个不以人的意志（包括意识借以形成的语言符号）为转移的客观实在，社会发展是一个由客观规律所制约的自然历史过程；虽然人们（主要是作为集体而存在的人们）有意识的实践在社会历史过程中也具有重要的作用，但人类只有在掌握和遵循了社会历史客观规律的基础上才能做到这一点。马克思以后的批判理论家们（如卢卡奇、葛兰西以及法兰克福学派的思想家们）虽然比马克思更多地强调和突出了"阶级意识"在社会历史发展进程中的重要作用，但他们依然承认：对于个人意识及其符号系统而言，社会依然是一个外在的、先在的、给定性的"实在"。

表现主义

所谓表现主义（representationalism），指的是这样一种主张，即认为我们的知识就是对各种纯粹自主的、给定性实在的呈现、表现或再现（representation）。我们的知识（话语、文本、理论）和"实在"之间的关系是一种"表现"和"被表现"之间的关系。全部认识活动的最终目的就是要通过一些最佳手段和方法的运用来达到对各种既定的客观实在的准确呈现、表现或再现。更具体地说，与前述现代主义关于实在、主观意识和符号系统之间先后关系的看法相应，表现主义关于实在、主观意识和符号系统之间"再现关系"的一般看法是：符号是意识的再现，意识则是实在的再现。

尽管在如何准确"再现"客观现实这个问题上相互之间存在着较大的差异，但在把我们的认识或知识理解为是对"给定现实"的再现这一点上，实证主义社会学、诠释社会学和批判社会学之间也并无本质性的不同。

实证主义社会学家们认为，社会现象和自然现象之间没有本质性的区别，都是一种"我们的意识无法渗入其中"的"物质性（或物理性）"的实在，因此，在认识和"再现"社会现象的程序与方法上，社会科学和自然科学之间也就不应该有什么本质性的区别。我们只有通过应用在自然科学当中已经发展起来并被证明是卓有成效的那种"实证"科学方法（观察、实验、比较等）来认知社会现象，才能达到对社会现象的准确"再现"。尽管在具体的认知技术（如观察技术）方面会有较大的差异，但社会科学方法与自然科学方法之间存在着本质上的统一性。

　　诠释社会学家们则认为社会科学方法和自然科学方法之间有着本质上的区别：既然社会世界是一个意义世界，社会学家要了解各种社会现象，必须深入到行动者的主观意识内部，去了解构造了这些现象的那些行动者的意识过程，了解行动者在行动过程中赋予这些行动之上的主观意义，那么社会学家们为把握社会现象而采用的研究方法就不能是自然科学中通用的那种简单地从外部观察去获得认知的实证主义方法，而必须采用人们在阅读和理解《圣经》等文本时所使用的那种"诠释学"的方法（即"理解"的方法）。诠释社会学家们认为，只有应用这种与实证科学方法不同的"诠释"或"理解"的方法，才能够更好地把握与再现"社会现实"。

　　批判社会学则认为，无论是实证主义的方法还是诠释学的方法，都不能够帮助我们获得对社会现实的准确再现，认为它们之间虽然存在着种种对立和差别，但在以下这点上却是共同的：它们都把研究对象当作一种孤立的、静止的东西来加以考察和分析，而未能看到社会科学的研究对象所具有的社会历史性质，从而无法对社会历史进程的总体做出适当的把握。批判社会学家们认为社会历史过程是一个通过主体和客体之间、理论和实践之间、理想和现实之间的相互作用而不断趋向某种理想（自由、平等、解放等）状态的"总体性"过程，认为只有以辩证的"总体分析"方法来观察和分析社会现实，将社会现象置于社会与历史的总体过程当中，从它们在社会与历史的总体过程当中所具有的地位和作用来确定它们的性质、意义，来对它们的产生、变化和发展过程展开一种批判性的考察，才能够更好地把握与再现社会历史进程。

　　在表现主义者（包括上述各种不同取向的社会学者）之间，就如何才能更好地再现"客观现实"，还可以有经验主义（归纳主义）和理性主义（演绎主义）两种理论立场之间的分歧。例如，在实证主义社会学家当中，涂尔干（尤其是其早期）可以视为一个经验主义者，帕森斯则是一个理性主义者；在诠释社会学中，韦伯可以视为一个理性主义者，布鲁默则是一个经验主义者；批判社会学家们则多数是理性主义者。不过，无论是经验主义者还是理性主义者，在认为"知识是客观现实的再现"这一点上也基本上是没有区别的。

相符真理论

　　既然知识是对客观世界的表现或再现，那么，判断一项认知成果是否可以被接受的唯一标准，就是看这项认知成果是否与其所试图再现的客观现实相符合。只有与其所试图再现的客观现实相符合的认知才能够被称为"真理"，反之就是"谬误"。现代主义者们一般都认为真理具有唯一性，即就某个特定的认识对象而言，只能有一项认知结果（也就是最与其相符合的那项成果）可以被称为"真理"。因此"相符真理论"（correspondence theory of truth）同时也是种"一元真理论"。现代主义者们一般也都相信，通过将"理论"与"事实"相对照的办法，我们也完全有能力来对认识结果的是非对错作出有效的检验和判断。通过这样一种检验真理的途径，我们就能够不断地把我们认知结果当中的"谬误"性成分排除出去，而将其中的"真理"性成分积累起来，我们对客观现实的认识也就会越来越全面，越来越深刻。

就相符真理论这一理论立场而言，现代主义社会学家们之间也没有根本性的区别。

相符真理论在实证主义社会学中表现得最为明显。迄今为止，对于包括实证主义社会学在内的所有实证主义者而言，检验"真理"的具体方式一直未有根本性改变，这就是将从一项认知成果中引申出来的经验命题与从对客观现实的经验观察中得到的相应"事实"相对照，看前者是否能够得到后者的足够支持。无论是涂尔干、默顿之类的经验论实证主义者，还是帕森斯之类的"分析实在论"实证主义者，或者是霍曼斯、布劳之类的演绎论实证主义者，尽管在社会学理论命题的发现途径方面存在着种种争议，但在"只有经过了经验事实的检验、能够在最大程度上得到经验事实的支持、与经验事实最大程度相一致的那些理论命题才是最终可以接受的科学命题"以及"通过对得到检验的真理性知识的积累，我们对客观世界的认知将会日益丰富和拓展"等观点上却没有重大异议。

诠释社会学家们虽然反对实证主义的社会观及其方法论，认为社会现象与自然现象之间有着本质区别，主张只有采用诠释学的方法，通过诠释、理解人们赋予自身行动之上的主观意义来理解和把握本质上由人们的意向行动所建构出来的各种社会现象，但在相符真理论方面与实证主义社会学家之间并无实质性差异。例如，韦伯就明确指出，虽然意义诠释是我们正确把握一项人类行动（及其产物）的必经途径，但只是达到对行动的意义作出明确的、可理解的诠释这一结果还并不足以让我们宣称对该项行动作出了正确有效的理解或解释。韦伯认为，对人类行动及其结果的一项适当诠释应该顾及两方面标准，即"意义适当性"和"因果适当性"。前者指的是一项行动中相互关联着的各个要素，可以根据我们的思维和情感模式而被确认为构成了一种"典型的"意义关联；后者则指"根据任一可被计算的、在理想情况下可被量化的概率规则，一个被观察的特定过程（精神的或物质的）会依序跟随（或伴随）另一个特定过程而发生"，"事情前后序列的诠释，如果我们根据经验的规则发现它始终以同样的方式进行，便是'因果上适当的'"①，也即是说，只有当一项行动能够在意义上得到明确的、可理解的诠释，而这项诠释又能够得到经验资料的证实的时候，我们才可以说我们对于这项行动获得了完全适当的诠释。韦伯明确地宣称："一般说来，以结果来控制可理解的意义诠释，正如每个假设需要透过时间过程来验证，是不可或缺的。"②

马克思主义虽然不同意像实证主义者（以及诠释学者）那样把"真理"的检验过程简单地理解为一种将"理论观念"与"经验事实"之间直观对照的过程，主张检验"真理"的唯一标准应该是人们的社会实践，但尽管如此，马克思主义的"真理观"实质上依然是一种"相符真理观"，只不过在这里，需要一项理论观点去与之"相符"的不是对既定现实进行观察时所得来的"事实"，而是对人们在该理论观点指引下从事的实践过程的结果进行观察所得来的"事实"。

本质主义

现代主义思想把"客观现实"区分为"本质"和"现象"两个方面："本质"是事物的根本性质，是一事物得以存在及其与另一事物相区别的基本依据，"现象"则是事物的表面特点；"本质"是固定不变、为诸多"现象"所共有的，"现象"则是变化多样、各不相同的；"本质"深藏于"现象"之后，只有通过抽象思维才能把握，"现象"则外露于事物的表面，是我们可以直接加以感受的东西；"本质"规定着"现象"，是"现象"存在的根据，"现象"则只是"本质"的表现形式；等等。任何事物都有一个固定不变的本质，这是现代主义思想的一个基本观点（对一个概

---

① ［德］韦伯：《社会学的基本概念》，顾忠华译，31 页，台北，远流出版事业股份有限公司，1993。

② 同上书，29 页。

念下定义其实就是揭示该概念所指涉的那一事物的本质特征，揭示该事物与其他事物之间的根本区别。反过来说，也只有准确地揭示了事物之本质的概念才是一种真正恰当的概念）。按照这一基本观点，我们对"客观现实"的认识就不仅是要达到对其现象的正确把握，更重要的是要透过现象达到对存在于诸多现象后面的、为诸多现象所共有的、规定着现象之存在的那些根本性质的正确把握，这样才能使我们更好地理解"客观现实"（当然，透过现象达到本质的手段和方式在不同的现代主义思想家那里则可以是不同的）。例如，我们在研究"卖淫"一类社会现象时，就是要通过比较（将存在于不同时间、空间范围内的那些被我们称为"卖淫"的具体"现象"进行比较，以及将这些被我们统称为"卖淫"的现象与那些未被我们称为"卖淫"的现象如"婚姻内性关系"、"通奸"、"一夜情"等现象进行比较等）方式得出这种社会现象的"本质"特征，并以所得到的关于"卖淫"现象之本质特征的知识去指导我们对此一现象所做的进一步观察与研究活动，而不能简单地停留在对不同时间、空间范围内那些具体"卖淫"现象的描述和分析上。对"家庭"、"组织"、"阶级"、"越轨"等等其他各种社会现象的研究也都当做如是观。

几乎所有的现代主义社会学家在不同程度上都是一个"本质主义"（essentialism）者。无论是孔德、斯宾塞、涂尔干、帕森斯、默顿、达伦多夫、霍曼斯、科尔曼等实证主义社会学家，还是韦伯、舒茨、米德、布鲁默、戈夫曼、吉登斯等诠释社会学家，或是马克思、恩格斯、卢卡奇、葛兰西、霍克海默、阿多诺、马尔库塞、哈贝马斯等现代批判社会学家，无不以一种"本质主义"的态度来看待他们所研究的对象，来界定他们所使用的概念；也无一不是将透过各种具体"现象"来把握对象之"本质"作为自己研究工作的重要任务之一。他们所使用的"工业社会"、"机械团结"、"有机团结"、"家庭"、"组织"、"结构"、"分化"、"整合"、"社会"、"资本主义"、"社会主义"、"阶级"、"阶层"、"性别（男性、女性）"、"人"、"理性"、"行动"、"传统社会"、"现代社会"、"自由"、"平等"、"解放"等都是一些指涉着"客观"社会现象某种固定不变之"本质"的概念。只不过在不同的现代主义社会学家那里，对同一概念所指涉的事物"本质"的内涵可能有不同的理解而已。例如，以"现代社会"而言，孔德、涂尔干、帕森斯等人都将现代社会的"本质"归结为"工业化"，韦伯等人则将现代社会的"本质"归结为"理性化"，马克思主义者则将现代社会的本质归结为"资本主义"("现代社会"中的其他现象则都只是"工业化"、"理性化"或"资本主义"的外在表现），等等。并且，这些不同观点的主张者都坚持认为只有自己对"现代社会"之"本质"的理解才是唯一正确的。这样的争论也同样发生在对"家庭"、"阶级"、"阶层"、"组织"、"结构"、"社会"、"性别"等等几乎所有其他概念所指涉的对象身上。这样一些"本质主义"的争论充斥着现代主义社会学的发展史。

基础主义

包括实证主义社会学、诠释社会学和批判社会学在内的全部现代主义思想都在不同程度上认同下列自柏拉图以来在西方思想界就普遍流行的主张，即认为现实事物之间的各种共性或同一性（本质？）在其普遍化或概括化的程度上具有等级性和种属关系，我们关于研究对象的各种知识之间因而也具有等级性和种属关系：普遍化或概括化程度越高的知识在整个知识体系中就越是处于基础的地位（以探究"第一原理"或"认识论原理"为任务的哲学就是普遍化或概括化程度最高的知识，它是人类其他一切知识的基础），普遍化或概括化程度越低的知识就越是处于派生的或从属的地位；在普遍化程度较高的知识与普遍化较低的知识之间存在着逻辑上的蕴含关系，前者已经包含了后者，从前者中可以推演出后者来，把握了前者也就在一定程度上把握了后者。我们关于客观世界的知识在整体上构成一个由少数基础性知识和许多派生性知识共同组成的树状结构。这种"基础主义"（foundationalism）的知识等级理论推动人们不断地去追求对象之间更为普遍的共性，由此形成许许多多具有基础性地位的"整体性理论"或"宏大叙事"。

就社会学领域而言，图1—1所表示的知识结构观念是实证主义社会学家、诠释社会学家和批判社会学家们都不会反对的。

图1—1也可以倒过来画成树形，其中宏观（基础）理论构成整棵树的根须和树干，分支学科构成全树的主枝干，专题性研究及具体时空中进行的经验研究则构成更细的枝干和树叶。

上述五个基本观点中的前三个构成了罗蒂等人所说的西方思想中的"镜喻"传统，后两个则构成了德鲁兹和瓜塔里等人所说的西方思想中的"树喻"传统。它们共同构成了包括现代主义社会学在内的"现代主义"

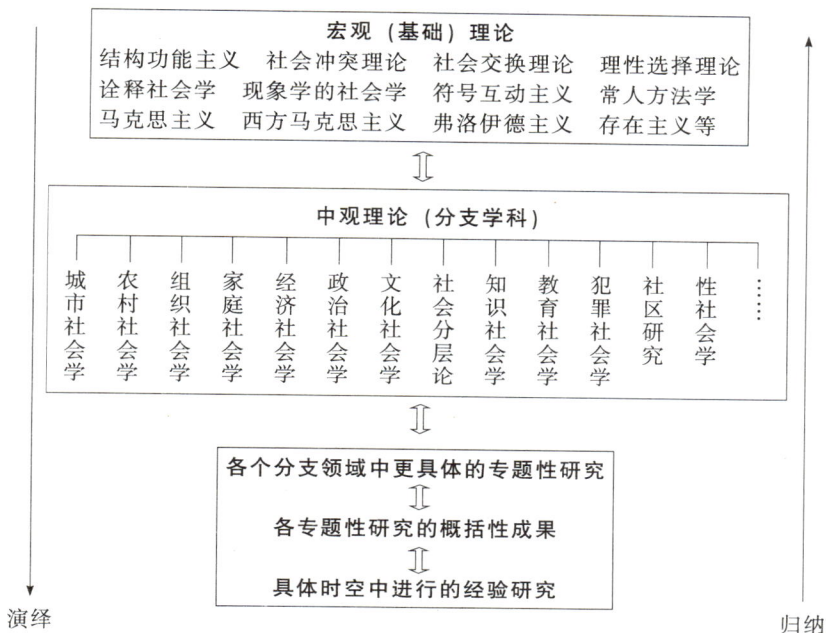

```
┌─────────────────────────────────────────────────┐
│                 宏观（基础）理论                    │
│ 结构功能主义   社会冲突理论   社会交换理论   理性选择理论 │
│ 诠释社会学   现象学的社会学   符号互动主义   常人方法学   │
│ 马克思主义   西方马克思主义   弗洛伊德主义   存在主义等   │
└─────────────────────────────────────────────────┘
                        ⇕
┌─────────────────────────────────────────────────┐
│                 中观理论（分支学科）                 │
│  城  农  组  家  经  政  文  社  知  教  犯  社  性   │
│  市  村  织  庭  济  治  化  会  识  育  罪  区  社   │
│  社  社  社  社  社  社  社  分  社  社  社  研  会 …… │
│  会  会  会  会  会  会  会  层  会  会  会  究  学   │
│  学  学  学  学  学  学  学  论  学  学  学          │
└─────────────────────────────────────────────────┘
                        ⇕
         ┌───────────────────────────────┐
         │    各个分支领域中更具体的专题性研究    │
         │               ⇕               │
         │      各专题性研究的概括性成果       │
         │               ⇕               │
         │    具体时空中进行的经验研究        │
         └───────────────────────────────┘
演绎                                          归纳
```

图 1—1　现代主义知识结构观念图示

哲学和科学思潮的基本信条，"后现代主义"思潮则试图将这些信条全部加以颠覆。

二、后现代主义的挑战

正如"现代主义"一词一样，本书也是在一个比较广泛的含义上来使用所谓的"后现代主义"一词的，它也是由许多立场、观点不尽相同（甚至有较大差异）的理论取向所构成的一种内容广泛、结构松散的思想潮流。它包括了库恩、费也阿本德等人的"后实证主义"科学哲学，罗蒂的"新实用主义"哲学，加达默尔的"哲学诠释学"，德里达、拉康、巴特、福柯、德-曼等人的"后结构主义"（及解构主义）哲学、文学、精神分析学和"思想史"理论，以及布什亚、利奥塔德等人的"后现代主义"理论，等等。这些不同领域、不同观点的"后现代主义"者之间在许多共同的主题方面也存在着巨大的分歧，但与"现代主义"思潮一样，作为"后现代主义"思潮内部的不同理论取向，它们相互之间也还是存在着一些基本的共同点。正是这些基本的共同点，使得我们可以将它们看成为一种与上述"现代主义"思潮不同的"后现代主义"思潮。为了与上述"现代主义"思潮的基本点形成对照，使我们更好地理解"后现代主义"思潮对"现代主义"社会学所构成的挑战，我们也将这些基本的共同点概括为以下五个基本方面：

话语（或文本）实在论

后现代主义者们普遍主张，作为我们（无论是日常生活中的普通认知者还是科学研究过程中的研究人员）感觉、意识和言说**对象**的那些"事物"并非是纯粹"自然"的或"给定"的，相反，所有作为我们感觉、意识和言说之对象的东西以及我们的感觉、意识和言说本身都只是一种"符号/话语/文本性"的"实在"，都是由我们所采用的语言符号（及相应的话语/文本/理论）建构起来的。事实上，语言符号并非像我们通常所以为的那样，只是我们用来对某种给定的相应实在进行**认知和表达**的工具或媒介。相反，正如海德格尔所说的那样，语言就是我们的世界，就是我们的家。当然，这并不是说，在我们的语言符号之外根本没有一个"客观实在"，我们感受和意识到的一切都只是各种语言符号或"文本"而已；而是说，作为我们人类感觉、意识和言说（乃至实践）对象的那个世界只有经过特定语言符号的构造作用才能够成为我们的感觉、意识、言说（和实践）对象。没有语言符号，我们所感觉到的只能是毫无意义的一片"混沌"。

后实证主义科学哲学家库恩，新实用主义哲学家罗蒂，哲学诠释学家加达默尔，后结构主义思想家福柯、拉康、德里达等人都曾以不同的方式、从不同的角度、在不同程度上表达过上述主张。具体说来，后现代主义者们试图说明：

（1）所有作为实证科学之研究对象的"外部实在"都不是一种纯粹给定的"客观实在"，而是由一定的语词符号（科学理论）系统建构起来的。

在《科学革命的结构》一书中，库恩指出，作为科学家们研究对象的世界其实并非是一种纯粹"自然"或"给定"的世界，而是由科学家们所采用的理论"范式"建构出来的。在不同范式之下从事研究工作的科学家们，所面对的实际上是完全不同的世界，它们拥有完全不同的组成成分、结构联系以及运行规律。例如，在亚里士多德的信徒们生活和工作的世界里，不会有"摆"这样的东西存在，也不会有关于"摆"的所有那些"客观规律"存在；"摆"这种东西及其运动规律只能存在于伽利略及其信徒们的世界中。同样，在道尔顿之前，化学家们生活和工作的世界，无论其成分、关系以及规律也都与道尔顿之后的世界大不相同：在道尔顿之后，"化学家开始生活在一个新世界中，在那儿化学反应表现出与以前大不相同的方式"。库恩认为，这种差异并非不同范式下的人们对同一个世界在"感觉"或"解释"方面的差异，的的确确是两个世界之间的差异。① 在《反对方法》一书中，费也阿本德也表达过与库恩类似的看法，指出我们通常以为是自然事实的某种现象，如"这张桌子在正常境况下是棕色的"等，其实是以许多"抽象且又十分可疑的假设"为前提的。只有在这些假设构造出来的世界中，"这张桌子在正常境况下是棕色的"这一现象才能被确认为一种"客观现实"②。

　　在《真理与方法》一书中，加达默尔则从海德格尔的思想出发，明确指出，无论是作为我们理解、诠释之对象的"意义"世界还是作为自然科学探究之对象的"自然"世界，都不是一些"只需我们坚守的固定而自在的对象"、一种我们能够从人类语言世界之外的某个方位出发去遭遇的"自在存在的世界"③。当然，这并非是说在人类的语言之外没有世界，而只是说"世界就是语言地组织起来的经验与之相关的整体"，"世界自身所是的东西根本不可能与它在其中显示自己的观点有区别"，"一切认识和陈述的对象都总是已被语言的世界视域所包围"，因此，"能被理解的存在就是语言"，"能被理解的东西只是语言"④，"谁拥有语言，谁就'拥有'世界"⑤。

　　（2）所有作为我们"理解"、"诠释"之对象的人类意识（"意义"）或"无意识"，不是一种纯粹给定的"实在"，而是由一定的语词符号系统建

---

　　① 参见［美］库恩：《科学革命的结构》，金吾伦、胡新和译，10 章，北京，北京大学出版社，2003。

　　② ［美］费也阿本德：《反对方法》，周昌忠译，9 页，上海，上海译文出版社，1992。

　　③ ［德］加达默尔：《真理与方法》，洪汉鼎译，580、616 页，上海，上海译文出版社，1992。

　　④ 同上书，615 页。

　　⑤ 同上书，580、584、588 页。

构起来的。

　　加达默尔上述"能被理解的东西只是语言"之类的说法已经包含了作为我们理解、诠释对象的意义世界（"某一事件的含义或某一文本①的意义"）都是一种语言的构成物这一思想。除此之外，在《论文字学》等著作中，德里达也明确地反对一种被他称为"逻各斯中心主义"的理论观点。这种观点认为，我们的一切经验、意识和语言（包括言语和文字两种形式）都只不过是对一种被称为"逻各斯"的本源性实在的表达或再现，而在经验、意识、言语和文字这四者当中，依据它们与"逻各斯"之间的关联程度，相互之间也存在着一种逐级再现的关系。其中经验是对"逻各斯"最直接的把握，意识是对经验的再现，言语则是对意识的直接表达，文字则只不过对言语的一种再现。② 德里达对这种"逻各斯中心主义"观点进行了坚决的批判。德里达借鉴了结构主义语言学家索绪尔关于"语词符号具有任意性"的观点，认为通常被人们称为"能指"的语词符号的意义其实并不是来源于它与其"所指"之间的固定联系，而是来自于与其所在的语言符号系统中所有其他语词符号之间的差异。"能指"与其"所指"之间的关系不是一种再现关系，而是一种建构关系：不是"能指"再现着"所指"，相反，是"能指"建构了"所指"。并且，"能指"对"所指"的这种建构关系还具有一定的任意性。不过，与索绪尔等人不同的是，德里达特别强调书写"文字"及"文本"的地位和作用。德里达指出，文字不仅不是言语的再现，实际上还是言语和思维的前提。在有文字的时代，我们意欲通过理解过程去把握的一切（言语、经验等）实际上都是由特定的文字建构起来的，人们不通过文字便无法思维和言说，"文字既构造主体

---

　　① 原译文为"本文"，为与本书中的用法相一致，本书将其改为"文本"，后同。

　　② 这种"逻各斯中心主义"的观念在索绪尔之前的西方意义理论中得到了最为典型的体现。按照这种传统的意义理论，一个语词（或符号）的意义涉及或包含三个层次的东西，即"能指"（signifier）、"所指"（signified）和"指涉"（reference）。所谓"能指"，即以文字或声音等物质形式存在的符号本身；所谓"所指"，则是作为"能指"的文字或声音符号在我们的意识中唤起的相应观念或经验；所谓"指涉"，则是外部（或内部精神）世界中与我们的符号和观念相对应的那种"实在"。在这三者当中，"指涉"是一种不依赖于"能指"和"所指"的独立性存在，"所指"是"指涉"在我们经验或意识当中的再现，"能指"则是"所指"的符号性再现。换句话说，"能指"的意义源自于其"所指"，"所指"的意义则源自于其"指涉"。"指涉"就是"能指"和"所指"全部意义的最终来源，就是借助于语词符号来展开的我们的全部思维活动所力图表达或再现的"逻各斯"的所在。

又干扰主体"①。

　　加达默尔和德里达试图确认经验和意识的语言性，拉康则试图确认人的"无意识"的语言性，他试图表明：人的"无意识"其实也是由话语（或文本）建构起来的。②

　　在《哲学与自然之镜》一书中，罗蒂甚至认为作为西方近现代哲学（尤其是认识论哲学）之讨论对象的"心"及其运作规律（如感性经验如何被综合成为理性的概念与命题等）也根本不是一种纯粹的给定之物，而完全是由笛卡儿、洛克和康德等人的哲学话语建构起来的一种东西；事实上，我们完全可以设想一种不同的哲学话语，在这种哲学话语中，完全没有"心"及与其相关的概念，因此，在信奉此一哲学话语的人们所生活的世界里，就根本不会有我们通常所熟悉的"心灵"、"思想"、"精神"、"意识"、"观念"、"知觉"、"心理表象"之类的现象及规律，有的可能只是各种神经突触之间的相互作用、脑电荷结构的不断重新组编以及相关的规律等等。这些人将非常奇怪"为什么我们认为我们有那些被叫做'感觉'和'心'的东西"③。

　　（3）所有作为人文（社会）科学研究（及批判）之对象的那些社会分类范畴及其相互关系（如权力关系、支配关系）也都是由一定的语词符号系统（知识/话语）建构起来的。

　　在《疯癫与文明》、《临床医学的诞生》、《词与物》、《知识考古学》等早期著作中，福柯力图表明，无论是作为精神病学对象的"精神病"或作为现代临床医学对象的其他疾病，还是语言、自然物、财产关系等知识对象以及作为各种现代人文科学之核心对象的主体性的"人"，都并非是一种现成地存在于那里等待着我们不断去增进了解的纯粹自在的现象，而是在历史过程当中由特定的"话语构型"（discursive formation）建构起来的。对福柯而言，"话语不是关于对象的，更确切地说，倒是话语构成了对象"④。在《规训与惩罚》等晚期著作中，福柯则进一步提出，即使是

---

　　① ［法］德里达：《论文字学》，汪堂家译，97 页，上海，上海译文出版社，1999。

　　② 参见 ［法］拉康：《拉康文集》，褚孝泉译，上海，三联书店，2001。

　　③ 参见 ［美］罗蒂：《哲学与自然之镜》，李幼蒸译，71 页，北京，三联书店，1987。

　　④ ［美］谢里登：《求真意志：福柯的心路历程》，尚志英、许林译，129 页，上海，上海人民出版社，1997。其实，在早期福柯那里，不仅知识/话语的对象是由特定的话语构型建构起来的，而且知识/话语的陈述主体也是由特定的话语构型建构起来的。

像权力关系这样一些最基本的社会关系，在一定程度上也是由特定的知识/话语建构起来的："权力和知识是直接相互隐含的；不相应地构建一种知识领域就不可能有权力关系。"① "把科学仅仅看成一系列程序，通过这些程序可以对命题进行证伪，指明谬误，揭穿神话的真相，这样是远远不够的。科学同样也施行权力，这种权力迫使你说某些话，如果你不想被人认为持有谬见，甚至被人认作骗子的话。"②

反表现主义

后现代主义者们认为，既然不存在着什么先于、外在于、独立于语言符号的给定性实在，我们所能感觉和意识到的一切对象性存在都是由我们所使用的语言符号建构起来的，那么我们对这些对象的一切认识或知识也就不可能是对既定"客观实在"的一种纯粹的表现、再现或呈现。"知识"就只是我们在特定语言/符号系统的约束和指引下所完成的一种话语建构，而不是什么对"客观存在"的表现或再现；我们能够加以分析和讨论的也不是客观现实本身，而只是各种不同的"文本"而已；我们的认知目标也就不应是"正确"把握或再现既定"客观现实"，而是去了解话语与相应"现实"之间的建构关系以及在各种具体的话语/文本后面约束和指引着这种话语建构的那些话语/符号系统。

首先，我们对外部物质世界所作的各种描述和判断以及由此构成的"理论"或"文本"不能被视为是对既定"客观现实"的表现或再现。

波普尔、库恩、费也阿本德等后实证主义者们都提出过"观察渗透着理论"这样一种看法。一切经验观察和由此得来的相关理论知识都不可能是对纯粹客观世界的表现或再现，都不具有纯粹的"客观性"。其基本原因就在于一切经验观察及观察陈述都是由我们的语言/话语/理论建构起来的，其中不可避免地渗透着语言/话语/理论的成分。在不同语言/话语/理论指导下进行研究工作的人，对于所欲观察的内容、所观察到"现象"的感受以及对观察结果的陈述等都会有相当大的差异。在某种意义上，我们

---

① ［法］福柯：《规训与惩罚》，刘北成等译，29 页，北京，三联书店，1999。
② ［法］福柯：《权力的眼睛：福柯访谈录》，严锋译，32 页，上海，上海人民出版社，1997。

可以说，我们只会去且也只能够去感觉、意识和言说我们的语言/话语/理论系统中已经包含的那些东西，我们不可能超出语言/话语/理论给我们设定的限制而达到所谓纯粹的"客观实在"。

此外，对于我们建构出来的某一科学理论是否"真实"、"准确"地再现了"现实"这样一个问题，我们其实也没有能力做出确切的回答。由于归纳法的局限性、观察命题本身的可错性、理论判断的正确性与其背景知识及预设条件的关联性等原因，我们既无法简单地通过某种"判决性的检验"来对判断的"真实性"、"可靠性"最终加以"证实"，也无法简单地通过某种"判决性的检验"来对判断的"真实性"、"可靠性"最终加以"证伪"。因此，一项理论判断是否正确地再现了某一"现实"之类的问题就是一个永远无法得出终极答案的问题。将知识看作是对现实的再现，并因而将准确"再现"外部世界当作是认知活动的首要目标，也就是一项毫无意义的事情。

其次，我们通过各种途径对他人行动意义所做出的"理解"和"诠释"也不是对某种"本来意义"的表现或再现。与狄尔泰、韦伯、舒茨等人不同，加达默尔坚决反对把准确获得行动者赋予行动或文本之上的主观意义（本来意义）确定为我们理解或诠释的目标。加达默尔指出，我们对他人的理解总是依赖于（因而渗透着）我们自身的"前见"、"前理解"或"前把握"，同时我们和他人的"视域"之间存在着"一种不可消除的差异"，这使得我们对他人行动或文本意义的理解不可能成为后者的再现。他人的主观意图是一种我们在任何情况下都无法达到的主体的精神活动，把他人的主观意图确定为理解的目标也是种具有十足幻想色彩的论调。

最后，我们关于人及人与人之间社会关系的知识也不能被视为对某种给定的客观现实的表现。按照福柯的说法，这不仅是因为人文社会科学知识的对象世界都是由相应的话语/知识建构出来的，而且这些话语/知识本身在很大程度上又是由一定的权力关系建构或"生产"出来的。"在人文科学里，所有门类的知识的发展都与权力的实施密不可分。当社会变成科学研究的对象，人类行为变成供人分析和解决的问题时，我相信这一切都与权力的机制有关——这种权力的机制分析对象（社会、人及其他），把它作为一个待解决的问题提出来。所以人文科学是伴随着权力的机制一道产生的"①；"认识主体、认识对象和认识模式应该被视为权力—知识的这些基本连带关系及其历史变化的众多效应"；"权力—知识，贯穿权力—知识和构成权力—知识的过程和斗争，决定了知识的形式及其可能的领域"②。因此福柯认为，相信存在着一种客观"真理"（如"性真理"）是一件令人"感到好笑"的事情。③

反表现主义（antirepresentationalism）的思想在后结构主义大师德里达所说过的一句话那里得到了最简练的概括。这句话就是："文本之外别无他物（There is nothing outside of the text）。"④ 德里达认为，阅读"不能超越文本而把握到不同于文本的东西，把握到指称对象，或把握到文本之外的所指（这一文本的内容可能出现或已经出现在语言之外，也就是说，出现在一般文字之外）"⑤。这不仅是因为只有通过各种文本我们才能够接近各种所谓"现实"，而更主要的是因为作者意欲通过"文本"去表述的一切实际上都是由文本自身建构起来的，因此这些文本就不可能是其之外某种纯客观事物的再现：在各种"文本"作者的现实生活中，在被定义为他们的著作的东西之外和背后，"除了文字之外别无他物；除了替补⑥、除了替代的意义之外别无他物。绝对的呈现、自然、'真正的母亲'这类的语词所表示的对象早已被遗忘，它们从来就不存在"⑦。

多元主义

后现代主义者们认为，认识或理解的结果具有不确定性或多样性，而我们又不可能获得可用来帮助我们判断认知或理解是否"真实"的唯一的

---

① ［法］福柯：《权力的眼睛》，严锋译，31页，上海，上海人民出版社，1997。在很长一段时间里，福柯一直很谨慎地将作为权力效应的"知识/话语"类型限制在人文科学的范围之内；但在后来，他开始逐渐地承认像地理学一类"自然科学"知识/话语的形成和发展也可视为权力的一种效应。参见上书，199～213页。

② ［法］福柯：《规训与惩罚》，刘北成等译，29～30页，北京，三联书店，1999。

③ 参见［法］福柯：《性经验史》，余碧平译，116页，上海，上海人民出版社，2000。

④ J. Derrida (1976), *Of Grammatology*, Translated by G. C. Spivak, The Johns Hopkins University Press，158.

⑤ ［法］德里达：《论文字学》，汪堂家译，231页，上海，上海译文出版社，1999。

⑥ 德里达在这里使用了卢梭的词汇。卢梭把文字看成是言语的"替补"，把文化看成是自然的"替补"，并从"逻各斯中心主义"的立场出发贬低作为"替补"的文字和文化。

⑦ ［法］德里达：《论文字学》，汪家堂译，230页，上海，上海译文出版社，1999。

客观标准，因而也就不存在什么对研究对象或文本的"正确"或"错误"
认识与理解；我们就同一对象或文本所得的各种认识与理解只不过是各种
不同的"故事"或"语言游戏"而已，不能把其中的一种看成是"真的"
而将其他的加以排斥，而应该允许多种"故事"同时并存。如果一定要有
一种评价标准的话，那也只能是"创新性"或与族群中现有认知的"协同
性"等。

后实证主义者们首先在自然科学哲学领域中撑起了反对一元真理论、
主张多元主义（pluralism）的旗帜。他们指出，由于缺乏对科学理论的真
实可靠性最终加以判决的客观标准，以及不同理论"范式"之间的不可通
约性（不完全可比性），我们不可能在不同的理论范式之间做出唯一性的
选择，这就使得每一种理论都有其存在的理由。此外，由于反驳一个既存
理论的"事实"证据往往只有借助于一个与其不兼容的其他理论来揭
示[①]，因此允许不同的理论同时存在、相互竞争也有十分的必要。在此基
础上，费也阿本德明确提出了"认识论的无政府主义"这样一个口号，主
张认识论方面的多元主义。他认为，无论是考察历史插曲，还是抽象地分
析思想和行动之间的关系，都表明了一点，即"只有一条原理，它在一切
情况下和人类发展的一切阶段上都可以加以维护。这条原理就是：怎么都
行"[②]。按照这一原理，人们既可以坚持在目前得到"事实"充分确证的
那些理论，也可以（甚至应该被鼓励去）坚持与充分确凿的"事实"相矛
盾或与得到充分确证的理论相矛盾的那些理论（包括神话、宗教、巫术一
类非科学理论）。在知识领域，应该鼓励的行为是让不同的理论和模式相
互之间进行富有成效的交流，借此丰富我们对世界的认识，而不是简单地
选择其中一个，同时将其他的理论或模式粗暴地排除在外。

加达默尔、德里达和巴尔特等人则肯定了人们之间相互"理解"、"诠
释"的多元性。加达默尔指出，由于"理解"总是我们自己的视域与文本
视域二者融合的结果，而"我们自己的视域"在不同的时空境遇中又总是
不同的，因此，对于处于不同时空境遇中的"我们"来说，同一件文本的

---

　　① 例如，"三角形的内角之和不等于 180 度"一类的观察陈述，其含义只有借助于非欧几
何学理论才能够得到适当的阐明，从而才能成为反驳欧氏几何的证据，否则就可能被当作错误的
观察陈述而被加以排除。所以，像牛顿以来的许多人所做的那样，劝导人们仅当反对意见已使正
统理论丧失信任时才去利用别人的理论，那是本末倒置。

　　② ［美］费也阿本德：《反对方法》，周昌忠译，6 页，上海，上海译文出版社，1992。

意义就完全可以是不同的。这样一来，"理解就不只是一种复制行为，而始终是一种创造性的行为"①；"如果我们一般有所理解，那么我们总是以不同的方式在理解"②。"理解"因而就始终具有相对性和多元性。德里达则从索绪尔的意义理论出发，提出由于语言或文本系统的非封闭性导致的符号之间差异关系的不稳定性、多变性和无限性，使得符号意义或所指的确定过程被无止境地拖延、推迟下去，成为一个无限"延搁"的过程，从而使得对于任何一个符号，我们都永远不可能获得对其意义的最终理解。因此，"不存在所谓的语词和本源的恒定意义，一切符号意义都是在一个巨大的符号网络中被暂时确定，而又不断在区分和延搁中出现新的意义。新的意义进一步在延搁中区分，在区分中延搁。"③ 巴尔特在其后期作品《S/Z》一书中则以巴尔扎克的小说文本《萨拉辛》为例，具体地展示了对一个文本的意义进行多元解读的可能性。

德里达以及福柯、德勒兹、利奥塔德等后现代批判理论家们还从另一个不同的角度来倡导理论的多元主义。他们认为，知识/话语总是隐含着一定的权力，"一元真理论"不可避免地隐含着"一元权力论"（唯一"真理"的掌握者同时也就必然是"权力"的唯一合法掌握者）。就像塞德曼指出的那样，"隐藏在真理意志中的是一种权力意志。宣称存在着普遍和客观的理由可以作为社会话语的正当理由，宣称一种话语讲述的是真理的语言，就是使那种话语、它的承载者及其社会议题特权化"④。要消解"一元权力论"，就必须首先破除"一元真理论"，允许和鼓励知识/话语/理论模式的多元并存。因此，取消一元真理论是一种"积极的解放运动"，"它使得极权主义成为不可能"，"它肯定了'听、问、讲'等更加平和的实践"⑤。

---

① ［美］费也阿本德：《反对方法》，周昌忠译，381 页，上海，上海译文出版社，1992。

② 同上。

③ 王岳川：《后现代主义文化研究》，91 页，北京，北京大学出版社，1992。在意义理论方面，与德里达持相近理论立场的还有拉康和巴尔特等人。限于篇幅，恕不赘述。

④ S. Seidman (1994)，"The end of Sociological Theory"，in S. Seidman, *The Postmodern Turn：New Perspectives on Social Theory*，Combridge University Press，124.

⑤ ［美］罗斯诺：《后现代主义与社会科学》，张国清译，133~134 页，上海，上海译文出版社，1998。

反本质主义

后现代主义者否认本质和现象的严格区分，否认事物拥有某种固定不变的"本质"或者诸多"现象"后面存在着某种固定不变的"共性"，认为事物"现象"之间存在着的只是各种"家族相似"之处；反对将把握事物的这种固定不变的内在"本质"当作认识活动的目的，而主张从各种不同的视角出发来探寻对象的性质及对象之间的相互关系，揭示不同视角之间的差异，从各种视角的特殊性或与其他视角的差异当中来理解对象。

应该说，反本质主义（antiessentialism）这种理论立场在一定程度上已经内在地包含在上述反实在论、反表现主义、多元主义的理论观点之内。既然不存在独立于我们的语言符号之外的纯粹客观的对象世界，既然一切对象世界都是由我们的语言符号建构出来的，既然作为"能指"的语词符号与其"所指"、作为"所指"的概念与其"指涉"之间的关联都具有任意性，那么，一个语词符号的"所指（概念）"或者一个"所指（概念）"的"指涉"对象在内涵和外延上怎么可能具有固定不变的性质呢？

正是在这样一种立论的基础上，德里达的"解构主义"才得以发挥其威力。正如罗蒂所说的那样，德里达对"逻各斯中心主义"的反对必然导致对"本质主义"的反对，"德里达的反逻各斯中心主义不过是反本质主义的一个特例"①。德里达致力于"解构"西方思想中源远流长的各种二元对立（在场/缺场、言语/文字、自然/文化、中心/边缘、哲学/文学等），这些二元对立无一不是以本质主义立场（认为每一对立范畴的双方都有自己某种固定不变的本质，而且，这些本质使得它们之间的等级关系也具有不变的性质）作为自己的逻辑前提的。通过对这些二元对立的"解构"，德里达说明了所有这些对立范畴之间的界限其实都是可变的［例如，"在场"总是包含了"缺场"，文明时代的"自然"总是包含了"文化"的成分，"中心"同时也是"非中心（边缘）"，哲学也不过是一种文学等］，所有这些二元对立其实都只是人们的一种形而上学的语言建构。"解构主义"就是要通过对某种概念或文本的理解当中所含内在矛盾的揭示来展现此一理解的不确定性、非本质性。

---

① ［美］罗蒂：《后哲学文化》，黄勇编译，149 页，上海，上海译文出版社，1992。

　　福柯、拉康等人对于作为主体的"人"的"解构"也是后现代主义者反本质主义立场的一个典型实例。将"理性"、"主观能动性"或"主体性"等属性看作人的固有"本质"（人与其他动物相区别的基本特征），是现代主义思潮的核心观念之一。在《词与物》等著作中，福柯则明确指出，对"人"的"本质"的这样一种理解，与对"人"的"本质"的其他各种理解一样，也并非是对人的真实"本质"的一种再现，而只是现代"知识型"的一种建构。在现代"知识型"形成之前没有这种作为主体的"人"，在现代"知识型"之后"知识型"的进一步演变也将导致这种作为主体的"人"的再次消失。因此，"（这种作为主体的）人只是一个近来的发明，一个尚未具有 200 年的人物，一个人类知识中的简单褶痕"，"一旦人类知识发现一种新的形式，（这种作为主体的）人就会消失"①。同样，拉康也否认"主体性"是人与生俱来的固定本质，指出所谓人的"主体性"只是话语（符号界）建构的结果而已。

　　后现代女权主义者则否认了对性别的本质主义理解。在现代主义者那里，"男人"和"女人"往往被理解为两种有着自身固定不变之内在本质的客观存在，后现代女权主义者坚决反对这种本质主义的性别观，认为它们其实也都只是话语建构的产物。② 在不同的话语之下，人们将会建构出不同的性别"现实"。例如，在话语 A 之下，"男人"和"女人"可能被视为两种无论在体格还是在人格方面都有着根本差异的性别类型；在话语 B 之下，"男人"和"女人"则可能被视为除了在体貌方面有着差异之外其他方面均无根本差异的人种类型；而在话语 C 之下，则可能根本不存在抽象的"男人"和"女人"的分类，有的可能是无穷多样的男性和女性分类（如美国南部信仰基督教的中产阶级的黑人女性，或美国北部信仰犹

---

　　① ［法］福柯：《词与物——人文科学考古学》，莫伟民译，13 页，上海，三联书店，2001。
　　② 按照瑞泽尔的概括，后现代女权主义者 J. 巴特勒就明确认为"女性主体不能存在于话语之外，它并不是一个前话语的'我'。相反，女性主体、女性的认同都是在话语之中，由话语建构出来的。女性认同（事实上所有认同都）是一种实践行动而不是一个给定的概念。'我'并不存在于话语之前，它只存在于相互关联的话语之中。能动的主体之所以存在并不是由于行动者的一种品质，而是因为在话语中存在着变化"。参见瑞泽尔：《后现代社会理论》，谢立中等译，北京，华夏出版社，2003。巴特勒的原作题目为"不确定的基础：女权主义和'后现代主义'问题"（1994），"Contingent Foundations：Feminism and the Question of 'Postmodernism'"，in S. Seidman, *The Postmodern Turn：New Perspectives on Social Theory*，Combridge University Press，153 - 170。

太教的工人阶级白人女性等），性别存在将随着"种族地位、民族地位、宗教地位、或阶级地位以及与性取向、年龄或地理/地域特征有关的那些因素的变化而变化"①。

罗蒂也从实用主义的立场来倡导反本质主义，主张事物的"本质"并非某种内在于事物本身的东西，而只是我们从实用的立场出发所进行的一种建构。他明确地说："对我们实用主义者来说，不存在任何像 X 的内在本性、本质这样的东西，离开了其与人类需要或意识或语言的关系，就不存在像一个与 X 的实际存在方式相符的描述这样的东西。"② 而实用主义本身也不过就是"运用于像'真理'、'知识'、'语言'和'道德'这样一些观念和类似的哲学思考对象的反本质主义"③。

反基础主义

后现代主义者否认各种知识之间存在着等级和从属关系，否认可以依照知识之间的这种等级和从属关系，通过归纳和演绎、分析和综合等途径将知识整合成一种总体性的话语体系或"宏大叙事"，认为它们之间真正存在着的乃是一种交互指涉、交互缠绕的"互文性"（intertextual）关系或网络关系；不可能简单地从一种知识中推论出另一种知识来，每一种知识都具有同等的重要性，反对各种"总体性理论"或"宏大叙事"的有效性，转而鼓励各种"局部性理论"或"小叙事"。

在《千高原》一书中，德勒兹和瓜塔里提出了"块茎（Rhizome）结构"模型来取代现代主义思想家们的"根—树（root-tree）结构"模型，用以描述知识之间的关系。德勒兹和瓜塔里认为"块茎"结构具有与"根—树"结构完全不同的特点：第一，连接的异质性。与根—树结构中的每一点作为多层次的"主干—分支"体系中的一个环节都只能与体系中特定方向的树干或分

---

① S. Seidman (1994), "The End of Sociological Theory", in S. Seidman, *The Postmodern Turn: New Perspectives on Social Theory*, Combridge University Press, 133.

② ［美］罗蒂：《反本质主义和文学左派》，见罗蒂：《后哲学文化》，黄勇编译，141 页，上海，上海译文出版社，1992。

③ ［美］罗蒂：《实用主义、相对主义和非理性主义》，见罗蒂：《后哲学文化》，黄勇编译，245 页，上海，上海译文出版社，1992。

支连接不同，"块茎中的任何一点都能够并且必须与任何其他一点相连接"①。第二，复杂多样性。与根—树结构中表面上看繁华多样的枝叶最终都可以也必须归结于树根这个"一"不同，在块茎结构中所有的点都"不再与一有任何关系"②，不必再归结于或附属于某一个"一"；"就它们填充和占据了它们所有的维度而言，所有的多样性都是平展的：我们因此可以谈论一种多样性的连贯平面，即使这个平面的维度随着在它上面创造的连接的数量的增加而增加"③。第三，"非意指断裂"性。与根—树结构中那种将不同结构分离开来或单一结构切割开来的断裂不同，块茎在特定地点上虽然也可能被破裂和粉碎，"但它却可以在某条旧的路线或新的路线上重新开始"④，这些路线总是相互联系、相互交错着的，从而使得块茎结构中事物的演化将不再遵循树状的模式，"不同路线之间的横向交流搅乱了谱系树"⑤。第四，无中心性。"树状系统是一种具有意指和主观化的中心、像有组织的记忆一样进行中央自动控制的等级系统"⑥，与此相反，块茎结构则是"一种无中心、无等级、无意指的系统，没有将军，没有组织化的记忆或中央自动控制，仅仅只被状态的运行所限定"⑦。德勒兹和瓜塔里明确地提出"思想不是树状的"⑧，并感叹"树喻"何以"一直统治着西方的现实和所有的西方思想"⑨，"所有树状文化，从生物学到语言学，都是在它们的基础上建立起来的"⑩。他们疾呼："我们已经厌倦了树；我们应该停止相信什么树和根了。它们已经让我们遭受了太多的痛苦。"⑪ 他们提出的口号是："制造块茎，不要根，决不要植根！"⑫

　　在《两个讲座》中，福柯也从另一角度对各种"通用的、总体化的理

① G. Deleuze, F. Guattari (1987), *A Thousand Plateaus*：*Capitalism and Schizophrenia*, University of Minnesota Press, 7.
② Ibid., 8.
③ Ibid., 9.
④ Ibid., 9.
⑤ Ibid., 11.
⑥ Ibid., 16.
⑦ Ibid., 21.
⑧ Ibid., 15.
⑨ Ibid., 18.
⑩ Ibid., 15.
⑪ Ibid., 15.
⑫ Ibid., 24.

论"进行了批评，极力倡导各种"特殊的、局部的、区域性的知识"。从他的权力的微观物理学观点出发，福柯提出，我们应该将社会研究的焦点放在微观的、局部的日常生活领域，而既有的那些"通用的、总体化的理论"对于这种"权力的微观物理学"的研究不仅不能提供一种有效的指引，而且还构成了一种障碍①：除了不能恰当地揭示弥散在日常生活各个不同领域中的那些局部性的、其起源和运作机制都很特殊的权力关系与权力技术之外，这些既定的总体化理论本身也构成了一种支配性的权力，"这种理论以真正的知识的名义和独断的态度对之进行筛选、划分等级和发号施令"②，凡是与这些总体化的理论不一致的理论与知识生产都将受到压制，从而使一大批"局部的、特定的、缺乏普遍意义的"知识成为被忽略、被埋葬的知识，使得权力的微观运作机制永远得不到恰当的揭示。福柯指出，要想使权力的微观运作机制真正得以揭示，就必须"废除总体性话语及其等级体系在理论上的特权地位"③，建构一些以"冷僻知识和局部记忆的结合"为特征的"特殊的、局部的、区域性的知识"。福柯把这样一种知识称为"谱系学"知识。这种谱系学知识的任务不是要提出一整套与既有理论不同的理论或思想体系，而是要"对抗整体统一的理论"、"关注局部的、非连续性的、被取消资格的、非法的知识"④，以获得对于权力机制的另类认知，为人们理解和批判现实提供一些"有用的零件和工具"⑤。福柯认为，只有这样，我们才能走出压制—斗争—新的压制这样的恶性循环，为人类反抗支配的斗争开辟新的可能性。

对基础主义和宏大叙事的否定在利奥塔德的《后现代状况》一书中得到了最引人注目的宣扬。在这本书中，"精神辩证法、意义诠释学、理性主体或劳动主体的解放、财富的增长等"各种总体性"宏大叙事"（grand

---

① ［法］福柯：《两个讲座》，见《福柯访谈录：权力的眼睛》，严锋译，217页，上海，上海人民出版社，1997。

② 同上书，219页。

③ 同上。

④ 同上。

⑤ ［法］福柯：《监禁精神病学监狱》，见《福柯访谈录：权力的眼睛》，严锋译，72页，上海，上海人民出版社，1997。

narrative)① 的衰落和崩溃不仅被认为是一种"应该",而且被确认为是一种事实状态,即"后现代状态"。利奥塔德指出,在现代状态下,各种具体的科学知识在很长一段时期内一直是以这样一些"宏大叙事"作为自己的理论基础或合法性依据的。例如,思辨哲学就是通过把分散的科学知识视为"精神"运动的不同环节而将它们连接在一个统一的总体性叙事之中这种方式来为科学知识提供一个理论基础或合法性依据;各种"自由"、"解放"理论则通过把科学知识视为实现某种价值理想的手段而将它们纳入一个统一的总体性叙事之中来为科学知识确立一个理论基础或合法性依据。然而,随着科学自身的进步以及"事实—价值"二元分立观念的形成,这些总体性的"宏大叙事"都开始遭到人们的怀疑:学科边界的不断变动和重叠使得"知识的思辨等级制"(这是思辨哲学的理论前提)不断被摧毁;对"事实陈述"和"规范陈述"之间差异的认识也使人意识到科学不过是诸种语言游戏中的一种而已,它"有自己的游戏规则,但完全没有管理实践游戏的使命"②。这样一来,各种"宏大叙事"的基础或合法性功能便被消解了。面对宏大叙事的消解,社会管理阶层试图以效率原则、哈贝马斯则试图以通过对话取得的共识作为科学知识的合法性依据。利奥塔德认为,前者"将带来某种或软或硬的恐怖"③,后者则是一种从未达到过而将来恐怕也难以达到的远景(即使有也只能是局部的、临时性的),因而都不是一种可接受的立场。利奥塔德呼吁,我们应该将追求各种"小叙事"、追求差异作为知识合法性的新依据。因为只有这样一种追求才会"产生思想,即产生新的陈述"④。

后现代主义的上述观点从根本上颠覆了现代主义社会学所赖以成立的各项理论预设,从而形成了一种新的、与传统十分不同的社会学思维模式或知识论立场。这种新的思维模式或知识论立场对社会学研究显然应该有着非常重要的启迪作用。

---

① 或称为"元叙事"(metanarrative)、"元语言"(metalanguage)、"元话语"(metadiscourse)等。参见利奥塔德《后现代状况》一书。

② [法]利奥塔德:《后现代状况》,车槿山译,84 页,北京,三联书店,1997。

③ 同上书,3 页。

④ 同上书,137 页。

三、后现代思潮的社会学意涵

一种"精神错乱"，一种"巨大的无意义的虚空"，一种"心智死寂之时"——多伦多大学的 J. 奥尼尔（J. O'Neill）教授在其所著《后现代主义的贫困》一书中使用这样一些词来称呼后现代主义思潮。至于后现代主义者们，奥尼尔说，则"应该被理解为一些宗教狂热分子，或者被理解为打破上帝偶像的破坏者，而根本不能被视为现代科学和艺术的智者"[1]。

如引言中所述，在社会学以及其他一些学科内，对后现代主义思潮加以拒斥是常见的一种反应。J. 奥尼尔只不过是这些人当中的一个典范而已。人们常常批评后现代思潮与现代科学思维准则（如概念明确、表达清晰、逻辑严谨等）背道而驰，其论述常常自相矛盾（如一方面抨击大叙事，另一方面自己又构造出一些新的大叙事等），对社会现实的批评和分析都缺乏有效的规范基础等等。因此，就像奥尼尔做出的那样，人们常常抱怨说：这样一些人及其思想为什么应该被我们所记住呢？[2]

当然，在社会学家们当中，对后现代主义思潮持拒斥立场的人并不都像奥尼尔那样尖刻，持温和拒斥态度的也不乏其人。Z. 鲍曼（Z. Bauman）和 G. 瑞泽尔（G. Ritzer）就是其中的两个代表人物。尽管他们也认为后现代主义思潮从总体上看是一种不可接受的东西，我们无须也不应该接受作为一种新的社会研究程序和方法的"后现代主义"；但另一方面他们也都承认后现代主义思潮并不是像一些人说的那样一无是处，而是包含着许多"对社会学理论非常有用"的观点[3]，对于这些"有用的"观点我们应该认真地加以思考和吸收，用来补充和修正我们现有的社会学研究模式。*

---

[1]　J. O'Neill（1995），*The Poverty of Postmodernism*，Routledge，197.

[2]　Ibid. , 199.

[3]　参见 [美] 瑞泽尔：《后现代社会理论》，谢立中等译，279 页，北京，华夏出版社，2003。

　　*　鲍曼明确地将"后现代主义"与"后现代性"这两个概念加以区分。他认为，自20世纪中后期以来，西方社会发生了一系列的新变化，使得西方社会正在进入一种与以往被称为"现代性"的社会状态十分不同的新社会状态（即"后现代性"）。所谓"后现代主义思潮"的产生和流行，在某种程度上正是部分知识分子对此一新社会状态所作的一种理论反应。鲍曼坦承，他愿意接受"后现代性"这个概念，但不愿意接受所谓的"后现代主义立场"。与此相应，他试图进一步将从后现代主义立场来讨论社会现象的"后现代社会学"（Postmodern Sociology）与只是以"后现代性"为研究对象的"后现代性的社会学"（Sociology of Postmodernity）明确地区分开来，主张后者而反对前者。这种"后现代性的社会学"与"现代社会学"的区别不在于新的工作程序和目的，而在于一种新的调查研究对象。它不能像布什亚等人的"后现代（主义）社会学"那样，无批判地接受和拥抱后现代状况，"将调查的主题表达成调查的来源，将解释物和被解释物混淆起来"（[英]鲍曼：《后现代伦理学》，3页，南京，江苏人民出版社，2003）。鲍曼指出，像"多元主义、不确定性、变动性、相对化"一类的现象正是"后现代性的社会学"需要去解释的东西，而不应成为社会学家用来作为解释变量的现成东西。譬如，诊断或鉴别出后现代社会中的道德相对化是一回事，而在社会理论中支持并表达它则是另外一回事。因此，"后现代性的社会学"需要做的是去构造一套能够用来揭示"后现代社会状况"的全新概念（如社会性、栖息地、自我建构、自我组装等）及命题，用以取代"现代社会学"那些已过时了的概念（如社会、阶级、社会化、控制等）及命题，而不是要去在世界观、方法论上简单地接纳和模仿后现代社会的那些特征，彻底放弃"现代社会学"对"启蒙理想"中所包含的"希望和雄心"（如以理性为指导来改善人类状况的可能性）的追求，使自己也完全变成一种"后现代主义"的现象。对这样一种"后现代性的社会学"而言，"重要的是这个社会（它的研究对象）已经改变了；它不必承认它早期的追求是被误导和劳而无功的以及在新形势下关键的创新之处就是抛弃旧的社会学研究方法和'发现'新的社会学研究方法"[Z. Bauman（1994），"Is there a Postmodern sociology?"，in S. Seidman，*The Postmodern Turn*：*New Perspectives on Social Theory*，Combridge University Press，202]。与鲍曼相似，瑞泽尔也主张接纳"后现代性"的研究主题但反对以"后现代主义"的立场来研究社会。不过，与鲍曼相比，瑞泽尔对待后现代主义思潮的态度似乎更为温和。他认为布什亚等后现代主义者们的理论与我们通常所认为的社会学理论之间虽然存在着很大的差异，但这并不意味着我们应该以一种完全拒斥的态度去对待前者。他明确提出，在后现代主义者们的著作中"显然有一些有益的思想观点，这些观点对社会学理论非常有用，因而需要被翻译过来。更普遍地讲，社会学理论需要考虑后现代主义者从认识论方面给予的批评和洞察力"（[美]瑞泽尔：《后现代社会理论》，279页，北京，华夏出版社，2003）。在《后现代社会理论》一书中，瑞泽尔详细地罗列了

后现代主义对于社会学理论可能具有的各种负面的教训（如对现代主义社会学之强调主体性、建构宏大叙事、追求抽象本质和客观真理等立场的批判）与正面的启示（如将更多的关注点放在外围或边缘、将社会生活当成文本来对待、对多元化和地方性叙事的强调等），指出这些教训和启示完全可以对社会学理论的发展起到重要的补充和促进作用。

　　与奥尼尔、鲍曼、瑞泽尔等人在不同程度上明确地拒斥后现代主义的立场不同，S. 塞德曼（S. Seidman）、R. 布朗、 （R. Brown）、S. 哈丁（S. Harding）、B. 阿格尔（B. Agger）、登辛（Denzin）、C. 勒麦特（C. Lemert）、W. 斯科特（W. Scott）和 L. 埃德尔曼（L. Edelman）等社会学家则对"后现代主义"思潮采取了一种积极认同和明确接受的立场。尽管在对后现代主义基本思想及其所含相应社会研究模式的理解和阐释方面不尽相同*，但他们一致认为，现代主义社会学正日益明显地暴露出它那固有的局限，后现代主义思潮正为现代主义社会学提供了一个可行的另类选择，后现代主义并非只是包含着某些可以用来补充、修正现代主义社会研究模式的观点而已，而是蕴含着一种与现代主义社会研究模式完全不同的社会研究模式。因此，他们大都致力于将后现代主义的一些基本思想引进吸收到社会学领域当中来，试图为社会学研究尝试某些新的思路。

　　　*　在《社会学理论的终结》一文以及《有争议的知识：后现代时代的社会理论》一书的导言部分，塞德曼立场鲜明地表达了他对后现代思潮的认同态度。不过，从他的具体论述中我们可以看到，塞德曼主要是从"反基础主义"和"反本质主义"的角度来理解和诠释后现代主义思想的。他将帕森斯以来在西方（尤其是美国）形成和发展起来的那一套"社会学理论"理解为一套以"基础主义"和"本质主义"为主要特征的有关社会的"科学"话语，认为它们的主要任务就是试图为社会研究提供一套可以脱离具体的社会历史情境、超越具体的道德价值争论、放之四海而皆准的普遍真理（"一套普遍的语言"、"可以统一和指导所有社会调查的一套普遍存在的""基本前提、概念和社会学解释模型"、"一套普遍主义的认识论原理"），以便为社会学研究提供一个普遍有效的基础。塞德曼认为，事实表明，社会学理论的这一追求已经失败，社会学理论正陷于危机之中。迄今为止，社会学不仅没有获得一个能够为人们共同认可的、普遍有效的"语言系统"、"认识论依据"或"解释性模型"（相反，出现了许多以此相标榜的理论模式），而且还使社会学理论成为一种压制对其实践—道德意义及社会结果进行思考、只有圈内人才感兴趣的"元理论"，并反过来成为具有

特定利益的群体用来排斥、压制其他群体的话语的一种工具。事实上，正如后现代主义者们所指出的那样，不存在着普遍有效的理论模型，存在着的只是各种各样具有局部性、族群性特征并带有明确"道德意图"的"小叙事"；不存在可以用来判别唯一"真理"的普遍有效的认识论标准，可以用来为理论进行辩护的只是理论所具有的从特定社区或族群的"传统、价值观和习俗来分析的"那些"知识、社会、道德和政治方面的后果"。因此，塞德曼明确提出：我们应该放弃现代主义社会学对于基础、对于普遍真理、对于进步的那样一些理论追求，而应该在后现代主义的旗帜指引下，转向追求一种将自己的分析严格地限制于具体社会历史情境之中，与具体的政治和道德论争紧密相连，带有明确道德意图并主要以所在社区或族群的习俗、价值观为理据的局部性（地方性）社会叙事。他说："我建议放弃对于基础的追求，去为我们的概念策略寻找一种地方性的理据。我建议我们应该满足于为我们的概念策略寻求局部的和实用的逻辑理据。不要求助于绝对主义者的辩护，不要建构理论的逻辑的和经验的决疑法来为一种概念策略辩护，将它们从情景的嵌入性中提出来，提升到普遍真理的层面。面对相互冲突的概念策略，我们不要去追问什么是现实或知识的本质（从而形成一种元理论），我建议我们通过追问它们在知识、社会、道德和政治方面的后果是什么来对冲突的视角进行评价。后现代的确证将关于真理和抽象理性的争论转变为关于社会和知识后果的争论。"［S. Seidman（1994），"The End of Sociological Theory"，in S. Seidman，*The Postmodern Turn：New Perspectives on Social Theory*，Combridge University Press，126 - 127］与塞德曼不同，R. 布朗、C. 勒麦特、W. 斯科特和 L. 埃德尔曼等人则更多地从"文本主义"（textualism）、"修辞学转向"的角度来理解和诠释"后结构主义"等后现代主义思潮的基本立场。在《修辞性、文本性与社会学理论的后现代转向》一文中，R. 布朗宣称后现代主义最基本的思想就是认为"社会和文化实在，以及社会科学本身，都只是一些语言学上的建构而已"，"不仅社会越来越被看作一个文本，科学文本自身也被视为修辞学上的建构"。因此，从后现代主义的立场来看，社会研究就不是一个再现"客观实在"的过程，而更多地是一个以某些修辞学方法、通过符号文本来对"社会实在"加以建构的过程；"与此相应，后现代主义将社会理论和研究的议程从解释和证明转向那些寻求引导和说服他们自己及彼此的学者/修辞学家们之间的对话"［R. Brown（1994），"Rhetoric, Textuality, and the Postmodern turn in Sociological Theory"，in S. Seidman，*The Postmodern Turn：New Perspectives on Social Theory*，Combridge University Press，229 - 231］。勒麦特也认为后结构主义一类思潮的核心观念就是强调话语对现实的建构性，它包括以下四个基本假设：（1）理论内在地是一种话语活动；（2）理论文本所讨论的那些经验现实一无例外都是文本性的；（3）经验文本的知识或科学价值取决于它们与理论文本的这种关系；（4）在某些情形下（假如不是全部的话），一个话语的解释所产生的应当是更多而不是更少的恰当理解。勒麦特认为，以此为基础可以发展出一种后结构主义的社会研究范式。这种社会研究范式"将把话语既当作主题又当作社会学分析的手段"[C. Lemert（1994），"Post-structuralism and Sociology"，in S. Seidman，*The Postmodern Turn：New Perspectives on Social Theory*，Combridge University Press，269]。在《后结构主义与社会学》一文中，勒麦特就尝试着从这种后结构主义的社会学立场出发来对美国卷入越南战争的过程进行分析。勒麦特认为，"越南"、"越南战争"、"美国对越南的战争方针"等都是一些通过特定的文本以及对这些文本的阐释和话语建构而建立起来并加以维持的"现实"，因而可以（也应该）用文本主义的方法对其进行解读。与勒麦特类似，W. 斯科特和 L. 埃德尔曼则分别以文本主义的观点与方法来对女权主义研究中的某些问题和"艾滋病"现象进行分析，提出了一些颇有新意的见解。

　　正如后现代主义者已经指出的那样，无论是拒斥者的态度还是拥护者的态度，对于它们的是非对错我们其实都无力做出最终的评判。但作为一项个人的选择，笔者个人倾向于后一种态度。因为笔者觉得它至少可以给我们提供一次机会，让我们得以考察一下：在传统的（现代主义）社会研究模式之外，还有没有其他不同的社会研究模式？如果有的话，与传统的社会研究模式相比，这种新的社会研究模式究竟又有何特别之处？

　　笔者认为，正如塞德曼、布朗、勒麦特等人所说的那样，与传统的（现代主义）社会研究模式相比，后现代主义思潮——如果能够对其中所包含的上述诸多基本思想恰当地加以理解和阐释的话——的确隐含了一种可供我们选择的新的社会研究模式。与前面关于现代主义社会学及后现代主义思潮之特点的叙述相对应，后现代主义思潮所隐含的这种社会研究模式的基本特征也可以从以下几个方面来简要地加以描述和勾勒。

　　第一，与传统的（现代主义的）社会研究模式相比，后现代主义思潮最重要的一个特点就是对社会研究的对象提供了一套与以往完全不同的新认识。既然无论是社会结构、社会事件等"外部世界"还是意识、无意识、本能等"内部世界"都不是一种给定的实在，而是由有关的行动者（日常生活中的行动者或科学研究过程中的研究人员等）借助于特定的语言符号（及相应的话语/文本/理论）建构起来的，那么，当我们在对这些现象进行研究之时，就不能把它们再当作一种独立于人们所使用的语言符号之外的给定性现实，而必须把它们当作一种话语的建构物来看待。这也就意味着，要想理解这样一些"现象"的产生和变化，就既不能像实证主义者所倡导的那样把各种被看作既定"事实"的社会现象之间的因果关系及其规律当作自己的探求对象，或像批判理论家们所倡导的那样把各种社会现象在社会与历史总体当中的"客观"逻辑关联作为自己的研究对象，也不能像诠释社会学家或现象学社会学家们所倡导的那样把行动者赋予行动之上的主观意义及其意向过程当作自己的探求对象，而是要把行动者在特定话语系统的约束或指引下建构特定"社会现象"乃至"社会世界"的过程与机制当作自己的探求对象，通过对这一过程与机制的了解来理解和解释被人们用某一特定话语形式（概念结构、陈述模式、修辞模式、文本模式等）来加以标示和述说的那种社会现象或社会世界，以及这一现象或世界的存在与变化。例如，对于"今年北京地区的失业率已经下降到4％"、"我国城乡之间社会两极分化的程度近年来持续上升"、"恐怖分子昨袭击了海湾物资大楼"等这样一些"社会现象"，我们就既不能将其作为一种纯粹给定的"客观事实"来加以描述和分析，也不能将其作为一种某些行动者（记者、学者、政治家或普通百姓等）的主观释义来看待，而应该将其作为某些行动者在特定话语系统的约束或指引下以某些特定的概念、陈述、修辞和文本模式等所完成的一种话语建构来看待。当然，这并不是说，上述语句所陈述的那些现象都不是"事实"（或"实在"），而只是一些"话语"而已，而只是说，这些"事实"（或"实在"）都是一些与特定的概念（如"北京地区"、"失业率"、"城市"、"乡村"、"两极分化"、"程度"、"恐怖分子"等）、陈述、修辞和文本模式相联系的"事实"（或"实在"），是由特定的概念、陈述、修辞和文本模式构建起来的"事实"（或"实在"）。离开了这些特定的概念、陈述、修辞和文本模式，它们就可能不存在（因此在很大程度上我们确实可以说"文本之外别无他物"）。当人们使用另外一些特定的概念、陈述、修辞和文本模式来观察和理解社会世界时，所获得或建构起来的就可能是完全不同的另一些"事实"（如"今年北京地区的失业率没有变化"[1]、"我国城乡之间社会两极分化的程度近年来有所下降"[2]、"自由战士昨袭击了敌军需仓库"[3] 等）。因此，要想对这些所谓的"事实"（或"实在"）有一个适当的把握，我们就必须意

---

[1] 假如"北京地区"或"失业率"概念的含义与前有所不同。

[2] 假如"城市"、"乡村"、"两极分化"、"近年来"等概念的含义与前有所不同。

[3] 假如以带有与前述概念不同的价值含义来定义"袭击者"。

识到它们的话语建构性质，将它们被特定的概念、陈述、修辞和文本模式建构起来的过程和机制当作我们对其进行考察时的首要探求和分析对象。因此，受后现代思潮启发而形成的这种社会研究模式将是一种以社会世界的话语建构过程为对象的研究模式。

显然，对于这样一种研究对象的探求和分析，同样也不能借助于传统（现代主义）社会研究模式常用的那样一些以"给定实在论"为前提而形成的方法（如实证分析、批判分析、诠释学或现象学的意向分析等），而只能借助于 20 世纪后半期以来在语言学、社会学、新闻学等学科领域中新兴的一种方法，即"话语分析"或"文本分析"方法。因此，正如勒麦特所指出的那样，这样一种由后现代主义思潮启发而来的社会研究模式"将把话语既当作主题又当作社会学分析的手段"。鉴于此，我们也可以首先把这种社会研究模式称为"话语分析"模式。在这方面，受后现代主义思潮启发的社会学家们可以从韩礼德、格赖斯、萨克斯、迪克、费尔克劳夫等"话语分析"学者们的研究成果中学习、借鉴许多富有价值的方法和技巧。

当然，同样需要说明的是，将话语分析作为社会研究的主要方法这一点也并不意味着以往人们在社会研究过程中所采用的那些分析方法就完全没有意义了。像因果分析、批判分析（辩证分析、总体分析）、意向分析（现象学分析）等分析方法都仍然可以使用，只不过它们的意义将发生巨大的变化：它们将转化成话语分析的一个组成部分，而不再是原来意义上的那种因果分析、批判分析（辩证分析、总体分析）、意向分析（现象学分析）。以"因果分析"为例：在以社会现象的话语建构过程为探讨和分析对象的社会研究者那里，对以特定的概念、陈述、修辞和文本模式等建构起来的不同"事实"（如"自杀率"与"气候"、"年龄"、"受教育水平"、"社会整合程度"等）进行"因果分析"也仍将可以是一个重要的分析内容，只不过不仅此时的"因果"概念不具有既定的"客观意涵"（它本身乃是一种话语的建构，其含义乃至其本身的存在与否均依不同的话语系统而有所不同），而且其分析所得结果也不再像以前那样被认为是对诸既定"客观事实"之间因果关系的揭示，而只是对由特定话语建构起来的诸"事实"之间之因果关系的揭示。因此这种"因果分析"实际上只是话语分析的一个组成部分而已。

第二，与传统的（现代主义的）社会研究模式相比，后现代主义思潮对我们在社会研究过程中用来作为社会研究和分析之直接材料的那些话语或文本（资料）的性质也提供了一种与以往全然不同的新认识，为我们理解和诠释这些话语和文本资料指明了一条新路径。后现代思潮对表现主义的批判，使我们意识到，人们构造出来的任何话语或文本，都既不是对某种给定现实的"再现"，也不是纯粹对人们主观意识的一种表达，而是一种在特定话语系统约束和指引下所完成的话语建构物，是一种被人们生活于其中的话语系统所过滤过的，由人们依据自己的话语系统而建构起来的，因而是依话语系统的变化而变化的东西。实际上，人们对世界的一切感知、一切言说、一切书写，都是以特定的话语系统为前提的。离开了特定的话语系统，人们就什么也无法感受、言说和书写。在很大程度上，人们只能感受、言说和书写他（她）们的话语系统当中已经（显在或潜在）拥有的一切。人们所能够感受、言说和书写的一切，实际上归根结底只是从某个或某些特定的话语系统转换而来的关于客观或主观世界及客观或主观世界某个方面、某个部分的具体话语或文本而已，而不是什么客观或主观"世界本身"。按照这一理解，我们在对社会研究中所使用的那些文本资料（问卷、统计、历史文献、访谈等）进行分析时，就不能像以往的现代主义者们那样，或者将其当成是作者对其所感知到的"客观社会现实"的一种表达，力图从作者所处的社会及个人的客观历史情境当中去寻求理解和诠释这些文本资料之意义的线索，或者将其当成是作者对自己个人心路历程和主观意识的一种表达，力图从作者个人的主观意向过程当中去获取理解和诠释这些文本资料之意义的根据；而是要把它们当作它们的作者（文献作者、访谈对象等）在一定话语系统的约束与指引下对自身社会生活经验的一种话语建构，力图从约束和指引着这些文本资料产生和变化的那些话语系统中来获得理解和诠释这些文本资料之意义的线索，以及通过对这些话语系统的分析、解读与揭示来达到对那些文本资料之生产、分布和流通过程的理解和诠释。

不过，这也并非是说"再现"一词从此就完全不能使用，而只不过是说假如我们还需要使用这个词的话，那我们对它的含义也必须作一全新的理解。我们或许仍然可以说某句话语或某个文本是在"再现"着什么，但它所"再现"的绝不能是一种给定的实在，而只能是由特定话语系统建构起来的一种话语性或文本性的"实在"。

此外，与人们通常所理解的不同，强调话语系统对人们感知、言说和书写行为的约束和指引作用，并不一定意味着对人们在感知、言说和书写过程中之"能动性"（agency）的完全否定，而只是意味着要对这种"能动性"作一种与以往非常不同的诠释。在感知、言说和书写的过程当中，人们的能动性依然存在（因而即使是在同一话语系统约束和指引下，不同的人或者同一个人在不同的时间条件下也还是可能会有不同的感知、言说和书写行为）。但这种能动性是受到了既定话语系统约束的，是一种在既定话语系统限制之下的能动性，而不是一种无限制的能动性。

试图通过对话语系统的探讨来理解和诠释话语的生产、分布和流通过程，是福柯等人的一大贡献。然而，在晚期的著述中，福柯更试图通过对话语和权力之间关系的探讨来进一步揭示话语系统形成及变化的动力与机制。他将话语系统形成和变化的动力与机制与权力的运作相联系，认为权力关系是促成各种话语系统形成和变化的主要因素。显然，福柯的这种论点与我们这里阐述的论点之间有着某种冲突之处。因为按照福柯的这种论点，前述后现代思潮对"给定实在论"的批评就不能成立——因为至少有一种"实在"是给定的，这就是权力；"文本之外别无他物"的说法也就不能成立——因为至少有一种"事物"是在文本之外，这也就是权力。因此，假如我们接受后现代思潮对"给定实在论"的批评，那我们就必须否定福柯关于权力规定着话语系统形成和变化的基本论点。①

第三，后现代主义思潮也对社会世界的话语建构过程以及对这一过程进行分析之结果的多元化状态提供了一种更为适当的理解。在受现代主义（无论是实证的、诠释的还是批判的）社会科学观念影响的行动者（也无论是日常生活中的行动者还是社会科学研究者）那里，获取和表达关于对象（外部的社会世界、内部的主观意图等）的唯一"真理"都被视为是一切思维和言说活动的基本目的。后现代主义理论则告诉我们，在包括日常生活和科学研究过程在内的人类所有的思维和言说过程当中，思维和言说活动结果的多元并存局面都应当是一种正常状态，而非一种反常状态。

以日常生活中有关社会世界的那些思维和言说过程而言，如前所述，在后现代主义者们看来，由于人们的思维和言说活动不是对独立于我们的话语系统之外的那种"给定社会现实"的一种呈现或再现，而只是行动者在特定话语系统的指引和约束下以特定的话语形式对通常被视为"客观现实"的那些社会现象的话语建构过程，而在不同的时间、空间条件下研究者可能会拥有不同的话语体系，这些不同的话语体系将会使人们建构出非

---

① 参见本书第八章。

常不同的关于社会世界的图像（image）（对于在话语系统 A 的约束和指引下被建构为 a 的一个事件，在话语系统 B 中有可能被建构为非常不同的另一事件 b），而由于话语系统之间的不可通约性，由这些不同话语系统转换或建构而来的不同社会世界图像之间也将是无法辨别其真伪的。换句话说，它们将具有同等的"真实性"。因此，面对着"今年北京地区的失业率已经下降到 4％"／"今年北京地区的失业率没有变化"、"我国城乡之间社会两极分化的程度近年来持续上升"／"我国城乡之间社会两极分化的程度近年来有所下降"、"恐怖分子昨袭击了海湾物资大楼"／"自由战士昨袭击了敌军需仓库"这样一些表面上看来互相矛盾的陈述时，我们首先要做的不是去寻找更多和更新的"证据"以辨明哪一个陈述才是更为"真实的"或"正确的"（今年北京地区的失业率到底是下降了还是没有变化？我国城乡之间社会两极分化的程度近年来到底是持续上升还是有所下降？"海湾物资大楼"的袭击者到底是恐怖分子还是自由战士？），而是要去弄清楚这些互相矛盾的陈述各自都是在一些什么样的话语系统之下建构起来的，并由此认识到从不同话语系统来看它们各自所具有的确实性与合理性。这也使我们进一步意识到，对于每一种现有的"社会世界"或"社会事件"图像而言，在它之外都有可能存在着许多其他种类的相应图像。它们可能都从不同的角度丰富着我们对现有这一种"社会世界"或"社会事件"之图像的认识。因此，尽量去获取和增加与现有的某种"社会世界"或"社会事件"图像相对应的其他图像，应该是我们在社会研究过程中自觉努力的一个方向。

上述看法也同样可以而且也应该被反思性地应用于"话语分析"这种社会研究过程本身之上：我们借助于一批文本资料和"话语分析"方法来对人们的话语建构过程进行分析后所得到的结果，也不是对这些话语建构过程的一种纯粹"客观再现"，而同样只是一种被我们在研究过程中所采用的话语系统所过滤过的，由我们依自己的话语系统而建构起来的，因而是依话语系统的变化而变化的"话语建构"图像。①因此，对于同一批资料文本，也就可以产生许多非常不同的理解或诠释，获得许多不同的分析

---

① 因此，对于由后现代主义思潮启发而来的社会研究模式而言，涉及的其实是一个双重的关于社会现实的"话语建构"过程：首先是一个作为其研究对象的那些"社会现实"的"话语建构"过程，其次是作为社会研究过程自身的"话语建构"过程。简言之，这样一项研究过程其实也就是一个对某项作为其研究对象的"话语建构"的"话语建构"。

结果。这些非常不同的理解或诠释也都是同样有效的，不能用其中的一个来排斥其他的那些理解或诠释。话语分析的结果永远不会是只有一种，而应该是并且也常常是多元化的。① 在后现代主义思潮或受后现代主义思潮启发的社会学家们看来，话语分析的任务也并不在于（像某些现代主义话语分析学者们所做的那样）寻求某种唯一的、最终可以得到公认的结果，反而恰恰在于去寻求对同一文本资料的多种不同的理解（以丰富和扩展我们的认知），以及帮助不同的分析者、诠释者去实现他们之间的沟通和对话。因此，话语分析结果的多元化局面不但不是一个有待于我们去努力加以消除的消极状态，反而恰恰是一个我们在话语分析过程中应该努力去加以追求的目标状态。② 这种对话语建构及话语分析结果之多元化状态的自觉认可和追求，应该是后现代主义思潮所蕴含的社会研究模式与以往那些话语分析模式之间的一个重要不同之处，也是我们为什么将这种社会研究模式称为"多元话语分析"的主要原因。

当然，这里也有一点需要说明之处。和前面讨论中所涉及的有关问题一样，上述这些看法也不是要完全否定以往那种"真伪之辨"的价值和意义，而是要使我们对这种"真伪之辨"的价值和意义重新加以诠释和界定。这种新的诠释和界定就是：只有在同一话语系统内部，这种"真伪之辨"才是一件有意义的事情；而在不同话语系统之间，"真伪之辨"毫无意义。

---

① 当然，这并不是说在现实生活中面对诸多不同的话语系统时我们无须或无法进行选择。在特定的时间与空间范围内面对不同话语系统时，我们不仅有必要而且也可以进行选择（事实上我们也常常会在不同话语系统之间做出选择），只不过我们在做出选择时所依据的不是话语系统之间的真假度，而是真假度之外的其他因素。譬如，我们之所以选择某一话语系统，可能是因为：（1）它是我们人生最初所接受到的东西；（2）它具有某种与我们已熟知之物所不同的新元素、新信息；（3）和其他话语系统相比，它具有更大的包容性；（4）它是我所在共同体（家庭、家族、学校、工作团体等）的主流话语，选择它能够使我与本共同体中其他成员之间的关系达到更高程度的和谐一致；（5）它在表达形式上显得比其他话语更为优美；（6）它能比其他话语更有效地解决我们在日常生活实践中所遭遇的问题；（7）我觉得它能够比其他话语获得更多"事实"材料的支持（因为我相信能够获得事实材料支持的话语要比其他话语更"真"）；（8）某种权势力量要求我接受此一话语系统；等等。成为我们选择某一话语系统之依据的，或者是上述因素之一，或者是其中几个的混合，总之不是因为被选择的这个话语"事实上"要比其他话语更为"真实"。

② 瑞泽尔等人曾经指出社会学是一门多范式的学科，然而即使是这样一些人事实上对于社会学领域中的多范式状况也还是耿耿于怀，总想通过各种方式来对这些至少表面上看来互不兼容的社会学理论范式进行整合，建立一种比现有的各种社会学理论范式都更加具有包容性和解释力的综合性社会学理论框架。

第四，后现代主义思潮还为社会研究提供了一种反本质主义的思维方式。如前所述，本质主义乃是各类现代主义社会学（实证主义社会学、诠释社会学或现象学社会学、批判社会学等）研究模式所共有的思维方式。按照这种本质主义的思维方式，我们从事社会研究时的一个重要任务就是要透过各种具体的社会"现象"去把握住这些具体"现象"后面所共有的、规定着这些具体"现象"之存在的那些"本质"特性。迄今为止，这种思维方式仍然在很大程度上主导着我们的各类研究文献和社会学教科书。后现代主义者则告诉我们，我们在科学研究中所使用的所有概念和范畴都不能被看作对所谓事物内在之固有本质属性的标示，它们其实都只是这些概念和范畴的制定者在特定话语体系的约束和指引下对事物（的内涵和外延）所进行的一种符号"切割"或话语建构。不同的话语体系，对对象世界会有不同的"切割"或建构，形成不同的概念和范畴网络。这些概念或范畴既可以用不同的符号来标示，也可以用相同的符号来标示——例如，即使是同样采用"家庭"这两个汉字符号来表示的概念，在不同的话语系统中其内涵也可以有很大差别。如图1—2[①] 所示：

话语系统 A	a	b	c	d
话语系统 B	a	b	c	
话语系统 C		b	c	d
话语系统 D	a	b		
话语系统 E	a			d

图 1—2 "家庭"的本质特征

在话语系统 A 中，"家庭"概念由 a、b、c、d 四个基本特征构成；在话语系统 B 中，"家庭"概念由 a、b、c 三个基本特征构成；在话语系统 C 中，"家庭"概念由 b、c、d 三个基本特征构成；在话语系统 D 中，"家庭"概念由 a、b 两个基本特征构成；在话语系统 E 中，"家庭"概念则由 a、d 两个基本特征构成。在 a、b、c、d 这四个基本特征中，没有一个是由上述五个话语系统中的"家庭"概念所共有的。自然，采用上述不同话语系统中的"家庭"概念来观察"现实"就可能会形成完全不同的"家

---

① 此图系受张志林、陈少明著《反本质主义与知识问题》（广东人民出版社，1995）一书第 45 页图表的启发而作。但本书作者对图表的理解和解释与张、陈二位作者有很大不同：在张、陈二位作者那里，图表中所示的那些特征 a、b、c、d 等仍然被视为事物本身所固有的属性，而不是某种话语建构的产物；在本书中则相反。

庭"外延。因而，受不同话语体系约束和指引的人对于研究对象也就常常会有非常不同的界定或话语建构，并进而对研究对象得出一套与在其他话语体系之下进行研究时可能得出的完全不同的研究结果。例如，当我们把"家庭"界定为"建立在姻缘关系和血缘关系基础上的人类共同生活的初级社会群体"时，应用这一概念去对"家庭"现象进行考察所得到的结果，与我们把"家庭"界定为"建立在亲密情感关系基础上的人类共同生活的初级社会群体"时所得到的结果就将会有相当程度的差异。当我们将"自杀"界定为"行动者出于达到使自己死亡的目的而以主动或被动方式自愿杀死自己的行为"，而不是像涂尔干所做的那样界定为"任何一桩直接或间接导源于受害者自身主动或被动的行为，且受害者知道这一行为的后果的死亡事件"时，我们对"自杀"现象进行考察所得到的结果也就将与涂尔干当年所得到的结果大不一样。因此，我们在对某一项社会现象（如"家庭"、"阶级"、"卖淫"、"自杀"等）进行研究时，就必须既意识到自己所用概念的话语局限，又应该努力去超越自己所属话语体系的限制，尝试一下从其他话语体系来考察这"同一"现象时将会得到什么样的结果，从而扩展和丰富我们对"这一"现象的知识，而决不应该去追求有关这一现象的某种唯一的"本质"认识。

当然，这也不是说"本质"一词从此就完全不能够再采用了，而是说这一概念最多只是在某一话语系统内部才能加以言说。在某一话语内部，我们仍然可以沿用"本质"一词来表示我们在对某一事物进行界定时所表述的那样一些"特征"。只不过在这样做时我们应该记住这些所谓的"本质特征"既非事物固有的（而是我们的一种话语建构）也非唯一的（其他的话语系统会有不同的建构）。

第五，后现代主义思潮对现代主义思想中所含"基础主义"立场的批评也使我们对西方思想中关于一般和个别、普遍与特殊、同一和差异、总体和局部、中心和边缘、连续性和非连续性等知识之间关系的问题有一种新的认识。后现代主义思潮修正了西方思想中关于一般和个别、普遍与特殊、同一和差异、总体和局部、中心和边缘、连续性和非连续性等知识关系问题上的传统解释，批评了现代科学（包括社会科学）研究中片面追求一般性、普遍性、同一性、总体性、中心性和连续性知识，将这些方面的知识置于优先地位，把它们视为更为根本和更为基础的知识，甚至以它们来排斥与它们对立的那些知识的"基础主义"以及与此相连的"普遍主义"、"中心主义"等思维倾向，使我们意识到个别性、特殊性、差异性、局部性、边缘性、非连续性等方面知识的价值和意义，意识到理论概括的局限性，以及试图简单地用某种一般理论知识来统摄所有具体知识的非适当性，从而使我们从一种新的立场、以一种新的眼光去看待我们的知识世界。

我们仍以上图来解说一般和个别、普遍与特殊、同一和差异、总体和局部、中心和边缘、连续性和非连续性等知识之间的关系。如上所述，话语系统 A、B、C、D、E 对"家庭"概念各自作了不同的界定。假如这些话语系统分别适用于 A、B、C、D、E 几个不同的时期或不同的地域范围，那么，按照传统的现代主义理论模式，人们通常会将对上述各话语系统中不同含义之"家庭"特征的描述看作有关家庭的特殊（个别、局部）性知识，而将通过对这些不同含义之"家庭"特征进行进一步归纳概括所得的、对不同含义的"家庭"之共同特征（a，或 b，或 c，或 d，或 a＋b等）的描述看作比这些特殊性知识更具普遍（一般、总体）性的知识，认为对于"家庭"这种社会现象的认知来说，后者处于比前者更为基础性、中心性的地位，具有更为重要的价值或意义。只要而且也只有把握住了关于家庭的这些普遍（一般、总体）性话语，我们对于"家庭"这种现象也就有了基本的认识；至于不同含义的家庭各自具有的那些非普遍（一般、总体）性的、边缘性的特征，对于我们理解家庭现象的存在和变化则属于可有可无的知识。然而，在后现代主义者那里，情况则完全不同。后现代主义者们认为，对于各个话语系统下"实际"存在的那些"家庭"来说，其存在和变化并非是由普遍（一般、总体）性"家庭"话语所描述的那些共同特征而是由各个特定的"家庭"话语所描述的那些具体特征所确定的，因此，如果只是掌握了有关所有类型家庭共有特征方面的那种普遍（一般、总体）性知识，而没有掌握包括共有和具体这两大类特征在内的所有那些特殊（个别、局部）性知识，就不可能对特定话语系统条件下之"家庭"的存在和变化状况有适当的理解。那种排除了有关非共有特征方面知识的单纯的普遍（基础、一般）性知识是一种空洞的抽象，对于我们恰当理解研究对象来说并不具有比那些非共有特征方面的知识更为优越的价值。在某种意义上，我们甚至可以说，对于理解各种特定话语系统条件下之"家庭"的存在和变化这一任务而言，关于各种特定话语系统的情境性知识要更优越于只是概括性地包含了普遍特征的那些一般性、总体性知识。后现代主义者们的这样一种看法，显然具有相当大的合理性，值得我们参考借鉴。

和前面几处讨论时所遇到的情况一样，这里也并非是说那些普遍（基础、一般）性的知识就完全没有意义了，我们从此就不能去建构这种普遍（基础、一般）性的知识了。其实，无论是有关一般性、普遍性、同一性、总体性、中心性、连续性的知识，还是有关个别性、特殊性、差异性、局部性、边缘性、非连续性的知识，都是我们人类生活所必需的知识。按照某些极端后现代主义者们的立场，我们得到的就有可能只能是在数量上无限膨胀的各种零零碎碎的局部知识或无限多样的"局部性知识"或"小叙事"，而无法得到一个有关世界或我们的社会生活整体的"示意图"。这将使我们失去人类生活所必需的那种宏观视野，甚至失去我们的认知与社会行动能力本身。因此，我们既需要意识到普遍（基础、一般）性知识的局限，也不能完全否定这种知识的价值，而只是应该在"反实在主义"或"话语建构论"的立场上来重新理解和诠释这种普遍（基础、一般）性知识的性质。我们应该意识到，我们通过归纳概括等过程所得到的那些普遍（基础、一般）性知识也只是话语建构的一个结果，而非事物自身固有的属性；对于某一同"名"的事物，不同的话语系统可能会有不同的普遍（基础、一般）性知识。

四、结　语

或许我们还可以作进一步的讨论，但笔者认为，以上的描述和分析已经足以让我们感受到：后现代主义思潮既不像奥尼尔等人所说的那样只是一些精神错乱者的胡言乱语，也不像鲍曼和瑞泽尔等人所认为的那样仅仅只是包含着一些对传统社会学有益、可以用来补充和修正传统社会学研究模式的"真知灼见"；在后现代主义思潮当中蕴含着的，对社会学研究人员来说也当是最具深长意味的价值，是一种全新的社会研究模式。这种社会研究模式是一种建立在（多元主义的）"话语（或文本）建构论"立场之上、以话语分析为基本特征的研究模式（"把话语既当作主题又当作社会学分析的手段"）。这里的"话语分析"既继承了迄今为止哲学、语言学、社会学、新闻学、心理学等学科领域中话语分析研究的诸多成果，但在本体论、认识论的基本预设和具体研究程序方面又与它们有着相当大的区别：和以往那些话语分析模式相比，它不仅在本体论、认识论的基本预设方面更多地突出和强调话语本身的建构性质、否定"实在"的给定性质，而且在具体研究程序方面也更自觉、更明确地追求话语建构和话语分析结果的多元化状态。

综合起来看，相对于以往那些被本书称为"现代主义社会学"的社会研究模式而言，这种社会研究模式至少有以下两点可称道之处。

第一，和传统的、现代主义的实证社会学、诠释社会学与批判社会学研究模式相比，它无论是在研究的对象、研究的程序和方法，还是在研究的任务和目标方面，都的确为我们提供了一种新的选择。正像布朗和勒麦特等人所说的那样，后现代主义思潮的确包含着一种"具有使我们社会学事业的方法、对象及其概念本身激进化的潜能"①，以此为基础便可以发展出一种新的社会研究模式。尽管我们目前对这种新的社会研究模式给我们可能带来的利弊得失尚不能做出精确的评估，但可以肯定的是，作为一种新的选择，这种新的社会研究模式至少能够让我们的视野有所转换，使我们对"社会世界"的理解和诠释有所变异，因而值得我们用它去进行一些新的尝试。

第二，从我们上面的描述和分析可以领悟到，和许多人②通常所想象的有所不同，在某种意义上，我们可以说后现代主义思潮所蕴含的这种"多元话语分析"社会研究模式，在经过适当的理解和诠释的情况下，实际上并没有也并不必然要将以往传统的那些"现代主义"社会研究模式的内容、概念及方法彻底地加以否弃，而是可以以一种新的方式将它们包容在自身之中，赋予它们一种全新的意义和价值。譬如，我们可以否弃传统现代主义的那种"给定实在论"立场，但并不必须要否弃曾经与这种立场

---

① R. Brown（1994），"Rhetoric, Textuality, and the Postmodern Turn in Sociological Theory", in S. Seidman, *The Postmodern Turn: New Perspectives on Social Theory*, Cambridge University Press, 230.

② 这些人既包括了像奥尼尔这样的极端反后现代主义者，也包括了塞德曼、布朗、勒麦特这样的后现代主义的坚定支持者。尽管这两类人在对待后现代主义的立场和态度方面似乎完全相反，但他们对后现代主义与现代主义思潮之间相互关系的理解却有某些一致之处：他们似乎都认为在后现代主义与现代主义思潮之间存在着一种决然的对立和断裂，前者是对后者的彻底否弃。

相联系的"实在"概念以及相应的一些分析方法（因果分析、意向分析、批判分析等），而是可以在一种新的意义上来理解和诠释它们并将它们重新包容进后现代主义思潮所蕴含的"多元话语分析"社会研究模式之中。一如前述，对于"现代主义"社会研究模式的其他一些内容、概念和方法来说，也是如此。可见，这种新的社会研究模式所彻底否弃的，只是在传统的"现代主义"意义上来理解和诠释的那种"实在观"、"再现观"、"真理观"、"本质观"和"普遍观"等，而非是曾经与这些观念相联的内容、概念及方法本身。因此，我们其实可以将后现代主义思潮所蕴含的这种"多元话语分析"社会研究模式与以往传统的那些社会研究模式之间的关系比拟为爱因斯坦相对论物理学与牛顿机械力学之间的关系，或非欧几何学与欧氏几何学之间的那种关系。在所有这样一些关系当中，前者都只是否弃了后者所蕴含的那种本体论、认识论方面的基本预设，以及与这些基本预设相联的那种对研究对象、研究方法和研究目标的理解与诠释，并未将后者的内容、概念及方法完全否弃，而是在经过一番再诠释后把它们重新包容于自身之中。无疑，尽管我们不能说这意味着前者比后者要"进步"，但至少我们可以说与后者相比，前者的内涵要更丰富些，因而当更加可取。

　　概而言之，后现代主义思潮并非洪水猛兽，而是一座值得我们去深入开掘的宝藏。对于社会学研究人员来说，"多元话语分析"就是这座宝藏当中最具价值的东西之一。我们不应对其采取一种忽视或者轻视的态度，从而错失改善或更新我们社会研究框架的机会。

第二章　实证、诠释与话语：以自杀现象的分析为例

本章摘要："多元话语分析"是后现代主义思潮所隐含的一种社会研究模式。本章以自杀现象的研究为例，将多元话语分析与现代主义社会学传统中的实证分析、诠释分析模式进行比较，具体展示了多元话语分析的特点及其与后两种社会分析模式之间的差异。

关键词：自杀研究　多元话语分析　实证社会学　诠释社会学

　　在前一章中，笔者曾经参照后现代主义思潮的基本观点，概括和引申出了一种被称为"多元话语分析"的社会研究模式。在那里，笔者粗略地描述了这种"多元话语分析"社会研究模式的基本特征。在本章中，我们拟以自杀现象的分析为例，将多元话语分析与现代主义社会学传统中的实证分析、诠释分析模式进行比较，来进一步具体展示多元话语分析的特点及其与后两种社会分析模式之间的差异。

······ 一、自杀现象的实证分析 ······

　　这里的"实证分析"主要指实证主义者所倡导的一些分析方法。在社会学中，实证主义者们的理论立场虽然也是多种多样的（从社会本体论的维度来看，有"社会唯实论"的实证主义、"社会唯名论"的实证主义；从社会认识论的角度来看，有经验论或归纳论的实证主义、唯理论或演绎论的实证主义、"分析实在论"的实证主义等），但其共同点是主张社会现象与自然现象一样，本质上都是一种既不以神的意志也不以个人的意志为转移、完全由客观规律所支配的现象，因而完全可以采用与自然科学相同的研究方法来加以研究。这种研究方法就是"实证"研究方法，其主要特征就是强调一项科学命题必须建立在**客观事实**的基础之上，必须经得起客观事实的检验。① 而所谓"客观事实"，就是一种外在于社会成员个人主观意识的纯粹给定的"事实"，它应该具有以下这样一些特征：一是可以被人们以直接（借助于各种感官）或间接（借助于各种作为人体感官之延伸的工具如显微镜、望远镜等）的方式从外部特征上感性地加以观察（可观察性）；二是这种观察的结果具有不以观察者个人主观意识状况为转移的特性，在条件相同的情况下，每个观察者就同一"事实"所进行的每一次观察所得到的观察结果都应该是相同的（可重复性）；三是这些观察结果还要所有人都能够以相同的、唯一的方式加以理解和确认的形式来进行表述（可操作性）。一项"事实"如果不具备这样一些特征，那么，即使它可能的确是一项"事实"（即它确实可能是一项实际存在的事物或事

---

　　① 立场不同的实证主义者对于理论命题和事实观察二者之间的时间顺序有着不同的看法。一般说来，归纳论的实证主义者主张必须先有对经验事实的观察和分析，然后才可能从中以归纳方式形成带有概括性质的理论命题；演绎论的实证主义者则认为对经验事实的观察可以在理论命题的提出之后，理论命题可以用演绎方式先从若干公理性的命题当中推演出来；分析实在论的实证主义则认为对有些经验事实的观察必须是在特定理论体系的提出之后，因为这些经验事实只有借助于这些已经提出的理论体系才能够得以确认。尽管不同的实证主义者之间在这一点上存在着这样的差别，但对于"科学命题必须建立在可观察的客观事实之上"这一原则本身，他们是没有分歧的。

件），但由于无法为不同的观察人员在不同的时间或地点条件下共同加以确认，因而也就不能成为科学命题（以及理论）赖以建立的基础。

在实证分析那里，"自杀"就是这样一种外在于社会成员个人主观意识的纯粹给定的"客观事实"，自杀研究就是要对这样一种客观事实及其背后支配其存在和变化的规则进行科学的描述和分析。对于一个实证主义者来说，无论其在事实观察和理论建构之间的时间顺序等程序问题上与他人有何分歧，以下这些研究程序及其原则都是他必须遵守的：

（1）他必须根据可观察性、可重复性和可操作性原则来对"自杀"行为作出一个"科学"（而非常识性）的界定，并据此来对可能符合该定义的那些社会现象进行观察（调查），将其中真正符合该定义的那些事件归属到"自杀"这一范畴之下；同样，他也必须根据可观察性、可重复性和可操作性原则来对与"自杀"行为可能相关的那样一些"事实"（"自杀"者的年龄、性别、受教育水平、宗教信仰、种族、社会地位、职业、健康状况、婚姻状况、子女数等）进行科学的（而非常识性的）界定，并据此对按照上述定义被归入到"自杀"这一范畴之下的那些事件的当事者进行观察（调查），将相关的一些事实按照定义一一记录在案。

（2）将按照定义收集到的那些自杀行为确立为需要加以解释的因素，将同样按照定义收集到的那些与"自杀"行为可能相关的"事实"资料确立为可能可以用来对自杀行为加以解释的因素，然后同样根据可观察性、可重复性和可操作性等原则，运用一定的方法来对两种因素之间的关系进行分析，并以此为依据**推断**出两类因素之间可能存在的因果关系。

在进行上述第二项工作时，采用的分析方法既可以是统计分析方法，也可以是个案分析方法。一般来讲，实证主义社会学中的"社会唯实论"者们更倾向于采用统计分析方法，而实证主义社会学中的"社会唯名论"者们则可能更倾向于采用个案分析方法。

涂尔干关于自杀现象的社会学分析可以看作实证主义社会学中持"社会唯实论"立场的学者们以统计分析方法来对自杀现象进行研究的一个范例。

众所周知，涂尔干不仅是一个实证主义社会学家，而且还是一个典型的"社会唯实论"者。作为一个实证主义者，他始终坚持社会现象和自然现象本质上的一致性、社会科学和自然科学本质上的一致性以及科学命题必须建立在**客观事实**的基础之上这样一些基本原则；而作为一个"社会唯实论"者，他更进一步认为"社会现象"是一种外在于、独立于个人之外并对个人具有强制力的集体性的"客观存在"。他明确指出，社会虽然是由无数有意识的个人组成的，但正如在自然界中由不同原子组成的物质具有与组成它的那些原子完全不同的性质一样，"构成社会的这种特殊综合产生了与个人意识现象完全不同的新现象。这种新现象存在于社会，而不存在于社会的各个部分，即不存在于构成社会的各个成员中。从这个意义上讲，社会现象是外在于个人意识的，如同生命的不同属性外在于构成生命的矿物质一样"①。涂尔干认为，按照这样一种理解，社会现象就不应该也不可能从"社会"以外的那些因素（宇宙一般规律或心理因素等）来加以解释，而只能由社会现象本身来获得解释。因此，涂尔干提出了他那著名的社会学研究方法的基本准则，即不仅"要将社会现象当作客观事物来看待"②，而且要"通过社会去解释社会现象"③："个人现象不同于社会现象，个人意识不能解释社会现象，要解释社会现象，只能根据社会本身的性质。社会现象无论在时间上还是在空间上都远远超出个人之外，它具有一种强制个人的权威，强制着个人的行为方式和思维方式，使每个人感受到它的压力，由社会整体作用于每一个人，这就是社会现象的特别标记"④，"社会现象的确切原因应该从那些以往的社会现象中去寻找，而不能从那些个人意识状况中去挖掘"⑤。涂尔干对自杀现象的研究就努力遵循他自己确立的这样一种方法论原则。

在《自杀论》一书中，涂尔干既是把"自杀"看成一种"客观的"社会现象，同时也力图用其他各种"客观的"社会现象（而非自然现象或心理现象）来对其加以解释。

涂尔干首先试图按照可观察性、可重复性和可操作性一类的原则来把"自杀"当作一种客观的事实来加以界定。他明确地提出，我们要加以界定的"自杀"范畴"必须具有客观性，即与事物某些确定的方面相吻合"；"我们必须在各种各样的死亡中，探究到底是否存在具有非常客观的共性

① ［法］涂尔干：《社会学研究方法论》，法文 2 版，胡伟译，6 页，北京，华夏出版社，1988。

② 同上书，13 页。

③ 同上书，85 页。

④ 同上书，81 页。

⑤ 同上书，88 页。

的死亡，以至任何悉心的观察者都能辨别出来"①。他旗帜鲜明地反对根据自杀者的行为动机（如具有自我毁灭的主观意图）等主观因素来对自杀进行定义，因为一来行动者的主观动机很难准确地加以观察和把握②，二来在自杀行为及其后果完全相同的情况下自杀者的行为动机却可以多种多样，如果一定要以"具有自我毁灭的主观意图"之类的因素来界定自杀，那么就会把很大一批实际效果与自杀相同的那些现象排除在自杀范畴之外。③ 据此，涂尔干先是将自杀界定为"如下的任何死亡，即由死亡者本身完成的主动或被动的行为所导致的直接或间接结果"④；在经过一番讨论之后，又进一步将其界定为"任何一桩直接或间接导源于受害者自身主动的或被动的行为，且受害者知道这一行为的后果的死亡事件"⑤。

从表面上看，自杀完全是一种个体行为，它的发生完全取决于一些个体性因素，因而人们往往认为它只属于心理学的研究领域，试图用性格、脾气、经历和个人生活史来解释自杀行为。然而，涂尔干认为，如果我们不是孤立地来考察单个的自杀者，"而是将一定时期发生在一定社会中的

---

① ［法］涂尔干：《自杀论》，钟旭辉等译，2 页，杭州，浙江人民出版社，1989。

② "我们如何去发现行为者的动机？如何发现他在下定决心时是真想一死还是另有所图？意愿完全是个人内心的事，哪怕是大概情况也很难为他人所知，甚至本人也无从了解。我们错误地解释自己行为的原因难道不是司空见惯的事？我们总是用一些无私的情感和高尚的思想来解释由于卑俗猥琐的感情和盲目的遵从而产生的行为。"同上书，3 页。

③ "如果仅仅是自我毁灭的意图本身就构成自杀，自杀这个词就不能用于尽管有区别但基本上与通常所谓自杀相同的那些现象，这些现象舍此无别的词可以概括。一位为挽救他的部队而献身的士兵并不是甘心去送死的，然而这个士兵难道不是与为了避免破产而结果了自己生命的工厂主和商人一样，都是死亡的施动者吗？为信仰而献身的殉道者和为了孩子而献身的母亲均属这种情况。不管死亡是仅仅由于不幸的结果（有时为某种目的而不可避免），还是实际上出于自愿，个人在任何一种情况下都是抛弃生命而将其实现的，各类方式不过是同类行为的变体。"同上书，3～4 页。

④ 同上书，2～3 页。

⑤ 同上书，4 页。与前一个定义相比，后一个定义的好处是可以将由于行动者的幻觉所造成的一些死亡（如某人从很高的窗户上跳下去，自己还以为是在一层楼上）排除在自杀定义之外。涂尔干认为这一定义更为科学。但实际上前一定义更符合实证主义的客观性原则（或涂尔干自己表述的"从事物的外部特征来界定事物"的原则），因为后一定义涉及了行动者是否"知道"自己行动后果这样一种主观意识状况方面的因素。涂尔干对后一定义的肯定，在一定程度上体现了涂尔干社会学及实证主义社会学方法论的局限。涂尔干自己在一定程度上也意识到了这一点，所以他在书中为这一定义辩解说，它不会导致研究上的困难，因为"很容易辨认"这种主观意识状况，"人们并非不可能发现个人事先是否知道他的行为的必然后果"。然而，我们却不得不认为，这一辩解有点勉强。

自杀现象作为一个整体来研究，我们会发现这个整体并不是一些孤立事件的简单集合，相反它本身就是一个自成一体的新事物，有着自己的整体性、自己的个性，甚至于自己的本质特征。而就其本质来说，它具有社会性质"①。为了更好地揭示自杀现象的这种社会性质，涂尔干又提出了"自杀率"（即自杀死亡的人数占其所属的统计群体人口的比例）这一概念。利用自杀率这个概念来观察和分析 19 世纪中期欧洲主要国家有关自杀的统计数据，涂尔干发现自杀确实具有明显的社会性特征。譬如，每个国家的自杀率在短期内变化幅度虽然很小，但从较长的时间段来看，不同国家的自杀率之间以及同一个国家里不同群体的自杀率之间却有较大的差异。并且，不论是哪个社会或群体，始终都会有一部分人死于自杀行为。这表明自杀的确是一种社会性的事实，它既会随着各个社会或群体某些共有特征的变化而变化，也会由于各个社会或群体属性之间的不同而不同。自杀现象的这种社会性质使得它可以而且应该成为社会学的特殊的研究课题。与心理学家不同的是，心理学家将关注的焦点放在自杀者个体身上，关心的主要是导致自杀者自杀行为的那些个人性根源；而社会学家则将关注焦点放在自杀率这样一种能够反映一个社会整体自杀状况的现象上，关心的主要是导致整体自杀率变化的那些因素。

那么，影响一个社会自杀率的主要因素到底是什么呢？为了回答这个问题，涂尔干将人们通常可能提出来作为解释自杀现象的那些因素区分为非社会因素（包括人的生理—心理特性如精神失常、种族特质和遗传、模仿心理等，以及外部环境如气候、气温等）与社会因素（主要是社会整合的程度）两大类，并且也尽量按照可观察性、可重复性和可操作性一类的原则来把这些因素当作客观事实来加以界定，然后再对这些因素与自杀现象之间的关系一一加以考察，结果表明所有非社会因素的变化与自杀率的变化之间都不存在着紧密的共变关系，只有社会因素的变化才与自杀率的变化高度一致，从而证明了影响自杀现象的主要因素不是各种非社会因素而是其他某种社会现象这样一种看法。

涂尔干用来对自杀率和可能影响自杀率的那些因素之间相互关系进行推断性分析的主要方法是所谓共变法。当他提出各种非社会因素都不是影响自杀率的真正原因这一论断时，其主要依据就是这些因素与自杀率之间

---

① ［法］涂尔干：《自杀论》，钟旭辉等译，8 页，杭州，浙江人民出版社，1989。

不存在着统计上的共变关系（如精神病比率高的群体或地区自杀率反而低、同一种族的人其自杀率在不同国家或不同宗教中有着很大的差别、自杀率并未与模仿理论预期的行为变化而同步变化、自杀率的变化并不与气候及气温的分布严格保持一致等）；同样，当他提出影响自杀率变化的因素主要是社会整合程度一类的"社会因素"时，其主要依据也是这两者之间所存在的统计意义上的密切共变关系。

（1）经过仔细分析，可以发现有一类自杀的比率与群体成员之间的整合程度成反比关系：一个群体内部成员之间的整合程度越高，其成员的自杀率就越低，反之则越高。例如，对其信徒的控制或整合程度越高的宗教（如犹太教和天主教），其信徒的自杀率相对就会越低；反之（如新教徒）就会越高；同样，成员越多、内部整合程度越高的家庭，自杀率相对也就越低，反之就越高；已婚者的自杀率也要低于未婚者的自杀率；在政治危机时期社会的自杀率往往会降低，这也是因为政治危机在许多情况下激发了全民族的集体情感，使全民为了一个共同的目标而行动起来，至少在一个时期内形成了较紧密的民族团结。涂尔干认为此类自杀在比率上与群体整合程度之间的这种反比关系，是由于整合程度高的群体既可以对成员个人行为施行较高程度的控制，也可以赋予成员个人以较高程度的社会责任感和生活意义；整合程度低的群体在这几个方面的功能则都较弱。而群体内部整合度的下降很大程度上是个人主义兴盛的结果。正是个人主义的兴盛削弱了个人依附的集体力量，使个人把自己的目标和利益凌驾于集体的目标和利益之上，从而降低了团体的整合程度，提高了自杀的概率。所以他把这类自杀叫做"利己型"自杀。

（2）经过仔细分析，也可以发现有一类自杀的比率与群体成员之间的整合程度成正比关系。以"利他型"自杀而言，经过分析则可以发现与"利己型"自杀相反的倾向：一个群体内部成员之间的整合程度越高，此类自杀率就越高，反之则越低。涂尔干认为这类自杀主要是因为社会把个人过于严格地置于自己的控制之下而造成的。在"利己型"自杀中，社会禁止选择死亡，而在这一类自杀中，社会却使人们不得不选择死亡。在这一类自杀盛行的地方，自我完全不属于自己，个体的生命本身毫无价值，它只是集体不可分割的一部分而已。涂尔干将此类自杀叫做"利他型"自杀。

（3）经过仔细分析，还可以发现有一类自杀的比率与群体内部规范约束的有效程度成正比关系：在规范约束有效程度高的时期或地方，此类自杀率相对较低，反之则较高。涂尔干把这类自杀叫做"失范型"自杀。这类自杀无论在贫困还是富裕阶层中，也无论是在经济危机时期还是经济骤然繁荣时期都会发生，因此它与人们的贫困程度无关，而主要是与社会秩序的重大变更有关。涂尔干指出，人的欲望并不完全由生理需要所决定，如果没有适当的约束，它是可以永无止境地增长的。未加遏制的欲望总有一天会与现实的可能性产生冲突，使人们痛苦不堪，陷入精神危机。为了避免这种精神危机，就有必要对人的欲望加以限制，使之与人们的能力相一致。这种限制必须要由一个他们尊重并自愿服从的权威（群体或社会）来进行。在社会正常运行时期，各种社会规范能够对人们发挥有效的约束力，人们安心于自己的所得。但当社会被严重的危机或幸运的骤变打乱时，其约束作用便暂时地消失了，因而便可能扰乱人们的精神平衡，导致自杀率上升。

正是通过这样一些主要以统计上的共变关系为依据的推断和分析，涂尔干试图表明，无论是何种类型的自杀，本质上都是由于某种社会原因（社会整合不足、社会整合过度、社会失序等）而造成的。涂尔干由此宣称他对自杀现象的研究完全证明了"个人行为是社会结构的产物"、"社会现象具有客观性"、"对个人行为以及各种社会现象的解释只能从社会现象当中去寻找而不能从个人意识当中去寻找"这些基本原则的正确性。

涂尔干不仅是实证主义阵营当中的"社会唯实论"者，而且还是"社会唯实论"阵营当中的"功能主义"者。作为一个功能主义者，他始终把社会整合当作自己关心的一个核心主题。他在对自杀现象进行分析时力图把社会整合程度当作解释自杀率变化的主要因素，即在很大程度上反映了他作为一个"功能主义"者所持的这样一种理论立场。[①]

但除了功能主义学派之外，在实证主义的"社会唯实论"阵营当中还包括有达伦多夫一类的社会冲突论者。这些人在对自杀现象进行分析时，自然将把重点放在自杀率与社会不平等等因素之间的相互关系上，以社会不平等等因素来作为解释自杀率的主要自变量。但作为实证主义及"社会唯实论"者，他们在把自杀现象当作一种由社会结构性因素所决定的客观

---

① 这应该也是其他功能主义者所共有的一种理论立场。例如，默顿为分析失范现象所提出来的研究范式其实也不过是涂尔干失范分析模式的一种更为精致的版本而已。

事实这一点上与涂尔干等功能主义者之间不会有什么重大差别。因此，上述以统计推断的方法来从总体上对自杀现象进行描述和分析也当是他们的一种主要研究方法。

然而，对于霍曼斯一类持社会唯名论立场的实证主义社会学家来说，情况就有所不同了。对于这些学者来说，"社会"（家庭、公司、国家、群体等）确实像韦伯所说的那样只不过是一个"名称"而已，是许多个体行动的不同组合。因此，要理解由个体行动建构出来的某种社会现象，就必须从宏观的社会结构和过程返回到个人，通过对个体行动过程的描述和解释来达到对作为个体行动之产物的某种社会现象的描述和解释。从这样一种主张出发，在对自杀现象进行研究时，主要的分析方法就应该是个案分析而非统计分析。但与韦伯等诠释社会学家们不同的是，对于霍曼斯一类的学者来说，作为实证主义者，他们反对从行动者的主观意向方面去描述和理解行动者的行动过程（因为他们认为个体的主观意向是无法客观地加以把握的），而是主张要用行为主义心理学常用的实验等方法，通过对个体行动过程中各种因素之间之外部特征的考察，来总结出支配着个体行为的一些最基本的原理，然后以此为前提，应用演绎逻辑来对包括特定个体的自杀行为在内的各种具体社会事件客观地加以说明。限于篇幅，这里不再举例说明。

二、自杀现象的诠释学分析

本书所说的诠释学分析包含了由韦伯创立的早期诠释社会学、舒茨提出的现象学社会学、加芬克尔提出的常人方法学、布鲁默提出的符号互动主义、戈夫曼的拟剧理论等社会学流派所使用的一些社会分析方法。这些流派所使用的社会分析方法之间尽管有一些细微的差异，但共同特点是强调社会现象与自然现象之间以及社会科学与自然科学之间存在着本质差异，认为社会现象不像自然现象那样是一种完全独立、外在于个人主观意识之外的东西，而是由作为社会成员的那些个人通过有意识的行动建构起来的，因此，要理解社会现象就不能像实证主义者所说的那样从对现象外部特征的观察入手，以现象之间可从外部加以观察的那些联系为依据，而必须采用一种与实证科学完全不同的研究方法，将它们还原为建构了它们的那些意向性的个体行动，通过对这些行动之主观意向及其过程的诠释或理解来达到对作为行动之产物的各种社会现象的理解。

与诠释社会学的上述基本观点相一致，在诠释社会学家那里，自杀现象就不仅不被看成一种社会结构的产物，也不被看成一种完全外在于社会成员个人主观意识的纯粹给定的"客观事实"，而被看成一种由某些相关的社会成员（被归属于"自杀者"的行动者、"自杀者"的亲朋同事、司法官、医生、记者以及其他观察者等）个人主观建构的产物。因此，对于诠释社会学家来说，要想对自杀现象有一种真正适当的理解和解释，就必须深入到以自己的各种行动建构了"自杀"这种社会现象的那些个人的主观意识内部当中去，通过对这些行动之主观意向及其过程的诠释来达到这一目的。在本节中，我们主要以现象学社会学家 J. D. 道格拉斯（J. D. Douglas）、J. M. 阿特金森（J. M. Atkinson）、J. 雅可布（J. Jacobs）等人关于自杀现象的研究来作为对自杀现象进行诠释学分析的范例。

如上所述，实证主义的自杀研究者们所具有的一个基本特征就是相信自杀是一种完全独立于社会成员个体主观意识之外的客观事实。因此，一方面，我们完全有可能客观地确定一项行动是否属于自杀；另一方面，假如需要从总体上对自杀现象进行统计分析的话，我们也完全可以发现一个"真正的"自杀率，或至少是这个比率的近似值。对于实证主义社会学家来说，在研究自杀现象时，基本的任务就是要对"自杀"或者"自杀率"这样一类客观现象产生和变化的原因作出科学的解释。

然而，道格拉斯和阿特金森等人却认为这样一种"自杀"观是完全错误的。他们从诠释社会学的立场出发指出，自杀并非像实证主义者们设想的那样是一种完全不以人们的主观意志为转移的纯粹客观的社会事实。"社会世界是行动者的感性认识和主观解释的产物。社会世界除了社会行动者赋予它的意义外，本身并没有什么实际的存在。因此，自杀这一行动仅仅是社会行动者把它解释为自杀而已。某些事件是经过验尸官、医生、记者、死者的家属和朋友等认定才解释为自杀的。有关自杀的各种定义就是依赖于这些人对于事件的解释。"换句话说，一次死亡事件是否属于自杀并不取决于它本身具有的什么"客观属性"以及根据这些"客观属性"而确定的判断标准，而是在很大程度上要取决于人们对自杀范畴的主观认定。人们对自杀范畴的界定不同，被确认和归属于自杀范畴之下的死亡事件的数据也就不同，"因此，社会学家把自杀看作实际存在的事物并试图寻求其原因的做法是毫无意义的"。阿特金森由此彻底否定有一个客观的自杀率的看法，认为"以这种假设（有一个像客观现实那样存在着并等待人们去发现的'真正的'自杀率）作为前提进行研究的社会学家，结果只会发现与他们企图弄清楚的社会现实毫无关系的自杀的'事实'。通过建立一整套对自杀进行分类和测定的标准——用科学的语言讲就是通过将自杀概念的操作化，他们仅仅是把他们的现实强加于社会世界。这就必然会使那个社会世界遭到歪曲"。其实，社会学家真正应当提出来加以研究的问题是："某些死亡是怎样被人们划入自杀范畴的?"而为了回答这个问题，就"需要对那些试图解释被看作非自然死亡的原因的人所使用的意义进行调查。这样的方法最不会歪曲社会世界，因为它试图探究和理解社会世界的成员们用来构造他们的社会现实的程序"[①]。

从这样一种观点出发，道格拉斯和阿特金森等人对涂尔干一类社会学家主要以官方统计资料为依据来对自杀现象进行描述和分析的做法进行了尖锐的批评。[②] 道格拉斯和阿特金森等人则从上述诠释社会学立场出发认为，官方的统计资料其实仅仅是官方工作人员这类社会行动者对于某些死亡事件的意义作出理解和解释的结果，它并非是什么"客观事实"的再现。因此，如果"把官方关于犯罪和自杀的统计资料看作有其自身客观现

---

① ［英］哈拉兰博斯：《社会学基础：观点、方法、学说》，孟还等译，39～40 页，上海，上海社会科学出版社，1986。

② 在涂尔干那从实证主义的社会唯实论立场出发来研究自杀现象的那些社会学家那里，以官方有关自杀的统计数据为依据来对自杀现象加以描述和分析几乎是一种通例。表面上看，这似乎主要是出于便于获取数据这一缘故，但其实这更主要是这一派社会学家所持实证主义观点的逻辑产物。因为按照实证主义的观点，自杀是一种完全独立于社会成员个体意识之外的客观事实。而所谓"客观事实"，其基本含义之一即是指对它进行观察和界定的结果与观察、界定者个人主观意志的状况无关，只要方法得当，不同（时代、文化、信仰、职业、社会地位、年龄、性别、爱好等）的人在不同的时间、地点条件下对该现象进行观察和界定都将获得相同的结果。具体到自杀这一社会现象，称它为一种"客观现象"，即意味着：（1）不同的人对于一次死亡事件是否属于"自杀"尽管开始可能会有一定的分歧，但只要按照科学的准则进行讨论，最终将会有完全相同的判定标准；（2）不同的人对同一"自杀"事件进行观察和界定时，只要采用的方法得当，最终都将会得到同样的结果。因此，无论是官方人士（验尸官）、医生、研究自杀现象的社会学家，还是其他普通社会成员，在"证据"充分的条件下，对一次死亡事件是否可以归入"自杀"这一范畴之下应该不会有重要分歧。而出于便于获取数据方面的考虑，采用官方现成的自杀统计数据来对自杀现象进行描述和分析就显然是一种合理的行为。

实的活动，那就是对其性质的误解"①。

在一篇讨论自杀统计的论文中，阿特金森指出，一个社会学家在决定是否使用官方统计资料来研究自杀现象时，有两个决定他必须首先做出：第一，他必须决定接受还是拒绝官方的各种相关范畴作为其理论工作的有效指标；第二，要确定与这些官方范畴相应的统计资料的有效性与精确性。阿特金森说，那些决定采用官方范畴来进行自杀研究的社会学家事实上是默认了以下两个基本的逻辑前提：（1）官方的"自杀"的范畴是以与社会学家们的"自杀"范畴完全一致的方式来加以界定的，因而是一个可接受的指标；（2）官方对这种官方定义的使用是持续不变、始终一致的，以至于所有合乎定义的死亡事件都能被包括在统计范围之内。② 阿特金森认为，这两个逻辑前提其实是完全不能成立的。因为一次死亡事件是否属于"自杀"，在很大程度上取决于参与观察、记录、界定这一死亡事件的那些人（如验尸官、医生、记者、死者的家属和朋友等）对这一事件的理解或诠释。官方有关"自杀"的统计资料其实也只不过是以"官方"有关人士对某些死亡事件所作的理解、诠释或界定为基础的。它记录和描述的只是按照这些人的理解、诠释和界定才被称为"自杀"的那些死亡事件的有关状况，而不是什么对于"自杀"现象的纯粹客观的记录和描述（换一批社会成员，他们对什么样的死亡事件属于"自杀"可能会有完全不同的理解、诠释和界定，因而对同一时期、同一地区的"自杀"状况可能就会有完全不同的记录和描述）。因此，我们在利用这些官方资料来描述和分析自杀现象时，不能简单地把它们看作客观现实的再现，而必须意识到它们是官方人士对某些死亡事件进行理解和诠释的产物，必须深入到这些官方人士的主观意识过程当中去，了解他们是如何理解和诠释这些死亡事件的含义，如何将它们建构成为一种"自杀"现象的。

在持实证主义观点的研究人员内部，人们也已经意识到以往以官方统计资料为依据来进行自杀研究时所存在的一些问题。例如，可能具有严重的不准确性、实际的自杀率往往被有意低估等。但是，尽管如此，许多持

---

① ［英］哈拉兰博斯：《社会学基础：观点、方法、学说》，孟还等译，39 页，上海，上海社会科学出版社，1986。

② See J. M. Atkinson (1971), "Suicide Statistics", in A. Giddens (ed.), *The Sociology of Suicide：A Selection of Readings*, Frank CASS & Co. Ltd., 88.

实证主义立场的研究者仍然认为，"经过系统的调查和研究技术的改进，还是可望得到'真实的自杀率'，或至少可以得到十分接近的近似值。他们认为，一旦发现了'真正的事实'，也就能够解释形成这些事实的原因了"①。但阿特金森等诠释社会学家们则认为，"官方关于自杀的统计资料并不是'不正确的'，'估计错误的'，'不精确的'，或'有误差的'。它们其实正是社会世界的一部分，是官方对那些被认为非自然死亡所作的解释"②。实证主义者的错误不在于他们对自杀等社会现象的描述可能不精确，而在于他们根本不懂得这个世界只能根据其不同成员的意义诠释过程去理解，只将其中部分成员的意义诠释当成了客观世界本身，因而"粗暴地对待了他们企图了解的社会现实"。

出于这种考虑，阿特金森将自己有关自杀的研究"集中在验尸官将某些死亡划入自杀范畴时所使用的方法上"。他曾与验尸官进行了讨论，在三个不同的城镇在场旁观验尸，观察了一个验尸官进行工作，查看了一个特定验尸官的部分记录。这些都是阿特金森的资料来源。阿特金森认为，验尸官对于自杀率都有一种"常识性理论"。假如有关死者的情况符合这个理论，他们就很可能把他（或她）的死亡划入自杀范畴。依据这个理论，为了能够就自杀的问题作出裁决，验尸官所考虑的是下述一些有关证据：第一，死者生前是否写下了企图自杀的遗书或曾有过这样的凶兆？第二，某些特殊的死亡方式被认为在一定程度上是自杀的表示。例如，在马路上的死亡很少被解释为自杀的一个迹象，而淹死、吊死或因煤气中毒及用药过量而死亡则很可能被看作自杀的迹象。第三，死亡的地点和环境被认为是有关的因素。例如，同发生在有组织地进行狩猎的农村相比，发生在偏僻荒凉地区的枪杀更可能被解释为自杀。在煤气中毒而死的情况下，假如窗户、门和通风装置都被关闭以防煤气溢出，就更有可能作出自杀的定论。第四，验尸官还考虑死者的个人经历，尤其是关于他（或她）的心理状态和社会处境。例如，精神病史、动荡的童年生活和意志急剧消沉的迹象，这些常常被认为是自杀的证据。一次新近的离婚事件、近亲的死亡、没有朋友、工作中的挫折或经济上的严重拮据，都可能被认为是自杀

① ［英］哈拉兰博斯：《社会学基础：观点、方法、学说》，孟还等译，40～41页，上海，上海社会科学出版社，1986。
② 同上书，41页。

的理由。在谈到一个人喝醉了酒倒在自己的汽车里的案件时，一位验尸官告诉阿特金森说："这里有一个典型的模式可供你参考——家庭破裂、逃避服役、神经崩溃、失业、没有家庭纽带——还有什么比这再清楚不过的？"所以，验尸官在人为什么会自杀这一问题上的看法似乎影响了他们对于死亡性质的分类。

验尸官关于自杀的常识理论含有对自杀原因的分析。如果有关死者背景的情况与这些分析相符，就可能作出自杀的定论。阿特金森这样概括了验尸官们对非自然死亡分类时使用的程序。验尸官们"根据各种关于构成一件'典型自杀'、'典型自杀经历'等等想当然的假设，从事死亡特征和死者个人经历的分析"。因此，自杀可以看成对于某一事件的解释，一种导源于一整套想当然假设的解释。这种观点对于那种把官方有关自杀的统计资料看作"事实"，并试图解释其原因的研究，有着很深刻的影响。那些从死者的社会背景或心理状态来寻求对自杀的解释的研究者们，也许仅仅是在揭示和阐述验尸官的想当然的假设而已。阿特金森发现，验尸官的自杀理论与社会学家和心理学家的理论非常相似。由于验尸官应用他们有关自杀原因的理论作为判断自杀的一个方法，这种相似性是可以预料的。因此，阿特金森认为："那些从被官方归入自杀一类的死者的社会处境或心理状况来寻求自杀原因的社会科学家，可能只是在表达验尸官的常识性理论而已。"①

在《自杀之社会意义的社会学分析》一文中，道格拉斯也对涂尔干一类从实证主义立场出发来展开的自杀社会学研究进行了严厉的批评。道格拉斯指出，在涂尔干等人那里，对于"自杀"现象的描述和分析几乎都是借助于官方统计资料来进行的（这些资料包括两类，一是官方对于"自杀"的统计，二是官方有关个体状况和社会结构状况的统计），官方有关自杀的统计数据被当作毫无问题的资料而接受了下来。因此，在一定程度上，人们可以说："涂尔干在《自杀论》一书中为自己确立的任务就是将官方有关个体状况（例如结婚、离婚等）的某些范畴的统计数据与官方有关自杀率的统计数据之间已经得到确定的统计关系和某些浪漫主义作家发

---

① ［英］哈拉兰博斯：《社会学基础：观点、方法、学说》，孟还等译，41～43 页，上海，上海社会科学出版社，1986。

展起来的关于非道德行动的'利己主义—失范'理论系统性地关联起来。"① 道格拉斯认为，涂尔干等人在自杀研究过程中对于官方统计资料的这种信任和依赖，在很大程度上是以一个非常绝对的基本假设为前提的，这就是认为在西方文化中自杀范畴的含义在任何时候、任何地方都是一样的，绝不会有任何变化（否则的话"自杀率"的变化或许就可以由那些意义的变化而不是由所谓"社会整合"一类的因素来加以解释了）。② 道格拉斯也认为这种假定是完全不能成立的。实际上，在不同的时间、不同的地点，人们对自杀含义的主观界定往往是会发生变化的。这意味着在不同时期、不同地点条件下被归入到"自杀"范畴之下的那些死亡事件其实并非完全是同质的，在内涵和外延上可能存在着重要差别。无视在不同时间、地点等条件下人们对"自杀"含义主观界定方面的这种差异，将各种含义不同的"自杀"资料笼统地搜集罗列在一起加以比较和分析，从逻辑上说显然是不合适的。

　　事实上，一旦人们开始对官方人士确定一项死亡案例是否属于"自杀"范畴的实际过程进行考察，就会发现一个惊人的现象。人们将发现在西方世界里，"自杀"这一术语并无任何清楚、明晰的含义。即使是从学者建议或法律颁布的那些高度形式化的定义来看也是如此。"自杀"定义在含义上的丰富性和多样性使得不同的官方自杀统计显然失去了可比性。

　　除了在使用官方统计资料时所隐含的上述问题之外，道格拉斯还指出，使用统计方法来研究自杀现象，这一方法本身也包含着某些难以解决的问题。对于像涂尔干这样一些使用统计方法来研究自杀现象的人来说，由于他们否定有关自杀者主观意向方面的资料在分析和确认自杀行为时所具有的关键性价值，因而他们在分析自杀行为与其他变量之间的因果关系时缺乏必要的经验资料来作为依据。他们通过统计分析所得到的关于自杀变量与其他变量之间的关系，充其量只是一种相关关系，而非因果关系。当他们想要进一步弄清楚这些相关关系当中到底哪一些属于因果性关系时，他们唯一能够做的事情就是根据常识来推断。涂尔干在他关于自杀的

---

　　① J. D. Douglas (1971), "The Sociological Analysis of Social Meaning of Suicide", in A. Giddens (ed.), *The Sociology of Suicide: A Selection of Readings*, Frank CASS & Co. Ltd., 128.

　　② Ibid., 131.

研究中其实就是这么做的。例如，当涂尔干在解释为什么新教徒的自杀率常常高于天主教徒和犹太教徒时，他同样运用共变法比较了各种教徒人口在当地居民中的比例大小给其造成的社会压力、各教派教义对待自杀的态度以及各教派团体对其内部成员个人的约束（或整合）程度等因素对自杀行为可能造成的作用，结果发现前两个因素与自杀率之间都不存在严格的共变关系（新教徒比率小的地方其自杀率依然很高、新教和天主教教义对自杀有相同的排斥态度），只有内部约束（整合）程度这个因素与自杀率之间有较严格的共变关系（自杀率高的教派团体其内部整合程度也高，反之，则低）。这种比较严格的共变关系自然使人想到二者之间可能存在着因果关系。但单是这种严格的共变关系本身并不足以证明二者之间的因果关系。要想弄清楚二者之间是否真的存在着因果关系，就应该对自杀者的主观意向进行大量的个案分析，从自杀者的意向活动中来考察团体约束或整合程度是否确实是造成自杀率高低的主要因素。但涂尔干并没有这样做，而是借助于一些常识性的推论（如"一个宗教团体对个人判断做出的让步越大，它主宰生活的力量就越小，它的聚合力和生命力就越弱"等），最后得出结论说："新教自杀之所以较多是由于它不像天主教结合得那样紧密。"① 同样，涂尔干在解释为什么随着离婚率的上升丈夫的自杀率常常要高于妻子的自杀率时，也主要是借助于一些常识性的推论（离婚使"丈夫所依赖的心理平衡与宁静被打乱了，取而代之的是一种使人不能满足所得之物的不安心理"②；相反，离婚却减轻了妻子由于婚姻关系的约束而遭受的压迫和痛苦等），而不是通过对成为自杀者的离婚丈夫或离婚妻子意向活动的实际考察来加以说明。事实上，我们可以意识到，这其实是几乎所有以统计分析等实证主义方法来对事物之间的因果关系进行分析的研究模式所具有的通病。

道格拉斯呼吁采用一种可以用来对在真实世界的自杀事件中可观察到的沟通行动进行分析的全新的社会学方法。按照这种方法，我们可以利用精神病学家和其他一些人（自杀者等）记录下来的有关资料，来对自杀事件中有关行动者的主观意向进行分析，并归纳总结出一些有共性的意义建构模式。道格拉斯用了几个比较简单的案例来说明这一点。

---

① ［法］涂尔干：《自杀论》，钟旭辉等译，115 页，杭州，浙江人民出版社，1989。
② 同上书，231～232 页。

案例 1　F. B. 先生，生于 1902 年，在进入医院之前有好几年显示出日益增强的易激动、多疑和缺乏自制的倾向。1945 年他成为明显的妄想狂和抑郁症患者，并同时有一种超常的性要求。他害怕自己会自杀（他的家族已有三位成员死于自杀），并常常威胁他的妻子和孩子。当他妻子开始启动离婚程序时，他变得极度抑郁和自责。一天晚上，他企图饮酒自杀，并将事情告诉了妻子。他被立即送往一家综合性医院，然后被转往一家观察所，最后又被送往精神病院。在精神病院里，他的妄想狂和抑郁症症状虽然维持未变，但渐渐平静下来趋于一种呆滞状态。担心他可能再度尝试自杀，他的妻子不仅未再继续要求离婚，且有规律地去探访他，告诉他不会再提与他离婚的事。自此以后数年里，他一直待在这所精神病院中。①

道格拉斯分析说："在此案中我们可以相当清楚地看到，这位妻子将其丈夫的自杀行为解释为她启动离婚程序这一行动的直接产物。即是说，对她而言，非常清楚的是，这一特殊的、直接的程序性情境是其丈夫自杀行动的一个原因。伴随这样一种解释以及她不愿意丈夫再度自杀的愿望，她改变了情境，使之回复到从前的情形。"②

案例 2　一个 22 岁的年轻职员杀死了自己，因为其新婚四个月的妻子不再爱他，而移情别恋于他的兄长，并宣称要与他离婚，以便能与后者结婚。他留下的一堆自杀手记清楚明白地显示了他要通过自杀来使其妻子和哥哥声名狼藉，以及将注意力引向自身的愿望。在这些手记中，他追述了自己那被损毁了的浪漫故事，并且劝告记者去找一位朋友以获得更多的详情，因为他已经将自己的日记给了这位朋友。

一份手记的开头是特别写给其妻子的："我一直都爱着你；但是现在我死了也憎恨你和我的哥哥。"这是用坚定有力的手写下的句子。随着自杀手记的展开，手迹变得漂浮不定起来，然后更由于其陷于无

---

① J. D. Douglas (1971), "The Sociological Analysis of Social Meaning of Suicide", in A. Giddens (ed.), *The Sociology of Suicide：A Selection of Readings*, Frank CASS & Co. Ltd., 137 – 138.

② Ibid., 138.

意识状态而变得几乎不可辨认。在打开煤气后不久，他写道："把我的'万灵妙药'推荐给所有患有疾病的人吧。时间不会太长了。"一小时过后，他继续写道："还是一样，希望我能在上午2点离去。呵，我如此爱你，佛罗伦丝。我觉得非常疲倦，有一点眩晕。但我的大脑非常清醒。我能看到我的手正在摇晃……一个正值年轻之时的人要想死去是多么不容易啊。现在我希望遗忘会快点到来。"这份手记在此终结。

另一份手记则对使用房东的屋子自杀而为后者可能带来的不便表示歉意。还有一份则写着："对有兴趣阅读此手记的人，所有事件的起因：我曾经热爱和信任我的妻子并且也信任我的哥哥；现在我憎恨我的妻子，藐视我的哥哥，并且由于一直愚蠢地爱着像我妻子这样卑鄙无耻的人而宣判我自己死刑。他们两人今天下午都知道我今晚自杀的企图。他们对此前景感到非常愉快。他们有无数的理由来知道我不是在开玩笑。"

23岁的哥哥向警察坦承了他与弟媳之间的友谊。由于父母离异，幼年时兄弟两人曾经分开，但直到两人同时爱上一个女孩而导致这场悲剧发生之前，兄弟两人还是成了难分难舍的好伙伴。当弟弟因爱心未得回报而企图以自杀相要挟时，姑娘出于怜悯而同意了与他结婚——但后来她发现难以实践自己所许的诺言。婚后不久，弟弟便发现了妻子与兄长之间的关系。他陷入了极度的抑郁，并威胁说要自杀。在他死前的一天，当他看到的一些场面使他确认那两人的确深深地陷入了爱河时，这位职员恨恨地说："好吧，让我以死来还击你们。"①

道格拉斯对此案例进行了如下分析："这个案例清楚地表明了在自杀者和他人心中通常赋予自杀行为之上的'复仇'含义的一般结构：首先，在此案中，最为明显的是指出人们认为应该受到谴责的那个人（人们企图让他人及被谴责者认为此人应为自杀者的行为负责）这一点的重要性。""在此例中，对自杀者准备加以谴责并且认为应该受他人（包括他们自己）

---

① J. D. Douglas（1971），"The Sociological Analysis of Social Meaning of Suicide"，in A. Giddens（ed.），*The Sociology of Suicide: A Selection of Readings*，Frank CASS & Co. Ltd.，138-139.

谴责之对象的揭示是非常清楚的：他留下了大量笔记，提供了许多陈述，以便使他所谴责的那些人变得非常明确。但光是指出这些他试图视为罪犯的人还是不够的：要想使他们被其他人（或被他们自己）界定为元凶，他必须表明存在着某些典型的情境，这类典型的情境会被人们典型地相信为是引发某种典型动机的原因，后者又被典型地相信为引发某些典型行动（比如自杀行动）的原因。在此例中，自杀者试图通过显示他已经被其妻子和兄长的不道德行为所背叛来达到这一点。"但同样毋庸置疑的是，对于他人（例如警察）而言，在诠释或理解这一自杀事件时，光听自杀者个人的简单陈述是不够的，他们还必须寻找更多的"证据"，需要观察其他当事人对自杀者的指控所做出的反应。"在此例中，被谴责者表现出很诚实的样子（与警察自由地交谈），并显示她从未真正爱过他（自杀者），这些尝试给人一个行为良好、全然只是出于爱的力量而被迫背叛兄弟（也即意味着这并非是种真正意义上的背叛，尽管从自杀者的立场来看确是一种背叛）的印象。"不过，"这样一种策略所面临的问题主要是：对自杀行为的选择也意味着一个人对其所说之言的高度承诺（他是严肃的、诚实的，正如这一终极性的承诺行为所显示的那样），以及他值得'同情'，因为他的自杀行为是由外部情境的压力所迫。在这样一种情境下，那些遭受谴责的人很难以一种对他们自己来说更可接受的方式来界定事件（尤其是如果他们'知道'自杀者所说的是'真的'的话）。他们几乎无法争论说他们更为正确或更值得同情。他们似乎只有两条路可走：重新界定所发生之事（事情并非是像自杀者所说的那样），这就是此例中自杀者的妻子与兄长所选择的道路；或者，重新界定自杀者（他是一个'疯子'，或者他试图伤害我们等），以使自杀者看起来不那么值得同情。这有助于解释为何有那么多的自杀者被人当成疯子来看待，以及为何那些企图以自杀行为来谴责他人的人常用一些不那么直接的谴责手段"。道格拉斯总结说："这一分析也使我们看到，就像'自杀'本身一样，社会（现象之间的）因果关系也是（真实的或想象的）参与者之间发生的'自杀争议过程'的一个结果。"[①]

---

① J. D. Douglas (1971), "The Sociological Analysis of Social Meaning of Suicide", in A. Giddens (ed.), *The Sociology of Suicide：A Selection of Readings*, Frank CASS & Co. Ltd., 139-140.

　　道格拉斯认为，上述几个案例中采取自杀行动的行动者赋予自身自杀行动之上的意义有一个共同之处，这就是把自杀行动当作向自己怨恨的某些人进行复仇的一种手段。"复仇"是促使自杀者走向自杀的直接原因。因此，可以将它们抽象概括为有关自杀意义的一种模式，即自杀的"复仇"（revenge）模式。按照同样的方法，我们还可以从具体的案例中抽象概括出有关自杀意义的其他一些模式，如"求助"（the search for help）模式、"同情"（sympathy）模式、"解脱"（escape）模式、"忏悔"（repentance）模式、"赎罪"（expiation）模式、"自我惩罚"（self-punishment）模式和"危机"（seriousness）模式等等。参照这些意义模式，我们就可以根据自杀者自己赋予其自杀行为之上的主观意义来对自杀现象的形成原因作出比实证主义者的解释更为合理的解释。

　　道格拉斯的上述思路在雅可布等人那里得到了进一步的发挥。在《自杀笔记的现象学研究》一文中，雅可布对一些自杀者自杀前留下的笔记材料进行了现象学的分析。通过分析，他发现许多自杀者在对自己的自杀行为赋予意义时，都拥有一个大致相同的意义赋予模式。这种意义赋予模式其实非常接近于道格拉斯所概括的"解脱"模式：这些自杀者在笔记中都以各种不同的方式认定自己正处于一种无法克服的困境，唯有一死才能够使自己从困境中解脱出来。①

　　总而言之，在道格拉斯、阿特金森、雅可布一类的现象学社会学家们看来，"社会世界是一个意义的世界。在那意义的背后没有客观现实。因此，社会世界不是由存在于社会成员的主观经验之外的实体组成的。把社会世界的各个方面当作'社会事实'，当作'事物'，那就是歪曲和误解了社会现实。所以，对于那些不把犯罪和自杀看作意义构成物的社会学家来说，他们是在把自己的现实强加于社会世界，从而歪曲了他们试图理解的真正的现实"②。

---

① See J. Jacobs（1971），"A Phenomenological Study of Suicide Notes"，in A. Giddens（ed.），*The Sociology of Suicide：A Selection of Readings*，Frank CASS ＆ Co. Ltd.，332 - 348.

② ［英］哈拉兰博斯：《社会学基础：观点、方法、学说》，孟还等译，44 页，上海，上海社会科学出版社，1986。

······⌈三、自杀现象的多元话语分析⌋······

　　如上所述，实证主义社会学者将"自杀"看成是一种存在于个人主观意识之外、不以个人主观意志为转移的"客观现实"，诠释社会学家们则将"自杀"看成是一种由个人的主观意识过程建构出来、以个人主观意志为转移的"主观现实"。与这两者都不同，在多元话语分析那里，"自杀"既不被看成是一种完全外在于社会成员意识过程的纯粹给定的"客观事实"，也不被看作一种由某些相关社会成员个人主观建构的产物，而被看作一种在特定话语系统的约束下相关社会成员对某些死亡现象进行符号或话语建构的产物。因此，要想对我们通常所说的"自杀"这样一种社会现象获得真正透彻的理解，我们就既不能像实证主义社会学家们那样简单地通过对调查得来的某些所谓"事实陈述"的分析和整理来得出有关这一现象形成和变化规则的结论，也不能像诠释社会学家们那样试图单纯通过对有关当事人个人主观意识（意义建构过程）的把握来达到对这一现象产生和变化过程的理解，而是要努力去把握相关社会成员以"话语"形式将某些死亡现象建构成"自杀"这一特殊社会现象的过程，以及约束着这一过程的那些特定话语系统，通过对这一话语建构过程及其所处话语系统的了解来达到对作为此一话语建构过程之产物的那些"自杀"现象的理解。此外，和以往的话语分析方法[①]也有所不同的是，在多元话语分析那里，某一社会现象的话语建构过程本身也被认为存在着多种不同的可能性，而非某种唯一的可能性。因此，对某一社会现象的话语分析工作也就应该是尽量从多种不同的角度来进行。话语分析工作应该尽量将社会现象之话语建构的多种可能性揭示出来，展现出来，使人们真正意识到事物或社会现象的这种话语建构性质，意识到自己原本所在的那种话语系统的局限性，从

---

　　① 参见［荷］冯·戴伊克：《话语、心理、社会》，施旭、冯冰编译，北京，中华书局，1993；［英］费尔克拉夫：《话语与社会变迁》，殷晓蓉译，北京，华夏出版社，2003；Fair-clough, N., *Analysing Discourse: Textual Analysis for Social Research*, Routledge, 2003；Brown, G., *Discourse analysis*，北京，外语教学与研究出版社，2000 年影印版；等等。

而跨越自身所在话语系统的界限，达到一种对事物或社会现象的多元化的理解，以及对他人之话语世界的理解，进而实现不同话语世界之间的相互沟通、和谐共存。

具体说来，运用多元话语分析的方法来对"自杀"问题进行研究，至少具有以下几个最基本的特征：

1. 努力运用话语分析的方法和技术对相关当事人以话语形式将某些死亡事件建构为"自杀"现象的方式和策略进行分析（"自杀"现象的话语建构策略分析）

如前所述，在多元话语分析学者看来，所谓"自杀"现象并不是一种纯粹给定的、等待着人们去揭示和发现的客观或主观实在，它只是人们话语建构的产物，是人们借助于特定的词语（概念）、陈述、修辞以及主题论证方面的策略来对某些导致（或可能导致）行动者自身死亡之行为所作的一种界定和描述而已。因此，要想理解人们所谓的某一"自杀事件"，我们就必须首先去考察人们以话语形式对这一"事件"加以界定和描述的那些基本策略［词语（概念）策略、陈述策略、修辞策略以及主题策略等］。

以前述道格拉斯所引案例 1 为例。对于此例所述的"自杀"事件，实证主义社会学家倾向于将其作为一个"客观"的事件来加以看待，并试图通过进一步考察此一事件与 F. B. 先生具有的其他"客观"因素（气候、年龄、性别、遗传、受教育水平、职业状况、收入水平、宗教信仰、婚姻状况、所属初级群体的社会整合状况等）之间的因果关联来解释这一事件的发生；诠释社会学家们则倾向于将其作为一个"主观"的事件（特定主观意识指引下的一种行为）来加以看待，试图通过对"自杀"者 F. B. 先生自己赋予此一"自杀"行为之上的主观意识（以"自杀"行为来抗拒妻子的离婚要求以达到继续维持婚姻的目的）来达到对这一事件的理解。作为其研究立场的具体反映，在对待案例 1 之类的文本资料时，两者态度上的差异就是：实证主义社会学家们倾向于将案例 1 的文本资料当作是对某次自杀事件之客观过程的（正确或错误）记录来加以看待，诠释社会学家们则倾向于将其当作是对某次自杀事件之主观过程的（正确或错误）记录来加以看待。与这两种研究模式不同，多元话语分析学者则首先倾向于将案例 1 所描绘的"自杀"事件作为此一案例文本的作者对 F. B. 先生的某次特定行为所进行的一种话语建构：在这一案例文本中，文本作者采用了各种话语策略来力图将 F. B. 先生的某次特定行为描述或"建构"为一次"自杀"事件。譬如，在此例中，文本作者（1）明确地以"企图自杀"这一关键词来称呼或界定故事主角 F. B. 先生某天晚上的饮酒行为，有意或无意地引导读者进入有关"自杀"的语境之中，不知不觉地将整个故事当作是一个有关"自杀"的故事来加以理解；（2）大量采用一种独断式的语句（如"1945 年他成为明显的妄想狂和抑郁症患者"、"一天晚上，他企图饮酒自杀"、"他变得极度抑郁和自责"等等）来陈述整个故事，使读者无意中将所有这些陈述都当作是一些已经得到确认的"客观事实"来加以接受；（3）频繁使用"易激动"、"多疑"、"缺乏自制"、"明显的妄想狂和抑郁症患者"等词语来界定和描述主角前后的精神状态，以及在叙述过程中穿插引用了其"家族已有三位成员死于自杀"这一"事实"，试图使对当代自杀理论有所熟悉的读者进一步相信主角确有自杀的"客观基础"；（4）以一个相对完整的主题发展模式（患抑郁症并威胁其妻子与孩子——妻子试图与其离婚——以自杀来要挟妻子放弃离婚诉求——被送进精神病院救治且妻子放弃了离婚诉求——精神病症状减轻且未再有自杀行为）来说明主角自杀有其直接原因，试图使习惯于因果解释的读者对文本关于故事主角"自杀"行为所作的整个主题叙述更加深信不疑；等等。可见，所谓"F. B. 先生自杀事件"首先是话语建构过程的产物，是通过上述这样一些具体的话语策略建构出来的，它并非是一种纯粹给定的客观或主观事实。

对于道格拉斯所引案例 2 也可以作出类似的分析。和前例一样，对于此例所述"自杀"事件，实证主义社会学家也将倾向于将其作为一个"客观"的事件来加以看待，并试图通过进一步考察此一事件与自杀者"年轻职员"具有的其他"客观"背景因素之间的因果关联来解释这一事件的发生；诠释社会学家们则也倾向于将其作为一个"主观"的事件（特定主观意识指引下的一种行为）来加以看待，试图通过对"年轻职员"自己赋予"自杀"行为之上的主观意识（以"自杀"行为来造成陷妻子与兄长于"不义"之地甚至遭受公开谴责等后果来对他们进行报复）来达到对这一事件的理解。而与这两者不同，话语分析学者则同样倾向于首先将其视为案例文本作者的一种话语建构来加以看待，努力去描述和分析文本作者将故事主角的死亡事件建构为一次"自杀"事件的话语策略。例如，在此例中，我们也可以看到：（1）作者同样明确地使用了"自杀"、"自杀手记"、

"宣判自己死刑"等词语来描述、称呼死者的行为及其伴随现象（物品、心态等），直接将读者带入"自杀"的语境之中，将整个文本当作一个"自杀"故事来加以阅读和理解；（2）作者同样采用了许多独断性的语句——如"因为其新婚四个月的妻子不再爱他，而移情别恋于他的兄长，并宣称要与他离婚，以便能与后者结婚"、"直到两人同时爱上一个女孩而导致这场悲剧发生之前，兄弟两人还是成了难分难舍的好伙伴"、"姑娘出于怜悯而同意了与他结婚"、"这位职员恨恨地说：'好吧，让我以死来还击你们'"等——来对故事主角及其他人物的行为及意图进行陈述，以给读者留下作者所述均是一些已得到确认的"事实"的印象；（3）作者同样采用了一些特别的修辞手法来强化自己的叙事效果，例如，在写到死者留下的手记"显示了他要通过自杀来使其妻子和哥哥声名狼藉，以及将注意力引向自身的愿望"一句时，作者采用了"清楚明白"一词来修饰"显示"一词，大大压缩了一般读者对那些手记内容的诠释空间，在叙述引发死者"自杀"意图的原因时，作者采用了从死者自身认定的角度和死者兄长认定的角度这两种不同角度来进行的方式，试图给读者一种作者是在对事件进行全面客观报道的印象，然而，作者在从这两个不同角度对事件起因进行叙述时，采用的修辞手法却是不同的，在从死者自身认定的角度来进行叙述时，作者主要是通过选择性地引用死者在"自杀"过程写下的一些"笔记"这种方式来进行，而在从死者兄长角度来进行叙述时，却主要是采用一种"客观"直陈的方式来进行——这一修辞手法上的差异所产生的阅读效果是：前者只是死者自身的一些主观想象，而后者则像或可能是"客观"事实本身；（4）作者采用了一种"总述—分述"的叙事模式来对故事进行叙述，一开始便将故事的主题以一种高度概括的方式（"一个22岁的年轻职员杀死了自己，因为其新婚四个月的妻子不再爱他，而移情别恋于他的兄长，并宣称要与他离婚，以便能与后者结婚。他留下的一堆自杀手记清楚明白地显示了他要通过自杀来使其妻子和哥哥声名狼藉，以及将注意力引向自身的愿望"）呈现在读者面前，后面则是从不同角度来对此一主题加以展开。这种以"先入为主"的方式将主题灌输给读者的策略对许多读者来说对其阅读效果的影响显然是不可低估的。可见，此例中所谓年轻职员的"自杀事件"同样也是案例文本作者话语建构过程的产物，是通过上述这样一些具体的话语策略建构出来的，而非一种纯粹给定的、独立于任何话语系统之外的客观或主观事实。

简言之，上述死亡事件是否能够被读者接受为一些"自杀"事件，在相当程度上依赖于案例文本作者在案例叙述过程中所采用的那些话语建构策略（在后面的进一步分析中我们将会看到，如果借助于另一种完全不同的词汇、陈述、修辞和主题策略来对上述事件进行建构，我们完全可能使读者对这些事件形成一种完全不同的印象和理解）。而只有通过话语分析的这些方法和技巧，我们才能够更好地揭示这些"自杀"案例作者的话语建构策略，意识到这些"自杀"案例的话语建构性质。

2. 努力辨析和识别出在这一话语建构过程背后指引或约束这一话语建构过程的那些话语系统（"自杀"现象的话语构成规则分析）

如上所述，当我们通过话语分析的一些方法和技巧对上述案例文本进行了一定的分析之后，我们对这些案例文本的作者所采用的话语建构策略可能就有了一定的了解。这种了解有助于我们理解这两起"自杀"事件的话语建构性质。但即使如此，我们的理解却仍然停留在一种比较粗浅的层次上。因为我们对于案例文本的作者为什么会采用这样一些话语策略仍然不甚清楚，我们依然有可能将这些话语策略理解为文本作者个人主观意志的产物。为了更好地理解和诠释案例文本的作者为什么会采用他们所采用的那样一些话语策略，我们就有必要更进一步地去考察和揭示在作者们的言说行为背后约束和指引着其言说行为的那些话语构成规则。因为，正如福柯等人所指出的那样，任何话语的产生、分布和流通其实都是由某种或某些特定话语系统的构成规则所规定着的。

毫无疑问，上述关于"自杀"的案例只有在特定的"自杀"话语系统中才能够得以建构起来。只有在这些特定的"自杀"话语系统中，按照这些特定话语系统对"自杀"行为所作的特殊界定，上述案例所述的死亡事件才有可能被言说为一种"自杀"事件。一旦人们置身于这些特定的话语系统之外，将这些死亡事件表述为一种"自杀"事件就会成为一件令人难以理解或难以接受的事情。

以上述案例1为例。此一案例文本的作者在将故事主角的行为建构为一起"企图自杀"的行为时所采用的那些话语策略都只有被置于一些特定话语系统之下时才能够得到适当的理解。譬如：

第一，作者明确地以"企图自杀"一词来界定故事主角 F. B. 先生的某次饮酒行为，这只有在这样一种话语系统之中才能得到理解：在这一话语系统中不仅存在着"企图自杀"一词，并且在对该词进行诠释时将某些特定情境下的"酗酒"行为与其相联结；因而，在这一话语系统中，存在着某些具体的规则，要求或允许处于该话语系统之下的言说者在言说某一特定"酗酒"行为时将其说成是"企图自杀"。

第二，作者采用一种独断式的语句来陈述整个故事，这也只能在这样一种话语系统中才能得到理解：这一话语系统忽略了人们在言说某一事物时在词汇或概念系统方面可能具有的差异，因而按照这一话语系统中所存在的某些规则，无论何人，只要是以类似词汇或概念呈现出来的那些陈述所言说的内容，都应该被确认或接受为在表述同一种"事实"。因此，当一位作者在报道他从其他人处得来的某些信息时，可以直接采用他人所使用的那些话语（词汇、句式等）而无须对这些话语的来源、出处有所交代（直接以肯定的方式将他人的话语表述为"事实"）。

第三，作者频繁使用"易激动"、"多疑"、"缺乏自制"、"明显的妄想狂和抑郁症患者"等词语来界定和描述主角前后的精神状态，以及在叙述过程中穿插引用其"家族已有三位成员死于自杀"这一"事实"，也只有在这样一种话语系统中才能得以充分地理解：这一话语系统不仅是一种关于"自杀"的话语系统，而且在此一话语系统中，"自杀"行为被认为与"易激动"、"多疑"、"抑郁症"等精神状态以及与"家族遗传"因素等之间存在着密切的关联，是后面这些因素直接或间接的后果之一。

第四，作者以一个相对完整的主题发展模式来说明主角自杀有其直接原因，也只有在这样一种话语系统中才能得以理解：在这一话语系统中，只有严格地按照因果解释模式去叙述的事件才会被认为是一种可以相信的"真实"事件。

当然，有必要特别加以指出的是，一个文本并非只能隶属于一个话语系统，而是可以同时隶属于两个以上的话语系统。以下文本就是一例。

1732年4月，一个名叫理查德·史密斯的伦敦装订工人和他的妻子在杀死了他们两岁的女儿之后一起上吊自杀。他们留下了三封信，其中一封给他们堂兄弟的信解释了他们自杀的原因。信中写道：

> 我们选择自杀的原因是苦难生活中积聚下来的深深的恨，在一连串的灾难之后，我们再也无法忍受不幸的一切，所有认识我们的人都

可以为我们作证：我们从不是懒惰的人，也不是行为不检的人，跟我们周围的人一样，我们同样也曾尽一切努力来维持我们的生活，但是，我们的努力却从来没有过相应的回报。我们得出这样一个结论······在感谢上帝强大的力量的同时，我们不知道该怎样阻止自己不去相信上帝（不）是冷酷无情的······我们已不在乎死后我们的身体将变成什么，我们把一切都留给智慧的人们来评判。在自然主义者看来，一切物质包括我们的肉体在生命的某些阶段都会经历自我消亡和重新开始，这样，很大一部分人，他们肉体的更新比其衣服的更换还常见。①

　　显然，在同一层次上引导这个文本的话语系统至少有两个：一是基督教话语，二是文本作者在文中所提到的所谓"自然主义"话语系统。因此，只有当我们对两种话语系统都有所了解，并能够将这两种话语系统结合起来相互参照时，我们才可能对此一文本的话语及其建构策略得到适当的理解和诠释。可见，约束和引导言说者言说行为的话语网络不仅是由不同层次的话语系统所组成的，而且也是由一些不同纬度的话语系统所组成。

3. 努力尝试对有关死亡事件及其话语分析的结果获得一种多元化的理解（"自杀"现象之话语建构的多元分析）

　　正如许多人都曾经指出过的那样，对同一致死（或可能致死）行为，不同的话语系统完全可能会有不同的界定和描述。并非所有的话语系统都会将某种行为界定和描述为"自杀"行为，也并非所有有关"自杀"的话

---

　　① 1732年，一个名叫哈迪卡蒂的意大利人在伦敦出版了《论死亡的哲学》一书。他在书中提出，世界仅由物质和运动的规律所支配，而死亡只不过是由一种生命的形式到另一种生命形式的转变。自然统治下的世界为我们提供了获得幸福的一切必需，直到我们再也不能碰触到幸福的时候，我们就有了死亡的自由，因为此时幸福对我们而言已成为了一种负担。这一看法被称为关于死亡的自然主义哲学。参见［法］乔治·米诺瓦：《自杀的历史》，李佶、林泉喜译，287页，北京，经济日报出版社，2003。

语系统都会对某一死亡事件有相同的界定和描述。① 因此，在某一特定的话语建构过程之外去努力尝试获得另外一种或一些话语建构的可能性，对于我们理解这一特定话语建构过程所建构出来的那一死亡事件来说会有重要的参考和启发意义。

以上述案例 1 为例。假如案例的作者现在属于一个与前述有所不同的话语系统。受这一新的话语系统的约束和指引，我们完全可以将案例 1 转述成以下文本：

> F.B. 先生，生于 1902 年。近年来，已至中年但仍然心高气盛的他由于事业进展不太顺利而常常产生焦躁情绪，甚至时常因一些小事情与同事、朋友或家人发生争执。他那日渐"怪异"的脾气使得同事、朋友甚至家人都感到难以理解。包括其妻子在内的许多人认为他可能患上了"妄想症"和"抑郁症"一类的精神疾患。当他的妻子提出要与他离婚时，他的绝望之情达到了顶点。为了打消妻子离婚的念头，一天晚上，他喝了大量烈酒，并向妻子宣称如果离婚他就自杀。酩酊大醉的他很快就被妻子及朋友送到了医院，然后又被送到了精神病院。在精神病院，尽管他一直表示抗议，但仍被确定为"严重抑郁症患者"。为了"治愈"他的"精神病"症状，以及"防止"他再度"自杀"，他的妻子在放弃了离婚诉求的同时，也要求精神病院将他长期收治。自那以后，F.B. 先生在精神病院一直待了好几年。

---

① 可以把上述看法用图表示意如下：

	话语系统 A	话语系统 B	话语系统 C
"自杀"定义	死亡者本身（主动或被动的）行为所致的死亡事件，只要受害者知道自己这一行为的后果	死亡者出于自我毁灭这一目的而对自己实施的致命行为	一切被判断为由死亡者自己所施行为而致死的事件
事件 1（黄继光堵枪眼）	自杀	非自杀	自杀
事件 2（因企业破产而跳楼）	自杀	自杀	自杀
事件 3（鲸鱼冲岸致死）	非自杀	非自杀	自杀

　　在这一文本中，我们看到的是相当不同的另一个故事：（1）在这里，文本作者没有将作者明确界定和描述为一个"自杀"者，而只是叙述到他曾经向妻子"宣称"要"自杀"。无疑，"宣称"要"自杀"与"真的"要"自杀"是完全不同的两码事：前者可能只是挽救婚姻的一种策略，即使这一策略使用失败，F. B. 先生可能也不会真自杀。（2）在这里，作者也没有采用那种独断式的陈述模式，而只是谨慎地使用了一些间接引语性质的语句（如"许多人认为他可能患上了'妄想症'和'抑郁症'一类的精神疾患"、"被确定为'严重抑郁症患者'"等），以表示这些"症状"都只是人们的一些主观认定，而不一定是事实。（3）在这里，作者也没有使用"易激动"、"多疑"、"缺乏自制"等词语来界定和描述主角前后的精神状态，以及引用其"家族已有三位成员死于自杀"这样的"事实"，更没有将其描述为"明显的妄想狂和抑郁症患者"。从本文作者的叙述中，我们看到的只是 F. B. 先生由于事业不顺而在情绪方面产生的一些人人都可能有的低落和波动而已。（4）作者也同样采用了一个相对完整的故事发展模式来表明此处讲述的只是一个有关事业不顺、情绪波动而遭遇麻烦的故事，而非一个有关自杀的故事。

　　显然，这一新的文本只有在以下话语系统中才能够形成：

　　（1）在这一话语系统中不存在着"企图自杀"一词；或者，虽然存在着"企图自杀"一词但对该词的界定与前一文本所属的话语系统有着较大差别。

　　（2）这一话语系统并不认为人们所有的言说都必然是"客观事实"的呈现，因而按照这一话语系统中所存在着的某些规则，人们在对某一事件进行报道时，都不应采用一种独断式的语句，而应尽量将有关信息的来源或出处呈现出来。

　　（3）在这一话语系统中，对"妄想症"、"抑郁症"以及"精神病"等概念的界定也与前一文本所属的话语系统有较大的差别，使得在前一话语系统中被界定为"妄想症"、"抑郁症"以及"精神病"的行为在这里只是被界定为虽然比较显著但仍属正常的情绪波动。

　　为了使上面的说明变得更加清楚明白，我们再来看看以下两段叙述"同一事件"的文本。

　　文本 1　昨天傍晚一××团匪徒在对阳光剧院进行袭击后畏罪自

杀身亡。目前尚不清楚这名匪徒是以什么方式潜入了这家剧院。当时有数百名当地驻军官兵正在这家剧院观看专为他们举行的娱乐演出。这名匪徒将一包烈性炸药携入剧院，放置在其座位底下。当他准备引燃炸药时被人发现。匪徒在利用随身携带的武器与抓捕他的人进行了一段时间的对峙之后，因感觉逃脱无望而开枪自杀。这一事件的发生让人再次对本地的治安问题感到担忧。

文本 2 前天傍晚，一名××战士在执行战斗任务时壮烈牺牲。数日前，解放组织在本地区的总指挥部得到消息，一支演出团将于 13 日晚来到此地为匪军官兵演出。总指挥部决定利用这一机会对敌人实行突袭式打击。一位名叫约翰的战士被选拔出来去执行这项光荣的任务。约翰机智地潜入了举办演出的剧院，并顺利地将炸药安放在了预定的位置。不幸的是，当他正准备引燃炸药时，被一名匪兵发现。约翰与前来抓捕他的匪兵们进行了顽强的抵抗，击伤匪兵数人。在多处受伤、突围无望的情况下，约翰将最后一颗子弹射入了自己的头颅，为他所投身的解放事业献出了自己的最后一滴血。尽管没有实现预期的目标，约翰的英勇行为仍然在本地敌军内部造成了巨大的恐慌，对敌军士气给予了沉重的打击。为了表彰约翰的英勇行为，本地解放组织总指挥部决定授予他"××烈士"的光荣称号。

文本 1 讲述了一个"匪徒畏罪自杀"的故事，文本 2 则讲述了一个"烈士英勇就义"的故事。这两个文本清楚地表明，对于所谓"同一事件"，人们如何可以有完全不同的话语建构。而通过更进一步的分析我们则可以认识到，这些不同的话语建构又是在完全不同的话语系统的约束和指引之下形成的：前一文本只有在某种关于"治安"的话语系统之下才有可能，而后一文本则也只有在某种关于"解放"的话语系统之下才有可能。*

———————————————————

* 毋庸置疑，当我们说某两个或几个文本是对于某一"死亡事件"的不同话语建构时，首先就意味着这些文本之间存在着较大的甚至根本性的差异（或库恩所谓的"不可通约性"），意味着在其自身所在的这一话语层次上，两种文本之间在叙述主题以及关键词义等方面的差异可能是完全无法消除的。以上述案例 1 的两个文本为例。第一个文本讲述的是某个"精神病患者""企图自杀"并最终被送进精神病院治疗的故事；第二个文本讲述的则是某个"正常人"因情绪波动而被他人误指为"企图自杀"的精神病患者的故事。在这两个文本所使用"企图自杀"与"宣称自杀"以及"精神病"与"情绪波动"等不同词语之间就完全不具有可通约性。我们无法把这两对词汇中的一方精确地"换算"或"翻译"成另一方。再以"袭击剧院"这一案例的两个文本来说:第一个文本讲述的是一个"匪徒"犯罪未遂后畏罪自杀的故事,第二个文本讲述的则是一位自由战士为理想英勇献身的故事。在这两个文本所使用的"匪徒"和"××战士"、"逃跑"和"突围"、"畏罪自杀"和"壮烈牺牲"等对立词汇之间也完全不具有可通约性,难以精确对译。不仅如此,这样的两个文本在其所具有的社会建构效果方面也可能是截然不同的。就案例1的两个不同文本而言,第一个文本明确地把F.B.先生建构为一位需要加以治疗的企图自杀的精神病患者,而第二个文本则只是将F.B.先生建构为一位由于情绪波动而被他人认定为精神病患者的人。依据第一个文本,将F.B.先生收入精神病院进行"治疗"的行为就具有高度的合理性;反之,依据第二个文本,同一行为的合理性就值得高度怀疑。与此相似,在袭击剧院这一案例的两个不同文本中,第一个文本将袭击行为建构为一种可耻的犯罪行为;反之,第二个文本则将袭击行为建构为一种可歌可泣的英雄壮举。依据第一个文本,袭击行为必须受到严厉的谴责和禁绝;而依据第二个文本,袭击行为则不但不应该受到谴责和禁止,相反,还应该受到大力称赞和推广;等等。所有这些差异,都使得我们必须将它们视为完全不同的一些事件。

　　既然对被一些人称为"自杀"的某次死亡事件可以在多种不同的话语系统之下来加以建构,那么由此引发的一个问题便是:这些不同的话语/文本及其所属话语系统在合理性或可取性方面是否应该等量齐观?

　　无论是实证主义社会学家还是诠释社会学家,都认为在对于某一事件的诸多不同说法之中,只能有一种是合理的或可取的,这就是其中"真实"(或"最接近真实")地描述和解释了自杀"事实本身"的那一个。但在多元话语分析学者看来,这一主张是不适当的。因为任一"事实"都只是人们在特定话语系统的约束和指引下所完成的一项话语建构,而非什么独立于话语系统之外的"事实本身",在不同的话语系统之下,人们将会建构起不同的"事实";因此,追问何种话语系统之下的建构更符合或接近"事实"既是一个毫无意义也是一个不可能有唯一答案的问题。①

---

　　① 当然,这并不意味着在现实生活中我们不必要也无法进行选择,相反,在现实生活中,我们既需要选择也能够进行选择;而只是说我们无法依据何种文本更为符合或接近"事实"这一标准来进行选择,我们只能够依据所谓"事实"标准以外的标准(如与我们现有话语系统之间的一致性等)来加以选择,并且,我们所做的任何一种选择,都不应该成为我们最终的一种选择,我们应该能够且逐渐习惯于改变自己的选择。

因此，对"自杀"现象之话语建构进行这种多元化分析的一个重要价值，是它能够使我们超越我们最初所属的话语系统的限制，看到一种与此前我们所看到的"事实"完全不同的"事实"，产生一种"惊愕"或"顿悟"之感，从而拓展和丰富我们的视野和知识，并改变我们对事物或世界原本可能持有的僵化、偏执态度。①

4. 对不同"自杀"文本及其话语系统之间共同部分的话语建构主义理解

然而，即使如此，我们仍得承认，某一话语层次上的那些不同文本之间也可能存在着一些共同之处。

仍以上述案例 1 的两种不同文本为例。比较这两种文本我们就会发现，尽管它们在话语策略方面有着种种差异，但透过或过滤掉这些话语策略方面的差异，我们似乎还是可以在二者的内容之间发现某些"无可争议"的共同之处。譬如：有一位"先生"（而非"女士"），名叫"F. B."（而非"C. T."等等），出生于 1902 年（而非 1903 或其他年份）；近年（而非近日或近月）来由于某些有争议的原因而情绪（而非身高或视力等）发生了较为明显（而非轻微）的波动，常与亲朋好友（而非陌生人）发生争执；包括其妻子（而非父亲、母亲等）在内的一些人认为他可能患上了"精神疾患"（而非癌症或"艾滋病"等）；他妻子（而非他人）试图与其"离婚"（而非"分居"或杀死他等）；某天晚上（而非早晨等时间）他（而非别人）喝了大量烈酒（而非普通饮用水或咖啡等）；他向妻子（而非别人）宣称是要"自杀"（而非一般饮酒）；他被妻子及朋友（而非陌生人）送进了医院（而非监狱或某个广场上）；然后又被送进精神病院（而非其他地方），并被确定为患了某种"精神病"（而非其他病）；他妻子未再要求"离婚"（而非同居等）；他在精神病院继续待了几年（而非几天或几个月等）时间；等等。正是由于这样一些"共同之处"的存在，我们得以认为这两个文本都是关于"同一事件"的不同话语建构。而在案例 1 的诸文本与案例 2 或案例 3 的诸文本之间就不存在着这样密集的共同之处，

---

① 当然，对某一死亡（甚至酗酒）事件之话语建构的可能性进行多元化尝试的基本前提是尝试者必须事先对各种相关的话语系统都有一定的了解（因此，对与某一话题相关的各种话语系统进行考察也就成为多元话语分析工作的题中应有之义）。假如分析者对各种相关的话语系统本身缺乏必要的了解，那么，这一环节的分析工作也将难以进行。分析者对相关话语系统的了解越多，他所能够展现出来的话语建构的可能性也就越多。

从而使得我们难以把它们认定为关于"同一事件"的不同文本。据此，对于案例 1 的两个文本，我们就可以将它们的内容进一步概括为"一位被某些人标定为'企图自杀的精神病患者'的故事"。同样，对于"袭击剧院"案例的两个文本，也可以进一步被概括为"一位剧院袭击者失败身亡"的故事。由于这样一些共同之处的存在，我们可以在特定的意义上将这样两个不同文本的内容进一步加以归纳和概括。

那么，有一个问题必须要在此作进一步的讨论。这个问题就是：导致两个或几个关于"同一事件"的不同文本之间存在着共同之处的原因是什么？

现代主义社会学者们一般认为，不同文本之间共同之处的存在表明确实有着一种独立于话语系统之外的客观实在。似乎正是这种客观实在构成了不同话语/文本言说的共同对象，从而使得人们无论在何种话语系统之下来言说某一事物或事件都会有着一定的可通约之处。然而，多元话语分析学者们则认为这种推论在逻辑上并不必然成立。不同话语/文本内容之间某种程度上的共同（或可通约）性并不必然要以某种独立于话语/文本之外之客观实在的存在为前提。在多元话语分析学者看来，构成不同话语/文本内容之间某种程度共同（或可通约）性之前提的不是某种独立于话语/文本之外的客观实在，而是不同话语/文本都共同隶属的某个抽象层次更高的话语系统。在多元话语分析学者看来，不同文本之间的共同或差异程度实际上取决于它们各自所属话语网络成分之间的同一或差异程度。如前所述，一个文本可能并非只是简单地从属于某个单一的话语系统，而是可能从属于由若干层次不同的话语系统交织而成的话语网络。两个或多个文本各自所属的话语网络之间，在成分上可能既存在着差异也存在着相同之处。设若各自所属话语网络之间在成分上毫无共同之处，那么这两个或几个文本之间在内容上自然也就毫无共同之处；反之，则当有一定的共同之处。各自所属话语网络成分之间的共同之处越多，文本之间的共同性程度就越高，反之，则越低。因此，和前面已经概略描述过的那些分析步骤一样，当我们发现某些不同话语/文本之间存在着一定的共同之处时，不是要去把这些共同之处当作某种纯粹客观或主观的实在来加以确认，而是要去进一步探究和揭示作为这种共同性之前提或基础的、这些不同话语/文本所共同隶属的那一抽象层次更高的话语系统。因此，对这样一种更高层次的话语系统作进一步的深入探求也就同样将成为多元话语分析的重要任务之一。

······ 四、结　语 ······

　　对多元话语分析与实证社会学分析、诠释社会学分析在"自杀"研究方面的区别当然还可以作许多更进一步的细致讨论，但笔者以为，上面的概述已经可以使我们对多元话语分析的特点有一个比较清楚的理解。就"自杀"研究这个主题而言，我们可以把多元话语分析与实证社会学分析、诠释社会学分析之间最主要的一些区别简单概括如下：实证主义社会学家将"自杀"视为一种纯粹给定的、独立于社会成员个人主观意识之外的"客观性现实"，诠释社会学家则将"自杀"视为一种由社会成员个人的主观意识建构出来的"主观性现实"。与它们都不同，多元话语分析学者则将"自杀"视为一种由社会成员在特定话语系统的约束和引导之下、借助于一些特定的话语策略而建构出来的"话语性现实"。与此相应，实证主义社会学家们在对"自杀"现象进行研究时总是致力于探究支配着"自杀"现象形成和变化的"客观规律"，诠释社会学家们总是致力于考察导致"自杀"现象产生和变化的那些主观意识，而多元话语分析学者们则主张致力于探讨人们将一起行为建构为"自杀"现象的那些话语策略及其背后的话语系统（话语构成规则）。

　　多元话语分析与实证社会学分析之间的区别大都是一目了然的，而多元话语分析与诠释社会学分析之间的区别却似乎并不总是那么清楚明白，让人在对它们加以肯定之时往往不免犹疑再三，因此需要在本章结束之时再多说几句。从表面上看，在"自杀"研究这一主题上，多元话语分析与诠释社会学之间存在着诸多相似之处。例如，都否认"自杀"现象是一种纯粹给定的、独立于个人主观意志之外的"客观现实"，否定官方的自杀统计是对"自杀"现象的真实反映，都将"自杀"现象视为一种被人们建构出来的社会现象，等等。但其实多元话语分析与诠释社会学分析之间的区别同多元话语分析与实证社会学分析之间的区别一样巨大。可以用来表明这一看法的重要依据之一就是：诠释社会学家们虽然否定存在着一种纯粹有关自杀的客观"真实"，但他们依然认为存在着一种有关自杀的主观"真实"，认为社会学研究的任务就是要去把握住这一主观的现实。而多元话语分析学者则彻底否认有这种"真实"，认为我们所能够知道的一切其实都只是一种话语的建构：不仅被诠释社会学家所批评的那些实证社会学家们以其"实证科学"方法所"发现"的客观"真实"是如此，诠释社会学家通过诠释学、现象学等研究方法揭示出来的那一主观"真实"也是如此。两者谁也不比谁更为"真实"，反过来说，两者同样也不比谁更为"虚假"：无论是前者还是后者，都是特定话语建构的产物，因此在它们各自所属的话语系统范围之内都可能是"真实的"。

因此，多元话语分析学者可能只会部分地接受诠释社会学家对涂尔干等人所做"自杀"研究的批评。例如，他们可能和诠释社会学家们一样，认为涂尔干等人将官方关于"自杀"的统计数字（除去被他们判定为不准确的那部分之外）默认为对客观现实的反映这一点是完全错误的。但和诠释社会学家们不一样的是，多元话语分析学者并不会因此而反对对官方"自杀"统计数字的运用，也不会认为官方的"自杀"统计数字（除去在官方的定义范围内可判定为不准确的那部分之外①）就是对真实自杀状况的一种"歪曲"。因为，如上所述，在多元话语分析学者们看来，根本就不存在着什么"真实"的自杀状况，一切所谓的"真实"都只是种话语的建构。特定时间、地点范围内的官方"自杀"统计，只要其统计"口径"保持一致，其所建构出来的"自杀"状况本身也就是一种特定的"话语性实在"，它并不就比诠释社会学家们用诠释学、现象学方法建构出来的那些"自杀"状况更为虚幻、更为不"真实"。由此可见，多元话语分析的确为"自杀"现象的研究提供了一种与实证社会学分析和诠释社会学分析都相当不同的研究路径。

---

① 此处的"不准确"不是在给定实在论的意义上（不符合或偏离给定的现实状况）而是在话语建构论的意义上（不符合或偏离特定话语系统所界定的标准）而言。

第三章 实证、诠释与话语：以社会分层研究为例

本章摘要：客观主义社会分层论者将"社会分层"现象视为一种纯粹给定的、独立于社会成员个人主观意识之外的"客观性现实"，主观主义社会分层论者则将"社会分层"现象视为一种由社会成员个人的主观意识建构出来的"主观性现实"；与他们都不同，多元话语分析学者则将"社会分层"现象视为一种由社会成员在特定话语系统的约束和引导之下、借助于一些特定的话语策略而建构出来的"话语性现实"。与此相应，客观主义社会分层论者在对"社会分层"现象进行研究时总是致力于探究支配着"社会分层"现象形成和变化的"客观规律"，主观主义社会分层论者则总是致力于考察导致"社会分层"现象产生和变化的那些主观意识，而多元话语分析学者们则主张致力于探讨人们将人们之间的社会关系建构为"阶级"或"社会分层"现象的那些话语策略及其背后的话语系统（话语构成规则）。

关键词：社会分层　客观主义社会分层模式　主观主义社会分层模式　社会分层的多元话语分析模式

在上一章中，我们以自杀现象的研究为例，将多元话语分析与现代主义社会学传统中的实证分析、诠释分析模式进行比较，具体展示了在对个人行动层次的社会研究中多元话语分析的特点及其与后两种社会分析模式之间的差异。在本章中，我们拟再以社会分层这种结构性现象的研究为例，对社会学中现有的诸种"阶级"或"社会分层"研究模式与多元话语分析这种社会研究模式之间的差异作一扼要说明，以使读者对多元话语分析模式在结构层次的社会研究中所具有的潜力和特点获得一种较为具体的印象和理解。

社会学中现有的"阶级"或"社会分层"分析模式种类繁多，依据本章讨论的需要，本书作者将其中最主要的一些理论取向粗略地概括为客观主义取向的社会分层模式和主观主义取向的社会分层模式两大类（这两类取向的社会分层模式又可进一步区分为马克思主义和非马克思主义两类基本分析模式）。本章将依次对这两种理论取向的社会分层模式进行简要描述和分析，然后，将多元话语分析的社会分层模式与它们相比较，以期揭示出后者所具有的基本特征。

······ 一、客观主义取向的社会分层模式 ······

所谓客观主义取向的社会分层模式，即是把社会分层当作一种完全独立于个人主观意识之外的客观事实来加以看待。基于在有关社会分层的本质、形成的基础和发展演变的规律等问题方面的不同看法，又可以把客观主义取向的社会分层模式进一步划分为马克思主义和非马克思主义两种基本的理论立场。

马克思主义者的社会分层模式是社会分层研究领域中影响最为广泛与深远的理论模式之一。马克思主义者的社会分层模式主要是阶级分析模式，"阶级"是马克思主义者们在对社会进行分层研究时所使用的主要概念。在马克思、恩格斯的著作中，虽然他们也常常用"等级"、"阶梯"之类的术语来描述社会的地位群体，但他们并未把这些术语和"阶级"一词从含义上作明确的区分。在多数情况下，这些术语和"阶级"一词是像同义词那样被混合着交替使用的。如马克思、恩格斯在《共产党宣言》中所写的这段话即是一例："自由民和奴隶、贵族和平民、领主和农奴、行会师傅和帮工，一句话，压迫者和被压迫者，始终处于相互对立的地位，进行不断的、有时隐蔽有时公开的斗争，而每一次斗争的结局都是整个社会受到革命改造或者斗争的各阶级同归于尽。""在过去的各个历史时代，我们几乎到处都可以看到社会完全划分为各个不同的等级，看到社会地位分成多种多样的层次。在古罗马，有贵族、骑士、平民、奴隶，在中世纪，有封建主、臣仆、行会师傅、帮工、农奴，而且几乎在每一个阶级内部又有一些特殊的阶层。"① 苏联科学院哲学研究所编写的《马克思主义哲学原理》一书，则是把"等级"解释为一种特殊的"阶级"，即其"阶级差别由国家政权在法律上用居民的等级划分固定下来"的那样一些"阶级"，如奴隶主和奴隶、领主和农奴等；在这里，"法律为每个等级规定它在国家中所占的特殊的地位以及不同的权利和义务"，因此，这些"阶级同时也是一些特殊的等级"②。尽管也有其他一些不同的看法③，但影响似乎并不大。因此，总体上看，在马克思主义（尤其是早期马克思主义）理论体系中，社会分层的理论模式主要就是"阶级分析"模式。

　　和非马克思主义者的社会分层模式类似，马克思主义者的阶级分析模式也有客观主义和主观主义两种不同的亚模式。客观主义的马克思主义阶级分析模式也是一种"正统"的马克思主义阶级分析模式。在这里，我们首先来描述和讨论客观主义取向的马克思主义阶级分析模式。

　　作为我们今天所说的马克思主义的创始人，马克思和恩格斯都未曾给"阶级"一词下过一个明确的定义。但综合他们的一些相关论述，我们还是可以看到，在他们那里，"阶级"具有以下这样一些基本特性：

　　（1）"阶级"概念与"生产关系"概念是密切相关的。马克思明确指出，不能把"阶级"理解为具有相同收入来源的一群人，否则的话，"医生和官吏也形成两个阶级了"。"阶级"是从特定生产关系当中形成起来的

---

① 《马克思恩格斯选集》，2版，第1卷，272～273页，北京，人民出版社，1995。
② 苏联科学院哲学研究所：《马克思主义哲学原理》下册，507页，北京，人民出版社，1959。
③ 如艾思奇主编的《辩证唯物主义　历史唯物主义》一书就认为"等级不同于阶级"，"阶级是根据人们不同的经济地位来划分的"，"等级"则"主要是在法权上、道德上所规定的等级差别和一部分人的特权制度"（艾思奇主编：《辩证唯物主义　历史唯物主义》，275页，北京，人民出版社，1962）。

那些具有共同利益的个人的集合，是由"各个人所结成的、受他们的与另一阶级相对立的那种共同利益所制约的共同关系"①；阶级关系首先就是一种特殊的生产关系，即对抗性的生产关系。阶级是在生产资料私人占有这种特定生产关系基础上形成起来的特殊社会关系。

（2）阶级是一种集体，而不是一种具有共同利益或地位之个人的简单集合。马克思、恩格斯明确地说："某一阶级的各个人所结成的、受他们的与另一阶级相对立的那种共同利益所制约的共同关系，总是这样一种共同体，这些个人只是作为普通的个人隶属于这种共同体，只是由于他们还处在本阶级的生存条件下才隶属于这种共同体；他们不是作为个人而是作为阶级的成员处于这种共同关系中的。""个人隶属于一定阶级这一现象，在那个除了反对统治阶级以外不需要维护任何特殊的阶级利益的阶级形成之前，是不可能消灭的。"②

（3）阶级与分工有着密切关联。阶级起源于社会劳动分工，阶级本质上就是由于劳动分工而形成的那样一些社会集团，阶级关系本质上就是分工关系：因为"分工从最初起就包含着劳动**条件**——劳动工具和材料——的分配……从而也包含着资本和劳动之间的分裂以及所有制本身的各种不同的形式"③，因此，"分工的规律就是阶级划分的基础"④；"分工发展的各个不同阶段"不仅同时是"所有制的各种不同形式"，而且由于它"还决定个人的与劳动材料、劳动工具和劳动产品有关的相互关系"⑤，同时也是阶级关系发展的不同历史阶段。只有当社会不再进行劳动分工的时候，人和人之间划分成不同阶级这种现象才会最终消失。

（4）阶级不是永恒存在的，它只是一种历史现象。阶级是生产力发展到一定阶段的产物，并最终也会由于生产力的高度发展而归于消灭。阶级的产生是以剩余劳动产品的存在为前提的，是剩余劳动产品已经出现但又不够丰富的结果。在生产力发展水平很低因而几乎没有任何剩余劳动产品的原始社会，不可能产生阶级关系。只有当生产力达到一定水平因而出现了少量剩余劳动产品之后，阶级关系才会也必然会产生。而当（且只有

---

① 《马克思恩格斯选集》，2 版，第 1 卷，121 页，北京，人民出版社，1995。
② 同上书，118 页。
③ 同上书，127 页。
④ 《马克思恩格斯选集》，2 版，第 3 卷，632 页，北京，人民出版社，1995。
⑤ 《马克思恩格斯选集》，2 版，第 1 卷，68 页，北京，人民出版社，1995。

当）生产力发展到一个崭新的高度，使得通过阶级性的劳动分工来发展生产力成为不必要时，阶级才会最终消失并且也必然消失。

（5）阶级有"自在的阶级"和"自为的阶级"两种存在状态。前者指的是虽然"客观"上已经形成了某一"阶级"，但该阶级的成员尚未自觉意识到自己属于该阶级这样一种状况；后者则指的是已经具备了"阶级意识"的那些阶级的存在状况。在这一说法中，"阶级"的存在与"阶级意识"的具备与否并无直接关联，"阶级意识"的具备与否影响到的只是阶级存在及其集体行动的状况。[①]

由此可见，尽管马克思、恩格斯未曾给阶级作过明确界定，但在马克思和恩格斯那里，"阶级"是作为一种完全不以人的主观意志为转移的、纯粹客观的、结构性的现象而存在，这一点是无可置疑的。

但是，在马克思、恩格斯对阶级现象的相关论述中，隐含着一个很重要的疑难问题，这就是阶级现象与财产关系和分工关系之间的关联问题。在马克思、恩格斯的论述中，阶级关系就是人们在生产过程中所形成的不平等的地位关系，这种不平等的地位关系既通过一种分工关系（劳动职能的分配）体现出来，也通过一种所有制关系（劳动条件的分配）体现出来。因为在马克思、恩格斯看来，分工关系和所有制关系实际上就是同一种关系。这就意味着在阶级关系和分工关系及所有制关系之间应该存在着一种严格的匹配关系，即：一种阶级关系＝一种分工关系＝一种所有制关系。然而，人们却可以发现，即使是在马克思主义的话语系统内部，这种等式也是难以成立的。一个关键的问题在于：即使在马克思主义者所提到的那些分工关系和所有制关系之间，也并不存在着一种严格的对应关系。同一种所有制关系（譬如资本主义私人所有制关系）可以与不同的分工关系（譬如经营权与所有权合一或经营权与所有权分离等）相结合，而同一种的分工关系（如管理决策活动与执行活动之间的分工）也可以与若干种不同的所有制关系（资本家私人所有制、股份所有制、劳动者合作所有制、国家所有制等）相结合。可见分工关系并不等于所有制关系，它们

---

① "经济条件首先把大批的居民变成劳动者。资本的统治为这批人创造了同等的地位和共同的利害关系。所以，这批人对资本说来已经形成一个阶级，但还不是自为的阶级。在斗争（我们仅仅谈到它的某些阶段）中，这批人联合起来，形成一个自为的阶级。他们所维护的利益变成阶级的利益，而阶级同阶级的斗争就是政治斗争。"（《马克思恩格斯选集》，2版，第1卷，193页，北京，人民出版社，1995）

当是两种性质和演变规律都有所不同的"生产关系"。① 可是,人们在生产过程中的关系却是同时包含或结合了这两种不同性质的关系在内的。② 那么,"阶级"到底是以其中哪一种关系为基础的呢? 分工关系,还是所有制关系? 抑或还是存在着两种性质不同的"阶级"类型,其中一种以分工关系为基础,另一种则以所有制关系为基础? 这一问题在人们之间引发了持久的兴趣与争论。

列宁曾经试图对马克思主义的"阶级"概念作出一个较为明确的界定。列宁说:"所谓阶级,就是这样一些大的集团,这些集团在历史上一定社会生产体系中所处的地位不同,对生产资料的关系(这种关系大部分是在法律上明文规定了的)不同,在社会劳动组织中所起的作用不同,因而领得自己所支配的那份社会财富的方式和多寡也不同。所谓阶级,就是这样一些集团,由于它们在一定社会经济结构中所处的地位不同,其中一个集团能够占有另一个集团的劳动。"③ 这个定义后来成为马克思主义教科书当中对于"阶级"概念的一个经典定义。但列宁的阶级定义其实也还是存在着含糊不清之处。譬如,无论是在这段话的前一句还是后一句当中,列宁首先说到的都是"在社会生产体系(或经济结构)中所处的地位不同",然后才说到其他方面的一些不同。这给读者留下的印象是列宁似乎是将"在社会生产体系(或经济结构)中所处地位"而非"生产资料的所有制关系"作为阶级的根本特征,因为在列宁的话语当中后者是跟在前者的后面才得到表述的。然而,什么又是"在社会生产体系(或经济结构)中所处的地位"呢? 是在社会生产体系的职能分工关系中所处的地位,还是在社会生产体系的财产占有关系中所处的地位? 问题似乎又回到

---

① 关于这方面的讨论,可参见拙著《职能关系与财产关系:两重性质还是两种关系?》(谢立中:《社会理论:反思与重构》,北京,北京大学出版社,2006)一文。

② 对于这一点,马克思本人实际上已经有所意识。他曾经明确指出存在着两种性质不同的监督和指挥劳动,一种是"由一切结合的社会劳动的性质引起的特殊职能",是一种生产劳动,是每一种结合的生产方式中必须进行的劳动,另一种则是"由生产资料所有者和单纯的劳动力所有者之间的对立所引起的职能","是建立在作为直接生产者的劳动者和生产资料所有者之间的对立上的""由奴役直接生产者而产生的职能"。而这两种不同性质的监督、指挥劳动是可以直接结合在一起的,从而使得一个时期(如资本主义时期)生产过程中的"监督和指挥劳动"(因而也就是"监督、指挥者"与"被监督、指挥者"之间的不平等地位关系)具有双重性质。(参见马克思:《资本论》,2版,第3卷,431、433页,北京,人民出版社,2004)

③ 《列宁选集》,2版,第4卷,10页,北京,人民出版社,1995。

了原点。

布哈林曾经认为阶级关系指的是人们在生产过程中所发生的一切不平等或"统治与服从"的关系，它们是以"指挥和被指挥"这种人们在生产过程中所起的不同作用为基础的[1]，并且归根结底和锻工、钳工一类分工关系一样也是随着"社会技术装备的变化"而变化的。这在一定程度上等于把职能分工关系说成是阶级划分的基础。米丁等人就此批评布哈林，认为他的这种说法无法解释"为什么在奴隶社会和封建社会内差不多同样的手工技术能够产生不同的阶级的生产关系"这一"事实"，主张阶级关系只能是以对生产资料的不同分配为基础的。由于斯大林后来在给"生产关系"下定义时也将"生产资料的所有制形式"提到"各种不同社会集团在生产中的地位以及他们的相互关系"和"产品分配形式"两项内容之前作为"生产关系"的决定性因素，这种将生产资料的所有制关系当作是"阶级"关系之基础的观点也就逐渐成为"正统"马克思主义者当中居主流地位的观点。[2] 按照这一界定，我们在对某一特定社会的阶级状况进行考察时，一个首要的或最根本的任务就是要去对该社会的成员们在生产资料占有方面的状况进行了解，根据这种了解所获得的信息来确定该社会的阶级状况。

然而，这种"正统"观点的形成并没有真正解决或消除马克思主义"阶级"概念中的上述矛盾。如何理解与说明并非由于"对生产资料的关系不同"而形成的那样一些地位集团的性质和意义，始终是这种"正统"

---

[1] 参见〔俄〕布哈林：《历史唯物主义理论》，158～159 页，北京，人民出版社，1983。

[2] "无论是收入来源的不同，或者是在生产组织中的作用的不同，本身都还不能决定阶级的划分。各阶级之间的差别首先是由这些阶级对生产资料的关系以及因此而产生的每个阶级在历史上一定的社会生产体系中所处地位的不同来决定的。""对生产资料的不同的关系是一个根本的、决定性的特征，由此产生出其他一切特征，包括各阶级在社会劳动组织中所起的作用以及各阶级的收入的数量和来源的不同。"（苏联科学院哲学研究所编：《马克思主义哲学原理》下册，503 页，北京，人民出版社，1959）比较一下这段话与前引列宁的阶级定义，可以发现一个非常有趣的差别：列宁定义中所述的阶级之间四个方面的"不同"，在这段话中只剩下了三个，而被删去的恰恰是引起麻烦的第一个，即"在社会生产体系中所处的地位不同"。可见苏联学者在一定程度上是以一种偷梁换柱或回避疑难的方式来维护自己的"阶级"概念的。倒是某些中国的马克思主义学者对这一苏式的"阶级"定义作了相对来讲更为充分的诠释。这些学者认为，在列宁的"阶级"定义所讲的四个"不同"中，第一个"不同"即"在历史上一定社会生产体系中所处的地位不同"其实是一句"总述"，后面的三个"不同"则是这第一个"不同"的具体展开而已，而在后面这三个"不同"中，又以"生产资料的所有制形式"具有决定性的意义（参见赵光武、李澄、赵家祥：《历史唯物主义原理》，160～162 页，北京，北京大学出版社，1982）。

马克思主义的"阶级"概念所必须面对的难题。正是围绕着这一难题，才又逐渐形成了由普兰查斯、达伦多夫、赖特、罗默等人所倡导的一些不尽相同的"新马克思主义"或"后马克思主义"阶级分析模式。（由于篇幅的限制，本章对于这些"新—"或"后—"马克思主义的阶级分析模式不再赘述，有兴趣者可参阅相关文献。①）

不管人们在阶级划分的基础问题上发生怎样的争论，对于"阶级"是作为一种完全不以人的主观意志为转移的、纯粹客观的、结构性的现象而存在这一点，在客观主义（或科学主义）取向的马克思主义者中间却始终是不会改变的。就像苏联科学院哲学研究所编写的教材所宣称的那样，在这部分马克思主义者看来，"不管估计到属于不同阶级的人们的心理、观点和世界观是多么重要，但是这些并不决定阶级的存在。阶级是客观存在的，不管人们是否意识到这一点；人们的阶级意识只是人们的社会存在条件、人们的经济地位在不同程度上的反映。"②

除了客观主义的马克思主义阶级分析模式之外，客观主义的社会分层模式还包括一些非马克思主义的社会分层模式。其中最主要的是实证主义取向的社会分层模式。

实证主义是现代社会科学领域中影响最为广泛的一种研究取向。在实证主义社会学内部，虽然学者们的理论立场也并非完全一致，但其在认识论和方法论方面的共同点就是主张社会现象与自然现象一样，本质上都是一种既不以神的意志也不以个人的意志为转移、完全由客观规律所支配的现象，它像各种自然现象一样以一种"客观事实"的形式呈现在我们的面前，因而完全可以采用与自然科学相同的研究方法来加以研究，这种研究方法就是"实证"研究方法。而所谓"实证"方法，其基本原则就是强调要用可重复地从外部特征上加以精确观察的那样一些事实材料来对相关理论命题进行确"证"，以便获得孔德所形容的那种"真实"而非"虚幻"、"有用"而非"无用"、"肯定"而非"犹疑（不决）"、"精确"而非"模

---

① 汉语世界中最重要的一本文献当是［美］格伦斯基编的《社会分层》（北京，华夏出版社，2005），其中第三篇第一部分节选了"新—"或"后—"马克思主义阶级分析的若干最主要的文献。另可参见［美］赖特：《阶级》，刘磊、吕梁山译，北京，高等教育出版社，2006；《后工业社会中的阶级》，陈心想等译，沈阳，辽宁教育出版社，2004；等等。
② 苏联科学院哲学研究所编：《马克思主义哲学原理》，下册，500页，北京，人民出版社，1959。

糊"和"建设"性而非"破坏"性的知识。

在实证主义社会学那里，"社会分层"就是被普遍看成这样一种先于或外在于社会成员个人主观意识而存在的纯粹给定的"客观事实"，社会分层研究的直接目标就是要遵循实证科学的基本原则，通过一系列实证科学的程序和方法来准确地把握和再现这种客观事实。从社会本体论上看，实证主义社会学又包括了结构功能主义、社会冲突论、社会交换论和理性选择论等不同的取向。这些不同的理论取向在关于社会分层的本质、社会分层的根源和变化发展规律等问题上有着不同的见解，但在将社会分层看成一种不以个人意志为转移的纯粹给定的客观实在、主张社会分层研究的直接目标就是要准确地再现这一客观实在这点上基本没有区别。

结构功能主义者将社会分层普遍地看作一种由社会自身的功能性需要所派生出来的、由社会自身的运作机制和规律所决定的、独立于或外在于社会成员的个人意志的结构性事实。结构功能主义者们认为社会本质上是由人们在价值一致的前提下，以自愿合作为基础结合而成的一个既来自于成员个体又独立于、外在于成员个体的相互协调、相互依赖的有机整体，社会分层就是这一有机整体的重要结构性设置之一。

这种结构功能主义的社会分层思想是由美国早期著名社会分层学者W. 沃纳（W. Warner）在一部题为《琼斯韦尔的民主》[①] 的著作中首先加以表述的。但对它进行系统阐述的工作则首先是由帕森斯来加以完成的。帕森斯的社会分层理论虽然深受韦伯影响，但从总体上看他还是一个结构功能主义者。帕森斯首先以一种表面上看非常类似于韦伯仅仅在界定"等级"概念时才加以使用的那种语句说道，社会分层就是一个社会系统中的人们根据共同的价值规范来对社会成员进行道德评价时所形成的地位排序（rank）[②] ——以这样一种方式，帕森斯将韦伯在界定"等级"概念

---

　① 　W. Warner (1949)，*Democracy in Jonesville：A Study in Quality and Inequality*，Harper.

　② 　T. Parsons，"A Revised Analytical Approach to the Theory of Social Stratification"，in *Essays in Sociological Theory*，The Free Press，1954，388. 当然，这些价值规范的内容以及相应的具体道德评价标准在不同的社会里是可以不同的。概括起来看，这种道德评价所涉及的具体内容（同时也就是社会分层赖以形成的具体维度）大体包括以下方面：（亲属群体的）成员资格、个人品质、成就、财产、权威、权力等等。在像 20 世纪中前期的美国这样的现代社会中，道德评价所涉及的具体内容（即社会分层赖以形成的具体维度）主要是职业地位。参见 T. Parsons (1954)，"A Analytical Approach to the Theory of Social Strtification"，in *Essays in Sociological Theory*，The Free Press，74.

时才加以采用的"社会评价"尺度推广运用到了社会分层的所有领域，从而使得韦伯的诠释社会学精神从表面上看得到了更为彻底的贯彻。但事实上，在帕森斯那里，韦伯的思想以一种令人困惑的复杂方式与其结构功能主义的基本思想结合在一起，并为后者所改造，成为后者的一个组成部分。帕森斯虽然将一切地位排序都首先看作道德评价的产物，但他紧接着就明确指出这种道德评价不是各个社会成员个人主观意志的产物，而是**制度化**的价值共识的产物。社会系统正是根据一组制度化的价值规范，来对社会成员进行评价和排序的。① 这种根据制度化的价值规范来对社会成员所进行的道德评价和地位排序，从根本上说，又是出于社会系统自身结构整合和秩序建构的需要。任何一个社会系统都正是借助于这种道德评价和地位排序——即社会分层系统的存在，来引导其成员的行动，使之与社会系统的整体需要相一致的。"为了理解分层现象的功能基础，就必须分析一个社会系统内部社会关系的整合和秩序化问题。存在着某些决定人们地位高低的规范是每个稳定的社会系统的一种内在需要。"② "从某些方面来看，分层系统对于社会系统的稳定具有积极的功能。"③

　　结构功能主义关于社会分层的思想在戴维斯和莫里两人合作撰写的著名文章《分层的一些原则》中得到了观点更为明确、影响更为深远（也更具客观主义色彩）的表述。戴维斯和莫里明确指出，任一社会都存在着产生分层或地位不平等的"功能必要性"。之所以如此，是因为社会系统是由许多对社会整体的维持和发展来说其重要性和所需天赋及训练都不尽相同的位置所构成的。处于这些不同社会位置的人，为了完成其位置所内含的角色职能，所需承担的责任与付出的努力也是不尽相同的。假如处于这些不同位置上的人在履行完自己的角色职能之后，从社会系统所得到的报

---

① T. Parsons (1954), "A Analytical Approach to the Theory of Social Stratification", in *Essays in Sociological Theory*, The Free Press, 71; (1954) "Social Classes and Class Conflict in the Light of Recent Sociological Theory", in *Essays in Sociological Theory*, The Free Press, 325.

② T. Parsons (1954), "Social Classes and Class Conflict in the Light of Recent Sociological Theory", in *Essays in Sociological Theory*, The Free Press, 325; (1954) "A Analytical Approach to the Theory of Social Stratification", in *Essays in Sociological Theory*, The Free Press, 70 - 74; (1954) "A Revised Analytical Approach to the Theory of Social Stratification", in *Essays in Sociological Theory*, The Free Press, 386 - 388.

③ T. Parsons (1954), "Social Classes and Class Conflict in the Light of Recent Sociological Theory", in *Essays in Sociological Theory*, The Free Press, 334.

酬都大体相同，没有差别，那么，那些具有更大重要性、需要更高天赋或更多训练过程且需要付出更大努力的位置就不会有人去选择，社会系统的整体功能需要就不能得到很好的满足，社会就将无法正常存在和运作。因此，"作为一种有效的机制，一个社会必须用某种方式把成员分配到不同的社会位置中去，并且诱使他们去承担位置的责任"①。这种能够诱使具有不同能力的社会成员去承担相应社会位置之责任的有效机制就是社会分层机制，即一套可以实现对处于不同社会位置、承担不同社会责任、付出不同努力的人给予不同社会报酬的制度性途径。"如果由于天赋的稀少和训练的昂贵，某个位置所需的技能稀缺，而它又拥有功能上的重要性，那么它就必须有一定竞争力，从而能够和其他的位置去竞争那些必要的技能。这里的吸引力指的是，在效果上，该位置必须处于较高的社会等级——必须支配有高声望、高薪水、充裕的闲暇，诸如此类。"② 可见，"社会不平等就是在保证最重要位置上有最胜任者的过程中不知不觉地发展起来的设置"③。

　　社会冲突论者不同意结构功能主义者对于社会分层的上述看法。他们反对功能主义者关于社会是一个由人们在价值观一致的条件下，以自愿合作为基础结合而成的一个相互协调、相互依赖的有机整体，认为社会实际上是以一部分成员对另一部分成员的有效压制为基础而形成的一种"强制性结合体"；与此相应，社会分层本质上也就不被认为是由于社会的整体性功能需要，而被认为是由于不同的为了自己个人利益的需要通过冲突和斗争而形成并以各种压制性手段来加以维持的一种社会现象。正如伦斯基所概括的那样："冲突派理论家，如他们的名字所指出的那样，将社会不平等看成是由于争夺供应短缺的有价值的商品和服务而进行的斗争所造成的。功能主义强调一个社会的成员的共同利益，而冲突派理论家则强调使人们对立的利益。功能主义者强调从社会联系中生长出来的共同益处，冲突派理论家则强调统治和剥削的成分。功能主义者强调作为社会统一之基础的一致性，而冲突派理论家则强调压迫。功能主义者把人类社会看作社

---

① ［美］戴维斯、莫里：《分层的一些原则》，见［美］戴维·格伦斯基编：《社会分层》，38 页，北京，华夏出版社，2005。
② 同上书，40 页。
③ 同上书，39 页。

会系统，而冲突派理论家则将它们看成是演出争夺权力和特权的斗争舞台。"① 但尽管有这样的区别，冲突论者仍然不仅在把社会分层看作一种独立于社会成员个人意志之外的客观事实这一点上与结构功能主义者是完全一致的，而且在把社会分层看作一种外在于社会成员个人的结构性实在这一点上与结构功能主义也毫无二致。就如达伦多夫所明确指出的那样，由于社会是一种强制性的结合体，因此任何社会关系本质上总是一种权威关系，任何社会组织在结构上也总是由两部分人组成，其中一部分属于拥有权威的统治者，另一部分则属于丧失权威的被统治者。"统治者"和"被统治者"之间的阶层划分完全不是由于个人品德或利益方面的原因而是由于社会结构本身的原因所致。

　　与结构功能主义和社会冲突论有所不同，社会交换论者和理性选择论者则否认社会分层是一种完全由社会结构本身的需要或性质所产生的实体性存在，与他们对个人行动及人们之间微观社会交往过程的关注相一致，他们试图从人们之间微观的社会交往过程中寻找社会分层现象得以产生的根源和机制，试图将社会分层解释为微观层次上人与人之间社会交往过程的产物。例如，布劳即试图从两个社会成员之间的社会交换过程中推演出社会分层这样一种结构性现象来。他提出社会分层是两个拥有不同资源的个体协商交换的结果：当参与社会交往的一方需要另一方所拥有的某种资源而自身又缺乏对方所需的资源（可以用于通过交换的方式来获取对方掌握的这种资源）时，他先是可以采取以下几种对策：（1）改变自己的需求，使自己不再需要对方拥有的这种资源；（2）设法从另外的来源获得这种资源；（3）强迫对方给出这种资源。但当这些策略都不能奏效时，他所剩下的唯一可能的选择就是：将对自身行动能力的支配权交给对方，以从对方处换取自身需要的那种资源。这样，在原本处于平等地位的两个社会成员之间便产生了社会分化，一方成为支配者，另一方则成为被支配者。当这种分化在更多的社会成员之间广泛发生时，整个社会也就分化成为不同的社会阶层。但尽管如此，在承认社会分层是一种存在于个人主观意识之外的客观现实、社会分层研究的直接目标就是要准确地描述和再现这一客观实在这一看法上，社会交换论者和理性选择论者与结构功能主义和社

---

① ［美］伦斯基：《权力与特权：社会分层的理论》，关信平等译，25 页，杭州，浙江人民出版社，1988。

会冲突论者之间仍然是一致的。

二、诠释（或现象学）社会学的
社会分层模式

　　所谓主观主义的社会分层模式，则是把"阶级"等"社会分层"现象看作一种由某些相关的社会成员个人主观建构的产物，而非一种完全外在于社会成员个人主观意识的纯粹给定的"客观事实"。基于在有关社会分层的本质、形成的基础和发展演变的规律等问题方面的不同看法，我们也可以把主观主义取向的社会分层模式进一步划分为马克思主义和非马克思主义两种基本的理论立场。

　　从诠释社会学或现象学社会学的立场出发，我们就可以得到一种非马克思主义的主观主义社会分层模式。韦伯被公认为诠释社会学的创始人，韦伯有关社会分层的理论模式也是一个具有较大影响的社会分层模式。因此，在本章中，我们将首先以韦伯为例来对诠释社会学者的社会分层模式进行讨论。

　　韦伯反对像帕森斯、达伦多夫等"社会唯实论"者们那样，将社会现实看作独立于、外在于组成它们的那些个人行动之外的一种实体性存在，认为各种社会现实都不过是些个人行动的组织模式及其结果，主张要把这些现实都还原为、转变为参与形成它们的那些个体的行动，通过对这些个体行动过程及其机制的了解来达到对它们的理解；而且韦伯也反对像霍曼斯一类的"社会唯名论"者那样，用一种行为主义的模式来对个体的行动过程进行探讨，主张人类个体的行动与自然物体或动物的运动有着本质区别——人类个体的行动是一种在特定主观意义指引下展开的行动，因此，要理解人类个体的行动，就必须运用"理解"的方法去把握住指引行动者之行动的那些主观意义。一句话，将各种社会现实还原或转变为相关社会成员的个人行动及其主观意识过程，就是韦伯诠释社会学的基本主张。韦伯正是从这一基本主张出发去理解社会组织、社会关系和社会秩序等社会现实的。

　　例如，对于社会组织或社会团体，韦伯首先明确地写道，"像政府、会社、股份公司、基金会等……从社会学对于行动主体理解性的诠释来说，这些集体构造必须被视为只不过是特殊行动的组织模式和结果，因为这些个人是主观可理解性行动唯一的承载者"，"当社会学论及如政府、国家、民族、公司、家庭或军团等类似的集体构造时，毋宁只在指称某些种类的个人实际或可能的社会行动之过程而已"；然后又说，像"政府、国家、民族、公司、家庭或军团"一类的集体实在概念"其意义在个人的心灵里，半是某些实际存在的事，半是某些'应然'的想象"，"行动者在导引其行动倾向时，诸如此类的想象具有强大的、通常是决定性的、对于真实个人行动的因果性影响"，"例如，现代国家的一个重要存在面向是：作为个人间社会互动的复合体，它的存在乃基于不同的个人行动是朝向相信政府存在或应该存在，如此任何具法律倾向之秩序方能有其效力"①。

对于社会关系，韦伯也明确地认为，"所谓'社会关系'，依它的意义内容而言，乃是由多数行动者互相考虑对方，因此指向彼此联系的行为。是故，社会关系基本上完全建立在人们可以就一种（有意义的）特定方式从事社会行动的机会上"②；"唯有在这种机会之中才谈得上社会关系的'存在'或'维持'。因此，所谓存在着一种'友谊'或一个'国家'，其意思不过是：我们作为观察者，判断是否有或以前有过某种机会，使得一些人根据他们特定的态度而会做出一般意义下、特定类型的行动"③；"在像'国家'、'教堂'、'社团'、'婚姻'等'社会构造'的例子中，其社会关系也只存在于参与者依其行动之意义内涵相互发生过、发生着或未来会发生一定关联的机会里。……譬如说，一个'国家'设若丧失了以特定方式进行有意义之社会行动的机会，那么它便不再具有社会学上相关于'国家'的意涵。这种机会可能很高，也可能低得近乎消失。但只有当它确实存在时，相关的社会关系才得以发生。我们不可能找到其他更清楚的表达方式，来宣称一个特定的'国家'仍然在那里，或已经'不存在'了"④。

同样，对于社会秩序，韦伯也认为，它只存在于参与社会过程或社会过程的那些社会成员个人对于这种秩序的主观认可之中。韦伯写道："行动，特别是涉及社会关系的社会行动，可以指向参与者相信存在之正当秩

① ［德］韦伯：《社会学的基本概念》，顾忠华译，34 页，台北，远流出版事业股份有限公司，1993。

② 同上书，52～53 页。

③ 同上书，54～55 页。

④ 同上书，53 页。

序。这种行动真正会出现的机会，即称作此一秩序的'效力'。""一个公务员每天在固定的时候上班，他并非只基于他可置之不理的习俗或自利心的基础而行动；在一般情况下，他的行动也被秩序的效力所决定（如公务员规章），这为他所信守执行，一方面是因为不服从将对其私人不利，另一方面也因违反规定对他的责任感而言是有害的。"①

假如以上述同样的方式来理解社会分层现象，那么，我们也就应该有如下这样一些说法：

（1）社会分层不是一种实体性的社会现象，不能像孔德、涂尔干、帕森斯、达伦多夫等"社会唯实论"者那样，把它理解为一种独立于社会成员个人行动之外，其形成、维持和演变过程完全是由社会结构本身的因素和机制所规定的给定的实在；和"家庭"、"社团"、"公司"、"民族"、"政府"、"国家"、"婚姻"等一样，"社会分层"也只是一种名称，人们用它来指称处于不同经济、政治或社会"地位"的那些个人的类型，处于同一地位的那些个人即被称为一个"阶级"、"阶层"、"等级"或"层"等等。

（2）和"家庭"、"社团"、"公司"、"民族"、"政府"、"国家"、"婚姻"等一样，"社会分层"的存在和维持在很大程度上也应该是基于社会成员个人在主观意识中对它们的想象或取向，基于组成某个社会的成员（或按韦伯的说法，行动者个人）们在其主观意识中普遍相信该社会的成员们之间存在着"地位"上的不同，相信可以把这些成员划分为哪些不同的地位"群体"或"类型"，以及相信自己可以被归属于其中的某一个地位"群体"或"类型"等等，并且使自己的行动取向与这样一些主观想象相关联。因此，和"国家"这样的现象一样，当社会成员对自己所属社会之分层结构的想象变化了时，这个社会之分层结构的意涵也就发生了变化；而当这种想象普遍和彻底地消失了时，我们也就应该仿照前面韦伯所使用的词语宣称说：这个社会已经不存在分层结构了。

按照上述说法，当想要了解某个特定社会的社会分层状况时，我们需做的事情就不是去对该社会的成员们在生产资料占有等方面的状况进行考察，而是去对该社会的成员们有关自身社会之分层状况的主观意识或主观想象进行了解，去探讨在该社会成员的主观意识或想象当中，该社会是否

---

① ［德］韦伯：《社会学的基本概念》，顾忠华译，60 页，台北，远流出版事业股份有限公司，1993。

存在着分层现象，如果存在的话，存在的又是哪样一些"层"，哪些人（包括被调查者自己）属于哪一"层"，对不同的成员们来说这样的分层有着什么样的意味，以及他们如何将自己的行动取向与这种分层结构的主观想象相联结等等。

然而，吊诡的是，在韦伯的著作中，当韦伯真正具体地来阐释阶级等社会分层概念时，他的思路却并未完全按照上述方向展开。他所作出的论述与上述理解从而也就是与他自己所提出的诠释社会学主张相差甚远。

在韦伯的著作中，至少有两处比较系统地讨论到社会分层现象的地方。这两处都收在其未完成的著作《经济与社会》一书中。

首先，在《经济与社会》一书较早写成的部分（即该书现行第二部分）中，当讨论到"共同体内部的权力分配"问题时，韦伯论述了"阶级"、"等级"和"政党"三个概念。

韦伯写道，当出现下述情况时，我们就说有一个"阶级"："1. 对于为数众多的人来说，某一种特殊的、构成原因的生存机会的因素是共同的；2. 只要这种因素仅仅通过经济的货物占有利益和获利利益来表现；3. 即它是在（商品和劳务）市场的条件下表现的（阶级状况）。"① 假如用一句话来说，那就是：在商品和劳务市场条件下，由于对经济货物占有和获利方面的不同而导致其生存的基础与机会也产生差异的那样一些不同类型的人，就叫做"阶级"。按照这一界定，在一切阶级状况中，"占有财产"和"毫无财产"都将是最基本的范畴；然后这两个范畴内部又将进一步分化：前者将根据"占有财产可以获利的方式"而进一步分化为房产占有者、矿产占有者、工厂占有者、土地占有者、吃租息者等等（这些范畴内部还可以有占有数量大小方面的差异），后者则根据"必须在市场上提供劳动效益的方式"进一步分化为不同的类型（如长工、短工等）。不过，必须注意的是，共同的阶级状况并不必然导致共同的利益追求，更不必然导致一个阶级的集体行为。②

等级则是一种与阶级非常不同的社会分层现象。韦伯指出，"是经济

---

① ［德］韦伯：《经济与社会》，下卷，林荣远译，247 页，北京，商务印书馆，1997。
② 参见上书，247～250 页。

的而且与'市场'的存在相结合的利益，才造就着'阶级'"①；"任何一种阶级状况，首先作为建立在纯粹财富占有基础之上的阶级状况，只有当所有其他相互关系的动机在其重要意义上尽可能被排除，并且因此让市场上占有财产的权力的利用不受限制地发挥作用时，才能最纯粹地产生影响"②。而"同纯粹由经济决定的'阶级状况'相反，我们想把人的生活命运中任何典型的、由一种特殊的——不管积极的还是消极的——受与很多人的某种共同特点相联系的'荣誉'的社会评价制约的因素，称为'等级的状况'"③。虽然等级状况与阶级状况之间存在着一定联系（占有常常会达到等级的效果），但等级荣誉并不必然要与阶级状况相联系（不同阶级的人完全可以属于同一等级；反之亦然）。"从内容上讲，等级的荣誉一般首先表现在向任何想属于那个圈子的人强行要求一种特殊方式的生活方式。与此相关，表现在把'社会的'交往——也就是说，并非服务于经济的或一般商业的、'业务的'目的的交往——包括尤其是正常的联姻，限制在本圈子之内，直至内部完全封闭。只要出现一种不纯粹是个人的和在社会方面无关紧要的模仿外来的生活方式，而是一种这种性质的默契的共同体行为，那么'等级的'发展就开始了。"④"等级的划分处处都以我们所熟知的现象的方式，与对思想的和物质的货物或机会的垄断化相辅相成。"⑤ 而"凡是得到最极端的结果的地方，等级就发展成为一种封闭的'种姓'。也就是说，除了等级区分的惯例保证和法律保证外，还有一种礼仪的保证，直至这样的程度，即对于同一个被视为'较低等的'种姓的成员中任何有形的接触，都会被看作是对'较高的'种姓的成员们礼仪上不洁净的、在宗教上必须赎罪的污点，而且各个种姓部分发展着完全分离的迷信崇拜和各种神"⑥。

如果说"阶级"的故土在"经济制度"里，"等级"的故土在"社会

---

① 参见〔德〕韦伯：《经济与社会》，下卷，林荣远译，249 页，北京，商务印书馆，1997。
② 同上书，251 页。
③ 同上书，253 页。
④ 同上书，254 页。
⑤ 同上书，257 页。
⑥ 同上书，254～255 页。译文略有修改。

制度"里①，那么，韦伯说，"政党"的故土原则上则在"权力"领域里。"政党"是为了争夺统治、获得权力而斗争的一种机构。政党可能代表由"阶级状况"所制约的利益，或者由"等级状况"所制约的利益，然而它们既不必是纯粹的"阶级"政党，也不必是纯粹的"等级"政党，"往往只有部分如此，或常常根本就不是这样"②。可见，"政党"是与"阶级"和"等级"都不同的另一种社会划分机制。

在《经济与社会》一书较晚写出的部分（即该书现行第一部分）中，韦伯又专辟一章讨论了"阶级"和"等级"的概念。在这里，韦伯将"阶级"界定为"处于相同阶级地位的人的任何群体"③。而"阶级地位"则是指："1.货物供应的典型机会；2.外在生活地位的典型机会；3.内在生活机会的典型的机会。"④ 在这一定义的基础上，韦伯又将"阶级"区分为三种类型。第一种阶级类型是"财产阶级"⑤，指的是一些"主要由财产的不同来确定其阶级地位的阶级"，它包括了"享有特权的财产阶级"（如奴隶占有者、土地出租者、矿山出租者、设备出租者、船只出租者、债权人、吃证券息金者等各种"吃租息者"）、"受到特权损害的财产阶级"（如无人身自由者、失去社会地位者、负债人、"穷人"等），以及处在两者之间的"中等阶级"（"形形色色的拥有财产或受过教育而以此获得收益的阶层"）。第二种阶级类型是"职业阶级"，指的是一些"主要由货物或劳动效益的市场利用机会来确定其阶级地位的阶级"，它也包括了"享有特权的职业阶级"（如各类企业家、具有卓越才能和受过卓越教育的"自由职业者"、掌握垄断性技能的劳动者等）、"受到特权损害的职业阶级"（各种工人），以及一些"中间阶级"（如独立农民和手工业者、官员等）。第三种阶级类型是"社会阶级"，指的是"前面那几种阶级地位的总

---

① 韦伯将"经济货物和劳动效益的分配与使用方式"称为"经济制度"，而将"在一个共同体内，参加者的现象的群体之间如何分配社会'荣誉'的方式"称为"社会制度"。参见〔德〕韦伯：《经济与社会》，下卷，林荣远译，247页，北京，商务印书馆，1997。

② 同上书，261页。

③ 同上书，333页。

④ 同上书，333页。

⑤ 林荣远先生此处原译文为"有产阶级"，根据上下文，笔者认为译为"财产阶级"较妥。否则后面就将出现"受到特权损害的有产阶级（如无人身自由者、失去社会地位者、负债人、'穷人'等）"一类难以理喻的说法。

体"①，包括了"作为一个整体的工人"、"小资产阶级"、"无产业的知识
分子和训练有素的专业人员"以及"有产者和由于受教育而享有特权的阶
级"等。

在这一部分中，韦伯将"等级"界定为"一个团体的内部，有效地提
出下述要求的很多人：（1）一种等级的特别尊重——因此可能也还要求；
（2）等级的特别垄断"②。和"阶级"一样，属于同一等级的人也具有相
同的"等级地位"。而所谓"等级地位"，按照韦伯的界定，则"是指一种
在社会评价中典型有效的要求的特权化，或受特权损害"。它建立在下述
事实之上：（1）生活方式；（2）正式的教育方式；（3）出身威望或职业威
望。它首先通过以下几个方面表现出来：（1）联姻；（2）共餐；（3）垄断
性地占有特权的获益机会或者坚决拒绝某些特定的获益方式；（4）其他形
式的等级惯例（"传统"）；等等。③ 等级可以由以下情况而产生：（1）由
于生活方式和职业的等级化（生活方式及职业的等级）；（2）出身或荣誉
继承的等级化（出身等级）；（3）通过对政治或僧侣统治的统治权力占有
的等级化（政治的及僧侣统治的等级）。④ "等级"和"阶级"有着重要区
别：等级可以由阶级发展而来，但等级地位与阶级地位并不必然一致。
"货币财富和企业家的地位本身并非就是等级的资格——虽然它们会导致
等级资格"；同样，"毫无财富本身并非就是不具备登记的资格——虽然它
可能会导致不具备等级资格"。军官、官员、大学生的"阶级地位"可能
极不相同，但他们的等级地位却可能并无二致，因为他们"由于教育而形
成的生活方式的性质，在对等级来说至关重要的根本点上，是相同的"⑤。

无论是在前面提及的那一部分中还是在后面提及的这一部分中，韦伯
似乎都认为"阶级"、"等级"和"党派"是一些在任何一个社会当中都可
能普遍存在、普遍适用的社会分层范畴，但是在不同的社会中它们的主次
地位可能会有所不同。一般说来，在市场经济所主导的社会或技术—经济
变革的时代里，社会将主要是按"阶级"来划分的，而在市场经济受到限
制的社会或货物生产和分配的基础条件相对稳定的时代里，社会就可能主

---

① 即货物供应的典型机会、外在生活地位的典型机会和内在生活机会的典型的机会。

② ［德］韦伯：《经济与社会》，上卷，林荣远译，338 页，北京，商务印书馆，1997。

③ 同上书，338 页。

④ 同上书，338～339 页。

⑤ 同上书，338 页。

要是按照"等级"来划分。①

综合起来看，韦伯提出了社会成员地位划分的三个基本维度，即由于财产以及相应的获利与生存机会的占有不同而产生的地位差别（经济地位）、由于社会评价以及相应的荣誉占有不同而产生的地位差别（社会地位）、由于权力占有不同而产生的地位差别（政治地位）。由这三种不同的地位差别形成了三种不同的地位群体（韦伯将它们分别称为"阶级"、"等级"和"党派"）。与其"社会唯名论"立场相应，在韦伯那里，"阶级"、"等级"等未被视为一种实体，而只是被视为具有相同地位和利益状态的个人的集合；与其诠释社会学的立场相应，在韦伯那里，"等级"也未被视为一种纯粹给定的客观性实在，而是被视为一种由社会成员们的"社会评价"过程建构出来的主观性实在。然而，尽管如此，我们却可以看到，韦伯的诠释社会学立场并不彻底。在韦伯那里，除了"等级"之外，"阶级"、"政党"其实依然是一种外在于社会成员个人主观意识的纯粹给定性的"客观存在"：在韦伯那里，"阶级"和"党派"是指处于相同"地位"的人的任何群体，而"地位"则是分别由"财产及市场获利与生存机会占有"、"权力占有"等客观因素（而非由人的主观因素）所决定的。在韦伯对"阶级"、"政党"的论述中，没有像他在对"家庭"、"社团"、"公司"、"民族"、"政府"、"国家"、"婚姻"等现象进行论述时所做的那样，给行动者的主观意识及其"诠释"过程的必要性留下任何余地，从而使得这些论述不仅与诠释社会学的内在逻辑不一致，而且还与孔德、涂尔干、帕森斯、布劳、邓肯等人的社会分层模式存在着天然的亲和性。大概也正是因为如此，韦伯的社会分层模式才在西方学术界产生了远远超出诠释社会学界的复杂影响。并且，正是在诠释社会学以外的那些范围内，这些论述才广泛地开花结果：正是一些从严格意义上说并不属于诠释社会学脉络的学者们将韦伯的上述思想加以归纳整理，引申出了一些要么分别以经济收入（如收入五等分模型）或社会声望（如沃纳的分层模型）、政治权力（如达伦多夫的分层模型），要么将这三个维度结合起来（如布劳—邓肯的职业分层模型等）描述和刻画社会分层状况的研究模型。

此外，也正是同样的原因，才使得韦伯的社会分层模式与马克思主义

---

① ［德］韦伯：《经济与社会》，上卷，林荣远译，339 页，北京，商务印书馆，1997；下卷，258～260 页。

的阶级分析模式之间虽然存在着一定的差别［如在传统马克思主义者那里，社会分层的维度是比较单一的（由对生产资料的占有状况决定在生产过程中的地位与利益），而在韦伯那里，社会分层的维度则是比较多元的（财产占有、市场利益机会、声望评价、权力占有等）；在传统马克思主义者那里，"阶级"等地位集团往往被视为一种实体性的存在，而在韦伯那里，与他的"社会唯名论"立场相应，"阶级"、"等级"等则都不被视为一种实体，而只是被视为具有相同地位和利益状态的个人的集合；等等］，却也能够与后者分享一定的共同之处（如与后者一样具有一定的给定实在论色彩等）。也正因为如此，才先后出现了形形色色试图将二者结合起来的阶级（层）分析模式，如美国新马克思主义学者赖特的综合性阶级（层）分析模式等。这些阶级（层）分析模式在具体细节上尽管有所不同，但在将"阶级"视为一种外在于个人主观意志之外的客观现实这一点上，则与马克思主义和韦伯主义的阶级（层）分析模式没有什么实质性区别。

　　现代社会学中由沃纳等人发展起来的"主观分层法"或"声望分层法"，如果孤立地看，其实正是一种与韦伯等人的诠释社会学精神最为接近的社会分层模式。所谓主观分层法，按照有关文献的解释，就是由被调查的人"自己首先辨明阶级体系，然后置自身于其中，说明自己是属于哪个社会阶级。因此，这种方法涉及的是社会阶级的主观方面——人们自己是怎样看待阶级体系以及他们在其中的地位。根据这一方法，一个阶级的根本特征就正像自称为本阶级成员的人们所认为的那样"①。而所谓声望分层法，按照有关文献的解释，则是由被调查者来确定在他们所在的那个地区"共有几个阶级，它们的性质如何。还要求他们指定自己和其他成员都属于哪个阶级——就是说，根据他们的'名誉'来划分阶级"②。这两种社会分层方法都是以社会成员个人在主观意识中对社会分层结构的想象或取向来作为了解一个社会之分层状况的基本资料。如果一个研究者在采用这种方法来对一个社会的分层状况进行了解时，认为由此而得到的分层状况就是该社会的实际分层状况，那么，他所持有的立场就是一个真正

---

　　①　［美］戴维·波普诺：《社会学》，刘云德、王戈译，25 页，沈阳，辽宁人民出版社，1988。

　　②　同上书，25 页。

彻底的诠释社会学家在社会分层研究中所应当持有的立场。然而，遗憾的是，许多人在采用这些社会分层方法时只是把它作为"测度"人们分层意识而非社会分层的方法，认为由此得到的人们有关社会分层的主观意识只是对在这些主观意识之外存在的那种更为"真实"的社会分层状况的或正确或错误的反映、再现而已。① 从这样一种理解出发，这些方法当中本当包含的诠释社会学精神兀自荡然无存。

有趣的是，虽然韦伯等人没有将自己的诠释社会学立场彻底贯彻到自己有关社会分层的分析当中去，但诠释社会学及其类似的思想潮流却通过一种迂回曲折的方式不仅对马克思主义阵营当中的一部分人产生了影响，而且还具体地对马克思主义者的阶级分析工作产生了影响，从而导致了一种带有浓厚诠释学色彩的、主观主义取向的马克思主义阶级分析模式的产生。和诠释社会学的基本立场一致，马克思主义内部的这种主观主义阶级分析模式，反对单纯从客观主义的立场看待阶级现象，主张应从主观意识的角度来理解和分析阶级现象。英国历史学家汤普森在《英国工人阶级的形成》一书中对"阶级形成"现象所作的开创性研究可以当作此类分析模式的一个范例。

与以往的马克思主义者将"阶级"现象看成一种纯粹客观的、结构性或物质性事实的做法相反，汤普森认为"阶级"是被我们归入某个阶级范畴之下的那些人们在一定的历史过程中、通过自己的主观意识逐渐建构出来的一种现象。汤普森明确指出："工人阶级并不像太阳那样在预定的时间升起，它出现在它自身的形成中。"认为阶级是一种历史现象，不应该把它看成一种"结构"，或是一个"范畴"，而是"在人与人的相互关系中确实发生（而且可以证明已经发生）的某种东西"②，并且是通过人们"阶级意识"的形成和发展才能够发生的东西。

以下这段话可以视为汤普森对于"阶级形成"问题的基本看法："如其他关系一样，历史关系是一股流，若企图让它在任何一个特定的时刻静止下来并分析它的结构，那它就根本不可分析。最精密的社会学之网也织

① 参见刘欣：《转型期中国城市居民的阶层意识》，载李培林、李强、孙立平等：《中国社会分层》，北京，社会科学文献出版社，2004；李培林、张翼、赵延东、梁栋：《社会冲突与阶级意识：当代中国社会矛盾问题研究》，北京，社会科学文献出版社，2005；李春玲：《断裂与碎片：当代中国社会阶层分化实证研究》，北京，社会科学文献出版社，2005；等。

② ［英］汤普森：《英国工人阶级的形成》，钱乘旦等译，1页，南京，译林出版社，2001。

不出一幅纯正的阶级图形，正如它织不出'恭敬'与'爱慕'这些概念一样。关系总要体现在真人身上，而且还要有真实的背景。我们不能有两个泾渭分明的阶级，其存在各自独立，然后再把它们拉进彼此的关系中去。我们不能有爱而没有恋爱的人，不能有恭敬而没有地主与长工。当一批人从共同的经历中得出结论（不管这种经历是从前辈那里得来还是亲身体验），**感到并明确说**出他们之间有共同利益，他们的利益与其他人不同（而且常常对立）时，阶级就产生了。阶级经历主要由生产关系决定，人们出生时就进入某种生产关系，或在以后被迫进入。阶级觉悟是把阶级经历用文化的方式加以处理，它体现在传统习惯、价值体系、思想观念和自治形式中。如果说经历是可以预先确定的，阶级意识则不然。我们可以说具有相似经历的相似职业集团对问题会做出合乎逻辑的相似反应，但绝不能说这里面有'规律'。阶级觉悟在不同的时间和地点会以相同的方式出现，但绝不会有完全相同的方式。"[①] 正如该书译者钱乘旦先生所诠释的那样，按照这种理解，"阶级的'存在'和阶级'觉悟'是同一的，存在不可能没有'觉悟'，觉悟本身就是'存在'的一个必要组成部分。不可能只有阶级而没有觉悟，阶级不可能先于觉悟而存在"；"'自在的阶级'和'自为的阶级'之间的差别是不存在的，有阶级就必须'自为'，没有觉悟的'阶级'是不可想象的"[②]。

　　如前所述，在马克思主义中流行的一种看法是：阶级是一种客观的存在，阶级意识则是人们阶级地位的反映，有了某种"阶级"，迟早就会形成与这一阶级的社会地位相适应、反映此一阶级状况的"阶级意识"；因此，"阶级意识"只是"阶级"的函数而已。或如汤普森所概括："有一种说法很有诱惑力，即假定阶级是一个'东西'……有些人说，'它'，即工人阶级，是确实存在的，而且几乎可以用数学方法来精确测定，例如有多少人对生产资料是处于某种关系之中等等。一旦这种假定确立起来，阶级觉悟也就推导出来了：如'它'适时地了解到自己的地位和真实的利益，那么'它'就应该有阶级觉悟（但实际上却很少有）。这里有一个文化上

---

　　① ［英］汤普森：《英国工人阶级的形成》，钱乘旦等译，1～2 页，南京，译林出版社，2001。

　　② 钱乘旦：《汤普森和〈英国工人阶级的形成〉》，见［英］汤普森：《英国工人阶级的形成》，995～996 页，南京，译林出版社，2001。

的上层建筑，通过它，人们极缓慢地意识到这一点。这种文化上的'落后'与走形使人不能容忍，所以就很容易产生某种替代的理论，即党团派系、理论家等等，由他们揭示阶级觉悟。但这种觉悟并非现实中的觉悟，而是理论上应该如何如何的觉悟。"① 汤普森批评这种看法，认为这不是马克思的本来思想，并且认为这个错误使许多后来的"马克思主义"著作受到损害。

把阶级看成一种物质性的客观存在，也引致了另外一些不当的看法。例如，由于把阶级说成一种纯客观现象的看法很容易被质疑，因此就有人完全否认阶级现象的存在，认为"关于阶级的任何概念都是胡思乱想出来的，是强加于证据之上，而阶级（其实）根本就没有发生过"。还有人（如结构功能主义社会学家斯梅尔塞）则认为："'它'，即工人阶级，是存在的，而且可以多少准确地界定为社会结构中的一个部分；但阶级觉悟却不是个好东西，它是精神不正常的知识分子发明出来的，因为，在发挥着不同'社会功能'的集团间破坏其和谐共存（由此而延缓经济成长）的任何东西都是'不合理的失调现象'。问题应当是：如何才能最好地'处理和疏导'它的抱怨。"② 汤普森认为，如果能记住"阶级"是一种由人们通过阶级意识建构起来的"关系"，而不是一种"东西"，"阶级是人们在亲身经历自己的历史时确定其含义的，因而归根结底是它唯一的定义"，那么就不会这样来思考阶级问题了。③ 汤普森说他坚信："阶级是社会与文化的形成，其产生的过程只有当它在相当长的历史时期中自我形成时才能考察，若非如此看待阶级，就不可能理解阶级。"④

在《英国工人阶级的形成》一书中，汤普森就是按照上面这样一种思路来探讨"英国工人阶级"的形成过程的。在这本书中，汤普森详细地描述和分析了影响英国工人阶级"形成"的那些主要因素。这些因素主要包括：

（1）18 世纪流传下来的"人民传统"或精神生活经历。这些传统又具体包括以下几个方面的内容：首先是清教非国教派的思想和组织传统；

---

① ［英］汤普森：《英国工人阶级的形成》，2 页，钱乘旦等译，南京，译林出版社，2001。
② 同上书，2～3 页。
③ 参见上书，3～4 页。
④ 同上书，4 页。

其次是自发而无组织的群众反抗行为；再次是英国人对"生而自由"观念的强烈认同以及作为"生而自由的英国人"的强烈自豪感；最后是由法国大革命所激发的英国"雅各宾传统"。

（2）工业革命时期英国不同工人集团的日常生活经历。包括了工业革命时期英国各工人集团在工资、物价、生活水平、劳动条件和劳动纪律、宗教与道德、休闲与娱乐、妇女与儿童、工会与互助会组织等方面的经历。

（3）19世纪初英国工人阶级的政治斗争经历。

汤普森认为，正是在这样一些因素的影响之下，18世纪末至19世纪初英国的工人才逐渐地形成了共同的"阶级意识"，"多数英国工人开始意识到他们之间有共同利益，他们的利益与统治者和雇主们对立"[①]，从而逐渐地形成一个真正的"工人阶级"。

汤普森的研究成果在国际学术界产生了广泛的影响，引发了一大批类似研究文献的产生，如 R. Aminzade 的 *Class*，*Politics*，*and Early Industrial Capitalim*：*A study of Mid-Nineteenth Century Toulouse*，*France*、*Ballots and Barricades*：*Class Formation and Republican Plitics in France*，*1830—1871*，M. Hanagan 的 *Nascent Proletarians*：*Class Formation in Post-Revolutionary France*，I. Katznelson 和 A. Zolberg 合编的 *Working-Class Formation*：*Nineteenth-Century Patterns in Western Europe and the United States*，具海根的《韩国工人：阶级形成的文化与政治》等等，从而使"阶级形成"的研究不仅成为阶级研究领域的一个新主题，而且成为阶级分析的一种新模式。

⋯⋯ 三、社会分层现象的多元话语分析 ⋯⋯

可以把我们上面叙述的几种传统的社会分层模式用图概括如下（图3—1）：

---

① ［英］汤普森：《英国工人阶级的形成》，钱乘旦等译，4 页，南京，译林出版社，2001。

客观主义

马克思、恩格斯   实证主义
列宁、布哈林等

马克思主义 ————————————— 非马克思主义

汤普森等   诠释社会学

主观主义

图 3—1　四种传统的社会分层模式

在这几种模式中，客观主义取向的学者一般都将社会分层现象看作一种独立于人们主观意识之外的纯粹给定的客观性现实，主观主义取向的学者则将社会分层现象看作一种由个人的主观意识建构起来的主观性现实；而持这两种取向的，都既有马克思主义者，也有非马克思主义者，其中马克思主义者一般都主张一种一元化的阶级分析，非马克思主义者则多受韦伯的影响，主张一种多元化的分层分析。

　　和上述所有社会分层的分析模式不同，在多元话语分析那里，社会分层首先既不被看成一种完全外在于社会成员个人主观意识的纯粹给定的"客观事实"，也不被看作一种纯粹由某些相关社会成员个人主观意识建构的产物，而是被看作一种在特定话语的约束下相关社会成员个人对某些"现象"进行符号建构的产物。[①] 具体说来，就社会分层这个主题而言，多元话语分析的基本观点是：

不存在所谓完全独立于人们主观意识之外的、纯粹给定的、自然的、等待着人们去认知和再现的社会分层状况

　　任何一份有关某个社会之分层状况的描述都不是对该社会"实际存

---

　　① 毋庸置疑，虽然任何一份有关某个社会之分层状况的描述都不是对该社会"实际存在"的分层状况的反映或再现，而只是相关社会成员个人在特定话语的约束下对某些"现象"进行符号或话语建构的产物，但这种符号或话语建构又并不仅仅只是一种符号或话语的建构，而同时也是一种"现实"的建构。

在"的分层状况的反映或再现，而只不过是人们话语建构的产物，是人们借助于特定的词语（概念）、陈述、修辞以及主题论证方面的策略来对人们所感受到的地位差异现象所作的一种界定和描述而已。因此，要想理解人们所谓的某种"社会分层"现象，我们就必须首先去考察人们以话语形式对这一现象加以界定和描述的那些基本策略〔词语（概念）策略、陈述策略、修辞策略以及主题策略等〕。

我们可以以下面这段文本为例来说明这一点：

文本 1　现在我们是处在资本主义在国民经济所有部门中完全消灭的时期。资本主义已经从我国工业范围中被完全驱逐出去了。社会主义的生产形式现在是在我国工业中独占统治的体系。在农业方面，我们有了世界上规模最大的、机械化的、用新技术武装起来的生产，即无所不包的集体农庄和国营农场体系。富农已经被消灭；个体小农经济成分只占很小的比重，它在农业中所占的比重，从播种面积来看至多不过百分之二至三。至于国内商品流转，商人和投机者已经被我们从这方面完全驱逐出去了。全部商品流转都已经掌握在国家、合作社和集体农庄手中。因此，社会主义体系在国民经济一切部门中的完全胜利，现在已经是事实了。

由于苏联经济发生了这些变化，我国社会的阶级结构也相应发生了变化。大家知道，地主阶级已经因国内战争胜利结束而被完全消灭了。其他剥削阶级也遭到了与地主阶级同样的命运。在工业方面已经没有资本家阶级了。在农业方面已经没有富农阶级了。在商品流转方面已经没有商人和投机者了。因而，所有的剥削阶级都消灭了。

剩下了工人阶级。

剩下了农民阶级。

剩下了知识分子。

可是，如果以为这些社会集团在这一时期没有发生任何变化，如果以为他们还是像在譬如说资本主义时期一样，那就错了。

在我国，资本家阶级已经被消灭，生产工具和生产资料已从资本家手中夺过来，交给了以工人阶级为领导力量的国家。由此可见，苏联工人阶级是完全新的、摆脱了剥削的工人阶级，这样的工人阶级是人类历史上还从来没有过的。

在我国已没有能够剥削农民的地主、富农、商人和高利贷者了。所以，我国农民是摆脱了剥削的农民，他们的工作是建立在集体劳动和现代技术的基础上的，其经济基础不是私人所有制，而是在集体劳动基础上成长起来的集体所有制。由此可见，我们苏联的农民是完全新的农民，这样的农民是人类历史上还从来没有过的。

我国知识分子（工程技术人员、文化工作者以及所有职员等等）也已经不是那种企图使自己超脱各阶级而实际上大多数都是为地主资本家阶级服务的知识分子了。知识分子的成分改变了，其中百分之八十至九十都是工人阶级、农民和其他劳动者阶层出身的。知识分子活动的性质也改变了。从前，他们一定为富人阶级服务，因为当时没有别的出路。现在，他们一定为人民服务，因为剥削阶级已经不存在了，他们现在是苏联社会中享有平等权利的成员。由此可见，这是完全新的劳动知识分子，这样的知识分子是地球上其他任何国家都没有的。

这就是过去这一时期苏联社会的阶级结构方面发生的变化。

这些变化说明什么呢？第一，这些变化说明，这些社会集团间的距离正在日益缩小；第二，这些变化说明，这些社会集团间的经济矛盾在缩小，在消失；最后，这些变化说明，这些社会集团间的政治矛盾也在缩小，也在消失。这就是苏联阶级结构方面的变化。

这是斯大林1937年所作题为《关于苏联宪法草案》的著名演讲中相关段落的缩写本。① 对于文中所涉社会主义制度条件下"苏联社会的阶级结构状况"，客观主义者倾向于将其当作对一种完全独立于、外在于其所使用的话语系统而存在的给定事实来加以看待，并致力于探讨该文本是否对此一给定事实作出了"正确的"描画和陈述（正如文中所表明的那样，本文作者显然认为自己对这给定事实作出了"正确的"陈述，而其他一些客观主义者如结构功能主义等非马克思主义的客观主义者则可能对上述陈述的客观事实性质表示质疑，认为它只是"一派谎言"）。

与客观主义的阶级分析模式不同，多元话语分析学者则倾向于将上述

---

① 缩写的原因是原文太长。但为了便于此处分析起见，缩写版尽量保持了原文的风格。原文见《斯大林选集》，1版，下卷，392~397页，北京，人民出版社，1980。

文本就社会主义制度条件下苏联社会阶级结构状况所作的陈述看作文本作者运用某些话语策略［词语（概念）策略、陈述策略、修辞策略以及主题策略等］所进行的一种话语建构而已。譬如，在这一文本中，我们可以看到：

（1）作者在这里使用了一些具有特定含义和外延的词语如"阶级"、"结构"、"阶级结构"、"工人阶级"、"农民阶级"、"地主阶级"、"富农阶级"、"资本家阶级"、"知识分子"等来称呼自己在言说中所涉及的那些"社会集团"或由这些集团所组成的"社会结构"。实际上，只有在这些特定含义的基础上，上述文本的全部描述才能够得以成立。然而，作者在这里却并未就这些概念的含义和外延作仔细地说明和讨论，其隐含的前提是：它们已经是众所周知（普遍）且不容置疑（客观）的。

（2）陈述模式方面，作者大量采用了一种简单明了、通俗易懂，且看上去属于客观直陈的语句来陈述文本所涉及的事件或现象，从而使一般读者倾向于将所有陈述的内容都当作不言自明的"事实"来加以接受。此外，作者还多次采用"大家知道"、"现在已经是事实了"、"由此可见"这样一些"事实宣称"来引导或结束句子，大大缩小了读者对陈述内容进行质疑的想象空间。而短句（如"地主阶级已经因国内战争胜利结束而被完全消灭了"、"其他剥削阶级也遭到了与地主阶级同样的命运"、"在工业方面已经没有资本家阶级了"、"在农业方面已经没有富农阶级了"、"在商品流转方面已经没有商人和投机者了"等）、排比句（"剩下了工人阶级"、"剩下了农民阶级"、"剩下了知识分子"等）等句型的反复使用，使整个文本读（或听）起来具有一种从容不迫、铿锵有力、充满自信的感觉，也将读者（或听众）对有关陈述进行质疑的可能性尽量降到一个较低的程度。

（3）整个文本大量采用了一种表面看来逻辑推理极其严密的归纳主义的科学论证模式来"证明"自己的论点（如：a. 社会主义生产形式在我国工业中已经独占统治地位，社会主义生产形式在我国农业中已经占据主导地位，社会主义流转形式在我国商品流转领域中也已经取得全面胜利；"因此，社会主义体系在国民经济一切部门中的完全胜利，现在已经是事实了"。b. 在我国，工业资本家阶级已经被消灭，农业中地主阶级和富农阶级已经被消灭，流转领域中商人和投机者也已经被消灭；因此，"所有的剥削阶级都消灭了"。c. 在我国所有的剥削阶级都已经被消灭了，剩下的还有工人阶级、农民阶级和知识分子，但这些社会集团也已经变得和以前不一样了；所以我国社会的阶级阶级已经发生了根本变化），使得整个文本的叙述具有一种强烈的科学论证色彩，增强了对具有科学（尤其是社会科学）信仰的那些读者或听众的说服力。

（4）从文本的整体来看，作者在内容结构方面采用了首先描述和说明苏联经济结构变化，紧接着再描述和说明苏联社会阶级结构变化的论述方式，这种论述方式对于信奉"经济结构决定社会结构"这一马克思主义经典命题的读（听）者来说，其说服力是不言而喻的。

上述文本对社会主义制度条件下苏联社会阶级结构所作的那些陈述是否能够被读者接受为一种"客观事实"，在相当程度上依赖于文本作者在叙述过程中所采用的那些话语建构策略。

有关某个社会之分层状况的描述是符号或话语建构的产物

与主观主义的阶级分析模式也不同，在多元话语分析学者看来，任何一份有关某个社会之分层状况的描述（包括描述者在进行描述时所采用的那些语词策略、陈述策略、修辞策略及主题策略等）也不是某些相关个人（普通社会成员、观察或研究人员等）纯粹主观意识的产物，而是这些相关的个人在特定话语系统的约束下对某些被称为"社会分层"的现象进行符号或话语建构的产物。如果将这些话语策略理解为文本作者个人主观意志的产物，我们对它的理解就将仍然停留在一种比较粗浅的层次上。因此，为了更好地理解和诠释案例文本的作者为什么会采用他们所采用的那样一些话语策略，我们就有必要更进一步地去考察和揭示在作者们的言说行为背后约束和指引着其言说行为的那些话语系统及其相应的话语构成规则。

例如，就上述文本对社会主义制度条件下苏联社会阶级结构所作的陈述而言（包括作者在进行描述时所采用的那些语词策略、陈述策略、修辞策略及主题策略等），在多元话语分析学者看来，它既不是对某种纯粹给定的自然事实的描述，亦非文本作者个人纯粹主观意识的产物，而是作者在特定话语系统（即某一特定的马克思主义话语系统）的指引和约束下所完成的一种话语建构。例如：

（1）阅读上文的词句，读者可以发现该文所说的"阶级"至少具有这样一个基本特征，即它是与生产工具和生产资料所有制关系相联系的，是由生产工具和生产资料的所有制关系所决定，因而可以且也必然随生产工具和生产资料所有制关系的改变而改变的一些"社会集团"。显然，具有这样一些基本特征（或特定含义）的"阶级"概念，只有在某一特定的马克思主义阶级分析话语系统（例如列宁—斯大林主义的阶级分析话语系统）中才能够存在。因而，该文对社会主义制度条件下苏联社会"阶级"结构所作的全部描述，也只有在这样一种话语系统中才能够成立并得到理解。

（2）在陈述模式方面，作者以大量简单明了、通俗易懂，且看上去属于客观直陈的语句来陈述文本所涉及的事件或现象，这虽然与上述文本属于演讲文体这一事实有关，但也与马克思主义这种话语系统从"理论必须掌握群众"这一观点出发而对话语之通俗化、大众化原则的强调有密切关联。对"大家知道"、"由此可见"等"事实宣称"的反复使用，则只有在一种突出强调一切理论判断都必须以"事实"为依据的话语系统（如科学主义的话语系统；苏联流行的马克思主义正是一种科学主义的话语系统）中才能具有意义并得到理解。而整个文本在读（或听）时所具有的那种从容不迫、铿锵有力、充满自信的感觉，也常常是各种"英雄主义"、"理想主义"或"解放"话语的基本特征之一（马克思主义也正是"英雄主义"、"理想主义"或"解放"话语之一）。

（3）在上述文本中，整个文本大量采用那种表面看去逻辑推理极其严密的归纳主义的科学论证模式来"证明"自己的各项论点，这也只有在苏联流行的那种具有科学主义倾向的马克思主义话语系统中才能够得到充分理解。

（4）在内容结构方面，上述文本的作者采用首先描述和说明苏联经济（所有制关系）结构变化，紧接着描述和说明苏联社会阶级结构变化这种论述方式，正如前面已经暗示过的那样，则更只有在坚持"经济（所有制关系）结构决定社会结构"这一命题的那种马克思主义话语系统中才具有逻辑上的合理性和必要性。在那些不认同"经济（所有制关系）结构决定社会结构"此一命题的马克思主义话语系统中，或诸多非马克思主义话语系统中，这一论述方式应当都是可以质疑的。

概而言之，上述文本的各种话语策略，在很大程度上都是苏联流行的那种特定类型的马克思主义话语系统所内在包含着的。上述文本正是作者在这样一种类型之马克思主义话语系统的约束和指引下建构出来的。它既非对一种纯粹给定事实的再现，也非作者个人主观意识的纯粹产物。因此，只有在对约束和指引作者建构此文本的那种马克思主义话语系统有所了解的前提下，我们才可能对此文本的内容与性质有比较适当的理解。

某一社会现象的话语建构过程本身也存在着多种不同的可能性，而非某种唯一的可能性

对某一社会现象的话语分析工作也就应该尽量从多种不同的角度来进行。话语分析工作应该尽量将社会现象之话语建构的多种可能性揭示出来，展现出来，使人们真正意识到事物或社会现象的这种话语建构性质，意识到自己原本所在的那种话语系统的局限性，从而跨越自身所在话语系统的界限，达到一种对事物或社会现象的多元化的理解，以及对他人之话语世界的理解，进而实现不同话语世界之间的相互沟通、和谐共存。

譬如，对于社会主义条件下苏联社会的阶级结构状况，我们就可以有与前述文本所作描述完全不同的另一种描述。以下文本即为一例：

> **文本 2**　斯大林关于苏联已经消灭了对抗性阶级的说法是不能成立的。实际上，在社会主义的苏联社会，存在着与资本主义的美国社会类似的阶级结构和阶级对抗。首先，在苏联存在着与美国社会类似的由地位及利益差别而形成的对抗性阶级结构。与美国一样，在苏联也存在着一个上层阶级（或官僚特权阶级），这是苏联社会的统治阶级。它由共产党的常设机构、政府机构、企业、学校、社会团体（工会、青年团等）以及军队等不同领域中的官员们以及一些著名的知识分子（科学家、文学家、艺术家、医生等）组成。他们拥有最高的权力和地位，并因此而享有苏联社会所能提供的最好的工作和生活待遇（最高的工资收入，宽敞的住宅乃至别墅，专用的高档轿车，在专用商店里购买某些免税进口奢侈品，享受最好的医疗服务以及子女进入某些最好学校学习的特权等）。与美国一样，在苏联也存在着一个中间阶级，它由上述党、政、军、企、学、社会团体等领域的管理部门中的白领职员、一般的知识分子（科研人员、学校教师、文艺工作者、医生等）以及企业和农场中的熟练技术工人等组成。这些人虽然并不享有上层阶级所享有的那些行政管理方面的权力，但却享有下层阶级望尘莫及的那种职业地位以及工作和生活待遇（干净优美的工作

环境、轻松的工作类型、较高的工作报酬、较好的住房和医疗服务待遇等）。与美国一样，在苏联社会中也存在着一个数量相当庞大的下层阶级（或劳动阶级）。它由那些普通的工厂工人和农庄庄员组成。他们不仅不享有任何行政管理方面的权力，而且在工作和生活方面也只享有最基本的一些待遇（较差的工作环境和工作类型、较低的工资和劳保福利、较差的住房和医疗服务待遇、子女只有到普通学校就学的机会等）。其次，这三个阶级之间的关系，也正如美国社会中各个阶级之间的关系一样，是一种支配者和被支配者之间的关系。因而，和美国社会一样，在苏联社会中我们也就同样可以观察到被支配阶级对支配阶级所进行的反抗斗争，只不过这些斗争的形式与美国社会中所发生的同类斗争有所不同。

显然，这一文本对苏联社会的阶级结构提供了一种与文本 1 完全不同的描述：在文本 1 中是"工人阶级"、"农民阶级"和"知识分子"这些被认为"是苏联社会中享有平等权利的成员"的"两阶级一阶层"，在文本 2 中是则是"上层（官僚特权）阶级"、"中间阶级"和"下层（劳动）阶级"这些被认为是"如美国社会中各个阶级之间的关系一样"不仅存在着地位和利益方面的巨大差别而且处于既相互依赖又相互对抗的关系之中的三个阶级；在文本 1 中，工人阶级被描述为社会的领导阶级，"农民阶级"和"知识分子"（包括官员在内）则都属于被领导阶级，而在文本 2 中，"官员"和部分著名知识分子被归属于社会的上层统治阶级，另外一些知识分子也被置于一个其经济、政治和社会地位处于工人、农民之上的"中间阶级"，工人阶级却和农民阶级一起被归属于被统治的下层阶级；等等。

有人一定会问：在文本 1 和文本 2 对社会主义苏联社会的阶级结构所作的这两种描述之间，哪一种描述才是更为真实的呢？

对于深受现代主义科学观念影响的人们来说，提出这样的问题是一件非常自然的事情。因为，按照现代主义的观念，对于同一个问题只能有一个真实（或最接近正确）的答案。只有这个答案才配叫做"真理"，其他的那些答案只能被称做"谬误"，属于应该被排斥、被放弃之列。然而，对于多元话语分析学者来说，这样的提问本身就是不恰当的。

在多元话语分析学者看来，和文本 1 一样，文本 2 无疑也不应该被视为对某种纯粹给定事实的再现，而也只能被视为作者运用一定的话语策略所进行的一种话语建构而已。例如：

（1）在此一文本中，作者也使用了"阶级"、"阶级结构"、"阶级对抗"以及"上层阶级"（或"官僚特权阶级"）、"中间阶级"、"下层阶级"（或"劳动阶级"）、"对抗性阶级"等词语作为关键词，而且作者开宗明义便提出要与斯大林就苏联社会的阶级状况问题进行商榷，给读者开篇即留下的印象是作者似乎的确是在与斯大林辩论同样的问题，其所使用的"阶级"、"阶级结构"、"阶级对抗"等词与斯大林所使用的相同词语在含义上要么是大体相同、没有本质区别的，要么是比斯大林采用的含义更为合理的（否则便不构成对斯大林的批评了）。

（2）在陈述模式方面，作者同样采用了一种表面看上去属于客观直陈的表述方式（"与资本主义的美国社会类似"、"在苏联也存在着一个上层阶级"、"这是苏联社会的统治阶级"、"他们拥有最大的权力地位和享有苏联社会所能提供的最好的工作和生活待遇"、"这三个阶级之间的关系，也是一种支配者和被支配者之间的关系"等），仿佛作者所陈述的所有内容都是一种已经得到确认因而无须再加以甄别的给定性事实。而最后一句话"我们也就可以同样观察到"中对"我们"一词的使用，于不知不觉之中将读者也纳入到陈述主体之中，更给读者以这样一种信息，即只要你愿意且有条件去观察，你就能够观察到这些事实，从而进一步强化了所述内容的可靠性。

（3）在本文的整个行文过程中，作者反复使用了"与资本主义的美国社会类似"、"与美国一样"、"正如美国社会"等短语来引导有关句子，对于许多对作者们的话语建构策略缺乏足够警醒意识的读者来说，这些引语无疑也将具有一种非常强烈的诱导效果，使得读者常常于不经意之中将这些短语所引导的那些内容当作是一些不言而喻的东西接受下来。

（4）总体上看，本文主要采用了一种在现代科学研究中常用的归纳主义的逻辑策略（"在苏联存在着与美国社会类似的由地位及利益差别而形成的对抗性阶级结构"、"这三个阶级之间的关系，也正如美国社会中各个阶级之间的关系一样，是一种支配者和被支配者之间的关系"）来对全文的主题（"苏联社会有着与美国社会同样的阶级状况，因而斯大林对苏联社会阶级状况所做的概括是不正确的"）进行论证，使得对现代归纳逻辑比较信任的读者易于接受作者的论述。

同样无疑的是，与文本1一样，文本2对苏联社会所作的描述也只有在某种特定的话语系统之中才能够成立并得到理解。具体来说：

（1）只要我们细读一下文本 2，便不难发现，该文本中所使用的"阶级"一词与文本 1 中所使用的"阶级"一词在含义和外延上是完全不同的。在文本 1 中，"阶级"一词指的主要是由对生产资料占有方面的差别而形成的不同社会集团，而在文本 2 中，"阶级"一词则主要指的是由于权力（权威）及工作和生活条件（包括收入）分配方面的差异所形成的不同社会集团。因此，文本 2 显然属于一个与文本 1 所属话语系统相当不同的"阶级"话语系统。只有在这样一个相当不同的"阶级"话语系统中，文本 2 关于苏联社会所作的全部叙述才是逻辑上能够成立和可理解的；离开了这一话语系统，文本 2 全部陈述在语义方面的合理性都当受到质疑。

（2）作者对表面看去属于客观直陈之表述方式的大量使用，则也只有在一种突出强调一切理论判断都必须以"客观事实"为依据的话语系统中才能具有意义并得到理解（现代社会中包括马克思主义和非马克思主义在内的多数话语系统均属此类话语系统）。

（3）反复使用"与资本主义的美国社会类似"一类的短语来引导句子，其实隐含着这样一个理论预设，即苏联社会也好，美国社会也好，作为现代工业社会，其"阶级状况"事实上只与其工业化的状况相关，而与各自的所有制状况无关。显然，这种理论预设是 20 世纪流行的"现代化理论"或"工业社会理论"的有机组成部分。因此，只有在这样一些话语系统中，作者对这一修辞手段的反复采用才是一种可以得到较好理解的话语行为。

（4）作者运用归纳主义的逻辑策略来对全文的主题加以论证，自然也只有在这样一种话语系统中才能得以理解：在这一话语系统中，归纳主义被认为是一种可以相信的逻辑论证方式；只要严格遵守若干必要的逻辑规则，运用这种方法来对某一命题进行证明，其结论就应该被认为是可靠的。

由此可见，与文本 1 一样，文本 2 也只是文本作者在某种特定话语系统的约束和指引下运用某些话语策略而完成的一种话语建构，把它所描述的那些内容看作对某种纯粹给定之社会现实的再现也是不适当的。尽管在各自所属的话语系统之内，它们对苏联阶级状况的描述都可能是"真实"的；但在其所属的话语系统之外，则就都是不能成立和难以理解的。

和其他话语一样，阶级话语也具有反本质主义的特性

有人可能会坚持说，即使我们承认"关于苏联社会阶级状况的不同描述在各自话语系统范围内都可能是真实的"这一看法的可理解性和可接受性，但在帮助我们更适当地了解和理解苏联社会的阶级状况方面，这些不同描述的地位和意义应该还是有差别的。事物拥有多方面的属性，不同的话语系统可能有助于我们揭示同一事物不同方面的属性（因此它们对同一事物的不同描述就可能如上面所说的那样，都可能是真实的），但这些属性本身在事物中的地位和作用就不一样，有的属于事物的本质属性，有的则可能只是事物的表面现象而已。而只有对事物的本质属性进行了描述的那些文本才是更为重要的文本，反之就只能是一些次要的文本。假如这种看法不错的话，那么，在文本 1 和文本 2 及其分别所属的两个不同话语系统之间，到底哪一个可能才更为重要呢？或者说，到底哪一个才揭示了苏联社会阶级状况的本质特征呢？

多元话语分析学者认为，这样一个问题也是不适当的。作为这样一个问题之理论基础的本质主义，其局限也早已为人们所揭示。按照这些人的观点，我们所能言谈的一切对象都是由我们的语言符号建构出来的（而非某种在语言符号之外或之先存在的给定的实在），语言符号与其所指及其指涉之间并无必然的联系（同一符号完全可以和不同的所指及其指涉相联系），因此在某一符号的不同用法当中没有任何一种可以被认定为比其他用法更好地揭示了某一给定对象的"本质"（可以说它们都揭示了或者都未揭示其对象的"本质"）。

部分传统马克思主义者坚持认为，在文本 1 及其所属的话语系统和文本 2 及其所属的话语系统之间，只有前者才真正揭示了苏联社会阶级状况的本质特征，而后者则完全是对苏联社会现实的歪曲。而之所以如此，又是因为只有前者所使用的"阶级"概念才真正地揭示了"阶级"现象的本质特征，即"由对（物质）生产资料占有方面的差别所形成的不同社会集团"。

那么，为什么只有将阶级定义为"由对（物质）生产资料占有方面的差别所形成的不同社会集团"才是揭示了"阶级"现象的"本质"呢？对于这一点，传统的马克思主义者有一些大致相同的说法。概括起来，主要有以下两类理由：

第一，在人们之间所形成的各种社会地位差别中，有许多差别（如在劳动组织中所起作用方面的差别、在生产体系中所居地位方面的差别、在取得社会财富的方式和数量方面的差别以及在政治态度和思想意识方面的差别等）都主要是由物质生产资料占有方面的差别所决定的，是以物质生产资料占有方面的差别为基础的。正如苏联的一本教材所认定的那样："对生产资料的不同的关系是一个根本的、决定性的特征，由此产生出阶级的其他一切特征，包括各阶级在社会劳动组织中所起的作用以及各阶级的收入的数量和来源的不同。"①

第二，在由各种因素所导致的社会地位差别之间，由物质生产资料占有的不同所导致的社会地位差别才是最根本的、最重要的，或者说是人类社会中最不合理、最应该加以消除的差别。由其他因素（如种族差别、生理差别、年龄差别、性别差别、职业差别、技能差别、知识差别等）所导致的地位差别则不具有此种重要意义或性质。大概正是出于这种看法，马克思、恩格斯、列宁、斯大林等马克思主义经典作家都曾严厉批评过那种试图把一切社会差别都加以消除的"平均主义"观点，指出马克思主义所要求的平等仅仅是"消灭阶级"（即由物质生产资料占有方面的不同而形成的社会不平等），否则就是一种"无稽之谈"或者"一种极端愚蠢而荒谬的偏见"。

这两类理由，前一个属于事实判断，后一个则属于价值判断。尽管这两类理由经过多次重复后可能有不少人已经将其视为当然的"真理"，但其实它们并非像人们想象的那样不容置疑。

首先，对于第一类理由，大家已经知道，作为一种事实判断，即使是在传统历史唯物主义的话语系统内部也受到了事实的挑战。比如20世纪作为一种普遍现象而在西方资本主义社会和东方社会主义社会中都存在的"所有权"与"经营权"之间的分离，就使得认为"人们之间的社会差别都是由物质生产资料占有方面的差别所决定的"之类的看法无法自圆其说。

其次，对于第二类理由，我们也不得不说，作为一种价值判断，它们也只有在传统历史唯物主义的话语系统之内才能够成立和得到理解。因为只有在传统历史唯物主义的话语系统之中，由对物质生产资料的占有状况所决定的"生产关系"才被视为一种最重要、最具根本性质的社会关系。

---

① 苏联科学院哲学研究所编：《马克思主义哲学原理》，下册，503页，北京，人民出版社，1959。

离开了这种传统的历史唯物主义话语系统，由对物质生产资料的占有状况所决定的"生产关系"就并不具有这样的意义，上述第二类理由也就根本不能成立。而事实上，如果我们不拘泥于传统历史唯物主义的立场的话，那么我们也确实没有无可置辩的理由来坚持说只有源于物质生产资料占有方面的不同而形成的那种社会地位差别才是最重要、最根本的社会差别。

而如果我们承认：第一，人们之间的一切社会差别并非都是由对物质生产资料占有方面的差别所造成的，由物质生产资料占有方面所造成的社会差别仅仅是人们所形成的各种社会差别当中的一种类别；并且，第二，在由物质生产资料占有方面的不同所造成的社会差别与由其他因素（如种族差别、生理差别、年龄差别、性别差别、职业差别、技能差别、知识差别等）所造成的社会差别之间在重要性、合理性等方面并无根本差异的话，那么，在上述文本1（及其所属话语系统）与文本2（及其所属话语系统）之间，就不存在着何者更为重要、何者更好地揭示了所述对象的本质一类的问题。它们所揭示的，都是其所属话语系统为其所规定的那一对象的本质属性。

此处就上述文本1和文本2（及其各自所属话语系统）之间关系所得出的这一结论，也同样适用于其他有关阶级状况的文本（及其所属话语系统）之间的关系。限于篇幅，兹不赘述。

和其他话语一样，阶级话语也可以有"特殊性话语"和"普遍性话语"等不同层次

有人或许还要问，即使我们承认文本1和文本2是属于两个同样有存在之合理性的话语系统，那么，我们可不可以对上述两个文本（及其所属的话语系统）进行整理概括，得出一个比两者要更具综合性、普遍性的文本（乃至话语系统），以用来指导和帮助我们研究和理解有关"阶级"的文本和话语呢？

对于这个问题，后现代主义者们的答复将可能是：同样不能。在后现代主义者们看来，当我们说某两个或几个文本是对于某一"对象"的不同话语建构时，首先就意味着这些文本之间存在着较大的甚至根本性的差异（或库恩所谓的"不可通约性"），意味着两种文本之间在叙述主题以及关键词义等方面的差异可能是完全无法也不应该消除的。以上述关于苏联社会阶级状况的两个文本为例：虽然这两个文本的主题表面上看都是关于苏

联社会的"阶级"状况，但两者所说的"阶级"一词在含义和外延上却完全不同（不可对译），由此得出的对苏联社会之阶级状况的描述和判断也就完全不同。与此相应，这样的两个文本在其所具有的社会建构效果方面也可能是截然不同的：依据文本1，"阶级"差别主要是存在于工、农两大阶级之间，原因主要在于这两个阶级"对生产资料的关系不完全一样，他们在社会劳动组织所起的作用不完全一样，他们取得收入的形式也有差别"，消除这种阶级差别的措施也主要当是随着生产力的发展而逐步对农村生产资料所有制关系进行调整①；而依据文本2，"阶级"差别则主要是存在于权力与技能的不同拥有者之间，原因主要在于权力和技能拥有方面的不同，消除阶级差别的措施也主要是促进权力和技能拥有的平等化。所有这些差异，在我们试图对它们进行归纳和概括时都将一一消失，从而使得我们归纳和概括所得到的结果变得毫无意义。

不仅如此，在后现代主义者们看来，将各种本不相同的话语进一步综合成为一些更具一般性、普遍性的话语，还会在话语内容之间造成一种等级制度，使那些被认为不具一般性、普遍性的内容受到压制和忽视，从而导致对话语之间内容关系的简化理解。

对于后现代主义者们的这种看法，笔者并不完全认同。仔细比较和思考这两种文本我们就会发现，尽管它们在话语策略方面有着种种差异，但透过或过滤掉这些话语策略方面的差异，我们似乎还是可以在二者的内容之间发现某些"无可争议"的共同之处。譬如，不管它们在对"阶级"的界定方面有多大差异，它们所说的"阶级"都是指人们在社会地位方面的差别；也不管它们对苏联社会之"阶级"状况的具体描述有多少不同，它们都意在表明苏联社会的成员在社会地位方面还存在着一定的差别；等等。由于这样一些共同之处的存在，我们还是可以在特定的意义上将这样两个不同文本的内容进一步加以归纳和概括；而这样的归纳和概括也会具有一定价值和意义，只要我们明白由这种归纳和概括所得来的一般性知识并不高于（优于）也不能替代那些未被归纳和概括进来的特殊性知识即可。

那么，有一个问题必须要在此作进一步的讨论。这个问题就是：导致这两个文本之间存在着共同之处的根本原因是什么？

---

① 参见苏联科学院哲学研究所：《马克思主义哲学原理》，下册，588～599页，北京，人民出版社，1959。

　　现代主义社会学者们一般认为，不同文本之间共同之处的存在表明确实有着一种独立于话语系统之外的给定性实在（在此处即是有关"社会分层"的现实）。这些不同的文本或者是再现了这一给定性"社会分层"现实在不同时间条件下的状况，或者是再现了其在不同空间条件下的状况，或者是再现了它在同一时间、空间条件下的不同侧面等等。似乎正是这种独立于话语系统之外的给定性"社会分层"现实构成了不同话语/文本言说的共同对象，从而使得无论在何种话语系统之下来言说"社会分层"的那些文本之间都会有着一定的可通约之处。然而，多元话语分析学者们则认为这种推论在逻辑上并不必然成立。不同话语/文本内容之间某种程度上的共同（或可通约）性并不必然要以某种独立于话语/文本之外之客观实在的存在为前提。在多元话语分析学者看来，构成不同话语/文本内容之间某种程度共同（或可通约）性之前提的并不是某种独立于话语/文本之外的客观实在，而是不同话语/文本都可能共同隶属的某个抽象层次更高的话语系统。这一话语系统可能已经存在，也可能还未存在，有待形成：当我们将一些本不属于同一话语系统的那些文本综合起来，把它们看成对某一"共同对象"之不同时间、不同空间条件下的存在状况或同一时间、空间条件下不同侧面的刻画时，我们实际上就可能已经创造了一种新的、与已有的话语系统相比可能更加具有综合性或普遍性的话语系统。正是这一抽象层次更高的话语系统，才为我们建构了一种新的"现实"，使得我们可能得以把原本属于不同话语系统的那些文本所刻画的"社会分层"图景理解、诠释、建构成不同时空条件下的"社会分层"状况，或同一时空条件下社会分层结构的不同侧面等等。因此，当我们发现某些不同话语/文本之间可能有着一定的"共同之处"时，不是要去把这些共同之处当作某种纯粹给定的客观或主观性实在来加以确认，而是要去进一步探究和揭示作为这种共同性之前提或基础的、这些不同话语/文本所共同隶属的那一抽象层次更高的话语系统。对这样一种更高层次的话语系统作进一步的探求或建构也就同样将成为多元话语分析的重要任务之一。①

---

　　① 以上对社会分层现象之多元话语分析模式的描述虽然是以一些由某些作者撰写的书面文本中的话语为例来进行的，但其基本原则和方法也同样适用于以其他各种文本（例如访谈记录）形式出现的话语，只不过用于分析的一些具体技巧可能需要发生变化（例如，可能需要采用谈话分析的一些技巧等）。

······ 四、结　语 ······

综上所述，我们可以把社会分层研究领域中的多元话语分析模式与客观主义社会分层模式、主观主义社会分层模式之间最主要的一些区别简单概括如下：各种客观主义的社会分层模式将"阶级"或"社会分层"现象视为一种纯粹给定的、独立于社会成员个人主观意识之外的"客观性现实"，各种主观主义的社会分层模式则将"阶级"或"社会分层"现象视为一种由社会成员个人的主观意识建构出来的"主观性现实"；与它们都不同，多元话语分析学者则将"阶级"或"社会分层"现象视为一种由社会成员在特定话语系统的约束和引导之下、借助于一些特定的话语策略而建构出来的"话语性现实"。与此相应，客观主义社会分层模式的支持者们在对"阶级"或"社会分层"现象进行研究时总是致力于探究支配着"阶级"或"社会分层"现象形成和变化的"客观规律"，主观主义社会分层模式的支持者们则总是致力于考察导致"阶级"或"社会分层"现象产生和变化的那些主观意识，而多元话语分析学者们则致力于探讨人们将人们之间的社会关系建构为"阶级"或"社会分层"现象的那些话语策略及其背后的话语系统（话语构成规则）。

多元话语分析不仅为我们提供了一种看待"阶级"或"社会分层"现象的全新视角，而且也为我们重新理解客观主义和主观主义（或"客观分析法"和"主观评价法"）两种社会分层研究模式提供了一种与以往有所不同的新思路。

如前所述，在持客观主义立场的那些人看来，只要程序和方法无误，以各种客观主义分层模式来对人们的社会地位进行划分时所得到的那些"阶级（层）状况"一般说来应该正是某时某地社会分层状况的"真实"描述。从主观主义社会分层模式出发的人则一般认为：所谓"真实"的"阶级（层）状况"就像"国家"等社会现象一样，其实也只存在于相关社会成员个人对它的主观想象或取向当中，并不存在某种独立于、外在于这些主观想象或取向的纯"客观"的"阶级（层）状况"。那些被持客观主义立场的人认定为某时某地"阶级（层）状况"之客观真实描述的社会分层图景，其实也只不过是这些描述者自己对此时此地社会分层状况的一种主观想象或取向而已，而绝非像他们自己认定的那样是对什么客观给定之社会分层状况的"真实"再现。就像在对"自杀"现象的研究领域中所出现过的情况一样，把这种本也为某些人之主观想象的"阶级"或"社会分层"图景看作一种纯粹给定的客观现实也将导致对社会分层"现实"的一种误解或曲解。然而，从多元话语分析学者的视角来看，对"客观分析法"的这两种看法都是不适当的：用"客观分析法"所得到的社会分层图景，其实既不像客观主义社会分层论者所认为的那样是对某种纯粹给定的"社会分层"状况的实际再现，也不像主观主义社会分层论者认为的那样是对某种社会分层现实状况的一种误解或歪曲，而是和用各种"主观分析法"所得到的那些社会分层图景一样，都是某些相关社会成员在特定社会分层话语系统的约束和指引之下、运用某些话语策略所完成的对某时某地之"社会分层"状况的话语建构而已。因此，在各种"客观主义社会分层模式"指引下用"客观分析法"对某时某地之社会分层状况进行分析所得到的结果，既不比用"主观分析法"所得到的那些分析结果要更为"真实"，也不比后者要更为"虚幻"。

与上述争论相关联，对于用"主观分析法"所得到的"阶级（层）状况"，持客观主义观点的人认为它实际上反映的只是人们的"阶级（层）意识状况"而已，而非"实际"的"阶级（层）状况"本身。作为对人们"阶级（层）意识状况"的一种反映，即使在准确无误的情况下，它与"实际"的阶级（层）状况之间也可能会发生一定的"偏离"；因此它只能作为我们了解某一时期某一地区社会分层状况的一种参考资料，而不能被看作对此时期、此地区社会分层状况的"真实反映"。相反，持主观主义观点的人则认为由于"阶级（层）"这种"社会现实"就像其他所有那些社会现实一样只存在于人们的主观意识当中，因此（在调查结果大致准确的情况下）它（并且只有它）所反映的才是此时此地"阶级（层）状况"的真实情形。然而，和上面讨论"客观分析法"时一样，如果我们换一种观点，以多元话语分析的理论视角来重新看待"主观评价法"，我们也就应该意识到，用这种方法所得到的"社会分层"状况本身也既不像客观主义者们所认为的那样只是一种对"阶级（层）意识状况"的反映或再现，也不像主观主义者们所认为的那样是唯一可信的"现实"。用这种方法所得到的关于某时某地之"阶级（层）"状况的结果，其实也只是被调查、被访谈的那些对象在特定话语系统的约束和引导之下就我们所谓的"阶级（层）"主题所进行的一些话语建构。这些话语建构，一方面，在它们所属的话语系统之内，正像主观主义者们所说的那样，的确就是一种"事实"本身。但在其所属的话语系统之外，也就可能难以被理解和被承认为"事实"。它和其他人以其他调查方式（如客观主义调查方式）所获得的、被认为社会分层"实际"状况的那些"事实"之间的关系，也就既不是什么作为反映的"主观意识"和作为被反映对象的"客观事实"之间的关系，也不是什么唯一可信的"现实"同被扭曲、被强加于人的虚构"事实"之间的关系，而只不过是一种话语与另一种话语之间的关系。如前所述，它们应当具有同样的虚构性或"真实性"。

　　概而言之，无论是"客观分析法"也好，还是"主观分析法"也好，如果我们按照它们的倡导者们原来所阐述的那种性质来理解它们，把它们看作对纯粹给定的"社会分层"（之"客观"或"主观"）状况的再现，那就都可能造成对分析结果的误解；而只要我们意识到它们所具有的"话语建构"性质，那么它们就都是一种有价值的社会分层研究模式。可见，在社会分层研究领域，多元话语分析也的确可以为我们提供一种与以往的观察视角和研究思路相当不同的全新的视角和思路。

第四章　实证、诠释与话语：以现代化研究为例

　　本章摘要：实证主义的"现代化"分析模式将"现代化"过程视为一种纯粹给定的、独立于社会成员个人主观意识之外的"客观性现实"，诠释学（或现象学）的"现代化"分析模式则将"现代化"过程视为一种由社会成员个人的主观意识建构出来的"主观性现实"；与它们都不同，多元话语分析学者则将"现代化"视为一种由社会成员在特定话语系统的约束和引导之下、借助于一些特定的话语策略而建构出来的"话语性现实"。与此相应，实证主义"现代化"分析模式的支持者们在对"现代化"过程进行研究时总是致力于探究支配着"现代化"过程形成和变化的"客观规律"，诠释学（或现象学）分析模式的支持者们则总是致力于考察导致"现代化"过程的那些个体行动及其行动者在从事这些行动时赋予其行动之上的那些主观意识，而多元话语分析学者们则致力于探讨人们将我们现在称为"现代化"的那种社会变迁过程建构为"现代化"过程的那些话语策略及其背后的话语系统（话语构成规则）。

　　关键词：现代化研究　现代化的实证主义分析模式

现代化的诠释（现象）学分析模式　现代化的多元话语分析模式

　　在前两章中，我们分别以自杀现象和社会分层现象的研究为例，将多元话语分析与现代主义社会学传统中的实证分析、诠释分析等分析模式进行比较，具体展示了在对个人行动层次和结构层次的社会研究中多元话语分析的特点。鉴于个人行动层次和结构层次的研究通常被认为是一种静态的研究，在本章中，我们拟再以现代化这种动态社会现象的研究为例，对社会学中现有的研究模式与多元话语分析这种社会研究模式之间的差异作一扼要说明，以使读者对多元话语分析模式在动态社会现象（或社会变迁领域）的研究中所具有的潜力和特点也能获得一种较为具体的印象和理解。

　　所谓"现代化"，按照一般的理解，指的是大约从 17 世纪左右首先在西方某些国家开始，然后逐步扩散到其他国家去的那样一种社会转变过程。所谓"现代化研究"，指的就是以这一转变过程为主题的研究领域。这一研究领域在文献范围上又可以有广义和狭义之分：广义的"现代化研究"包含了所有以上述社会转变过程为主题的那些研究文献（包括马克思、孔德、涂尔干、韦伯、滕尼斯、齐美尔、桑巴特、特洛伊奇等以各种不同名目表述的相关著作），狭义的"现代化研究"则主要指的是 20 世纪中叶由帕森斯等西方学者（其中多数是美国学者）明确以"现代化理论"为题而呈现的那样一些研究文献。这两类文献范围不同的"现代化研究"当然都可以作为与多元话语分析进行比较的对象，但囿于篇幅，在本章中我们仅以狭义"现代化研究"文献中所包含的那些研究模式为对象①，将其与"现代化"研究的多元话语分析模式相比较，以突显后者在现代化研究方面的基本特征。

---

　　①　因此，本章后面所出现的"现代化研究"一词如无特别说明均指此种狭义的"现代化"研究。

····· [一、引言：中国离现代化还有多远？] ·····

2001 年，朱庆芳、吴寒光在其合著的《社会指标体系》一书中运用所谓"英克尔斯现代化指标体系"及其评价标准（见表 4—1），以世界银行出版的《2000 年世界发展报告》和联合国教科文年鉴、劳工年鉴等文献中披露的数据资料为依据，对 1998 年全世界 120 个百万人口以上的国家和地区现代化的实现程度进行了计算和评价。根据两位作者的计算和评价，1998 年中国实现现代化的程度为 81.9%，在 120 个被评价国家中居第 66 位。

表 4—1 英克尔斯现代化指标评价体系

现代化指标	现代化标准
人均国民生产总值（美元）	3 000 以上
非农产业总值占国民生产总值比重（%）	85 以上
第三产业产值占国民生产总值比重（%）	45 以上
城市人口占总人口比重（%）	50 以上
非农业就业人口占就业人口比重（%）	70 以上
大学生占 20～24 岁年龄人口比重（%）	12.5 平均
人口净增长率（1990—1998 年平均）	1 以下
平均预期寿命（岁）	70 以上
平均多少人有一名医生（人）	1 000 以下
成人识字率（%）	80 以上

资料来源：朱庆芳、吴寒光：《社会指标体系》，290 页，北京，中国社会科学出版社，2001。

同一年，牛文元主持的中国科学院可持续发展战略研究组在其编写的《中国可持续发展战略报告》一书中，则以研究组自己确定的三组八类 45 个要素指标组成的指标体系（见表 4—2）为工具，以当年（1998 年）世界中等发达国家在每类指标方面的平均水平为评价标准，以世界银行发布的《1999 世界发展指标》和中国国家统计局发布的《中国统计年鉴（1999）》披露的数据资料为依据，也对 1998 年中国实现现代化的程度进行了计算和评价，结果是：与大体处于同一时段的世界中等发达国家的水平相比，1998 年①中国实现现代化的程度只有 40.4%。

表 4—2　　　　　　　　牛文元课题组现代化评价指标体系

现代化指标	现代化标准
人口发展指标：	
自然增长率	当年世界中等发达国家平均水平
出生时预期寿命	当年世界中等发达国家平均水平
成人文盲率	当年世界中等发达国家平均水平
总和生育率	当年世界中等发达国家平均水平
经济发展指标：	
人均 GNP	当年世界中等发达国家平均水平
服务业增加值占 GDP 比例	当年世界中等发达国家平均水平
单位能源使用产生的 GDP	当年世界中等发达国家平均水平
全社会劳动生产率	当年世界中等发达国家平均水平
贸易占 GDP 比例	当年世界中等发达国家平均水平
社会发展指标：	
基尼系数	当年世界中等发达国家平均水平
成人文盲率男女差异	当年世界中等发达国家平均水平
城市人口占总人口比例	当年世界中等发达国家平均水平
生活质量水平：	
卫生保健总支出占 GNP 比例	当年世界中等发达国家平均水平
婴儿死亡率	当年世界中等发达国家平均水平
千人拥有医生数	当年世界中等发达国家平均水平
贫困人口比例	当年世界中等发达国家平均水平
安全饮用水人口比例	当年世界中等发达国家平均水平
教育发展指标：	
公共教育支出占 GNP 比例	当年世界中等发达国家平均水平
受高等教育人数占相应年龄组的比例	当年世界中等发达国家平均水平
预计受教育年限（男性）	当年世界中等发达国家平均水平
预计受教育年限（女性）	当年世界中等发达国家平均水平

---

① 原文为"2000 年"，但文中所引数据资料为 1998 年数据，故此处改为 1998 年。

续前表

现代化指标	现代化标准
科技发展指标：	
研究与开发支出占 GDP 比例	当年世界中等发达国家平均水平
从事研究开发的科学家比例	当年世界中等发达国家平均水平
从事研究开发的技术家比例	当年世界中等发达国家平均水平
每百万人专利申请量	当年世界中等发达国家平均水平
高技术出口占制成品出口比例	当年世界中等发达国家平均水平
信息化程度指标：	
千人拥有计算机数	当年世界中等发达国家平均水平
千人拥有电话主线数	当年世界中等发达国家平均水平
千人拥有移动电话机数	当年世界中等发达国家平均水平
千人拥有因特网宿主机数	当年世界中等发达国家平均水平
生态化指标：	
森林覆盖率	当年世界中等发达国家平均水平
国家保护区面积占土地总面积比例	当年世界中等发达国家平均水平

资料来源：中国科学院可持续发展战略研究组：《2001 中国可持续发展战略报告》，45～53页，北京，科学出版社，2001。

还是在这一年，何传启等主持的中国科学院的另一个研究团队中国现代化报告课题组在其发表的《中国现代化报告 2001》一书中，也以课题组自己确定的指标体系及评价标准对中国实现现代化的程度进行了计算和评价。该课题组将工业化以来的现代化进程区分为以从农业社会向工业社会转变为核心内容的"第一次现代化（或经典现代化）"和以从工业社会向知识社会转变为核心内容的"第二次现代化"两个阶段，分别制定了相应的评价指标体系及其标准（见表 4—3 和表 4—4），并以世界银行和中国国家统计局发布的数据资料为依据，对包括中国在内的世界 131 个主要国家和地区 1998 年实现两类现代化的程度进行计算和评价。结果是：1998 年中国实现第一次现代化的程度为 73%，在参加排序的 109 个国家和地区中居第 63 位；1998 年中国实现第二次现代化的程度为 30%，在参加排序的 109 个国家和地区中居第 55 位。

表 4—3　　　　第一次现代化评价指标体系（"英克尔斯–同响评价模型"）

现代化指标	现代化标准
人均国民生产总值（按 1960 年美元计算）	1 280 美元以上
农业增加值占国内生产总值比例	15％以下
服务业增加值占国内生产总值比例	45％以上
农业劳动力占总劳动力比例	30％以下
城市人口占总人口比例	50％以上
每千人口中的医生数	1 人以上
婴儿死亡率	3％以下
出生时平均预期寿命	70 岁以上
成人识字率	80％以上
在校大学生占 20～24 岁人口比例	15％以上

资料来源：中国现代化报告课题组：《中国现代化报告 2001》，87 页，北京，北京大学出版社，2001。

表 4—4　　　　第二次现代化评价指标体系（"同响评价模型"）

现代化指标	评价标准
知识创新指标：	
研究与发展经费占 GNP 比例	基准年高收入国家的平均值
从事研发活动的科学家和工程师全时当量/万人口	基准年高收入国家的平均值
居民国内专利申请数/百万人口	基准年高收入国家的平均值
知识传播指标：	
在校中学生人数占适龄人口比例	基准年高收入国家的平均值
在校大学生人数占适龄人口比例	基准年高收入国家的平均值
每千人拥有的电视机	基准年高收入国家的平均值
因特网用户/万人口	基准年高收入国家的平均值
知识应用指标（生活质量）：	
城镇人口占总人口比例	基准年高收入国家的平均值
医生人数/千人口	基准年高收入国家的平均值
总和生育率	基准年高收入国家的平均值
婴儿死亡率	基准年高收入国家的平均值
人均能源消费（千克石油当量/人）	基准年高收入国家的平均值
知识应用指标（经济质量）：	
人均 GNP	基准年高收入国家的平均值
人均购买力（按购买力平价计算的人均 GNP）	基准年高收入国家的平均值
物质产业增加值占国内生产总值比例	基准年高收入国家的平均值

续前表

现代化指标	评价标准
知识产业增加值比重	基准年高收入国家的平均值
服务产业增加值比重	基准年高收入国家的平均值
物质产业劳动力占总劳动力比例	基准年高收入国家的平均值
知识产业劳动力比重	基准年高收入国家的平均值
服务产业劳动力比重	基准年高收入国家的平均值

资料来源：中国现代化报告课题组：《中国现代化报告 2001》，94 页，北京，北京大学出版社，2001。

2003 年，陈剑、夏沁芳在其合著的《北京离现代化有多远》一书中也以自己设计的一套指标体系及其评价标准（见表 4—5）为工具，以《2000 世界发展指标》和《国际统计年鉴》等文献发布的数据资料为依据，对 2000 年左右中国实现现代化的程度进行了计算和评价。结果是：2000 年左右中国实现现代化的程度为 47.9%。

表 4—5　　　　　　陈剑、夏沁芳现代化评价指标体系

现代化指标	现代化标准
人均 GDP（美元）	10 000 以上
第三产业增加值占 GDP 比重（%）	65 以上
人口城市化水平（%）	65 以上
非农化水平（%）	90 以上
恩格尔系数（%）	25 以下
婴儿死亡率（%）	1 以下
高等教育毛入学率（%）	35 以上
每万人口医生数（人）	25 以上
信息化指数	250 以上
森林退化率（%）	−0.2 以下

资料来源：陈剑、夏沁芳：《北京离现代化有多远》，82 页，·北京，北京出版社，2003。

以上四项研究成果所依据的数据资料大体相同，所涉及的时间段也基本相同，但得出的结论却相差甚远。依照朱庆芳、吴寒光的评价，中国现代化的实现程度已达 81.9%；依照牛文元等人的评价，中国现代化的实现程度则只有 40.4%，不及朱庆芳、吴寒光等人评价的一半水平；依照陈剑等人的评价，中国现代化的实现程度也只有 47.9%，略高于朱、吴评价的一半水平；依照何传启等人的评价，中国实现所谓"第一次现代化"的程度已达到 73%，实现所谓"第二次现代化"的程度则只有 30%。

这不能不让一般读者感到困惑：中国实现现代化的程度到底有多高？中国离完全实现现代化的目标到底又还有多远呢？在上面这四项对中国实现现代化程度的评价结果中，到底谁的评价结果才是更为正确地反映了中国实现现代化程度的真实状况呢？

这是几乎每个中国人都会关心的一个问题，也是本章在后面试图加以回答的一个问题。但为了回答这个问题，我们首先需要来讨论一下"现代化"的分析模式问题。

······二、现代化研究的实证分析模式······

现代化研究文献中最主要也最重要的一种分析模式就是实证主义的分析模式。和在"自杀"现象和"社会分层"现象的研究领域中一样，在实证分析那里，被称为"现代化"的这样一个过程被看成一种独立于、外在于社会成员个人主观意识的纯粹给定的"客观事实"。现代化研究的主要目标就是要以一套客观有效的程序和方法（譬如实证科学的程序和方法）来揭示在这一给定的客观事实进程背后规定着、支配着这一进程的"客观规律"。或者如布莱克在其编撰的《比较现代化》一书中所说的那样，对"现代化社会"进行"比较研究"的目的就是要"得出诸如概括、一致或'规律'等"①。西方学者如帕森斯、斯梅尔塞、列维、勒纳、布莱克、罗斯托、阿尔蒙特、亨廷顿等人以及上节所述中国学者对现代化问题所作的分析即可以看成此类研究的主要范例。

作为现代化理论的主要奠基者，帕森斯将从古到今的人类社会区分为原始社会、中间社会和现代社会三种基本类型，并从一种进化论的角度详细阐释了人类从原始社会经过中间社会再转变到现代社会的变迁过程。按照帕森斯的这种阐释，现代社会的形成是在结构分化、适应性提升、包容、价值概化等客观机制的作用下，人类社会进化过程中原本可能是在不同时间和空间中分散取得的诸多关键性成就通过传播的方式在某些特定社会中逐渐积累的结果。这些关键性的成就是：社会分层系统的出现、文化

---

① ［美］布莱克编：《比较现代化》，杨豫、陈祖洲译，18 页，上海，上海译文出版社，1996。

合法性系统的出现、语言文字的出现、官僚权威的制度化、市场经济的制
度化、普遍主义法律系统的出现、民主政体的出现等。一个社会在这几项
关键性成就方面吸纳和积累得越多，其在社会进化的水平就越高；反之则
越低。原始社会几乎没有或最多只有前面第一、二种成就，中间社会则有
了第三、四、五种成就，现代社会则积累了全部七种成就。因此，所谓
"现代化"就是努力获取这七项（尤其是最后两项）关键性进化成就的过
程。作为一个持"分析"的实在论立场的实证主义者①，帕森斯并不认为
他的这些阐释就是对社会进化和现代化过程的一种精确、客观的再现，而
认为它只是一种分析图式或韦伯所说的"理想型"而已。但尽管如此，作
为一个分析的"实在论"者，帕森斯还是坚持认为社会进化和现代化过程
本身是一种客观的实在，一种关于社会进化和现代化过程之分析图式的任
务在于尽量客观地再现这样一种作为过程的实在。② 而所谓客观再现的准
则就是要尽量增加"此研究中所运用的理论图式和对于经验事实的陈述之
间的相符性"③。做到这一点的重要方法之一就是要尽量扩大对不同社会
之进化和现代化过程进行比较研究的时间跨度和空间范围。帕森斯明确认
为："一种分析图式在其中被付诸经验验证的时间跨度越长、比较范围越
广，浮现出来的那些发展趋势在经验上就越有效，理论上就越有意义。"④
帕森斯在社会进化和现代化研究活动中所持的这种理论立场，大体也就是
斯梅尔塞、列维、勒纳、布莱克、阿尔蒙特、罗斯托、亨廷顿等人在现代

---

① 实证主义有多种不同的类型。所谓"分析实在论"者反对理论只能来自于经验观察的看
法，主张作为一种分析图式的理论框架可以而且也应该先于经验观察（因为某些实在只有在适当
的分析图式的引导下才可能对其进行观察）。但在承认即使是这类实在也是独立存在于我们的分
析图式之外，我们的分析图式只是以一种类似韦伯所谓"理想型"的方式对它们进行再现，因而
其适当性也只能通过将其与描述这类实在的那些事实陈述相对照才能得以判明这些观点上，这种
分析的实在论者与那些经验主义（归纳主义）类型的实证主义之间并无二致。关于帕森斯分析实
在论观点的详尽阐释，可见 ［美］帕森斯：《社会行动的结构》（张明德等译，南京，译林出版
社，2003）第一章和第十九章。

② 在 The Evolution of Societies 一书中，帕森斯曾简略地讨论过"结构分析"与"过程分
析"这两种分析之间的关系，认为结构分析应该先于过程分析，后者只有在前者的基础上才有可
能。参见 Parsons (1977)，The Evolution of Societies，edited by Toby，J.，New Jersey：Pren-
tice-Hall，232 - 234.

③ Ibid.

④ Ibid.，236.

化问题研究中所持的理论立场。

　　实证分析模式同样也是当代中国诸多研究现代化问题的学者所持的基本理论立场。例如，孙立平在其早期著作《社会现代化》一书中就曾经以一种与实证分析模式非常一致的口吻明确地提出社会现代化研究的内容就是"描述、解释和预测"："描述的任务在于客观地说明社会现代化的历史进程和基本内容"；"解释的任务在于说明社会现代化过程中的因果关系"，"在于找出社会现代化中规律性的东西，在于说明现代化的规则"；预测"即对社会现代化的可能前景是什么作出预见"。孙立平还批评说："曾经有一种观点认为，一个社会要现代化，并不一定要经过城市化，并把这作为中国现代化的特色之一。这里边除有标新的因素之外，一个重要原因就是在现代化理论上的幼稚，对现代化的规律缺乏了解。"[①] 罗荣渠在其所著《现代化新论》一书的序言中也明确地表达了现代化是一个客观历史过程的思想，并写道："我深信，对于现代化的总体认识，对于现代化内涵的各种分歧看法与争论，只有对现代化的实际历史进程和大趋势有较好的把握之后，才可能得到解决。"[②] 中国科学院的两位学者牛文元和何传启近年来主持进行的现代化研究更是将实证研究明白地确定为自己的理论立场。两者不仅都把现代化理解为一个由客观规律所决定的社会历史过程，致力于应用实证科学的程序和方法去对这一过程加以考察，而且也都或者明确地提出自己的理论目标之一是要"对推进国家现代化的战略构想，提出自己的实证体系"[③]，或者明确地宣称将在研究过程中保持"科学性和客观性"[④]。

　　然而，尽管如此，在"究竟什么样的社会才是一个现代化的社会"、"怎样才算是实现了现代化"这样一些问题（可称为"现代化标准问题"）上，持实证主义分析模式的现代化理论家们之间却展开了长期的争论。尽管许多学者相互之间存在着大量共识，但也有不少学者相互之间有着重要的意见分歧。

---

　　① 孙立平：《社会的现代化》，32~34 页，北京，北京大学社会学系内部打印稿，1986。

　　② 罗荣渠：《现代化新论》，2 页，北京，北京大学出版社，1993。

　　③ 中国科学院可持续发展战略研究组：《中国现代化进程战略构想》，xi 页，北京，科学出版社，2002。

　　④ 中国现代化报告课题组：《中国现代化报告 2001》，前言，北京，北京大学出版社，2001。

先以西方学者为例。在 20 世纪 50 年代，帕森斯曾经提出过著名的五对模式变项（情感—情感中立、集体取向—自我取向、特殊主义—普遍主义、先赋性—成就性、扩散性—专一性）用以刻画人类行动（以及文化和社会规范）的取向模式，并以模式变项中的后五个方面为指标来衡量一个社会在向现代社会转变过程中所达到的程度。但在 20 世纪 70 年代出版的《社会进化》一书中，帕森斯则又以他所讲的社会进化的七项关键性成就（尤其是后面三项成就即制度化的市场经济、普遍主义的法律系统和民主化的政治体系）为客观指标来衡量一个社会的现代化程度。

在《现代化与社会结构》一书中，帕森斯的学生列维曾将一个社会的成员"使用无生命能源和（或）使用工具来增加他们努力效果的程度"作为"认定一个社会是较高现代化还是较低现代化"的基本指标。[①] 而在后来的《现代化的模式和问题》一文中，列维又比较了"现代化社会"与"非现代化社会"在社会结构方面的特点，将现代社会在结构方面的基本特征具体归结为以下九个方面：（1）各单位之间较高程度的专业化或功能分化；（2）各单位之间较高程度的相互依存性；（3）伦理具有普遍主义性质；（4）国家权力虽然集中但不专制；（5）社会关系具有合理主义、普遍主义、功能有限和感情中立的特征；（6）拥有发达的交换媒介和市场；（7）拥有高度发达的科层制组织；（8）家庭规模不断缩小，功能也不断减少；（9）商品和服务在城市和乡村之间相互流动而非单向流动。这样，所谓"现代化"从社会结构上看就又可以理解为上述特征逐步具备的过程。[②]

1960 年，欧美与日本学者云集日本箱根，举行"现代日本"国际学术讨论会。这次会议为"现代化"确立了八项标准：（1）人口相对高度集中于城市之中，城市日益成为社会生活的中心；（2）较高程度地使用非生物能源，商品流通和服务设施增长；（3）社会成员大幅度地互相交流，以及这些成员对经济和政治事务广泛参与；（4）公社性和世袭性集团普遍瓦解，个人社会流动性增加和个人活动领域日益多样化；（5）广泛普及文化知识；（6）形成一个不断扩展并充满渗透性的大众传播系统；（7）大规模

---

① 参见［美］列维：《现代化与社会结构》，卢辉临译，见谢立中、孙立平主编：《二十世纪西方现代化理论文选》，104 页，上海，三联书店，2002。

② 参见［美］列维：《现代化的社会模式（结构）和问题》，吴薇、仲夏译，见上书，117～124 页。

的制度如政府、商业和工业等存在，以及在这些制度中科层管理组织不断增长；（8）在一个单元（如国家）控制之下的大量人口不断趋向统一，在一些单元（如国际关系）控制之下的互相影响日益增长。① 这样，"现代化"也就可以理解为一个社会使自己不断趋向上述标准的变化过程。

上述关于现代化标准的理论模式基本上都是一些质化的分析模式，缺乏量化的判别标准。因此，借助于它们，人们只能像帕森斯在《社会进化》一书中所做的那样，以一种抽象的、定性的方式来对一个国家或地区是否已经实现了现代化、实现到什么程度等进行分析判断，而不能对一个国家或地区的现代化进程进行比较具体的量化的分析判断。20 世纪 60 年代之后，随着经济社会统计指标的广泛开发和逐渐完善，一些学者开始利用这些经济社会指标所提供的数据来对现代化进程进行描述和分析，引发了一些关于现代化进程的量化方式模式的出现。例如，按照英克尔斯的介绍，美国学者拉西特就曾经从 60 个方面对包括发达国家和不发达国家在内的 72 个国家进行了比较研究。以这项研究所得的资料为依据，可以发现，人均年收入达到 3 000 美元的国家或地区中，农业生产占总产值的比重一般为 12%～15%，服务业收入占总产值的比重一般为 45%，非农业劳动力占劳动力总数的 70%，有文化人口占总人口的 80%，受高等教育人口占同年龄组的比例为 10%～15%，医生与服务对象之比为 1∶1 000，婴儿死亡率为 3%，平均预期寿命为 70 岁以上，城市人口占总人口的比重为 50% 以上，人口自然增长率为 1‰ 或以下，等等。英克尔斯介绍的这些指标及其数据后来被中国学者引申发展为所谓的"英克尔斯现代化指标体系"。布莱克在其所编的《比较现代化》一书中也曾经以拉西特、布洛克和克拉维斯等人所著文献中的资料为依据，对低度发展的国家与高度现代化国家之间在若干方面的差距从数字上作了对比（见表 4—6）。这些指标与数据以后也被中国学者引申为"布莱克关于现代化过程的指标体系"②。除此之外，如前所述，牛文元、何传启、陈剑等中国学者以及国内不少地方政府都曾提出过自己的"现代化"量化指标体系。

---

① 参见 [日] 富永健一：《"现代化理论"今日之课题》，严立贤译，见谢立中、孙立平主编：《二十世纪西方现代化理论文选》，310 页，上海，三联书店，2002。

② 中国科学院可持续发展战略组：《2001 中国可持续发展战略报告》，36～37 页，北京，科学出版社，2001。

表 4—6   发展水平不同的国家若干方面的差异

指标	低	高
经济发展水平：		
人均国民生产总值（按 1973 年美元计算）	200～300	4 000～6 000
能源消费（人均煤当量公斤）	10～100	5 000～10 000
劳动力就业（%）		
农业	85～95	5～10
工业	5～10	30～40
服务业	5～10	40～60
各部门占国民生产总值（%）		
农业	40～60	5～10
工业	10～20	40～60
服务业	20～40	40～60
终极用途占国民生产总值（%）		
消费	80～85	55～60
资本形成	5～10	20～30
政府开支	5～10	25～30
社会流动水平：		
城市化（10 万人以上城市中人口比例,%）	0～10	50～70
教育		
中小学（适龄组的入学比例,%）	50～20	90～100
高等教育（百万居民中的学生数）	100～1 000	10 000～30 000
健康状况		
新生儿死亡率（每千出生儿童的死亡数）	150～2 000	13～25
食物供应（人均每日卡）	1 500～2 000	3 000～3 500
医生（每百万居民中医生）	10～100	1 000～2 400
交流		
邮件（千人年投寄国内邮件）	1～10	100～350
电话（千人计）	1～10	100～500
报纸（千人发行量）	1～15	300～1 200
收音机（千人台数）	10～20	300～1 200
电视机（千人台数）	1～50	100～350
收入分配（按收入的比例,%）		
收入最低的 1/5 居民	8～10	4
收入最高的 1/5 居民	40～50	45
收入最高的 5%居民	20～30	20

资料来源：［美］布莱克编：《比较现代化》，235～236 页，杨豫、陈祖洲译，上海，上海译文出版社，1996。

这些现代化的标准相互之间既存在着许多共同之处，也存在着大量不同之处。例如，在帕森斯在其学术生涯后期提出的七项社会进化突破性成就中，民主化政治体系的形成就是现代化的一个重要标志，而人均 GDP 水平、产业结构、城市化水平、人均预期寿命等与现代化程度无直接关联。而按照"列维标准"，民主化政体就并非是衡量现代化程度的一个重要指标，但人均 GDP、产值结构、城市化水平等与现代化水平的评价无关。按照"箱根标准"，虽然民主化政体、人均 GDP、人均预期寿命等都不是现代化的一个重要指标，但城市化、非生物能源比重等则成为评价现代化程度高低的直接指标。此外，由英克尔斯、布莱克提供的资料引申而来的那些指标体系以及由牛文元、何传启等学者自己确定的那些指标体系相互之间在指标选择和标准设立方面也存在着相当大的差异。以它们分别来衡量一个国家或地区实现现代化的程度，其结果自当会是有所不同甚至大不相同。

由于实证主义将"现代化"认定为一种外在于人们主观意识的、纯粹给定的客观事实，因而不得不认为对"现代化"进行科学研究的目的就是要尽量准确、客观地把握住这一事实，并且在诸多试图对"现代化"加以把握的理论框架中应该也只有一种相对而言是最接近于准确、客观地把握住了这一客观事实的。那么，在上述这些质化或量化的现代化指标体系当中到底哪一种相对说来才是最接近于准确、客观地把握住了"现代化"的事实面目因而可以用来作为对现代化进程进行"科学"、"客观"测量之唯一或最佳标准呢？现代化研究者们围绕着这样的问题进行了不少的争论。但可以确定的是：对于这一问题，迄今为止人们也没有得到一个统一的结论。

在"现代化实现标准"一类问题上的意见不一致所引发的后果，是人们之间在现代化的起点、根源、过程、机制、发展阶段和趋势等问题上也可能产生不一致。例如，这样就使得有关"现代化"的一系列问题都成了从实证主义立场来对"现代化"过程进行探讨的学者们之间争论不休的对象。

三、现代化研究的诠释学
（或现象学）分析模式

英克尔斯在总结概括现代化研究的文献时，将现代化研究的分析思路概括为两种基本类型："现代化研究的第一种分析思路把重点置于强调社会组织的模式，而第二种思路则更加强调文化和思想意识的模式。前一种方法更重视组织和行动的方式，第二种方法却认为思想和情感具有最重要的意义。一种方法更关注机构，另一种方法更关注个人。第一种方法比较狭窄地局限在社会学和政治学，第二种方法则侧重于社会学和心理学。社会心理学的方法主要把现代化当作认知、表达和评价方法的变化过程来考察。现代化于是被定义为一种个人的反应模式，是一整套以某种方式行动的意向。换句话说，它是一种'风尚'或'精神'，即马克斯·韦伯所说的'资本主义精神'。"①

英克尔斯所说的现代化研究的第二种分析思路也就是诠释学或现象学的分析思路。正如英克尔斯所说的那样，在诠释学或现象学分析那里，"现代化"不被看成一种完全独立于、外在于社会成员个人主观意识的纯粹给定的"客观事实"，而被看作一种由某些相关的社会成员个人主观建构的产物。麦克莱伦等人从个人人格等主观方面对现代化过程所作的研究可以看作此类分析模式的一个案例，而韦伯关于东西方宗教精神与资本主义形成之间关系问题所作的研究则也如英克尔斯指出的那样，正是此类分析模式的主要思想来源。

---

① ［美］英克尔斯：《现代人的模型：理论和方法问题》，见［英］布莱克编：《比较现代化》，杨豫、陈祖洲译，468～469 页，上海，上海译文出版社，1996。巴洛齐齐对现代化理论也作了与英克尔斯类似的概括，认为现代化研究中有两种不同的观点："第一种观点从基本的社会结构条件入手考察落后状况与变迁过程的问题。在分析落后状况的原因、特点以及变迁的必要条件时，这种观点着重研究历史、经济、社会因素的作用。第二种观点更强调文化价值、信仰、心理倾向这些因素的作用。这种观点认为，文化价值、信仰、心理取向不仅是社会变迁的前提条件，而且在社会变迁过程中，这些因素对变迁过程本身也发挥影响。所以，要理解发展过程，就必须考虑这些因素。""部分持后一种观点的学者认为文化和心理属性是发展的基本决定因素。"（［美］巴洛齐齐：《发展的社会心理学分析》，见谢立中、孙立平主编：《二十世纪西方现代化理论文选》，711 页，上海，三联书店，2002。）

作为诠释社会学的创立者，韦伯强调社会现象是由作为社会成员的那些个人通过有意识的行动建构起来的，因此要理解社会现象就必须将它们还原为建构了它们的那些意向性的个体行动，通过对这些行动之主观意向及其过程的诠释来达到对它们的理解，而不能像实证主义所主张的那样从对这些现象的外部特征的考察入手来达成这种理解。按照这一思路，韦伯本人在对西方和非西方国家从古至今的社会变迁进程进行分析时，就主要是从对这些国家的社会成员广泛具有的精神取向进行考察入手，将这些国家的社会变迁过程看作其成员们在特定精神取向指引下所展开的那些行动的产物，以此来探讨这些国家社会成员的精神取向、行动模式与其社会变迁过程之间的关系。譬如，韦伯认为，现代资本主义制度之所以首先会在西方新教国家得到比较广泛的发展，其重要原因之一就在于新教的教徒们在新教教义影响下所形成的特殊精神取向及行动模式：这种精神取向及行动模式与资本主义的精神取向及行动模式之间存在着高度的"亲和性"，从而促进了资本主义制度的发展。

受韦伯的影响和启发，20世纪中叶的部分现代化研究学者在对现代化过程进行研究时，也采纳了类似的分析思路。除了那些继续韦伯的论题从精神取向、行动模式对社会经济变迁的影响角度来对包括东亚等发展中国家与地区的现代化进程进行研究的课题之外，另有一些人试图采用更为"现代"些的研究技术来从事类似主题的研究。其中比较有代表性的人物是麦克莱伦、哈根、摩尔等。例如，麦克莱伦以一种与韦伯有所不同的（实验心理学或文献内容分析的）方式探讨了他所谓"商业动机"或"成功欲望"与一个国家或地区经济增长状况之间的关系。所谓"成功欲望"指的是一个人或一个国家的人们"想把工作做好的念头"。与韦伯在新教伦理与资本主义发展二者之间所发现的密切关联类似，麦克莱伦通过自己的研究发现：一个人的成功欲望越强烈，他进入高收入职业阶层（如经理等）的可能性就越高；同样，一个国家或地区的人们对成功的关注度越高，其经济增长的速率就越高："通常情况下，当成功关注水平达到高值若干年后，经济的繁荣发展会达到高速率。"① 历史上的新教徒之所以善于致富，正是因为对"宗教完美性的强烈关注使得教徒及其孩子产生了对

①　[美]麦克莱伦：《商业动机与国家成就》，见谢立中、孙立平主编：《二十世纪西方现代化理论文选》，651页，上海，三联书店，2002。

成功的企望，这使得孩子转向商业。正如前述，对成功的关注更容易在商业得到满足"①。由此可以得出以下一系列结论：促进一个地区文明程度提高的主要因素"并不是外部资源（如市场、矿产、商业通道或工厂），而是开发这些资源的创业者的精神，这种精神最多地体现于商人身上"；在贫困国家中，最终决定着经济发展步伐的"不是经济规划者，也不是政治家，而是那些执行者们，他们是否具有冲力决定了规划者的目标能否完成"；第二次世界大战后苏联的经济增长速度之所以要比美国快也"并不像苏联所宣称的那样是因为共产主义制度的优越性，而是因为它不择手段地在执行者中培养起更强的创业者精神"；来自国外的援助要想在贫困国家中更有效地发挥作用，那就"不能简单地把钱向他们的政治家和预算规划者一交了事，而应将其用于选拔、鼓励、培养那些富有积极创业者精神或强烈成功欲望的执行者。换句话说，投资于人，而不是项目"；等等。②哈根和摩尔等人也以一些不同的方式探讨了"创新人格"和劳动态度与经济增长状况之间的关系，指出只有在那些具有强烈"创新人格"和积极进取之劳动态度的地方，经济增长才能成为一种常态。③

英克尔斯与其合作者在 20 世纪 50 至 60 年代进行的关于"个人现代性"的著名研究有时也被人看作继承韦伯诠释社会学传统来进行现代化研究的一个范例。英克尔斯等人以问卷调查的方式就人们在日常生活中的价值观念、态度倾向和行为方式等方面的内容对阿根廷、智利、印度、以色列、尼日利亚和东巴基斯坦（今孟加拉）六个国家的 6 000 人进行了询问，以考察所谓"现代人"和"传统人"之间在人格方面的主要差别及其主要来源和后果。结果发现，和"传统人"相比，"现代人"一般具有以下基本特征：（1）乐于接受新经验；（2）主张减少对外部权威的依赖和盲从态度；（3）在生活中遇到困难时，完全放弃那种听天由命的被动态度；（4）在自己及子女的职业和教育方面具有远大目标；（5）有较强的时间观念和计划观念；（6）对公共事务和地方政治有强烈的兴趣和积极参与精神；（7）对各方面的信息（尤其是国内外重大新闻）紧抓不放；等等。

① ［美］麦克莱伦：《商业动机与国家成就》，见谢立中、孙立平主编：《二十世纪西方现代化理论文选》，657 页，上海，三联书店，2002。

② 参见上书，647 页。

③ 参见上书，661～677、678～686 页。

　　在对现代人格特征进行描述和分析的过程中，英克尔斯等人曾经以一种类似韦伯的口吻写下了这样几段话："我们的研究中有足够的证据表明：界定个人现代化的态度、价值观的改变确实伴随着个人行为的改变。我们相信：这种个人行为的改变意味着社会经济制度的改变，也意味着国家的现代化。而且个人行为的改变支持了政治经济制度的改变。"① "为了摆脱落后社会的过时的、压迫性制度的束缚，首先要求人民精神上的现代化，也就是他们必须把现代人的态度、价值观、行为方式整合进他们的个性中去。如果没有这一点，无论是外国援助还是国内革命都不能使落后国家进入能够自我维持发展的国家行列中去。"② 这样一些话语使得一些人倾向于将英克尔斯的上述研究工作列入韦伯主义的研究传统之列。③ 但事实上，正如英克尔斯自己后来反复说明的那样，他的基本理论立场与韦伯的理论立场之间还是有一定差异的。如上所述，韦氏诠释社会学的基本理论立场是强调人们的意向行动对于社会现实的建构作用，包括社会结构、社会制度、社会团体和社会过程等在内的一切社会现实都被视为人们意向行动的结果。而英克尔斯等人在进行上述研究工作时则在韦伯的理论立场和与韦伯相反的理论立场之间来回摇摆。譬如上引段落中的话语显然具有比较明显的韦伯色彩，但在后来的另一篇文章中英氏的立场又有一定的改变。他明确批评别人误解了他的观点，说："常有人指控我们认为'个人变迁必先于社会变迁'，或'个人变迁比体系变迁来得重要'。对个人现代性作品的误解，没有比这更广泛的，也没有比这误解更甚。"④ 所持的基本理论假设是强调社会的结构和制度因素是影响个人现代化程度的主要因素。英克尔斯明确地指出，除了麦克莱伦和哈根等人之外，"大多数研究

　　① ［美］英克尔斯、史密斯：《走向现代化》，转引自巴洛齐齐：《发展的社会心理学分析》，见谢立中、孙立平主编：《二十世纪西方现代化理论文选》，727 页，上海，三联书店，2002。
　　② 同上书，728 页。
　　③ 以下看法即为一例："以英克尔斯、麦可勒兰德等为代表的现代化研究的人文学方向······认为现代化的核心是人的现代化，人的现代化是实现由传统社会向现代社会转变的最根本的保证，并指出人的现代化是现代化社会稳定、持续和健康发展的基石。一个国家现代化历史进程的演化就是人的价值观、心理素质、行为特征的转变与培育的过程，它尤其强调人的参与意识、开放意识、进取精神、创新精神、独立性和自主性。"见中国科学院可持续发展战略研究组：《中国现代化进程战略构想》，108 页，北京，科学出版社，2002。
　　④ ［美］英克尔斯：《有关个人现代性的了解与误解》，见谢立中、孙立平主编：《二十世纪西方现代化理论文选》，708 页，上海，三联书店，2002。

个人变迁的学者，也都把个人现代性视为在制度现代化下的产物（而非导致制度的现代性），且在解释社会现代性的不同层次时，他们也常诉诸政治的、经济的或历史的因素，而不光就现代人格的冲击加以论断"①；"这个领域中大多数的研究，都有一个共通的假设，即地位决定了人格，而非人格决定了地位"②；六国研究的主要目的也就是要"探讨个人是否以及如何把制度与角色的特质纳为个人属性的一部分"③，或"个人变迁如何在一个现代化的社会中，或是经由接触现代制度而发生"④。

　　不过，在更具体地阐述其理论观点时，英克尔斯似乎又想在上述不同理论立场之间进行调和。英氏提出：（1）激进的或革命性的结构转变，由于涉及整个社会体系，甚少会受国民性格的心理特质，或众趋人格的决定。例如俄国及其他如古巴的政治革命所显示的，社会结构变迁并不是基于新人格模型的扩散，而是由于权力的突然崩解。即使是较为渐进的变迁，如英、法、德三国的工业化，制度上的改变也并不需依赖先前的人格转变。（2）但是，我们不能否认，在平等的机会下，具有某种独特民族性的人民，将显现出愿意采纳新制度的倾向；且在实地运作这些制度时，也会有较大的成功率。这正是麦克莱伦的研究所试图表明的思想。不过，麦氏的研究方法似有一定的问题。（3）某些宗教、种族或其他文化亚团体，似乎较能在现代化过程中扮演独特的角色，这些文化特质也使其成员在这些角色的执行上（尤其是企业家）更为出色。韦伯对新教伦理的分析，以及麦克莱伦和哈根等人的研究都是以此假设为出发点。但它们都只是个案研究，缺乏一般效度。（4）个人现代性所造成的社会后果，是使个人在其社会中及较直接的社会网络中，扮演一个新转型的社会角色。较现代化的个人与那些较不现代化的个人相比，会采纳一些不同的行为方式，这些行为方式在许多个人中间的传播和累积，将可变为一种集体输入，变成任何国家发展计划所必需的条件。⑤ 这些论述表明，英克尔斯的此项研究的确受到了韦伯传统较大的影响和启发，但其观点和韦伯的立场之间也确有一

---

　　① ［美］英克尔斯：《有关个人现代性的了解与误解》，见谢立中、孙立平主编：《二十世纪西方现代化理论文选》，690 页，上海，三联书店，2002。

　　② 同上书，692 页。

　　③ 同上书，690 页。

　　④ 同上书，708 页。

　　⑤ 参见上书，708～709 页。

定差异。在严格的意义上，很难把它看作属于韦伯诠释社会学传统的一个范例。

如上所述，严格意义上的诠释社会学或现象学社会学传统，应该是沿着主观意识—行动过程—社会现象的逻辑路径来展开对社会现实的分析，将人们的主观意识作为解释社会现实的主要因变量，从主观意识入手来理解各种社会现象的形成和变化等等，而不是相反。就本章讨论的现代化问题而言，就是要深入到作为我们研究对象的那些人们的主观意识当中去，考察他们在被我们称之为"现代化"的社会变迁过程当中所具有的主观意识状况（他们是如何理解自己的行动以及自己的行动参与其中的这一社会变迁过程等），以及这种主观意识状况对社会变迁过程所具有的作用及其作用机制，以此来达到对这一社会变迁过程的"真实"理解。因为只有人们自身对自身参与其中的那些过程之意义的主观理解才是这一过程的"本来面目"。从这一立场出发，我们可以看到上节所述各种（质化或量化的）现代化指标体系都具有一个共同的弊病：所有这些指标体系都没有深入到作为我们的考察对象并被我们称之为"现代化"的那一社会变迁过程中行动者的"主观意识"当中去，不是对这样一些行动者之主观意义世界的揭示或再现，而只是对这些指标体系制作者们自身之主观意识的再现。因此，这些指标体系以及以这些指标体系为基础而作出的有关现代化过程的描述和分析无一能够被视为对作为考察对象的那一社会变迁过程的"真实"反映。

只要对上述指标体系的建构过程作一初步分析，我们对此就可有一更为具体的理解。正如笔者在《如何看待社会发展指标的综合评估——兼评"中国现代化研究报告"》[①] 一文中曾经提到过的那样，任何一个社会发展综合评价指标体系（上述现代化评价指标体系就是一种特殊的社会发展综合评价指标体系）的构建至少都要包括以下几项基本的任务：一是确定适当的评价指标及评价标准，二是确定每项指标在整个指标体系中的权数，三是确定适当的方法将各种单项指数的评价结果汇总起来以形成一个单一的、综合性的评价结果。在完成这些任务时，现有的做法（包括上述各种现代化指标体系的作者们的方法在内）一般是：由指标体系的制定者（一个人或者一个团队）自己根据对评价对象（此处即"现代化"过程）之本

---

① 谢立中：《如何看待社会发展指标的综合评估——兼评"中国现代化研究报告"》，载《光明日报》，2001－08－02。

质内涵的理解来对指标体系的构成元素、评价标准、加权系数和加总方法等加以确定，或者通过专家调查的方式依据这些专家们的意见来对这些事项加以确定，或者是运用有关统计技术（如主成分分析法等）来对这些事项加以确定。这三种方法中的前两种显然都具有很大的主观随意性，无论是指标的选择、评价标准的确定，还是加权系数的确定等都不能不受到体系制定者或被调查专家个人知识、价值观念以及情感等多种主观因素的影响（这也正是此类指标体系缺乏唯一性的主要原因之一），由此得出的结果无疑只是反映了指标体系制定者们或被调查专家们对被评价对象（如"现代化"过程）的主观理解，将其视为对被评价对象之客观、科学的再现是毫无理由的。后一种方法虽然克服了此类"主观随意性"问题，但所得到的结果既缺乏唯一性又与人们对社会发展（或"现代化"）过程的实际感受可能会有较大偏离，因而也不能反映人们感受到的社会发展（"现代化"）过程的实际情况。

从诠释（或现象学）社会学的立场来看，假如我们确实想要以建立指标体系的方式来对一个国家或地区的现代化过程进行描述和分析、评价，那么，就必须对参与被评价过程的那些人进行比较广泛的调查，了解他们对被我们称为"现代化"的这一社会变迁过程之基本内涵、基本要素、各要素的重要性及其之间相互关系的理解，以这些理解为依据来对指标体系的构成元素、评价标准、加权系数和汇总方法等加以确定（而不是只依据指标体系制定者自己的意见或依据被调查专家的意见来加以确定）。因为只有通过这种方式，我们才能够把握住以自己的行动参与和建构了作为我们考察对象的某一现代化过程的行动者们在从事这些行动时赋予其行动之上的那些主观意义，从而使我们依照这一指标体系来对该现代化过程进行描述、分析和评价时所得到的结果与人们广泛体验到的实际结果更相一致，因而更具"真实性"、"客观性"和"科学性"。

四、现代化研究的多元话语分析模式

综上所述，实证主义者将现代化看成是一种外在于、独立于个人主观意志的纯粹给定的客观事实，因而主张从了解支配着这一事实产生和变化过程的客观规律入手来理解这一现象；诠释学或现象学的社会学家则把现代化看成一种由行动者有意识的行动建构起来的社会现象，因而主张从了解建构了这一现象的行动者们的主观意义世界入手来理解这一现象。与此不同，在多元话语分析学者那里，"现代化"既不被看成一种完全独立于、外在于社会成员个人主观意识的纯粹给定的"自然事实"，也不被单纯看作一种由某些相关社会成员个人主观建构的产物，而是被看作一种在特定话语的约束下相关社会成员个人对某些社会历史变迁过程进行符号建构的产物。与此相应，多元话语分析学者在对现代化现象进行研究时，也既不从了解所谓支配着这一现象的那些"客观规律"入手，又不从建构了这一现象的那些行动者们的主观意义世界入手，而是主张从对人们以话语形式建构这一现象时所采用的那些话语策略及其背后的话语系统（话语构成规则）入手，来达成对这一现象的理解。

具体说来，现代化研究的多元话语分析模式具有以下几个基本的特点：

努力运用话语分析的方法和技术对人们以话语形式将某一社会变迁过程建构为"现代化"过程的方式和策略进行分析

在多元话语分析学者看来，正如我们以前分析过的"自杀"和"社会分层"现象一样，所谓"现代化"也不是一种完全独立于人们主观意识之外的、纯粹给定的、等待着人们去认知和再现的"自然事实"。任何一份有关某个社会"现代化"状况与过程的描述都不是对该社会"实际存在"之"现代化"状况与过程的反映或再现，而只不过是人们话语建构的产物，是人们借助于特定的词语（概念）、陈述、修辞以及主题论证方面的策略来对某一社会变迁现象所作的一种界定和描述而已。因此，要想理解人们所谓的某种"现代化"过程，我们也就必须首先去考察人们以话语形式对这一现象加以界定和描述的那些基本策略［词语（概念）策略、陈述策略、修辞策略以及主题策略等］。

试举一例来对上述观点加以说明。以下是对1998年中国现代化状况所作的一份描述和评价：

为了衡量现代化的进程，必须有衡量标准和量化指标，并运用科学的方法进行测算，对各国（地区）的现代化实现程度进行动态比较。

美国现代化问题研究专家英克尔斯早在 20 世纪 60 年代调查了六个不同类型的国家，并提出了实现现代化的十项标准。

我们认为，这十项指标基本能反映现代化、城市化、社会化、知识化的内涵，概括了以人为本的经济社会的全面发展，具有代表性和共性。虽然从现在看，英克尔斯所确定的指标中，有的已显得偏低，但整体上仍可据以在各国之间进行横向比较。

我们根据世界银行出版的《2000 年世界发展报告》和联合国教科文年鉴、劳工年鉴等重要文献，收集了 1998 年的 120 个百万人口以上的国家和地区的十个指标的数据（部分指标是 1995 年和 1994 年的），用英克尔斯提出的现代化标准作为衡量值，并用综合指数法综合评价了各国现代化水平。现将 1998 年的评价结果简要分析如下：

中国现代化水平居世界（第）66 位，比 1993 年上升了 7 位。根据对十项指标的综合计算，1998 年中国实现现代化的标准（也可称为现代化指数）为 81.9%，居世界 66 位，分别比 1993 年的 73 位、1994 年的 69 位、1995 年的 67 位上升了 7 位、3 位和 1 位，属世界中等偏下水平。1998 年世界各国平均现代化水平指数为 100.8%，中国比世界平均低 19 个百分点。

············

中国的现代化虽然经历了曲折的道路，但速度还是比较快的，以十个指标计算的综合指数，1978 年实现标准仅为 59.6%，到 1990 年就提高到 69.8%，1995 年 79%，1998 年已提高到 81.9%，二十年间现代化指数提高了 37.4%，年均提高 1.6%，按此速度预测，还需 13 年就可达到现代化标准，跨入现代化的门槛。但这是低标准的，若按高标准要求，则需要更长时间。[①]

对于这份文本，实证主义者倾向于将其看作对特定时域（1998 年）和特定地域（中国）范围内进行的现代化这一纯粹给定的、自然历史过程（之正确或错误）的描述、分析和评价，致力于考察、检验这一描述、分

① 朱庆芳、吴寒光：《社会指标体系》，290~291、295 页，北京，中国社会科学出版社，2001。文中数字可能有误，原文如此。

析和评价的正确性（真实性），以及这一描述、分析和评价赖以进行的
"英克尔斯现代化指标体系"的正确性、各项指标数据的可靠性、综合指
数构成方法的适当性等。诠释学或现象学者则倾向于将其看作文本作者个
人主观意识的一个建构物，致力于考察作者建构这一描述、分析和评价的
主观意向过程。与这两者都不同，多元话语分析学者则倾向于将其看作文
本作者运用某些话语策略［词语（概念）策略、陈述策略、修辞策略以及
主题策略等］来对"中国"这一特定地域范围内发生的某种"社会进程"
在"1998 年"这一特定时域范围内取得的结果所作的一种话语建构，因
而致力于揭示作者在进行这种话语建构时所采用的那些话语策略。

譬如，在上述文本中，我们可以看到作者至少采用了以下这样一些话
语策略：

（1）作为贯串文本始终的核心关键词，本文所使用的"现代化"一词
实际上具有非常特定的含义，即它仅是指由所谓"英克尔斯现代化指标体
系"中包含的相关方面（人均国民生产总值的提高、产值和就业结构的变
化、城乡人口比重的变化、人口知识水平的变化、人口增长形态的变化、
人均健康水平和预期寿命的提高等）所界定或构成的那种社会历史进程。
但在上述文本中，没有一处指明其所使用的"现代化"一词其实应该只是
限于这样一种含义的社会历史进程。相反，作者这种对"现代化"一词的
含义不加讨论与说明的用法，以及对"英克尔斯现代化指标体系"所作出
的"基本能反映现代化、城市化、社会化、知识化的内涵，概括了以人为
本的经济社会的全面发展，具有代表性和共性"的评价，都使人产生了
"现代化"是一种不依人们的主观理解为转移的客观历史过程、"英克尔斯
现代化指标体系"则是对这一客观历史过程进行恰当再现的科学工具、运
用它来对一个地区的现代化进程进行描述和分析具有可靠性和科学性等这
样一些阅读效果。

（2）作者主要采用了一种数字化的陈述模式（包括数字化的描述和分
析语句、图表的运用等）来表述文本涉及的内容，这也加强了文本陈述的
"精确化"、"科学化"色彩，大大提高了文本陈述的权威性，提高了信奉
数字化、精确化等"科学"研究准则的读者对文本所述的内容的信任度。

（3）作者还采用了一系列相关的修辞手法来增强文本内容的"科学
性"色彩。例如：第一，作者一开始就以一种不容置辩的语气说道："为
了衡量现代化的进程，必须有衡量标准和量化指标，并运用科学的方法进

行测算，对各国（地区）的现代化实现程度进行动态化比较。"在这里，不仅"量化指标"和"衡量标准"一样成为"衡量现代化进程"所必需的东西，而且还为读者相信后面对现代化实现程度的分析、评价将是"运用科学的方法进行测算"的结果作出了暗示。第二，指出英克尔斯早在 20 世纪 60 年代就已经提出了实现现代化的十项标准，说明对现代化进程进行量化评价是国外发达国家早已经做过的事情，使读者感觉这一事情具有较高的合理性。第三，作者在介绍英克尔斯时，使用了"美国现代化问题研究专家"这样的称呼。对于中国读者而言，"美国"、"专家"一类字眼的影响力是不言而喻的，它提升了"英克尔斯现代化指标体系"以及以该指标体系为工具所作的那些描述和分析在读者心中的权威性、可靠性。第四，在对"英克尔斯现代化指标体系"本身的质量进行评价时，作者不仅明确给出了肯定的评价，而且也指出了某些缺陷，使人感觉作者对该指标体系确实是作过比较严肃认真的审查的，无形之中也提升了该文本的严肃性和科学性色彩。第五，作者对世界银行和联合国组织有关文献的引用，也是使文本所述内容的权威性在读者心中得以提升的一个重要手段。

（4）作者采用了以下策略来宣示该文本的主题（1998 年中国实现现代化程度的量化测算）：点出运用量化指标和科学方法来对现代化实现程度进行测算的必要性——以英克尔斯现代化指标体系为例说明国外早已有了此种测算活动及其工具；对英克尔斯现代化指标体系的合理性作出正面评价——说明用英克尔斯指标体系对相关国家（地区）进行测算所需数据资料的来源——对测算结果进行分析和说明。这是对一项研究成果进行简要报告时通常采用的文本格式，合乎研究报告的基本规范，增强了信奉现代科研规范的读者对其的接受度。

正如笔者在《如何看待社会发展指标的综合评估》[①] 和《关于所谓"英克尔斯现代化指标体系"的几点讨论》[②] 两文中曾经指出的那样，上述文本所用的那种"英克尔斯现代化指标体系"在国外实际上并不存在，它其实主要是少数中国学者建构出来的东西。如前所述，由于只是少数学者的建构物，它具有相当程度的主观随意性，并不具备人们想象的那种客

---

① 谢立中：《如何看待社会发展指标的综合评估》，载《光明日报》，2001 - 08 - 02。
② 谢立中：《关于所谓"英克尔斯现代化指标体系"的几点讨论》，载《江苏行政学院学报》，2003（3）。

观性、科学性，并非对现代化过程的科学反映。运用这一指标体系所作的各项描述和分析因而也就缺乏人们（包括上述文本作者）想象的那种客观性、科学性。然而，上述这些话语策略的使用，却能够在相当程度上使许多读者（尤其是一般读者）以为上述文本对中国实现现代化程度所作的量化描述和分析是非常"科学的"。换句话说，假如有读者愿意接受上述文本所作的描述和分析的话，那在很大程度上应该视为上述话语策略的结果。

努力辨析和识别出在这一话语建构背后约束和指引这一话语建构过程的那些话语系统（话语构成规则）

正如我们在对有关"自杀"和"社会分层"现象的多元话语分析模式进行讨论时所指出的那样，虽然上述话语策略的揭示使我们对上述文本的话语建构性质有了一定的了解，但即使如此，我们对文本作者为什么会采用这样一些话语策略却依然不甚清楚。因此，为了更好地理解文本作者为什么会采用这样一些话语策略，我们就还有必要更进一步地去考察和揭示在作者们的言说行为背后约束和指引着其言说行为的那些话语系统及其相关的话语构成规则，以使我们对文本的理解达到一个更为深层的水平。

就上述文本而言，作者在建构这一文本时所采用的那些话语策略也只有被置于一些有关"现代化"的特定话语系统之中时才能得到较好的理解：

（1）如上所述，尽管上述文本通篇都使用了"现代化"一词，但该文本中所用的"现代化"一词以及对中国"现代化"进程所作的描述和分析都只有在一种特定的有关"现代化"的话语系统中才能够得到理解。这一特定的"现代化"话语系统就是以所谓"英克尔斯现代化指标体系"为基础而形成的那一套话语系统。所谓"1998 年中国实现现代化的标准为81.9％"、"中国现代化水平居世界 66 位，比 1993 年上升了 7 位"之类的说法显然只有在这一话语系统中才能够成立。离开了这一话语系统，所有这些关于"1998 年中国现代化进程"的描述和分析都将可能成为一堆"谬误"。

（2）文本大量采用数字和图表来对 1998 年的中国现代化进程进行陈述，这一话语策略也只有在这样一种话语系统中才能够得到理解：在这一话语系统中，对被言说之物进行量化描述被看作话语具有合理性的基本标准之一，因而数字和图表一类的陈述模式被赋予了相当大的重要性。现代科学研究领域中的实证主义和操作主义就是此类话语系统的一些例子。

（3）作者采用各种修辞手法来增强文本内容的"科学性"色彩，以及采用对一项研究成果进行简要报告时通常采用的文本格式来宣示文本的主题，自然也是受现代科学主义这样一种话语系统及其相应的话语构成规则约束和引导的结果，只有放在现代科学主义这样一种话语系统中才能够得到很好的理解。

概而言之，上述文本作者所采用的那些话语策略在很大程度上正是作者受到现代科学主义、实证主义、操作主义、社会指标理论和所谓"英克尔斯现代化指标体系"这样一些话语系统约束和引导的结果。我们只有在充分了解和揭示了约束与引导着作者的这些话语系统之后，才可能对作者所采用的话语策略以及此一文本的内容与性质有一种比较适当的理解。

努力尝试对有关"现代化"过程的话语建构获得一种多元化的理解

正如我们在讨论有关"自杀"和"社会分层"现象的多元话语分析模式时曾指出的那样，对于多元话语分析学者来说，关于"现代化"过程的话语建构过程本身也存在着多种不同的可能性。因此，对"现代化"过程的话语分析工作也就应该尽量从多种不同的角度来进行。话语分析工作应该尽量将"现代化"过程之话语建构的多种可能性揭示出来、展现出来，使人们真正意识到"现代化"现象的这种话语建构性质，意识到自己原本所在的那种"现代化"话语系统的局限性，从而跨越自身所在话语系统的界限，达到一种对"现代化"现象的多元化的理解，进而实现不同"现代化"话语之间的相互沟通、和谐共存。

以"1998年中国的现代化进程"这一话题为例，在前面第一节我们就已经表明，关于这一话题完全可以有许多互不相同的话语建构。例如牛文元等人的"现代化指标体系"、何传启等人的"现代化指标体系"、陈剑等人的"现代化指标体系"等都可视为特定的"现代化"话语系统。处于这些不同"现代化"话语系统约束和引导之下的人，虽然都以"现代化"作为自己的言说主题，都用"现代化"这个词来作为自己的关键词，但正像我们前面已经看到的那样，他们所言说、所描述、所分析的"现代化"过程的内涵、外延、状态、"规律"却可以有一定的甚至相当大的差异。

如果说上述这些"现代化"话语系统相互之间尽管有着差异但差异程度似乎不大因而说服力可能有限的话，那么以下这一例子应该能够比较好地说明多元话语分析的上述观点。

美国是目前世界上现代化程度最高的国家。在美国，我们可以看到一个已经建立起来的相当充分的市场经济体系、一个已经相当完善的科层管理体系、一种普遍主义的法律体系，以及一个已经同样相当完善的民主政治体系。和美国相比，俄罗斯目前的现代化程度就要低得多。虽然俄罗斯也有一个已经相当完善的科层管理体系，但在其他几个方面，俄罗斯则要相形见绌：俄罗斯虽然已经建立起了一个市场经济体系，但这个市场经济体系却在很大程度上受到少数工业和金融寡头的操纵；俄罗斯在形式上也有一种普遍主义的法律体系，但这一法律体系的运作也在很大程度上受到黑社会组织和权贵阶层的操控；民主政治似乎也已经成为俄罗斯政治生活的基本特征，但克格勃对政治的影响也使这一点大打折扣。和美国与俄罗斯相比，中国的现代化进程就处于一个更加落后的阶段。在中国，除了一个相对完善的科层管理体系已经建立起来之外，其他几个方面离现代化的标准也都相差甚远：从计划经济向市场经济的转型虽已接近完成，但市场经济体系的完善却还需要相当一段时间；由于迄今为止法律的运作尚缺乏自主性、独立性，普遍主义法律体系的建立这一任务即使在形式上也还未完成；民主政治目前则更是被局限在一个层次非常低的水平上。就现代化水平而言，中国要赶上美国恐怕还需要相当时日。

从这一文本中，我们看到了一种与上述文本（以及第一节中提及的那些"现代化"话语能够建构的所有文本）完全不同的关于中国当前"现代化"状况的描述和评价：（1）上述文本对中国"现代化"状况的描述和分析是一种量化的描述和分析，此一文本的描述和分析则是一种质化的描述和分析；（2）上述文本对"现代化"所作的描述和分析主要是从人均国民生产总值、产业和就业结构、城市化水平、人均受教育水平、医疗水平和预期寿命等方面来进行的，而此一文本则主要是从市场经济体系、科层管理体系、普遍主义的法律体系和民主政治体系等制度方面来进行的，所用"指标"的性质完全不同。显然，这是一种与第一节中所述"现代化"话语系统都有很大不同的一种"现代化"话语系统（一种从帕森斯的现代化理论中引申出来的"现代化"话语系统）。这一话语系统在对"现代化"的界定、评价标准等方面都与前述话语系统有着相当大的差异。按照这一话语系统，即使中国在人均国民生产总值、产业和就业结构、城市化水平、人均受教育水平、医疗水平和预期寿命等方面都达到了与美国一类"发达"国家同样的水平，但只要在市场经济体系、科层管理体系、普遍主义的法律体系和民主政治体系的建设方面还未达到与美国一类"发达"国家同样的状态，其"现代化"进程就依然应该被认为处于一种相对低下的阶段或水平上。

除此之外，正如我们在引言中所说的那样，只要我们把含义和外延放宽，那么像马克思、孔德、涂尔干、韦伯、滕尼斯、齐美尔、桑巴特、特洛伊奇等古典社会理论家和吉登斯、哈贝马斯、贝克等当代社会理论家们有关现代社会变迁的那些理论都可以视为一些互不相同的"现代化"话语系统。处于这些不同话语系统之下的人，在对我们现在普遍称为"现代化"的那样一种社会变迁过程进行描述和分析时，不仅所使用的词汇可能会完全不同，而且在陈述策略、修辞策略和主题策略等方面也会有相当大的差异。他们各自对我们现在称为"现代化"的那一社会变迁过程所作的那些描述和分析，也都不是对什么独立于他们各自所属话语系统之外、作为一种给定性实在而存在的社会过程的客观再现，而是一些只有被置于其所属的话语系统之下时才能够成立的话语建构。我们在阅读他们撰写的相关文本、聆听他们言说的有关话语时，都必须将其置于其自身所属的特定话语系统之下才能够对其获得恰当的理解。

这些互不相同的"现代化"话语系统其合理性是也有所差别还是应该等量齐观呢？

对于这个问题的回答，和我们在讨论"自杀"话语与"社会分层"话语时是一样的：如果像实证主义或其他实在论者主张的那样，将是否"真实"地再现了某一现在被我们称为"现代化"的社会变迁过程本身为标准来衡量一种话语系统之合理性或可取性的话，那么，不同话语系统之间的取舍就将是一件非常困难甚至不可能的事情。因为，正如波普尔、库恩和费也阿本德等人反复说明过的那样，并不存在着什么独立于话语之外的"真实"，我们所观察到的任何"真实"或"事实"都渗透着一定的话语。在不同话语系统之下人们将会观察到和建构起非常不同的"真实"或"事实"。因此，就"真实"性或"虚构"性而言，不同话语之间大体是等价的。

　　试举一例来加以说明。牛文元和何传启两课题组在对"英克尔斯现代化指标体系"进行评价时，都曾批评其现代化话语缺乏真实性。[①] 牛文元课题组认为"英克尔斯现代化指标体系"对现代化实现标准的设定过于低下，认为这些标准"显然与当代的实际情况不符，产生了实现现代化过分容易的错觉"[②]。例如，当我们用英克尔斯指标去评价中国目前现代化实现程度时，全国已达 72％ 的水平，这"给予人们一种几乎无法置信的感觉"，"有'失真'和'高估'之嫌"[③]。何传启课题组也批评"英克尔斯现代化指标体系"，认为如果像其设定的那样"用人均 GNP 达到 3 000 美元作为实现经典现代化的标准，将会产生如下谬误：在 1964 年以前，世界上没有一个国家实现了经典现代化，因为在 1964 年前，世界上没有一个国家的人均 GNP 达到 3 000 美元。显然，它与历史事实不符"[④]。可见这两个批评都认为"英克尔斯现代化指标体系"与"当代的实际情况"或"历史事实"不符。然而，他们所谓"当代的实际情况"或"历史事实"到底又是什么呢？查看原文，我们可以发现，在牛文元课题组那里，所谓"当代的实际情况"指的是"当代中等发达国家"的情况[⑤]；而在何传启课题组那里，所谓"历史事实"则指的是"众所周知"的一件事情，即"在 20 世纪 40—60 年代，世界主要发达工业国家已经实现经典现代

---

　　① 这里我们将前面提到的国外是否真的存在一个中国学者所谓的"英克尔斯现代化指标体系"这一问题撇开不谈。

　　② 中国科学院可持续发展战略组：《2001 中国可持续发展战略报告》，39 页，北京，科学出版社，2001。

　　③ 同上书，40 页。

　　④ 中国现代化报告课题组：《中国现代化报告 2001》，85 页，北京，北京大学出版社，2001。

　　⑤ 中国科学院可持续发展战略组：《2001 中国可持续发展战略报告》，39 页，北京，科学出版社，2001。

化"①。可是，这两样"事实"果真是一种不以人的话语系统为转移的"客观事实"吗？稍许思考一下我们就能明白，对此问题只能作出否定的回答。前者"实际"上是把"当代中等发达国家"的情况等同于"现代化"在"当代的实际情况"，这显然只有在像牛文元课题组成员所使用的话语系统那样将"现代化"定义为"当年世界中等发达国家平均水平"的条件下才能够成立。后者则更是以特定的"现代化"话语系统为前提：如果不是已经有一套被大众所接受的关于什么样的经济、社会、政治和文化等状态才配叫做"现代化"状态的话语系统，我们（"众所周知"的"众"）如何能够判定"在 20 世纪 40—60 年代，世界主要发达工业国家已经实现经典现代化"了呢？可见，无论是牛文元课题组还是何传启课题组的上述批评，都只不过是拿一种话语系统下才能看到和成立的"事实"去反驳另一种话语系统，以此来否定后者话语的"真实"性，其有效性自然要大打折扣。其实，假如我们接受了中国学者所谓"英克尔斯现代化指标体系"的整套话语，那么无论是"中国目前现代化实现程度已达 72％"还是"1964 年前世界上没有一个国家实现了经典现代化"，就都可能是一种确凿无疑、可以且也应该被接受的"事实"。由于没有脱离话语系统而独立存在的纯"自然事实"，而我们又不可以以一种话语系统之下才能成立的"事实"去否定另一话语系统，因此用"真实"性为标准是无法确定不同话语系统之间的取舍的。

同样，我们也无法以不同话语系统是否更好地揭示了"现代化"过程的本质特征这一点为尺度来判断一种话语系统的合理性和可取性。以为客观事物拥有自己的本质属性，不同的话语系统在揭示事物的本质属性方面会存在着差异，只有那种更好地揭示了事物本质属性的话语系统才是种更为合理、更为可取的话语系统——这种实在论和本质主义的观点也早已受到诸多学者的抨击和批判：既然我们所能言谈的一切对象都是由我们的语言符号建构出来的（而非某种在语言符号之外或之先存在的给定的实在），语言符号与其所指及其指涉之间并无必然的联系（同一符号完全可以和不同的所指及其指涉相联系），那么在某一符号的不同用法当中自然也就没有任何一种可以被认定为比其他用法更好地揭示了某一给定对象的"本

---

① 中国现代化报告课题组：《中国现代化报告 2001》，85 页，北京，北京大学出版社，2001。

质"。换句话说，我们所言谈的一切对象的"本质"也是由我们所在的话语系统建构出来的，对于用同一话语符号来言谈的那一对象，不同的话语系统可能会赋予其相当不同的"本质"。因此，我们很难依据一个话语系统是否更好地揭示了对象的"本质"来决定对其加以取舍。例如，按照所谓"英克尔斯现代化指标体系"的那套话语，"现代化"的本质就是由经济水平、产业和就业结构、受教育水平、健康水平、预期寿命和城市化等内容所规定的；而按照帕森斯的话语系统，"现代化"的本质就是由市场化、科层化、法制化和民主化等内容所规定的。这两方面的内容到底何者才算是"现代化"过程的"本质"内容呢？这也是没有唯一答案的一个问题。我们能够说的就是：对于这两套不同的话语系统而言，"现代化"本质上就是它们各自所定义的那种东西。因此，以何者更好地揭示了"现代化"过程的"本质"来对各种"现代化"话语进行取舍也是几乎不可能的。

那么，我们是否可以对不同话语系统的话语和事件效果进行评价，然后依据这种评价的结果来对话语系统进行取舍呢？答案同样是否定的。无疑，不同的话语系统（包括各自对言谈对象及其"本质"所作的不同话语建构）其话语及实践效果自会有所不同（以不同的"现代化指标体系"来观察和分析同一社会变迁过程，其观察到的内容、看到的问题、制定出的对策和促成的下一步社会变迁自然会有不同），但对这些效果的评价以及据此而做出的取舍也是由话语系统内涵的价值观念所决定、以话语系统内涵的价值观念为转移的，因此同样缺乏普适性和客观性。对于某一话语系统的话语及实践效果，处于不同话语系统之下的人自然会做出非常不同的评价，从而使得我们依然无法对话语系统的合理性获得一个统一的看法，无法对话语系统的取舍做出一个能够被一致接受的决定。例如，在所谓"英克尔斯现代化指标体系"一类话语系统的约束和引导下，人们自然会去致力于观察"人均 GNP"、"城市化比重"、"人均受教育年限"、"非农产值比重"、"非农劳动力比重"、"人均预期寿命"等指标的达标状况，致力于去推动、促进社会朝这些指标所框定的方向发展；至于市场化、科层化、法制化、民主化这些目标，则不在人们的主要观察和考虑范围之内。对处于这一指标体系之下的人而言，所谓"英克尔斯现代化指标体系"一类的话语系统显然是一种富有价值、值得肯定的话语系统。然而，对处于帕森斯一类"现代化"话语系统之下的人来说，由于前一类指标体系忽略了市场化、法制化、民主化一类制度作为现代化目标所具有的意义，在它的约束和指引下所展开的观察、分析、决策和实践都不可避免地具有相当大的偏颇性，因而是一些非常不可取的话语系统。可见，以话语和实践效果为据也是无法对不同的话语系统进行取舍的。看来，将不同现代化话语系统的合理性做等量齐观，似乎才是一种适当的态度。[①]

对不同"现代化"文本及其话语系统进行整理概括的可能性及其含义问题

如同我们在以"自杀"和"社会分层"现象为例讨论多元话语分析时所指出过的那样，尽管不同的话语系统之间可能存在着这样或那样的差异（有的甚至是一些具有根本性质的差异，如所谓"英克尔斯现代化指标体系"与从帕森斯的现代化理论引申出的指标体系之间，或马克思主义与韦伯主义之间等），而且它们在真实性、合理性等方面也难分伯仲，但我们还是可以在不同程度上找到它们的一些共同之处，对它们进行更进一步的整理工作，将它们综合成为一些更具概括性的话语系统，从而使我们获得一些新的、更为广阔的话语空间。像后现代主义者那样从话语系统之间的差异性以及争取话语权利的角度出发来完全否定对不同话语系统进行综合、概括的可能性和必要性的做法是不足取的。

以本章述及的那些"现代化"话语系统为例。我们在第一节中所列举的那些指标体系之间尽管有着诸多差异，而且作者们之间也相互批评，但只要将它们与从帕森斯的现代化理论中引申出来的那样一类指标体系相比，我们就可以很明白地看到，其实它们之间还是存在着非常大的一致性的。譬如，它们都是从一些非制度性的因素出发（人均 GDP 或 GNP、产业和就业结构、城市化水平、生活质量、健康和寿命等）来理解、定义"现代化"过程；它们都是尽量采用一些量化的指标及标准来刻画"现代化"过程；等等（从帕森斯现代化理论中引申出来的现代化指标体系则主要从一些制度化的因素出发来理解和定义"现代化"，用一些质化的指标

---

① 当然，和我们在以"自杀"等现象为例进行分析时说过的一样，这并不意味着在现实生活中我们不必要也无法在不同话语系统之间进行选择或取舍——相反，在现实生活中，我们既需要选择也能够进行选择——而只是说我们无法依据何种文本和话语系统更为符合或接近"事实"、更好地揭示了对象的"本质"或更具有积极的效果等这样一些标准来进行选择；我们只能够依据所谓"事实"标准、"本质"标准和"积极效果"等以外的标准来加以选择；并且，我们所做的任何一种选择都不应该成为我们最终的一种选择；我们应该能够且逐渐习惯于改变自己的选择。

和标准来刻画"现代化"过程）。因此，我们就完全可以将它们归纳到一起，将它们看作某一类"现代化"话语系统（譬如"非制度性量化'现代化'话语系统"）的一些亚类。甚至，我们也可以将这类"非制度性量化'现代化'话语系统"与从帕森斯理论引申出来的那一类话语系统（或许可称之为"制度性质化'现代化'话语系统"）进行整理，把它们综合成一种更具概括性的新的"现代化"话语系统。例如，我们可以把它们看成分别描述和刻画了"现代化"过程的不同方面或不同层次。我们甚至还可以像吉登斯做过的那样，把马克思、涂尔干、韦伯等人有关"现代"社会变迁的理论结合起来，认为它们分别描述和刻画了现代社会变迁过程的不同方面，等等。通过这种综合，我们就得到了一些比以往的"现代化"话语系统更具有普遍性和概括性的"现代化"话语系统。

　　和我们在以"自杀"和"社会分层"现象为例讨论多元话语分析时所做的一样，需要说明的是，不同话语系统之间的共同性或可综合性并非是由于在它们之外确实存在着某种独立于它们的客观现实，不同的理论则是反映、再现了这一客观现实的不同方面或不同时间、空间条件下的状况；而是相反，这种话语系统的整理综合本身乃是一种新的话语建构工作。正是通过这种新的话语建构工作，一种新现实才得以同时被建构出来：在这种新的现实中，过去分别在不同话语系统之下才能被观察到和成立的一些"事实"现在可以同时被观察到和成立，并被视为同一个世界或同一个过程的不同侧面、不同时段等。对这种新的话语建构之可能性的探求也当是多元话语分析的重要任务之一。当然，这种新的话语建构的路径或可能性也应该是多元的而非是唯一性的。这是多元话语分析的题中应有之义。

五、"中国离'现代化'还有多远？"
——一个不可能有唯一答案的问题

　　综上所述，我们可以把"现代化"研究领域中的多元话语分析模式与实证主义分析模式、诠释学（或现象学）分析模式之间最主要的一些区别简单概括如下：实证主义的"现代化"分析模式将"现代化"过程视为一种纯粹给定的、独立于社会成员个人主观意识之外的"客观性现实"，诠释学（或现象学）社会学的"现代化"分析模式将"现代化"过程视为一种由社会成员个人的主观意识建构出来的"主观性现实";与它们都不同,多元话语分析学者则将"现代化"视为一种由社会成员在特定话语系统的约束和引导之下、借助于一些特定的话语策略而建构出来的"话语性现实"。与此相应,实证主义"现代化"分析模式的支持者们在对"现代化"过程进行研究时总是致力于探究支配着"现代化"过程形成和变化的"客观规律",诠释学(或现象学)社会学分析模式的支持者们总是致力于考察导致"现代化"过程的那些个体行动及其行动者在从事这些行动时赋予其行动之上的那些主观意识,而多元话语分析学者们则主张致力于探讨人们将我们现在称为"现代化"的那种社会变迁过程建构为"现代化"过程的那些话语策略及其背后的话语系统(话语构成规则)。

与我们在以"自杀"研究和"社会分层"研究为例来对实证主义、诠释学(或现象学)和多元话语分析模式进行比较时所展示的一样,在"现代化"问题研究领域,多元话语分析与实证主义分析模式之间的差异似乎也是一目了然的,而与诠释学(或现象学)分析模式之间的差异则在让人肯认时不免往往犹疑再三。表面上看,多元话语分析与诠释学(现象学)分析之间存在着许多共同之处:例如,都反对将我们所说的"现代化"过程看作一种独立于、外在于个人主观意志之外的"客观现实",否定把由部分专家按照自己的价值观念制定的那些"现代化指标体系"视为对"现代化"过程的真实再现,主张将"现代化"视为一种由人们建构出来的社会现象,等等。但其实,多元话语分析与诠释学(或现象学)分析之间的差异同其与实证主义分析模式之间的差异一样也是巨大的:诠释学(或现象学)家们虽然反对将由少数专家制定出来的"现代化指标体系"视为对"现代化"过程的客观反映,但却依然认为还是存在着一种独立于、外在于我们主观意识的、纯粹给定的"现代化"过程,认为通过对参与和建构这一过程的那些社会成员的主观意识进行考察后所形成的"现代化指标体系"就能够对"现代化"过程作出一种较为"真实"的反映;而多元话语分析学者则彻底否认存在着这样一种给定的实在,认为无论是以少数专家提出的"现代化指标体系"为依据来对某一"现代化"过程所作出的描述、分析和评估,还是以多数(甚至全体)社会成员的"现代化"意识为依据来对这一过程所作出的描述、分析和评估,都只是一种话语的建构,两者谁也不比谁更为"真实"(因为离开了它们各自所属的话语系统就可能都不能成立),或者反过来说,谁也不比谁更为"虚假"(因为它们在各自所属的话语系统之内都可能是"真实"的）。因此，对于人们从诠释学（或现象学）立场出发对实证主义"现代化"分析模式所作的那些批评，多元话语分析学者也将只会部分地加以认同。例如，他们虽然和诠释（现象学）社会学家们一样反对将少数专家制定的"现代化指标体系"看作对"现代化"过程的客观反映，但他们却并不会因此而完全反对使用这些"现代化指标体系"来对某一地区、某一时期的"现代化"过程进行描述、分析和评价，只要人们在使用的时候意识到它们只是一种话语的建构而非一种对给定实在的再现即可。并且，他们也不会同意将以多数（甚至全体）社会成员的"现代化"意识为依据而形成的"现代化指标体系"及其相关的描述、分析和评估置于以少数专家提出的"现代化指标体系"为依据所形成的"现代化指标体系"及其相关描述、分析和评估之上，认为前者将比后者更"真实"（因为，如上所述，作为一种话语的建构，它们在各自所属的话语系统之内都将一样"真实"，而在各种所属的话语系统之外则都将一样不"真实"）。

从多元话语分析学者的立场来看，我们在第一节中所遭遇的那个问题，即"中国离'现代化'还有多远？"这个问题，其实是个不可能有唯一正确答案的问题。无论是所谓的"英克尔斯现代化指标体系"，还是牛文元课题组、何传启课题组以及陈剑等人制定的"现代化指标体系"，还是像帕森斯、列维等等其他一些人制定的形形色色的"现代化指标体系"，都只不过是这些指标体系的制定者们（可能还包括一些在这些指标体系的制定过程中接受过制定者咨询的专家们）按照自己所接受的相关话语（世界观、价值观等观念）而建构出来的一套关于"现代化"的新话语系统。这些不同的"现代化"话语系统相互之间在"真实性"（是否更好地反映了现代化过程的现实状况）、"本质性"（是否更好地揭示了现代化过程的本质特征）、"价值性"（是否对我们更富有价值）等评价标准方面，难决高低，从而使得我们无法以这些标准来对其进行绝对化的取舍。因此，我们所能够并且也应该去做的，不是要努力去在各种不同的"现代化指标体系"当中甄别出一个最具或更具合理性的指标体系，用它来作为对我们现在称为"现代化"的那一社会变迁过程进行描述、分析和评价的唯一指南，而是应该努力去了解和理解各种不同的"现代化"话语以及相关的"现代化指标体系"，努力尝试将自己置身于不同的"现代化"话语之中，从不同的"现代化"话语系统出发去观察、分析、评价我们可能曾经从自己所熟悉的某一种"现代化"话语系统出发所观察、分析和评价过的那一社会变迁过程，以此来开阔自己的视野，提升自己对所谓"现代化"过程的观察和分析能力。从这样一种立场视之，无论是朱庆芳等人从所谓"英克尔斯现代化指标体系"出发，还是牛文元课题组、何传启课题组以及陈剑等人从自己制定的"现代化指标体系"出发，对中国（以及国内外各地）的"现代化"进程所作的描述、分析和评估，就都只是在特定"现代化"话语系统的约束和指引下所完成的一种话语建构，都不是对中国（和国内外各地）"现代化"进程的一种纯粹客观的描述、分析和评价。从这些不同的话语系统出发而完成的这些描述、分析和评价，在其所属的"现代化"话语系统之下就都有各自的合理性，而离开了各自所属的那一"现代化"话语系统就都不能得到适当的解释和理解。因此，当我们在回答"中国（或任何一个其他的国家或地区）离现代化还有多远？"这样一个问题时，绝不能从一种绝对主义的立场出发，固执地将从上述这些"现代化"话语系统中的某一种出发做出的回答拿来作为自己唯一的答案，并以此作为自己观察和分析相关社会变迁过程、制定相关政策和策略的框架和依据；而是要能够认识到从这些"现代化"话语中的任何一种出发所得答案的相对合理性和局限性，努力尝试从不同的"现代化"话语系统出发来回答这个问题，并以此来作为制定自己相关政策和策略的依据，从而努力使我们现在称为"现代化"的这一社会变迁过程能够始终保持一种开放的、多元的发展前景。

<table>
<tr>
<td>

第 五 章

</td>
<td>

"中国社会"：给定实在，还是话语建构？
——以毛泽东和梁漱溟之间的一个分歧为例

</td>
</tr>
</table>

本章摘要： 毛泽东与梁漱溟两人之间就"中国是否是一个阶级社会"这一问题所发生的分歧和争论表明，"中国社会"以及关于中国的种种故事其实都是被人们用这样或那样的话语建构出来的，并不存在着什么完全独立或脱离于人们的话语系统之外的纯粹客观自存的"中国社会"。在中国研究领域当中，有相当一部分的分歧和争论都是属于这种话语之间的争论，却被人当作对于相关实在的争论来看待。

关键词： 中国社会　给定实在　话语建构

一、从一个问题开始：中国是否是一个"阶级社会"？

1925 年，毛泽东撰写了一篇重要文章。在这篇文章中，毛泽东对当时"中国社会各阶级的经济地位及其对于革命的态度"进行了一个"大概的分析"。按照毛泽东的分析，当时的中国社会至少存在着"地主阶级和

买办阶级"、"中产阶级"、"小资产阶级"、"半无产阶级"、"无产阶级"、
"游民无产者"阶级等诸"阶级"。其中,"地主阶级和买办阶级完全是国
际资产阶级的附庸","代表中国最落后的和最反动的生产关系,阻碍中国
生产力的发展","和中国革命的目的完全不相容";"中产阶级"主要是指
民族资产阶级,代表"中国城乡资本主义的生产关系","对于中国革命具
有矛盾的态度"; "小资产阶级"包括"自耕农,手工业主,小知识阶
层——学生界、中小学教员、小员司、小事务员、小律师,小商人等",
他们又可以据其经济地位分成"左"、"中"、"右"三部分,各自对于革命
的态度在平时各不相同;"半无产阶级"包括"绝大部分半自耕农"、"贫
农"、"小手工业者"、"店员"、"小贩"等,依经济地位也可分成上、中、
下三个细别,其革命性因而也有所不同;"无产阶级"包括了工业无产阶
级和农村无产阶级两部分,前者"人数虽不多,却是中国新的生产力的代
表者,是近代中国最进步的阶级",是"革命运动的领导力量";至于"游
民无产者"则"是人类生活中最不安定者","这一批人很能勇敢奋斗,但
有破坏性,如引导得法,可以变成一种革命力量"[1];等等。这篇文章日
后在很长一段时期内成为中国革命的纲领性文献之一并以《中国社会各阶
级的分析》为题被当作首篇之作收入《毛泽东选集》之中。

我们在这里重温这篇文章,不是要讨论毛泽东的阶级分析理论,而是
要从上述概述中引出这样一个历史事实:对于 20 世纪初以毛泽东等人为
代表的众多中国先进分子来讲,中国作为一个马克思主义者所说的那种
"阶级"社会,是一个不容置辩的"事实"。只有在这样一个前提下,才有
可能诞生毛泽东的上述这样一篇经典作品。

然而,尽管如此,"中国是一个阶级社会"的看法却并没有成为当时
所有中国先进分子的共识。有相当一部分人明确地否认中国是一个阶级社
会,梁漱溟就是其中的一个重要代表。在《乡村建设理论》一书中,梁漱
溟对自己的观点进行了明确的阐释。他说:"假如我们说西洋近代社会为
个人本位的社会,阶级对立的社会;那末,中国旧社会可说为伦理本位、
职业分立"[2] 的社会。所谓"伦理本位",是相对于西方人的"团体本位"
或"个人本位"而言。西方人要么强调团体高于个人,要么强调个人高于

---

① 《毛泽东选集》,2 版,第 1 卷,3～9 页,北京,人民出版社,1991。
② 梁漱溟:《乡村建设理论》,24 页,上海,上海世纪出版集团,2006。

团体，中国人则既缺乏团体观念也缺乏个人观念。中国人强调的是处于团体和个人之间的东西，即伦理关系。伦理关系始于家庭又不止于家庭。"伦即伦偶之意，就是说：人与人都在相关系中。""即在相关系中而生活，彼此就发生情谊。""伦理关系即是情谊关系，也即表示相互间的一种义务关系。"① 在伦理关系中的人"彼此互以对方为重；一个人似不为自己而存在，乃仿佛互为他人而存在者"。所谓"职业分立"，则是相对于西方社会的阶级分立状况而言。西方社会至少自中世纪以来一直是一种阶级分立的社会，"在西洋社会中，中世纪时是农奴与贵族两阶级对立。到了近代，农奴因着工商业兴起都市发达而解放；但又转入资本家与劳工两阶级对立。所以西洋始终是阶级对立的社会"②。然而中国社会与此前后两者，一无所似。中国长期以来就只有职业方面的分立，而没有西方那样的阶级对立。这不仅表现在经济方面中国"只有一行一行不同的职业，而没有两面对立的阶级"，而且也表现在政治方面中国的政权也始终是开放给众人而非垄断于贵族（所谓"朝为田舍郎，暮登天子堂"是也），"与西洋中世纪比较，显然是有职业性而无阶级性"③。梁漱溟说"'伦理本位、职业分立'八个字，说尽了中国旧时的社会结构"，而这种特殊的社会结构，则使得中国社会只能有"周期的一治一乱"而不可能有革命。因为"革命都出于阶级斗争，而国家都是阶级统治"，但中国非阶级社会，"斗争之势不成，革命无自而有。所有者只是'天下大乱'"④。

　　那么，20世纪中期之前的中国社会到底是不是一个阶级社会呢？或者说，在毛泽东和梁漱溟两人的观点之间，到底谁的看法更加符合中国社会的实际情况呢？这是一个饶有趣味的问题。之所以说它是一个饶有趣味的问题，不是因为它曾经是一个富有强烈政治含义的论题，也不是因为它曾经在毛泽东和梁漱溟这样两个重要历史人物之间引发过激烈的争论，而主要是因为在这样一个问题当中正包含了我们这次讨论的主题——中国研究的方法论问题。通过对这样一个问题的考察，我们可以看到在过去、现在和将来的中国研究当中都始终可能存在的一个重要方法论陷阱。

---

① 梁漱溟：《乡村建设理论》，25页，上海，上海世纪出版集团，2006。

② 同上书，27页。

③ 同上书，28~29页。

④ 同上书，33页。梁漱溟的这一套关于中国不是阶级社会的思想，与毛泽东等人的思想大相径庭，很自然地受到了后者的严厉批评和斥责。

······ 二、从给定实在论的立场出发寻求答案 ······

我们首先可以从给定实在论这样一种人们通常所持的理论和方法论立场出发来探求一下上述问题的答案。所谓给定实在论，是指这样一种理论与方法论立场，这种立场认为，作为我们感知、意识和言说对象的各种"事物"，都是一种独立于我们的主观意识及话语系统之外、不依赖于我们的主观意识及话语系统而存在的一种纯粹自主的、给定性的实在；我们的话语/文本/理论就是对各种纯粹自主的、给定性实在的表现或再现，我们全部认知活动的最终目的也就是要通过一些最佳手段和方法的运用来达到对各种既定客观实在的准确表现或再现；只有与其所试图再现的客观现实相符合的那些认知结果才能够被称为"真理"，反之就是"谬误"。就我们这里所涉及的中国研究领域而言，给定实在论的观点即：存在着一个完全独立于我们的主观意识和话语系统之外、不以我们的主观意识和话语系统为转移的纯粹客观的"中国社会"。我们针对"中国社会"所做的各项研究，其目的就是要准确、真实地再现这一给定的客观实在，因而也只有那些经过检验最终被判定为与这一给定性客观实在相符合的研究成果才是可以被我们所接受的东西。按照这一理论与方法论立场，我们若要回答上述"毛泽东和梁漱溟两人的观点到底哪一个更加符合中国社会的实际情况？"这一问题，就必须对至他们的观点发表时为止的中国社会进行全面、系统的实地考察，然后将他们两人的观点与我们考察所得来的实际资料相对照，看谁的说法与客观现实更为一致。其中与客观现实更为一致的那种观点就是我们应该加以接受的观点。

具体而言，通过对中国社会的历史和现实进行了全面、系统的考察之后，我们可能发现自有史以来迄当时为止的中国社会要么（1）始终是阶级社会；要么（2）始终是非阶级社会；要么（3）过去曾经是非阶级社会，但现在已经是阶级社会；或者（4）过去曾经是非阶级社会，但现在正在变成阶级社会；或者（5）始终在某些地方是非阶级社会，而在另一些地方则是阶级社会；或者（6）过去曾经普遍是非阶级社会，但现在则是在某些地方是阶级社会，而另有一些地方还是非阶级社会；等等。在有了某一发现之后，我们就可将毛泽东和梁漱溟两人的观点与之相对照，并按照上述给定实在论的立场来对何者应该被接受加以判断。假如我们通过实际考察之后得到的实际情况是上述结果（1），那么在将毛、梁的说法与之进行对照后我们就可以且也必须说毛是梁非；假如实际情况是上述结果（2），则我们就可以且必须说是梁是毛非；假如实际情况是上述结果中的后面几项之一，那么我们就可以且必须说毛、梁二人之观点皆非适当，需对他们的观点作必要的修正和调和以便形成一种更为全面适当的观点。

然而，要进行上面这样一种工作，有一个逻辑前提是不可或缺的，这就是我们对于最核心的一些概念如"阶级"等必须有一个为大家所公认的统一的定义。如果对于这样一些最为核心的概念缺乏一种为大家所公认的统一的定义，尽管每个人都使用"阶级"等词汇，但大家在使用的时候其含义或用法都有所不同甚至大相径庭，那么不仅实际考察之间的结果无法正常比较，而且理论观点与理论观点之间以及理论观点与实际考察结果之间的对照比较都将无法正常展开。

考察一下毛泽东和梁漱溟两人的相关论述，我们可以发现，出现的恰恰是这样一种情形：两人虽然都在讨论中国的阶级状况，都在使用"阶级"概念，但两人对"阶级"一词的用法或对"阶级"一词的定义却有着相当大的差异。在毛泽东那里，所谓"阶级"，主要指的是人们之间由于在生产资料的占有及其收入来源方面所形成的经济和政治地位上的差异。因此，只要人们之间在生产资料的占有和收入来源方面的差异达到一定程度，我们就可以说这个社会已经形成了不同的"阶级"。例如，在《中国社会各阶级的分析》和《怎样分析农村阶级》等文中，毛泽东都是以上述标准来对人们进行阶级划分的。毛泽东明确地提出，"占有土地，自己不劳动，或只有附带的劳动，而靠剥削农民为生的，叫做地主"；"富农一般都占有比较优裕的生产工具和活动资本，自己参加劳动，但经常地依靠剥削为其生活来源的一部或大部"；自己有相当多的生产工具，生活来源全靠自己劳动或主要靠自己劳动的，叫做中农；有部分土地和不完全的工具，或全无土地只有一些不完全的工具，一般须租入土地耕种的是贫农；全无土地和工具，或只有极小部分土地和工具，完全或主要以出卖劳动力为生的，则是工人和雇农。① 然而，在梁漱溟那里，所谓"阶级"则有着

---

① 参见《毛泽东选集》，2版，第1卷，127～129页，北京，人民出版社，1991。

另外的含义。"何为阶级,"梁漱溟写道,"俗常说到阶级不过是地位高下、贫富不均之意;那其实不算什么阶级。此处所称阶级乃特有所指,不同俗解。""阶级"的形成固然与生产资料占有方面的差异相联系,但对梁漱溟来说,并非所有我们所看到的人们之间出于生产资料的占有而产生的地位差异都可以叫做"阶级",而只有那种(1)其程度大到了一部分人可以垄断对生产工具的占有,从而足以将全部或大部生产工作都委于另一部分人任之,且(2)这种垄断是在一个较长的时期内相对固定存在的地位差异,才能够称之为"阶级"。梁漱溟认为,在西方社会,无论是中世纪还是近代时期,生产工具都是长期地被一部分人(如贵族领主或资本家)所垄断,而生产工作则长期由另一部分人(如农奴或工厂工人)所担任,因此西方社会的确是一个"阶级"社会。① 但中国社会则不然。在中国,虽然人们之间在生产工具的占有方面也有差异,但主要由于以下三点原因,这种差异并没有大到足以使一部分人可以长期垄断某种生产工具并因此而将生产工作长期"委于另一部分人任之"的程度:"一、土地自由买卖人人得而有之;二、遗产均分,而非长子继承之制;三、蒸汽机、电机未发明,乃至较大机械亦无之。"(前两点使得中国社会不得有土地垄断,以至有"一地千年百易主,十年高下一般同"的说法;后两点则使得中国社会也不能有资本的垄断)因此,中国社会不应该被称为"阶级社会"。梁漱溟说:"在此社会中,非无贫富、贵贱之差,但升沉不定,流转相通,对立之势不成,斯不谓之阶级社会耳。"②

可见,毛泽东和梁漱溟在"阶级"一词的用法上存在着相当大的差别。毛、梁两人在"中国是否是一个阶级社会"这一问题上的不同说法在很大程度上正是基于两人在"阶级"一词之用法上的上述差别,而不是基于两人在观察中国社会时所出现的差异。在这样一种情形下,即使对中国社会的历史和现实进行了非常全面细致的考察,我们也无法对上述两人观点的是非对错作出恰当的判断,因为两人所说的其实并非是一回事。因

---

① "在一社会中,其生产工具与生产工作有分属于两部分人的形势——一部分人据有生产工具,而生产工作乃委于另一部分人任之;此即所谓阶级对立的社会。如西洋中世纪时,土地都属于贵族地主,至近代的工厂机器又属于资本家;而任生产工作之劳者,若农奴、若工人,均不得自有其生产工具;遂造成剥削与被剥削的局面。"见梁漱溟:《乡村建设理论》,27页,上海,上海世纪出版集团,2006。

② 梁漱溟:《乡村建设理论》,28页,上海,上海世纪出版集团,2006。

此，按照上述从给定实在论的立场出发所拟定的程序和方法来对他们两人的上述分歧进行鉴别以断是非，是不会有为大家所公认的最终结果的。

……⌐三、从本质主义的立场出发寻求解决方案⌐……

那么，对于上述两人所使用的"阶级"概念本身，我们有没有可能做出是非对错或适当与否的区分呢？或者，从一个抽象程度更高的层次上来问：我们究竟有没有可能就"阶级"这个概念取得一种为（包括毛泽东和梁漱溟在内的）所有论者都接受的、统一的标准定义呢？如果可能，那我们就可以以被我们判定为标准的那个"阶级"概念为依据，来对中国社会的历史和现实进行考察，然后再以此为基础来完成上述判别理论是非的工作。譬如说，如果我们通过一定的方式得到了毛泽东（或梁漱溟，或其他人）提出的"阶级"定义更为适当这样一种看法，那么，我们就可以以毛泽东（或梁漱溟，或其他人）提出的阶级定义为准，将其与"现实"状况相对照，看其与"现实"状况是否一致。若是，那我们就必须承认毛泽东（或梁漱溟，或其他人）对中国社会的判断，即中国社会是（或不是）一个阶级社会；反之则不然。

在形形色色的给定实在论者看来，我们是有可能获得这样一种有关"阶级"概念的标准定义的。按照给定实在论者们的看法，"阶级"不仅是一种独立于我们的话语系统之外的纯给定性实在，而且，作为一种可以独立命名的给定性实在，它还拥有某种使之与"现实"世界中的其他事物或现象相区别的本质属性（否则它就可以被归入到其他某些事物或现象之中，就不能够得到独立的命名）。作为对"阶级"这种与其他社会现象（如家庭、国家、企业、村落等）有着本质差异的给定性实在加以表现或命名的一种工具，"阶级"概念只有在能够准确揭示"阶级"现象的本质属性时才是适当的、可以被接受的；反之则是不适当的、不可以被接受的。因此，当我们面临着诸多不同的"阶级"定义时，我们就必须且也能够对其是否准确地揭示了"阶级"现象的本质属性进行甄别，然后，将其中被我们甄别为准确地揭示了"阶级"现象之本质属性的那个定义确认和接受下来，作为我们在观察、描述和分析"阶级"现象时的"标准定义"。

然而，只要我们真正开始上述这样一项工作，我们就会发现，这其实是一项不可能完成的任务。如果单纯从"客观现实"出发，我们完全无法在众多的"阶级"定义中甄别出到底哪一个才真正准确地揭示了"阶级"现象的本质属性。以毛泽东和梁漱溟两人使用的"阶级"概念为例：如前所述，按照毛泽东的用法，只要人们之间在生产资料的占有和收入来源方面的差异达到一定程度，我们就可以把他们称为不同的"阶级"，而与这种差异是否造成了部分人对生产工具长期而又固定的垄断无关；而按照梁漱溟的用法，则必须要出现部分人对生产工具进行长期和固定的垄断并因而可以同样长期而又固定地"将全部或大部生产工作都委于另一部分人任之"的状况时，我们才能够将人们称为不同的"阶级"。那么，到底是毛泽东使用的"阶级"概念揭示了"阶级"现象的本质属性，还是梁漱溟使用的"阶级"概念揭示了"阶级"现象的本质属性呢？

有人会说，当然是毛泽东使用的"阶级"概念揭示了"阶级"现象的本质属性，因为"阶级"这个概念原本就是主要用来表征人们之间的一种最根本、最重要的差异，即由于对生产资料的占有而造成的收入及社会地位等方面的差异。而由对生产资料的占有所造成的收入及社会地位等方面的差异之所以应该被认定为人们之间最根本、最重要的差异，则是因为由此形成的差异会导致人对人的剥削，而人对人的剥削一不符合社会正义，二会造成人们之间的尖锐对抗，两者都会危及社会整体的存在，因而属于一种必须加以消除的现象（"阶级"概念的提出则正是为突出和消除这一现象服务的）。因此，第一，只有由于对生产资料的占有而造成的收入及社会地位等方面的差异才能被称为"阶级"现象（其他方面的差异如种族差别、生理差别、性别差别、职业差别、知识差别等由于不会造成剥削，因而不应该被称为"阶级"现象）；第二，只要人们之间在生产资料的占有以及收入方式等方面出现了差异，导致了剥削现象的产生，我们就可以将由这种差异而形成的社会集团称为"阶级"，而不必考虑这种差异是否已经达到可以使部分人长期垄断生产工具从而可以同样长期"将全部或大部生产工作都委于另一部分人任之"的程度，因为人们之间在地位分布上有没有形成"阶级"状态，与这些"阶级"地位是否是由某些成员长期固定据有，应该是两个完全不同的问题。我们并不能因为后者的阙如而否定前者的存在。

但也有人会说，应该是梁漱溟使用的"阶级"概念才真正揭示了"阶级"现象的本质属性，因为正如梁漱溟所说的那样，如果人们在生产工具占有方面的差异没有达到可以使部分人长期垄断生产工具从而可以同样长期"将全部或大部生产工作都委于另一部分人任之"的程度，因而导致民俗所说的"一地千年易百主，十年高下一般同"、"朝为田舍郎，暮登天子堂"等情形时，由于每个人都有可能在不太长的时间内改变自己的生产资料占有及收入来源状况，从剥削者变为被剥削者或者反之，这种差异从长远来看就没有什么实质性的意义。

在这两种说法当中，到底哪一种具有更为充分的逻辑根据呢？老实说，对于这个问题，我们无法做出确切的回答。我们既没有充分的理由来说明为什么只有当人们之间在生产资料的占有以及收入方式等方面所出现的地位差异达到了梁漱溟所说的那种垄断程度时才能被称为"阶级"现象，也没有充分的理由来说明为什么不可以把没有达至这种垄断程度的那些（人们之间在生产资料占有及收入方式等方面出现的）地位差异称为"阶级"现象。由此可见，要想在毛、梁两人所使用的"阶级"概念之间作出一种确切的判断以使我们能够将其中的一个当作"阶级"概念的标准定义，是一件非常困难的事情。如果我们想用这种办法来解决毛、梁之间的争执，那么我们恐怕也永远都不会得到一个最终为大家所公认的结果。

……　四、作为一种话语性实在的"中国社会"　……

事实上，正如索绪尔所指出的那样，人们所使用的语词与其所指之间并不存在着必然的联系，语词与其所指之间的联系在很大程度上是偶然的。以"阶级"概念而言，并不存在着某种必然性使得我们必须将某种现象称之为"阶级"而不能称为别的什么，且只能将这种现象称为"阶级"而不能将别的某种现象称为"阶级"。对于"阶级"概念的种种不同用法，我们并无一杆绝对的标尺来判断孰是孰非、孰优孰劣。在这种情况下，我们只能说，毛、梁两人对"阶级"一词的用法都是适当的。他们只不过是用不同的话语对中国社会进行了不同的建构而已。

用这么长的篇幅来描述和分析毛泽东与梁漱溟两人之间就"中国是否

是一个阶级社会"这一问题所产生的分歧，正是为了表明所谓的"中国社会"以及关于中国的种种故事其实都是这样被人们用这样或那样的话语建构出来的，并不存在着什么完全独立或脱离于人们的话语系统之外的纯粹客观自存的"中国社会"。这并非像某些人在解释"文本之外别无他物"一类的命题时所理解的那样，意味着在我们的主观意识和话语系统之外没有任何存在物，存在的只是一些用汉语、英语、阿拉伯语、拉丁语等语言文字所构成的文本而已，而只是说：（1）我们对这个世界或这些存在物的一切经验、一切思考、一切言谈都不得不由一定的话语来实现、来达成；在我们的主观意识和话语系统之外存在着的那个世界如果有也只是一片混沌，无法被我们以人类特有的方式加以经验、思考和言说。只有经过特定语词的"切割"，这个本来混沌一片的世界才能够成为我们经验、思考和言说的具体"对象"。又只有按照特定的陈述和修辞模式，这些具体"对象"才能够进一步连接成一个具有丰富内容和情节的"世界"。又只有按照特定的主题构成策略，这个"世界"才能够转化成为我们在特定的时间、空间场域中加以经验、思考和言说的独特"视域"。然而（2）正如索绪尔说的那样，我们由以对这些存在物进行经验、思考和言谈的特定话语（语词、语法、修辞模式等）与被我们经验、思考和言谈的对象之间的对应关系并非是必然的，而是偶然的、可变的。例如，我们在以特定的语词（如"阶级"等）"切割"本来混沌一片的世界时，所得到的切口或边界就并非是预先给定的、必然的，而是带有相当程度偶然性的。因此（3）对于本来混沌一片的世界，我们便可能形成诸多有着或大或小差异的不同"话语系统"。在这些话语系统之间，不仅表面上外形和含义相同的一些语词（如毛泽东所用的"阶级"概念与梁漱溟所用的"阶级"概念），或外形不同但表面上含义相近的一些语词（如汉语中的"阶级"与英语中的class），其内涵和外延实际上并不相同甚至可能有很大差异，而且各自所包含的语词网络、陈述和修辞规则、主题策略等方面的不同，使得从属于不同话语系统之下的人们对于本来混沌一片的外部世界会有不同的经验和感受，做出不同的思考和言说。具体就"中国社会"的研究而言，从属于不同话语系统的人在经验、思考和言说"中国社会"（或其中的某些更为具体的内容或主题）时，也就不可避免地会有不同的经验和感受，对"中国社会"的性质、结构、形态、历史、现状、趋势等做出不同的思考和言说。

　　无疑，正如我们前所展示的那样，对于这样一些出于话语系统之间的差异而形成的有关"中国社会"的不同经验、思考和言说，我们并无办法来对它们之间的是非对错做出终极的判断。我们所能做的，就只能够是去努力辨析出其背后的话语系统及其相关规则，并尝试从这一话语系统出发来达到对从它们当中衍生出来的相关话语的理解。

　　其实，在中国研究领域当中，有相当一部分的分歧和争论都是属于这种话语之间的争论，但却被人当作对于相关实在的争论来看待。例如，自秦始皇以来的传统中国是否是一个"封建社会"？传统中国社会是否曾经长期"停滞"过？当代中国是否是一个"现代社会"？当代中国社会是否已经是一个"市场经济"社会？当代中国社会是不是一个"单位社会"，或者说"单位制"是不是当代中国社会独有的现象？当代中国还有没有"阶级"？若有的话又是哪些阶级？当代中国是否已经形成了一个"中产阶级"？如果已经形成了，这个"中产阶级"的状况到底又是怎么样的？当代中国的"城市化"程度如何？当代中国社会是否是一个"断裂"社会？当代中国农村还有没有"宗族"？中国人有没有"宗教"信仰？"儒教"是不是宗教？等等。在面对这样一些分歧和争论时，囿于种种给定实在论根深蒂固的影响，很少有人能够明确地意识到其中有相当部分是属于上述话语之间的分歧和争论，因而总是固执地要去从中寻找出一个最正确或最适当的答案。而我们上面的分析则试图表明，这样的寻求注定是徒劳的。

　　当然，这并不是说，"中国社会"研究（或者其他研究）当中发生的所有争论统统都是话语之争，不存在着任何就"客观实在"本身状况如何而发生的争论。比较恰当的说法可能应该是：尽管所有的"实在"都是人们在特定话语系统的引导和约束下通过一定的话语策略建构起来的①，但在各个话语系统内部，对于从属于这一话语系统的那些个体来说，由这一话语系统引导和约束所建构起来的那些"实在"还是具有一定程度之"客观性"（即不以人类个体的主观意识为转移的性质）的。就此而言，我们还是可以使用"客观实在"这样一个术语来描述我们正在言说的对象，只要我们不忘记这些"客观实在"所具有的"客观"性质并非像种种给定实在论者所理解的那样是一种独立于我们的话语系统之外的那种纯粹自然的

---

① 参见本书前面各章中的有关论述。

属性，而完全是从属于我们的话语系统、以我们所属话语系统的转移而转移的一种属性即可。① 在这种前提下，我们就完全可以继续谈论世界（譬如"中国社会"）的"客观性"，把世界（或"中国社会"）当作一种"客观实在"来加以观察、描述和分析，就这一"客观实在"（或者其中某一部分、某一方面等）的性质、状况、历史、趋势等进行讨论和争论。对于这样一些争论，由于争论双方都从属于同一个话语系统，使用相同的语词概念，遵循相同的话语规则，因而是可能获得一种相对确切的答案的（只是我们不要忘记这种所谓的确切答案依然只是一种话语的建构而非对什么给定性实在的准确再现）。因此，在包括"中国研究"在内的所有研究过程当中，当我们面对着一些分歧和争论时，我们就有必要首先分清楚哪些是属于话语系统之间的分歧和争论，哪些是属于话语系统内部的分歧和争论，并据此而采用不同的态度与方式来对它们加以处理。

---

① 胡塞尔曾经就人们如何在自己的主观意识过程中将"客观性"建构出来这一点做过非常精细的论述［参见胡塞尔在《交互主体性的构造》（见《生活世界现象学》，倪梁康、张廷国译，上海，上海译文出版社，2002）、《欧洲科学危机和超验现象学》（张庆熊译，上海，上海译文出版社，1988）等文献中的论述］。本书此处的观点和胡塞尔的不同之处在于：本书不仅承认"客观性"是人们通过主观意识建构起来的，而且希望进一步探讨在人们的主观意识后面引导和约束着人们的主观意识过程及其言说行为的话语系统，探讨特定话语系统及其话语规则在"客观性"的建构过程当中所起的作用。

| 第六章 | 布鲁默的 "符号互动主义"：从多元话语分析的角度看 |

第六章　**布鲁默的 "符号互动主义"：从多元话语分析的角度看**

本章摘要： 作为符号互动主义的创立者，布鲁默试图既凸显人的行动和互动在社会生活中的建构作用，纠正包括功能主义、冲突理论等在内的实证主义把人简单地视为社会结构或文化 "傀儡" 以及行为主义将人简单地视为条件反射动物的 "缺陷"，又试图纠正韦伯、舒茨等人试图单纯从人的心理或意识过程内部去理解意义形成和变化过程的那一类诠释（或现象学）社会学理论立场的 "局限"。这是布鲁默符号互动主义的长处。但从多元话语分析者的立场来看，布鲁默的符号互动主义也隐含着许多缺陷，其中两个最主要的缺陷就是其社会本体论中所隐含的 "主体际主义" 倾向和其社会研究方法论中隐含的 "给定实在论" 倾向。

关键词： 布鲁默　符号互动主义　多元话语分析

在前几章中，我们曾经从不同角度展示了多元话语分析所具有的方法论意义。在本章中，我们将尝试从多元话语分析的角度来重新审视符号互动主义这一社会研究模式。之所以选择符号互动主义理论来作为我们的审视对象，是因为符号互动主义不仅是在西方社会学领域中曾经产生过重要影响的一个理论流派，而且也是当前西方社会科学界广泛流行的"质性研究"模式的重要理论基础之一。因此，从多元话语分析的角度来重温符号互动主义的基本思想，指出它的优势和局限所在，不仅对于我们更好地理解这一重要社会学理论流派的性质，而且对于我们更好地理解所谓"质性研究"模式的性质，都会具有一定的参考意义。不过，需要说明的是，由于篇幅所限，也鉴于布鲁默是"符号互动主义"理论最主要的正式提倡者，本章将主要以布鲁默的论述为依据来展开对符号互动主义理论的描述和讨论。

······一、符号互动主义的基本观点······

布鲁默曾经依据米德的思想及他自己的理解将符号互动主义理论的基本观点概括为三个方面：

（1）人们是根据事物对于他们来说所具有的意义而针对这些事物进行活动，而不是在各种内部或外部因素的作用下对事物做出简单的反应。面对同一事物或情境，人们对其意义的理解不同，所做出的反应或行动也就不同。

（2）事物的意义是从人与其同伴进行的社会互动过程中产生出来的。事物的意义既不像传统的实在论哲学所说的那样是事物本身所固有的，也不像某些唯心论哲学所说的那样是由个人的心理赋予事物的，而是人们在互动时通过他们的界定活动而形成的。

（3）通过对事物意义的解释和使用过程，人们可以对他在互动中所获得的意义进行修正。因此，人们并不是简单地使用他们在最初的互动过程中所形成的那些意义。事物的意义总是处在不断变化和重新形成的过程之中。

布鲁默据此对功能主义社会学和当时的主流心理学进行了批评。因为前者只把人的行动视为各种外部因素如社会结构、制度和文化的产物，后者则把人的行动只视为各种心理或生理因素的产物。它们都无视意义的理解和重构过程在人的行动中所具有的作用，因而不可避免地导致了对正在被研究的行动过程的误解。

　　布鲁默指出："几乎没有什么学者会认为第一个前提——即人们根据事物对于他们来说所富有的意义而针对这些事物进行活动——有问题。然而，说来令人感到奇怪的是，在当代社会科学和心理科学的所有思想和研究工作中，如此简单的观点实际上都受到了忽视或者贬低。人们要么认为意义是理所当然的，并且进而把它当作无关紧要的东西搁置一旁，要么认为它仅仅是某种中性的环节——连接那些能够说明人类行为之各种因素，并把人类行为视作这些因素之产物。我们可以从今天的心理学和社会科学的基本势态中清楚地看到这一点。这两个研究领域所共同具有的是这样一种倾向：把人类行为当作影响人们的各种各样因素的产物，所关注的只是行为和被认为导致行为发生的各种因素。这样，心理学家们就致力于研究下列这些因素：刺激、态度、有意识的动机和无意识的动机、各种各样的心理输入（psychological inputs）、知觉和认识以及人格组织的各种特征，以此说明人类行为的各种既定形式或者事例。社会学家们也以同样的方式依靠诸如社会位置、地位欲求（status demands）、社会角色、文化习性（cultural prescriptions）、规范和价值、社会压力以及群体归属关系（affiliation）这样一些因素来对人类行为做出同类性质的解释。在这两种典型的心理学解释和社会学解释中，事物对于正在进行活动的人们来说所具有的意义要么被忽视了，要么被用来说明它们行为的各种因素吞没了。如果有人宣称，这些既定的行为类型都是那些被视为引发它们产生的各种特定因素的结果，那么，他就没有必要说自己所关注的是人们进行活动所针对的事物具有的意义，而只需要识别这些具有引发作用的因素和由它们导致的行为就可以了。也许有人为情境所迫，会试图通过把意义置于具有引发作用的各种因素之中或者通过把意义视为在这些具有引发作用的因素和据说由它们引发的行为中间发挥调节作用的中性环节，来对这种意义成分予以考虑。在后面这些情况的第一种情况下，意义由于被融合进这些具有引发作用的或者作为原因的因素之中而消失了；而在这第二种情况下，意义则变成了一种单纯发挥传导作用的环节——人们可以为了强调这些具有引发作用的因素而忽略意义。""相形之下，符号互动论的原则是，事物对于人们来说所具有的意义本身就是最重要的。无视人们针对其进行活动的事物具有的意义，就是对正在被研究的行为的歪曲。为了突出那些据说导致行为发生的因素而忽视意义本身，是对意义在行为形成过程中所起的作用的严重忽视。"① 只有把握住行动和事物对行动者来说所具有的意义，才能够获得对行动和事物的真正理解。

不过，应该通过把握现代者赋予行动之上的意义来理解人们的行动，这一观点并不是什么新的思想，我们在韦伯那里其实就已经见到过了。布鲁默自己也明确地承认这一点。他说："人们根据事物对于他们来说所具有的意义而针对这些事物进行活动，这个简单前提本身是太平常了，它无法使符号互动论区别于其他方法取向——还有另外几种方法也坚持这个前提。"② 能够把符号互动论与其他类似观点区别开来的一条主要线索是由符号互动论的上述第二个前提确定的，后者所指涉的是"意义的源泉"这个问题。

对于"意义的源泉"这个问题，布鲁默也明确地指出："对意义起源的说明有两种非常著名的传统方式。其中一种方式认为，意义是只有它的事物内在固有的东西，是这种事物之客观构造的一个自然而然的组成部分。因此，一把椅子显然本质上就是一把椅子，一头母牛本质上就是一头母牛，一朵白云本质上就是一朵白云，一次起义本质上就是一次起义，等等。由于意义是具有它的事物内在固有的东西，所以，人们只需要通过观察具有意义的客观事物，把它分离出来就可以了。据说，这种意义是从这种事物中散发出来的，因此，它的形成不包含任何过程；人们所需要做的只不过是认出存在于事物之中的意义而已。这种观点反映了哲学中传统的'实在论'立场——这是一种被人们广泛接受并且深深地植根于社会科学和心理科学之中的立场。另一种传统观点认为，'意义'是由一个人赋予事物——这种事物对于他来说具有意义——的一种心理添加物（psychical accretion）。这种心理添加物被当作对这个人的精神（psyche）、心灵或者心理组织之诸构成成分的一种表达。而这些构成成分就是诸如感觉、感情、观念、记忆、动机以及态度这样一些东西。一个事物的意义只

---

① H. Blumer, (1969) "The Methodological Position of Symbolic Interactionism", In *Symbolic Interactionism Perspective and Method*, Berkeley: University of California Press, 2 - 3；中译文见［美］布鲁默：《论符号互动论的方法论》，霍桂桓译，见苏国勋、刘小枫主编：《二十世纪西方社会理论文选（Ⅱ）：社会理论的诸理论》，634～635 页，上海，三联书店、华东师范大学出版社，2005。本文中的引文主要引自霍桂桓的中译文。

② 苏国勋、刘小枫主编：《二十世纪西方社会理论文选（Ⅱ）：社会理论的诸理论》，635～636 页，上海，三联书店，2005。

不过是对与这个事物的知觉有关而被调动起来的各种既定的心理成分的表达；因此，有人试图通过把产生这种意义的各种特殊心理成分分离出来，来说明一个事物的意义。在通过识别已经进入对一个客体的知觉之中的各种感觉而分析这个客体的意义的、多少有些古老和经典色彩的心理学实践中，或者在把事物的意义——让我们以卖淫为例——追溯到观察这种事物的人的态度的当代研究实践中，人们都可以看到这一点。这种把事物的意义置于各种心理成分之中的做法，把意义的形成过程局限于唤起和汇集产生这种意义的各种既定心理成分所涉及的任何一种过程。这些过程本质上都是心理过程，包括知觉、认识、抑制、感情转移以及联想。"[1] 符号互动论则认为："意义的源泉与我们刚刚考察过的这两种处于支配地位的观点不同。它既不认为意义是从具有意义的事物之内在固有的构造中散发出来的，也不认为意义是通过人的各种心理成分的结合产生的。与这些观点不同，符号互动论认为意义是在人们进行互动的过程中产生的。一个事物对于一个人来说所具有的意义，是从其他人就这个事物而针对这个人所进行的活动的诸种方式中产生的。正是他们的行动为这个人界定了这个事物。因此，符号互动论认为意义是社会的产物，是在人们互动时通过他们的界定活动而形成的创造物。"[2] 布鲁默强调指出，正是这种关于意义起源的观点使符号互动论具备了一种与众不同、非常独特的倾向。

布鲁默认为，符号互动论的上述第三个前提则进一步把符号互动论与其他方法区别开来。他说："虽然事物的意义是在社会互动脉络中形成，是由个人从这种互动中产生出来的，但是，认为一个人对意义的使用只不过是对如此产生出来的意义的应用却是错误的。……一个人在其行动中对意义的使用包含着一个解释过程。就这个方面而言，他们与上面谈到的那两种处于支配地位的观点的拥护者——与那些把意义置于具有意义的事物本身的客观构造之中，以及那些认为意义是对各种心理成分的一种表达的人——并无二致。就认为个人在其行动中对意义的使用只不过是对已经确立的意义的唤起和应用而言，所有这三种人的观点都一样。因此，这三种人都没有看到，行动者对意义的使用是通过一个解释过程而发生的。这种

---

① 苏国勋、刘小枫主编：《二十世纪西方社会理论文选（Ⅱ）：社会理论的诸理论》，636页，上海，三联书店，2005。

② 同上书，636～637 页。

过程有两个明确的步骤。首先，行动者对自己指出他正在进行的活动所针对的事物，他必须对自己指出那些具有意义的事物。这是一种内化的社会过程，因为行动者是在与自己互动。这种与自己的互动与各种心理成分的相互影响不同，它是有关个人参与与自己沟通的过程的一个例证。其次，正是由于这种与自己沟通的过程，解释就变成了一个如何对待意义的问题。行动者根据他被置于其中的情境和他的行动方向，选择、审度、搁置、重组、转化各种意义。所以，不应当认为解释仅仅是对已经确立的意义的自动应用，而应当认为它是一个形成的过程——在这个过程中，行动者把意义当作指导和形成行动的工具来使用和修正。必须看到的是，意义在行动中是通过一个自我互动（selfinteraction）过程发挥作用的。"①

布鲁默认为，我们只要承认这三个基本前提，就必然会发展出一种非常独特的、有关人类社会和人类行为的分析方案。在《符号互动主义：观点与方法》一书中，布鲁默概略性地阐述了这一方案。

······ 二、从符号互动主义立场看待各种社会现象 ······

布鲁默指出，从符号互动主义出发，人们对人、人的行动和互动、各种客体以及人类社会等现象都将会形成一套全新的看法：

关于人的理解

布鲁默指出，人不再是一种只会在各种内部或外部因素的作用下做出一些反应的有机体，而是一种能够对他人和自我的行动进行解释和思考并根据这种解释和思考来调整自己行为的有机体：

> 处于支配地位的流行观点认为，人是一种复杂的有机体，其行为是一种对影响这种有机体之组织的各种因素的反应。社会科学和心理科学中的各种思想派别在认为这些因素之中的哪一种因素具有重要意

---

① 苏国勋、刘小枫主编：《二十世纪西方社会理论文选（Ⅱ）：社会理论的诸理论》，637～638页，上海，三联书店，2005。

义这个方面有很大不同——就像它们对刺激、机体内驱力、需要倾向（need-disposition）、有意识的动机、无意识的动机、情绪、态度、观念、文化习性、规范、价值、地位欲求（status demand）、社会角色、参照群体从属关系以及制度压力这些因素之极不相同的排列所表明的那样。各种思想派别还在如何看待人的结构这个方面各不相同——是把它视为一种生物结构、一种心理结构，还是把它视为一种从个人的群体所具有的社会结构引进的、经过整合的社会结构。不过，在认为人是一种进行反应的有机体，他的行为或者是那些影响他的结构的因素的产物或者是对他的结构之诸组成部分的相互影响的表达等方面，这些思想派别并没有什么不同。根据这种得到人们广泛接受的观点，人只有在要么是社会物种（social species）的成员，要么是对其他人（社会刺激）做出反应的成员，要么是已经使其内心世界整合了其群体的结构的成员这样的意义上，他才是"社会的"。①

　　符号互动论所坚持的关于人的观点则根本不同。······符号互动论认为人是一种不得不对付他所注意到的东西的有机体。人通过参与一种自我指示过程应付他这样注意到的东西；在这种过程中，他把他所注意到的东西变成客体，赋予它一种意义，并且把这种意义当作指导他的行动的根据。就他注意到的东西而言，他的行为并不是一种由对这种东西的呈现激发出来的反应，而是一种来源于他通过这种自我指示过程所做出的解释的行动。在这种意义上，参与自我互动的人并不是一种仅仅做出反应的有机体，而是一种进行活动的有机体——是一种不得不根据他所考虑的东西形成一种行动线索的有机体，而不是仅仅针对某种因素对他的结构的影响作出反应的有机体。②

关于人的行动的理解

　　布鲁默指出，人的行动是建立在他对自己所遭遇的事物或情境的理解以及对自己行动计划的反思基础之上的，而不是简单地由动机、需要或社会结构、文化等因素所操纵或控制的：

---

　　①　苏国勋、刘小枫主编：《二十世纪西方社会理论文选（Ⅱ）：社会理论的诸理论》，646～647 页，上海，三联书店，2005。

　　②　同上书，647 页。

处于支配地位的观点认为人类行动是由具有引发作用的因素或者这些因素的组合引起的。它把行动追溯到诸如动机、态度、需要倾向、无意识情结、动机完形（stimuli configurations）、地位欲求、角色需要以及情境要求这样一些因素。它认为，科学的任务就是把行动与具有引发作用的一种或者更多的动因联系起来。然而，这样一种研究忽视了个体对待其世界、构想其行动所凭借的自我互动过程，没有为后者留下任何存在的余地。个体注意和估计他所面对的东西以及他在其公开行为开始实施之前对这种公开行为之路线的设计所凭借的这种至关重要的解释过程，便被置之度外了。①

人向自己做出指示的能力使人类行动具有一种独特性。它意味着，人类个体面对的是一个他为了进行活动而必须加以解释的世界，而不是一种由于他的组织结构他会对其做出反应的环境。他必须对付他需要在其中进行活动的那些情境——确定其他人行动的意义，并且根据这种解释设计他自己的行动路线，他必须构想和指导他的活动，而不是通过对那些影响他或者始终操纵他的因素做出反应而使这种行动散发出来。也许他在构想其行动的过程中需要付出艰苦的努力，但是他必须构想它。②

我们必须认识到，人们的活动是由不断应付他们必须在其中活动的情境的流动组成的，他们的行动是建立在他们注意到的东西、他们如何估计和解释他们所注意到的东西以及他们设计出何种具体化的行动线索基础之上的。通过把行动归因于某种据说引发这种行动并且促使它得出其结果的因素（例如，动机、需要倾向、角色需要、社会期待或者社会规则），是无法理解这种过程的；这样一种因素或者对它的某种表达，是人类行动者在设计其行动线索的过程中所考虑的问题。这种具有引发作用的因素既不包含也没有解释有关处于这种需要行动的情境之中的人是怎样把它以及其他因素考虑在内的。为了理解行动者的行动，人们必须深入到行动者进行的这种界定过程之中。③

---

① 苏国勋、刘小枫主编：《二十世纪西方社会理论文选（Ⅱ）：社会理论的诸理论》，648页，上海，三联书店，2005。
② 同上书，647~648页。
③ 同上书，648~649页。

关于人们之间的互动

布鲁默指出，人们之间的互动过程不是行动在动机、需要或社会结构和文化等因素操控下借以发生的场所；相反，人的行动以及动机、需要、社会结构和文化等影响人的行动的内外因素都是通过互动过程而不断地被型塑和建构起来的。

典型的社会学研究方案认为行为是由诸如社会地位（status position）、文化习性、规范、价值、制裁、角色欲求以及社会体系要求这样一些因素引起的；人们满足于根据这些因素做出说明，而没有对这些因素的发挥作用所必然要预设的社会互动给予重视。同样，就典型的心理学研究方案而言，人们也是使用诸如动机、态度、隐藏在内心的情结、心理组织成分以及心理过程这样一些因素去对行为加以说明，而不认为有必要考虑社会互动。人们从这些作为原因的因素跳跃到据说是由这些因素产生的行为上去。社会互动仅仅变成了一种场所（forum）——通过这种场所，社会学或者心理学方面的决定性因素就产生出既定的人类行为形式。我还要补充的是，无论是谈论社会成分的互动（就像一个社会学家在谈论社会角色互动或者社会体系诸组成部分的互动时所做的那样），还是谈论心理成分的互动（就像一个心理学家在谈论不同的人所持的态度的互动时所做的那样），都不能纠正这种对社会互动的忽视；社会互动是行动者之间的互动，而不是被转嫁给他们的各种因素之间的互动[①]

符号互动论则认为：

社会互动是一种形成人类行为的过程，而不仅仅是一种用于表达或者释放人类行为的手段或者环境······在互动过程中，人们必须互相考虑对方正在做什么或者将要做什么；他们不得不根据他们所考虑的

---

①　苏国勋、刘小枫主编：《二十世纪西方社会理论文选（Ⅱ）：社会理论的诸理论》，639～640页，上海，三联书店，2005。

东西指导他们自己的行为或者对待他们的情境。因此，其他人的活动
便作为积极因素进入了他们自己的行为的形成过程；面对其他人的行
动，一个人可能放弃一种意向或者企图，修改它，审视或者搁置它，
强化它，甚至替换它。进入个人行为的形成过程并且确定他计划要做
的事情的其他人的行动，可能会与他的这些计划相反或者阻碍他实施
这些计划，可能会要求他修改这些计划，也可能要求他作出一套与这
些计划大相径庭的计划。一个人必须以某种方式使他自己的活动线索
适合其他人的行动。他必须考虑其他人的行动，而不能仅仅把这些行
动视为一个用来表达他打算要做或者开始做的事情的场所。①

关于人们所处的环境的理解

布鲁默指出，从符号互动论的观点来看，人们所处的环境是由各种
"客体"所构成的，但所有这些客体都是人们符号互动过程的产物。

布鲁默指出，按照符号互动论的观点，对于各个既定的人来说，"环
境只是由他们认识到并且了解的客体组成的。这种环境的本质内容是由组
成它的客体对于这些人来说所具有的意义确定的。因此，占据或者生活在
同一个空间位置上的个体和群体可能会具有大相径庭的环境"②。"一个客
体——任何一种客体——的本质内容，是由它对于把它视为客体的人来说
所具有的意义构成的。这种意义确定了他观察这个客体的方式，确定了他
准备针对它进行活动的方式，还确定了他准备谈论它的方式。对于不同的
个体来说，一个客体可能具有不同的意义。"③"客体"有三类：物理客体
（椅子、树木等）、社会客体（学生、母亲等）、抽象客体（原则、概念
等）。但从根本上说，无论何种客体，其对一个人所具有的意义，来源于
他与之进行互动的其他人向他界定这些客体所使用的方式。因此，"必须
把客体（就它们的意义而言）视为社会的创造物——视为当人们的界定和
解释过程在他们的互动中出现时在这种过程中形成并产生出来的东西。任

---

① 苏国勋、刘小枫主编：《二十世纪西方社会理论文选（Ⅱ）：社会理论的诸理论》，640
页，上海，三联书店，2005。
② 同上书，644页。
③ 同上书，643页。

何一种事物的意义都必须通过一个指示过程——这个过程必然是一种社会过程——而得以形成，并被人们学习和传播。处于符号互动层次上的人类群体生活是一种涉及面很广的过程，当人们在这种过程中开始把意义赋予客体时，他们就是在形成、维护、转化他们的世界的客体。除非客体的意义通过人们对待这些客体所进行的界定和解释过程得到维持，否则，客体就不具有固定不变的地位。所有的客体就其意义而言都是可以改变的，这是再明显不过的了。对于一位现代天体物理学家和一位处在产生《圣经》的时代的牧羊人来说，天上的星辰是极为不同的客体；对于早期罗马人和晚期罗马人来说，婚姻是极不相同的客体；一位未能成功地履行职责以使其国家度过危难时期的总统，对于他的人民来说就可能会变成一种极为不同的客体。简而言之，从符号互动论的立场来看，人类群体生活是一个过程——客体在这个过程中得到创造、肯定、转化以及被抛弃。"①

关于人类群体或社会组织的理解

布鲁默指出，人类群体或社会从根本上只存在于人的行动之中，社会结构、规则和文化都只是从人的行动中产生出来的。家庭、公司、国家等都只不过是一些具有稳定联系的联合行动（joint action）而已。它们的运作并不是由于某些内在的动力机制或系统要求而自动展开的，而是由参与其中的那些个体的所作所为所构成的，而这些个体的行为则受到他们对自己在其中活动的情境所作理解的影响。

从根本上说，人类群体或者社会存在于行动之中。······就其由诸如社会位置、地位、角色、权威以及声望这样一些术语表示的任何一个方面而言，社会结构都指涉来源于人们相互针对对方进行活动的方式的关系。任何一个人类社会的生活，都必然是由不断进行的、使其成员的活动相互适应的过程组成的。······符号互动论的基本原理之一是人类社会自始至终都是由参与行动的人组成的。一个研究方案要想

① 苏国勋、刘小枫主编：《二十世纪西方社会理论文选（Ⅱ）：社会理论的诸理论》，644页，上海，三联书店，2005。

在经验上有效，它就必须与人们社会行动的本质内容相一致。^①

"人类群体生活由其成员使他们的行动线索相互适应的过程组成，并且存在于这种过程之中。对行动线索的这种明确表述导致并且构成'联合行动'——一种由不同参与者的不同活动组成的社会行为组织。"^② 这种联合行动具有它自己的独特特征，即它不同于那些可联合或联系起来的部分。"因此，人们可以在并不需要把这种联合行动分解为组成它的各种不同活动部分的情况下识别、谈论并对待和处理这种联合行动本身。当我们谈论诸如婚姻、贸易业务、战争、议会讨论或者教会礼拜仪式时，我们所做的正是这样的事情。同样，正像我们在谈论一个家庭、一个商业公司、一个教会、一所大学或者一个国家时所做的那样，我们也可以在不需要识别一个集体的个别成员的情况下，谈论这个参与联合行动的集体。"^③ 但尽管如此，我们却不能把它看成一个有着自己独立生命力的实体。否则我们就很容易被引诱到一个错误的路子上去："这种错误使人们看不到以下事实，即一个联合行动总是不得不经历一个形成（formation）过程；即使它可能是社会行动的一种完全确定的、重复的形式，它的每一种个别情况也都必须重新形构而成。而且，它的产生所经历的这种形成过程，必然是通过上面讨论过的、由指称（designation）和解释组成的双向过程而出现的。参与者还必须通过形成和使用各种意义引导他们各自的活动。"^④

布鲁默认为，对人类群体或社会组织所做出的上述理解意味深远。首先，它意味着即使所有的重复性的联合行动（即组织行动）也都并非是对"已经预先确立的联合行动形式的表达"^⑤。"重复性的、稳定的联合行动和被第一次展示出来的新的联合行动形式一样，都是一种解释过程的结果。正是这种处于群体生活之中的社会过程创造并且支持着这些规则，而

---

① 苏国勋、刘小枫主编：《二十世纪西方社会理论文选（Ⅱ）：社会理论的诸理论》，638～639 页，上海，三联书店，2005。

② 同上书，649 页。

③ 同上书，650 页。

④ 同上。

⑤ 同上书，651 页。

不是这些规则创造并且支持着群体生活"①。其次，它意味着我们不应该把网络化或制度化的行动联系视为自我运作的实体，"这些实体根据它们自己的动力学而发展，而不需要去注意处于这种网络之中的参与者们"②。相反，我们应该看到，"在这种网络中占据不同位置的一大批不同的参与者，是根据他们对各种既定意义的运用而在其位置上参与他们的行动的。一个网络或者一种制度并不是由于某些内在的动力抑或系统的要求而自动发挥作用的；它之所以发挥作用，是因为处于不同位置上的人们做了某些事情，而这些人所做的事情则是他们界定他们需要在其中进行活动的情境所使用的方式的结果。各种制度的实施过程和结局，都是在这种解释过程在不同的参与者中间发生的时候，由这种解释过程确定的"③。最后，它意味着我们还必须从意义的历史联系当中来把握每一次的联合行动，"联合行动的任何一种情况都必然是从参与者以前的行动所构成的背景中产生出来的。离开了这样一种背景，新的联合行动根本不会发生。被包含在这种新的联合行动形成过程之中的参与者们，总是把他们已经具有的客体的世界、各种意义以及各种解释图式带到这种形成过程之中。因此，新的联合行动形式总是从以往联合行动的脉络中显现出来，并且与这种脉络联系在一起。离开了这种脉络，人们就无法理解它；人们必须把这种与以往联合行动形式的联系考虑在内。如果一个人不把有关这种连续性的知识结合到他对这种新的联合行动形式的分析之中，那么，他就无法理解这种新的联合行动形式。可以说，联合行动不仅表现了参与者的活动的横向的联系，而且也表现了与以往联合行动的纵向的联系"④。

总而言之，符号互动论认为："人类社会是人们对生活过程的参与。他们被卷入到一个涉及面很广的互动过程之中，并且不得不在这个过程中使他们那不断发展的活动相互适应。这个互动过程存在于他们不断向其他人作出应当做什么的指示以及在其他人作出指示时不断解释这些指示的过程之中。无论人们研究论述的是一个家庭、一个男孩子团伙、一个实业公

① 苏国勋、刘小枫主编：《二十世纪西方社会理论文选（Ⅱ）：社会理论的诸理论》，651页，上海，三联书店，2005。

② 同上书，652页。

③ 同上。

④ 同上书，653页。

司，还是一个政党，他们都必须把这种集体的活动视为通过指示和解释过程而形构而成的东西。"①

······ 三、符号互动主义的方法论 ······

作为对社会行动和社会过程的一种与传统心理学和社会科学不同的理解，符号互动论有着重要的方法论意义。布鲁默具体地指出了符号互动论在方法论方面的几个主要含义。

第一，符号互动论认为人们是根据他们的客体所具有的意义来进行活动的，这一点具有意味深长的方法论含义，"它所直接表示的是，如果一个学者希望理解人们的行动，那么，他就必须像他们看待其客体那样看待他们的客体"②，而"未能像他们看待其客体那样看待他们的客体，或者以他自己关于这些客体的意义代替他们关于这些客体的意义，是社会科学家们有可能犯的最严重的错误。其结果是，他建立了一个虚构的世界"③。为了避免犯这种错误，学者们应当尽量深入到研究对象的意义世界当中去，尽量从当事人本身的立场而不是一个局外人的立场出发去观察和描述事件与过程。这又要求研究者尽量做到：（1）具有使自己从研究对象的角度出发来了解其行动与过程的能力；（2）对研究对象的行动和过程进行深入的观察，"这些必要的观察很少是那些由诸如问卷、民意测验、量表、运用普查性调查研究项目或者确定预先设计的变量这样的标准研究程序所得出的观察。与此不同，它们都是以行动者们所作出的、有关下列事项的描述性说明的形式存在的——他们如何看待这些客体、他们怎样在各不相同的情境中针对这些客体进行活动以及他们怎样通过与他们自己群体的成员进行对话指涉这些客体"④；（3）尽量防止受到自己预先确立的各种意

① 苏国勋、刘小枫主编：《二十世纪西方社会理论文选（Ⅱ）：社会理论的诸理论》，653～654页，上海，三联书店，2005。
② 同上书，685～686页。
③ 同上书，686页。
④ 同上书，686～687页。

象的束缚。

　　第二，符号互动论认为群体生活是一个由人们之间的大量的符号互动所构成的过程，在这个过程当中，人们不断地"互相向对方指示行动线索并且解释其他人作出的种种指示"①，不断地互相根据对对方行动的理解和解释来调整自己的行动方案。这意味着那些单纯以"诸如社会角色、地位、文化惯例、规范、价值观、参照群体从属关系以及各种社会均衡机制"这样一些社会因素或者"诸如刺激完形、有机体内驱力、需要倾向、情绪、态度、观念、有意识动机、无意识动机以及各种人格组织机制"这样一些心理因素来解释人类行为的做法，其有效性都是值得怀疑的。因为这些做法都严重地忽视了以下事实，"即社会互动本身是一种形构过程——处于互动过程之中的人们在形成他们各自的行动线索的过程中……不断根据他们在其他人的行动中所遇到的东西引导、检查、改变他们的行动线索，并且改变这些行动线索的方向"②。

　　第三，符号互动论认为一切人类群体的生活——"无论这个群体像一个家庭那样小，还是像一个国家那样大"——都是由人们的社会行动所构成的，"因此，一位首领、一位教士、一种社会角色、一种分层安排、一种制度，或者一种诸如同化这样的社会过程，都代表社会行动的一种形式或者一个方面；除非人们最终根据社会行动来理解和系统说明一种范畴，否则这种范畴便毫无意义。从一种有根据的意义上说，社会行动是社会科学的第一主题，是社会科学及其各种分析方案所必需的出发点和归宿。因此，准确地描述和理解社行动是至关重要的"③。

　　第四，符号互动论以一种与结构功能主义等理论十分不同的方式看待各种宏观的社会组织，"认为它们都是对通过其各自的行动而相互联结起来的人们的安排，它不是根据各种组织原理或者系统原理来说明这种组织及其各组成部分的活动，而是试图以参与者在其各自的关节点上界定、解释以及应付这些情境所使用的方式来作出说明"④。结构功能主义认为人

---

　　①　苏国勋、刘小枫主编：《二十世纪西方社会理论文选（Ⅱ）：社会理论的诸理论》，687页，上海，三联书店，2005。
　　②　同上书，688页。
　　③　同上书，690页。
　　④　同上书，693～694页。

们的行动是由各种组织的规范和规则制约的，符号互动论则指出人们在互动过程中对这些规范和规则的理解和解释"在很大程度上决定着这些规范或者规则的地位和命运；人们也许仍旧遵循着这些规则，但是这种遵循却可能是不充分的或者有名无实的；或者反过来说，人们也许强化这些规则或者为它们注入更多的活力。有关组织的学术研究或者分析不能忽视人们之间存在的这种互动过程，后者既是人们维持组织的原因，也是以其他方式影响组织的原因"①。

　　总之，布鲁默认为，由于包括人、人的行动、行动客体以及社会群体等在内的各种社会现象都是通过人的符号互动过程而不断地型塑和建构起来的，因此，要正确了解这些现象，就必须深入考察产生这些现象的那些具体的符号互动过程，考察参与这些互动过程的那些人的经验或意义世界，从这些行动者的内部去理解其行动及其产物（各种社会现象）。布鲁默指出，为了做到这一点，就必须要采用与主流社会科学不同的那样一些研究方法。主流社会科学家们通常采用的那些源于自然科学的研究方法，侧重于从一些抽象的理论模型出发，运用各种标准化的操作程序和定量分析技术，来对社会现象之间的因果关系或相关关系进行分析。这种方法实际上只能对社会现象和过程作一些表面的、粗浅的探讨，而不可能揭示深藏在各种帷幕之后使得各种社会现象得以形成和建构的那些行动与互动过程。要能够真正揭示隐藏在帷幕之后的这些过程，就必须采用一些新的方法，去对具体行动者的经验世界进行多角度的、灵活细致的了解，舍此别无他途。

　　按照布鲁默的论述，这种新的研究方法包括了"探索"和"审视"两个基本的组成部分。"探索"，就是在没有任何预先规定的理论假设或研究程序限制的前提下，对作为研究对象的那部分经验世界进行客观的、灵活的探究和摸索。布鲁默反对（后期）实证主义社会学中流行的那种在观察之前就事先确定好有关研究对象的理论假设和研究程序的做法，认为这是一种完全错误的方法。因为社会过程的内在性、流动性使得研究人员在绝大多数情况下对他们将要研究的对象都不可能是很熟悉的，他们在对研究

---

　　① 苏国勋、刘小枫主编：《二十世纪西方社会理论文选（Ⅱ）：社会理论的诸理论》，695页，上海，三联书店，2005。

对象进行深入观察之前就预先确定的那些理论假设和研究程序不可避免地会带有一种"闭门造车"的色彩,和实际的生活会有很大的距离。真正科学的社会研究方法应该是在不带任何预先假设和固定程序的前提下去对研究对象进行灵活的"探索"。"探索是一种灵活的研究步骤——在实施这些步骤的过程中,研究者从一条研究路线转到另一条研究路线,在研究过程中不断采用新的观察点,沿着以前从未考虑过的各种新的方向前进,并且在获得更多的信息和更充分的理解时改变他对什么是相关材料的认识。"①在这种探索性研究之初,研究者的研究焦点是宽泛不定的,"只是随着研究的不断发展才逐渐变得敏锐起来"②。由于探索性研究所具有的灵活性质,它也不受任何一种特定技术的限制。探索性研究的主要任务包括:(1)对人们提出问题所应当使用的方式获得更清楚的理解;(2)逐渐了解对于此项研究来说什么样的资料才是最适当的;(3)获得或者发展关于哪些线索才是具有重要意义的观念;(4)使研究者能够对正在研究的生活领域逐渐形成合适的概念工具。对于进行探索性研究的学者来说,重要的一点是他应该"时刻留心对他那有关他正在研究的生活领域的各种意象、信念,以及观念进行检验和修改","他应当努力培养一种准备就绪状态,随时准备以新的方式看待他的研究领域"③。

通过探索性研究我们有可能获得一套有关研究领域的丰富而又充实的图像。"探索性研究所具有的令人感兴趣的价值之一是,它所提供的比较充实的描述性说明,常常可以在不需要援引任何一种理论或者不提出任何一种分析方案的情况下,适当地说明令人感到疑难的东西。"④ 但我们的研究并不能停留在探索性研究所获得的结果上。我们还必须进入另一个被称为"审视"的研究阶段。

在"审视"阶段,研究者应该在通过探索性研究所得来的描述性说明的基础上,"以一种理论的形式系统说明他的问题,揭示各种一般的关系,

① 苏国勋、刘小枫主编:《二十世纪西方社会理论文选(Ⅱ):社会理论的诸理论》,674~675页,上海,三联书店,2005。
② 同上书,675页。
③ 同上书,676页。
④ 同上书,677页。

使他的概念的内涵性参照鲜明突出，以及系统表述各种理论命题"①。一般说来，对现象的科学分析都包括两方面的工作，即确定一些"清晰的、有显著特征的分析成分"，以及对这些分析成分之间的各种关系进行鉴别和分离。布鲁默认为人们通常采用的那些分析方法②"既不以精确的方式确定这些分析成分在这个经验性的社会世界之中所具有的本质内容，也不以精确的方式探索出存在于这些分析成分之间的关系"③。只有通过"审视"这种方法，我们才能够适当地完成上述两方面的分析任务。所谓"审视"，其基本原型可以从我们考察一个陌生的物理客体的过程中表现出来。在这样一个过程中，"我们可能把它捡起来，仔细地观察它，在观察的过程中把它翻转过来，从这种或者那种角度观察它，提出关于它可能是什么的种种问题，根据我们的问题回过头来重新处理它，对它进行彻底的实验，以及用一种或者另一种方式检验它。这种详细的、不断转变的仔细考察就是审视的本质。"④ 因此，通过"审视"过程来确定分析成分，其基本程序是"通过细致谨慎的、灵活的仔细考察这种分析成分所涵盖的种种经验性案例，对这些分析成分进行明察秋毫的考察"⑤；"以各种不同的方式接近这种既定的分析成分，从各不相同的角度观察它，提出有关它的许多不同的问题，以及从这些问题的立场出发回到对它的仔细考察"⑥。同样，通过"审视"来分离分析成分之间的各种关系，也是"要通过对与这种被断言的关系有关的经验性案例进行谨慎细致的、灵活的仔细考察，来确定和检验这种关系。如果没有这种审视，那么，人们就会被其以前具有

---

① 苏国勋、刘小枫主编：《二十世纪西方社会理论文选（Ⅱ）：社会理论的诸理论》，677页，上海，三联书店，2005。

② 参照布鲁默的描述，这种方法具有以下形式："从人们根据概念或者范畴之间的各种关系构成的一种理论或者模型开始，运用这种理论在这个正在被研究的领域中确定一个具体的问题，把这种问题转变成代表各种概念或者范畴的、具体的自变量和因变量，使用各种精确的技术获取材料，发现这些变量之间存在的各种关系，以及运用这种理论和模型说明这些关系。"（苏国勋、刘小枫主编：《二十世纪西方社会理论文选（Ⅱ）：社会理论的诸理论》，677页，上海，三联书店，2005）。

③ 苏国勋、刘小枫主编：《二十世纪西方社会理论文选（Ⅱ）：社会理论的诸理论》，678页，上海，三联书店，2005。

④ 同上书，679页。

⑤ 同上书，678页。

⑥ 同上书，679页。

的关于这种关系的意象或者观念所束缚，既无法通过了解这种观念是否从经验角度看有效而获得好处，也没有通过对各种经验性案例的明察秋毫的考察而用来重新界定和改进这种观念的手段"①。

布鲁默总结说："分别代表描述和分析的探索和审视，构成了人们用于直接考察经验性社会世界的、不可或缺的程序。"② 这种新的研究方法的优点就在于，它促使研究者重视和接近这个经验性的社会世界。"由于人们是通过其群体存在形成不同的世界和各种生活领域的，所以，这种重视和接近在社会科学中特别重要。这些世界既表现又塑造人们的社会生活、他们的各种活动、他们的各种关系以及他们的各种制度。对于进行研究的学者来说，这样一种世界或者生活领域几乎总是遥远和未知的；这就是他之所以要研究它的主要原因之一。为了开始认识这个世界，他应当接近这个通过其实际经验特征而存在的世界。如果不这样做，那么，他就无法保证他那有关这个领域或者世界的指导性意象、他针对他所确立的问题、他所确定的研究线索、他收集的各种材料、他宣告的在这些材料之间的各种关系以及指导他作出解释的各种理论观点，从经验角度看是有效的。就对人类群体生活的科学研究而言，包含探索和审视这双重程序的自然主义研究显然是不可或缺的。就'科学'这个术语之最完整的意义而言，这种研究完全有资格被称为'科学的'研究。"③

---

① 苏国勋、刘小枫主编：《二十世纪西方社会理论文选（Ⅱ）：社会理论的诸理论》，681页，上海，三联书店，2005。

② 同上。

③ 同上。以上这些方法论观点都已经被吸纳到当前社会科学界流行的"质性研究方法"当中去了。参见 A. Strauss and J. Corbin：《质性研究概论》，徐宗国译，台北，巨流图书公司，1997；胡幼慧主编：《质性研究：理论、方法及本土女性研究实例》，台北，巨流图书公司，1996；陈向明： 《质的研究方法与社会科学研究》，北京，教育科学出版社，2000；B. F. Carbtree, W. L. Miller：《最新质性方法与研究》，黄惠雯等译，台北，韦伯文化国际出版公司，2003；等等。因此，本章以下对布鲁默符号互动主义的评论在某种程度上也可以视为对当前流行的质性研究方法的评论。

四、简要评析：从多元话语分析的角度看

从上面的叙述我们可以看到，布鲁默的符号互动主义理论大体上可以归入通常被我们比较广义地称为"诠释社会学"的这一社会学研究传统。与韦伯、舒茨等人发展起来的诠释（或现象学）社会学理论一样，布鲁默的符号互动主义理论也突出强调"社会"概念的唯名论性质，主张通过把握行动者赋予行动之上的主观意义来理解人的行为以及由人的行为所建构的各种社会现实。在这一点上，布鲁默的思想与韦伯等人的思想之间不仅在内容、观点上，而且在表述上都几乎完全一致。

然而，再往下考察，我们就可以明确地意识到布鲁默的符号互动主义理论与韦伯和舒茨等人所发展出来的那样一些诠释（或现象学）社会学理论之间所存在的重大差异。与韦伯、舒茨等人倡导的诠释社会学构想相比，布鲁默的符号互动主义理论最重要的一个不同之处在于：它不仅对意义源泉问题作了一个明确的交代（由此使之与韦伯的诠释社会学理论相区别），而且还强调互动过程在符号意义的形成和变化过程当中的关键作用（由此又使之与舒茨的现象学社会学相区别）。

正如我们都知道的那样，作为诠释社会学的首倡者，韦伯明确提出社会现实是由人的行动所建构起来的，要想理解社会现实就必须去理解建构了这一现实的那些个人的行动；而人的行动又是一个有意义的过程，要想理解人的行动以及由人的行为所建构的各种社会现实，就又必须要努力去理解行动者赋予行动之上的主观意义。这是韦伯倡导以"理解"方法来研究社会现实为特征的诠释社会学的基本理论依据。然而，对于这种社会学构想来说，有一个相关的重要问题需要回答，这就是行动者赋予行动之上的那些主观意义的来源问题。

行动者赋予行动之上的那些主观意义到底是从何而来的？对于这个问题，韦伯没有明确地加以回答过。在韦伯阐释其社会学理论构想的主要著作《经济与社会》一书中，韦伯只是将行动者赋予行动之上的主观意义当作我们了解人的行动及其社会现实的一个关键因素提了出来，但对于这些主观意义本身是从何而来、如何形成一类的问题则完全没有涉及。可以

说,在韦伯的显意识中,这些问题几乎是不存在的。①

按照舒茨后来的看法,正是由于没有明确地意识和讨论过这个问题,韦伯的诠释社会学构想才潜藏了诸多缺陷。例如不能够明确地意识到自己行动的主观意义与他人行动的主观意义两种"主观意义"之间的差异、"理解自我"与"理解他人"两种过程之间的差异等等,并因此而不能进一步地阐明作为"诠释(或理解)社会学"之核心概念的"诠释(或理解)"过程的真义,从而妨碍了诠释社会学的深入展开。也正是为了克服韦伯理论的这个重要缺陷,舒茨才将胡塞尔现象学的理论与方法引进诠释社会学当中来,试图借助于胡塞尔现象学的理论与方法来改进由韦伯创立的这一社会研究模式。遵循现象学的基本思路,舒茨对行动者在个体行动、他人取向的行动、互为主体性的行动以及与同代人或前代人的交往行动等行动过程中所发生的主观意向过程进行了深入细致的分析,并以此为基础,对诠释社会学中的一些重要概念(如"理解自我"和"理解他人"、"主观意义"和"客观意义"、"理想型"等)及相关问题重新进行了探讨,从现象学这个方向把诠释社会学推进到了一个新的高度。

如上所述,和舒茨类似,布鲁默也试图进一步深入地探讨意义的来源问题。然而,正如我们所看到的那样,布鲁默试图从一个与舒茨完全不同的方向来解决这个问题。布鲁默不是像舒茨那样试图深入到个体的意向过程当中去探究意义的来源,而是受到米德的启发,要到作为主体的两个个体主观意识之间借助于符号来进行的相互作用(互动)过程当中去探究意义的来源。按照布鲁默的看法,意义既不是来自于事物本身,也不是来源于单个行动者的主观意识过程,甚至也不是来源于既定的社会结构或文化传统,而是来自于两个或更多个体主观意识之间的相互作用;意义既通过个体主观意识之间的相互作用形成,也通过个体主观意识之间的相互作用而得到进一步的修正。单纯从事物本身或个体主观意识本身乃至社会结构和文化传统都无法对行动者赋予事物之上的意义作出适当的理解。

---

① 不过,尽管如此,韦伯在其对西方经济社会历史所做的实际研究工作中,其实还是对个体行动之主观意义的来源有过探讨。例如,韦伯在《新教伦理与资本主义精神》等书中就新教对新教徒日常职业行为及资本主义发展过程之间关系的著名探讨,就以一种案例讨论的方式在告诉我们,新教徒赋予其日常职业行动之上的主观意义很大程度上就是来自于其所信奉的新教教义。帕森斯关于文化决定人们行为的观点,很大程度上也正是对韦伯这一思想的继承和发挥。因此,布鲁默对帕森斯文化决定论的批评也可以视为对韦伯思想的一种间接批评。

与此相应，布鲁默的符号互动主义在方法论上也提出了一套与韦伯和舒茨非常不同的主张。作为实证主义和行为主义立场的反对者，韦伯提出了要采用"理解"的方法来达到对行动及作为行动结果的各种社会现象的理解或解释；作为一个客观主义者，韦伯也坚持社会研究的客观性原则，认为诠释社会学者在对社会现象进行研究时不仅要坚持"意义适当性"标准，而且也要坚持"因果适当性"标准，要努力去把握行动者本人赋予其行动之上的行动意义。但尽管如此，韦伯却从未坚持对一项社会现象进行研究后所得到的理论结果必须是对这一现象完全客观的再现。韦伯认为我们在对一项社会现象进行研究后所提出的理论成果（概念、命题、理论体系等）其实只能是一些"理想型"，而并非是对这一现象之完全客观的描述。作为一种理想型，这些研究成果尽管不能完全客观地再现社会现实，却可以作为一种工具帮助我们更好地去描述和分析社会现实。舒茨在这方面的立场也与韦伯大体相同（尽管他对"理解"的具体过程和内部机制作了比韦伯更为精细的探讨）。与韦伯和舒茨有所不同的是，布鲁默则倡导一种极端客观主义和经验主义的方法论立场。布鲁默认为社会研究的任务就是要尽量客观地去再现社会现实，而由于社会现实是由人们通过主观意识以及主观意识之间的相互作用过程而建构出来的，因此，要想真正客观地去再现这一现实，就必须通过他称为"探索"和"审视"的两个基本环节去努力地把握建构了这一现实的那些主观意识及主观意识之间的相互作用过程，按照这些通过互动过程而建构起来的主观意识本来的面目去看待这一现实："如果一个学者希望理解人们的行动，那么，他就必须像他们看待其客体那样看待他们的客体。"（此即在当前社会研究尤其是所谓质性研究领域中流行的"文化主位"研究立场的重要理论源头之一）

概而言之，布鲁默将型塑和建构行动意义的"社会过程"明确地局限在个体之间符号互动的层次上，通过这种做法，布鲁默试图既凸显人的行动和互动在社会生活中的建构作用，凸显人在社会生活中的主观能动性，纠正包括功能主义、冲突理论等在内的实证主义把人简单地视为社会结构或文化"傀儡"以及行为主义将人简单地视为条件反射动物的"缺陷"，又强调互动过程在符号意义的形成和变化过程中的关键作用，纠正韦伯、舒茨等人试图单纯从人的心理或意识过程内部去理解意义形成和变化过程的那一类诠释（或现象学）社会学理论立场的"局限"。以此为基础，布鲁默还试图在社会研究中倡导一种比韦伯和舒茨更为极端的客观主义和经验主义方法论立场。

布鲁默的上述理论观点所具有的新意及对于社会研究学者所产生的冲击力已为学界所公认。因而,我们无须在此作更多的叙述。我们在此试图进一步加以讨论的一个问题是:从多元话语分析的理论立场来看,布鲁默的上述理论观点是否具有缺陷?

对于这个问题,我认为答案应该是肯定的。从多元话语分析的角度来看,布鲁默符号互动主义理论至少有两个重要缺陷,一是其社会本体论当中所隐含的"主体际主义"立场,二是其倡导的社会研究方法论当中所隐含或残留的那种给定实在论立场。这两种立场与当代哲学和科学研究领域中人们所公认的一些理论观点都是背道而驰、相互冲突的。

首先,从社会本体论方面看。和韦伯等古典诠释(或现象学)社会学家一样,布鲁默也不是一个给定实在论者,而是一个社会建构论者。和韦伯等人一样,布鲁默也认为,事物(既包括自然事物也包括社会事物)的意义并不存在于事物本身之中,而是由人们通过一个解释过程建构出来并赋予事物的。和韦伯等古典诠释(或现象学)社会学家有所不同的是,布鲁默认为事物的意义虽然不存在于事物本身之中,但也不存在于单个人的主观心理过程或者文化传统、社会结构之类的宏观现实之中,而是存在于作为主体的人们之间的互动过程之中:事物的意义既由人们之间的符号互动过程建构出来,也随着人们之间的符号互动过程而得到进一步的修改。布鲁默甚至比韦伯等人还更进一步明确地宣称包括"学生"、"母亲"、"公司"、"家庭"等社会现象在内的所有的"客体"都不是预先存在于某处,而是人们通过符号互动的过程建构出来的。这种将事物的意义归于作为行动主体的人们之间互动过程之产物的思想,我们可以称之为"主体际主义"(intersubjectivism),以区别于那种把事物的意义简单归于人们主观建构的"主观主义"(subjectivism)。无疑,从多元话语分析者的立场来看,这种主观主义试图克服"意义"来源问题上的朴素唯物主义倾向和主观主义倾向,值得肯定。但同样需要指出的是,在这一观点中也隐含着(或者说可以推论出)一个难以为今天诸多受过库恩、拉卡托斯、费也阿本德、加达默尔、福柯等人思想影响的学者所接受的思想观点。这一思想就是:在人们之间就某一事物的意义进行协商的互动过程发生之前(人们的头脑中)不存在对任何有关该事物的"意义"界定;就对该事物的意义而言,在人们之间就某一事物的意义进行协商的互动过程发生之前人们的头脑处于一种洛克所说的那种"白板"状态。显然，这种看法与当代哲学与科学领域中包括上述库恩、拉卡托斯、费也阿本德、加达默尔、福柯等人在内的诸多论者所公认的那些关于人类认识过程的学说是不一致的、相冲突的。按照当代这些关于人类认知过程的学说，人们之间在进行互动（即对他人的言语或行为进行观察、倾听、解释，并将自己的反应建立在对对方言语和行为所作解释之上）时，头脑不可能是也无须是处于白板状态。之所以"不可能"，是因为我们完全无法像洛克、涂尔干等人所希望的那样把我们头脑中既有的各种"成见"或"前见"统统去掉，也无法像胡塞尔所建议的那样把这些"成见"或"前见"都真正"悬置"起来；之所以"无须"，则是因为我们头脑里既有的"成见"或"前见"不仅不像洛克、涂尔干、胡塞尔等人认为的那样有碍于我们对他人（或物）的认知过程，相反，只有依靠或借助于这样一些"成见"、"前见"，我们的认知（和互动）过程才能得以进行。假如我们接受这样一些看法，那么布鲁默对人们之间符号互动过程的诸多解说恐怕就应该被修正：事物的"意义"（或更准确地说，人们对事物之"意义"的某种特定理解）就不仅不是符号互动过程的结果，反而还是符号互动过程得以进行的前提（尽管我们仍可承认这些"意义"还是可以由于符号互动过程而得到进一步的修改）。①

其次，从社会研究方法论的角度来看。也同我们考察韦伯等古典诠释（或现象学）社会学家时可以看到的那样，虽然在社会本体论方面布鲁默还可算作一个社会建构论者，然而一旦我们转换视角，进到社会研究的认识论和方法论这一论题之中，布鲁默思想中的上述建构论色彩也便迅速黯淡下去，其残留的给定实在论（以及与此紧密相连的表现主义等）色彩则昭然凸显出来。

温习一下前述布鲁默关于社会研究方法论的看法，我们可以看到，和韦伯等古典诠释（或现象学）社会学家类似，布鲁默关于社会研究方法论的论述中无疑隐含着以下这样一些思想：

（1）尽管包括各种社会现象在内的所有"客体"都不是预先存在于某处，而是人们通过符号互动的过程建构出来的，但对于一个准备就某一社会现象以及建构了这一现象的符号互动过程加以研究的社会研究人员而

---

① 布鲁默符号互动主义对我们认知行动、互动和社会过程的意义和价值自然也就要大打折扣。

言,这些由人们通过符号互动过程建构出来的"客体"以及人们用来建构这些"客体"的符号互动过程本身,都不折不扣地是一种不以研究人员个人的主观意志为转移、在研究人员展开研究之前就已预先存在的"给定的实在"。

因此,(2)社会研究的基本任务就是要尽量客观、准确、真实地揭示、再现由人们通过符号互动过程建构出来的"客体"以及人们用来建构这些"客体"的符号互动过程本身。研究人员必须使"他那有关这个领域或者世界的指导性意象、他针对它所确立的问题、他所确定的研究线索、他收集的各种材料、他宣告的在这些材料之间的各种关系以及指导他作出解释的各种理论观点,从经验角度看是有效的"[①]。

(3)为了完成客观再现社会世界这一任务,研究人员必须尽量摆脱自己的主观因素对研究过程可能带来的干扰,尽量深入到研究对象及其形成过程当中去,尽量按研究对象的本来面目去描述和理解研究对象。以布鲁默本人的话来说就是:"如果一个学者希望理解人们的行动,那么,他就必须像他们看待其客体那样看待他们的客体。"[②] 而做到这一点的具体程序和方法就是布鲁默所说的"探索"和"审视"。

无疑,这是一种典型的给定实在论和表现主义观点。这一给定实在论和表现主义观点首先便与布鲁默自己在社会本体论方面所阐述的理论观点相矛盾。按照布鲁默的看法,人们是根据事物对于他们来说所具有的意义而针对这些事物进行活动,而事物的意义又是从人与其同伴进行的社会互动过程中产生出来的。将这一观点运用于社会学家的研究过程,那么,就应该得出以下结论:研究人员也只能根据他对他所见事物之意义的理解来解释这些事物,而他对这些事物之意义的理解又只能是他与作为其研究对象的那些人符号互动的结果。如此一来,产生的一个问题便是:如何能够保证研究人员通过与其研究对象之间的互动所形成的有关某一事物或事件的"意义",与研究对象在此一事物或事件形成之际通过与其他当事人之间的互动所形成的有关该事物或事件的"意义",是完全一致的呢?假如这一点得不到保证,那么布鲁默所向往的

---

① 苏国勋、刘小枫主编:《二十世纪西方社会理论文选(Ⅱ):社会理论的诸理论》,681页,上海,三联书店,2005。

② 同上书,685~686 页。

那种研究的客观性又如何能够得到实现呢？布鲁默的理论看来由于缺乏反思性而具有内在矛盾。

实际上，假如我们承认研究人员在对某一社会现实加以研究时所获得的对这一社会现实的理解在某种程度上是与作为其研究对象的那些人符号互动的结果，同时我们又接受前述库恩、拉卡托斯、费也阿本德、加达默尔、福柯等人关于"成见"、"前见"对于人类认知（和互动）过程之不可避免且也为认知（和互动）过程所必需的看法的话，那么，布鲁默上述对于社会研究客观性的追求就可能是一种"水中捞月"的妄想。库恩、拉卡托斯、费也阿本德、加达默尔、福柯等人在内的诸多当代学者都已经以各种方式详尽地表明，不仅迄今为止都没有一种方法可以帮助我们去对我们观察、认知、阅读、倾听的对象获得一种完全"客观"、"准确"和"真实"的了解，而且对于人类的观察、认知、阅读、倾听过程而言，无论何种（观察、认知、阅读、倾听）对象都不可能以一种完全独立于观察、认知、阅读、倾听者的主观意识的方式而存在；因此，将完全客观、准确、真实地再现对象作为人类观察、认知、阅读、倾听过程的基本任务，既不可能也没有必要。从库恩、拉卡托斯、费也阿本德、加达默尔、福柯等诸多当代学者所表达的那种立场来看（多元话语分析就是以这样一种立场为自己的理论依据的），社会学者对社会世界所进行的任何研究，其结果都既不可能是对这一世界完全客观、准确、真实的再现（而只是由研究人员在特定话语系统的约束和引导下所完成的一种话语性建构），也不可能是一种唯一的、排他性的成果（而是一种可以与其他结果共存的、作为多元化表述之一的东西）。因此，对于布鲁默符号互动主义理论与方法（以及在此基础上形成起来的"质性研究"方法等）的适当性，我们认为完全有重新加以考察的必要。

第七章	结构—制度分析，还是过程—事件分析？
	——从多元话语分析的视角看

　　本章摘要："过程—事件分析"（或"实践社会学"）的倡导者批评"结构—制度分析"把社会现实当作一种静态的结构来加以看待，因而不能揭示社会生活的真实奥秘。他们主张只有采用"过程—事件分析"的研究策略，把社会现实当作一种动态的、流动的过程来加以看待，才能够对社会现实做出更为适当的描述和理解。"结构—制度分析"的倡导者则对此种看法进行了严正的反驳。其实，从多元话语分析学者的立场来看，这两种研究策略都只不过是我们可以用来建构社会现实的两种不同的话语系统而已。在它们的引导和约束之下，我们能够采用不同的话语策略来对社会现实做出不同的话语建构。但对于这两种话语系统及人们在它们各自的引导和约束之下所完成的那些话语建构之间到底孰优孰劣这样的问题，我们却难以做出绝对的判断和回答。

　　关键词：过程—事件分析　实践社会学　结构—制度分析　多元话语分析

所谓"结构—制度分析"与"过程—事件分析"，是近年来中国部分社会学家所倡导的两种社会研究模式，这两种研究模式的倡导者之间就两种研究模式的是非优劣所展开的争论也一直是人们感兴趣的话题。对这一争论进行分析和评述，对于推动中国社会学的理论研究、提升中国社会学的研究水平当会具有重要的价值。本章拟从多元话语分析的立场对这两种研究策略及发生在它们之间的相关争论作一个简要的叙述和评论。

······ 一、孙立平："过程—事件分析"
或"实践社会学"

什么是"过程—事件分析"？参照孙立平等人的描述，所谓"过程—事件分析"指的是这样一种社会分析方法，它试图摆脱传统的结构分析或制度分析方法，从社会的正式结构、组织和制度框架之外，从人们的社会行动所形成的事件与过程之中去把握现实的社会结构与社会过程。以下这段话是孙立平自己对这种分析方法的简要说明："比如，我们来到一个村庄，研究村民们互相之间的社会关系。我们怎么才能发现这样的关系？这样的关系存在于什么地方？一些农民在一起抽烟聊天，我们从中能够发现他们之间的相互关系吗？在那种场面中，我们甚至无法看出谁和谁是父子，谁和谁是兄弟。我们能够从村民在互相见面打招呼所使用的称呼中洞悉他们之间的关系吗？也相当困难。我们很快会发现，除了极个别的情况外，人们一般都是以'叔叔'、'爷爷'、'嫂子'、'大娘'互相称呼着，同姓的是如此，不同姓的也是如此，关系好的如此，关系不好的也是如此。从这里，你能够看出他们之间关系的亲疏远近吗？很难看得出来。怎样才能看出他们的亲疏远近？农民自己做出了最好的回答：只有当有事情的时候，才能看出谁和谁远，谁和谁近。这里最重要的就是'有事情的时候'。只在这样的时候，真正的社会关系才能真正地展示出来。这启示我们，我们的关注点，也就应当放到这种'有事情的时候'。这种'有事情的时候'是什么？就是一种可以展示事物逻辑的事件性过程（俗语说'打虎亲兄弟，上阵父子兵'，这当中的'打虎'和'上阵'就是可以展示真正父子兄弟关系的事件性过程）。关注、描述、分析这样的事件与过程，对其中的逻辑进行动态的解释，就是我们这里所说的'过程—事件分析'的研究策略和叙事方式。"①

　　从上面的引语已经可以看出，在作者看来，之所以要采用"过程—事件分析"的方法来研究社会生活过程，是为了克服以往"静态的"结构分析或制度分析所固有的一些局限。孙立平说："之所以要采用'过程—事件分析'的研究策略和叙事方式，从方法论上说是由于静态结构分析所存在的局限，这或许可以称之为结构上的不可见性。因为在静态的结构中，事物本身的一些重要特征，事物内部不同因素之间的复杂关联，以及这一事物在与不同的情境发生遭遇时所可能发生的种种出人意料的变化，都并不是前在地存在于既有的结构之中。相反，只有在一种动态的过程中，这些东西才可能逐步展示出来。而且，常常有这样的情况，一事物究竟在过程中展示出什么样的状态，甚至有时完全取决于有什么样的偶发性因素出现。这种结构上的不可见性，划定了静态结构分析的边界与局限。'过程—事件分析'的研究策略则意味着，过程可以作为一个相对独立的解释源泉或解释变项。如果说从结构到绩效结果是一种简单的因果关系的话，过程因素的加入则导致了一种更为复杂的因果关系。而且从一种更根本的意义上说，它超出了因果关系的传统视野（即动态情境的视野）。"② 概言之，之所以要采用"过程—事件分析"这种研究策略，是因为"能够理解效能的，并不是组织结构的特征，而是过程本身，是作为相对独立的解释变项的过程因素"③。

　　孙立平认为，"过程—事件分析"研究策略的最基本之点，就是要"力图将所要研究的对象由静态的结构转向由若干事件所构成的动态过程"。任何研究策略都包括描述和分析两个方面，而"'过程—事件分析'策略的基础，是对于描述方式的强调，即强调一种动态叙事的描述风格。这就意味着，首先需要将研究的对象转化为一种故事文本。这里的关键，是将研究的对象作为或者是当作一个事件性过程来描述和理解"④。他举例说，假如我们要研究"下岗"问题，那么，"静态的结构分析会告诉我们，第一产业、第二产业、第三产业总共能提供多少个就业机会，现在的

----

　　① 　孙立平：《"过程—事件分析"与对当代中国农村社会生活的洞察》，见王汉生、杨善华主编：《农村基层政权运行与村民自治》，7 页，北京，中国社会科学出版社，2001。

　　② 　同上书，8～9 页。

　　③ 　同上书，19 页。

　　④ 　同上书，9 页。

劳动力人口有多少，两者的差异就是失业或'下岗'。而从'过程—事件
分析'研究策略来看，则首先是将下岗看作是一个事件：在 20 世纪 90 年
代，这样的一个地方发生了一件叫做'下岗'的事件性过程，这个过程是
由许多更小的过程构成的。然后，通过对这个事件性过程的描述和分析，
来揭示'下岗'这样一件事情中那些更为微妙的逻辑和机制"①。

孙立平通过将"过程—事件分析"策略与其他研究策略进行比较的方
式来说明前者的特点与优点。

首先，与传统的结构分析策略相比，"过程—事件分析"能够更好地
凸显社会事实的动态性、流动性。孙立平指出，"过程—事件分析"虽然
首先是一种看待社会现象的角度或策略，但实际上则涉及一个更根本性的
问题，即如何看待涂尔干所讲的社会事实的问题。"在传统上，人们往往
将社会事实看作是一种故态的、静止的、结构性的东西。因而，所采用的
社会学研究策略和研究方法，也就必须适合对这样的静态特征进行观察和
描述。相反，'过程—事件分析'则涉及对社会事实的一种截然不同的假
设，也就是说，这样的一种研究策略意味着将社会事实看作动态的、流动
的，而不是静态的。"这很像印象派画家在绘画艺术中所进行的革新，
"'过程—事件分析'的研究策略——在对待社会现象时，就如同印象派画
家将空气和阳光看作流动的一样，将社会现象看作流动、鲜活的，在动态
中充满了种种隐秘"②。

"过程—事件分析"与社会互动理论的研究策略也有重要区别。表面
上看，符号互动论等微观社会学理论也强调要从过程当中来把握各种社会
现象，这种"对于社会互动过程的强调，体现出这样一种关怀：赋予社会
现象以能动的特性，从而克服静态结构分析的死板和僵硬。而在具体的互
动过程的分析中，也都非常强调'情境'和'场景'的因素"。这和"过
程—事件分析"好像非常相似。然而，在这两种研究策略之间，事实上有
着重要区别："尽管互动理论重视了动态的因素，但他们所说的情境和场
景，基本都是共时性的，而缺少时间的与历史的维度。但互动论给我们的
启示之一，是单元与情境之间的联系。如果从这样的一个思路出发，我们

---

① 孙立平：《"过程—事件分析"与对当代中国农村社会生活的洞察》，见王汉生、杨善华
主编：《农村基层政权运行与村民自治》，9～10 页，北京，中国社会科学出版社，2001。

② 同上书，11 页。

或许也可以将'过程—事件分析'中的相联系的事件，看作互为场景或情境的。不过，这样的情境或场景，不是静态的、共时性的，而是动态的、历时性的。这样，就可以将历史的因素注入社会互动的过程之中。"从这样一种意义上说，"过程—事件分析"也在一定程度上体现出对因果分析的超越："在因果分析中，存在着一种抽象的因果逻辑，并使这种逻辑具有一种决定论或目的论的色彩。而'过程—事件分析'则强调事件之间那种复杂有时纯粹是偶然或随机的联系。这样的联系并不完全对应一种严格的因果关系。"①

　　"过程—事件分析"与一般的历史分析也有很大不同。"历史分析不一定是'过程—事件分析'。在社会学和人类学中，也不乏以历史的眼光来对待和描述研究对象的，大到一个社会（甚至世界体系，如沃勒斯坦那样），小到一个社区，或者是某种分门别类的社会现象，甚至是直接描述其历史的进程，以及在不同历史上的演变，抑或是历史的比较分析。但如同我们在这样的研究中每每见到的，这些研究尽管对待的是历史，是历时性的现象，但分析和描述的方式却是静态的。比如在某一个年代或时期社会结构是什么样子的，到了另一个年代或时期又是什么样子的。尽管人们从中可以看到变化，但这种变化并不是过程的，并不是通过过程来体现的。如同录像机中的慢镜头或性能不好的影碟机放出的盗版盘的影像一样，每一个画面都是跳动而停顿的。'情节'是由这些跳动而停顿的画面编织出来的。因此，可以说，这样的历史分析，提供的并不是一种连贯而流畅的过程，其在每一时段上的事件仍然是静态的，展示出来的只是众多静态事件所构成的序列。而'过程—事件分析'所追求的则是一种对事物过程的连贯与流畅的描述和解释。"②

　　"过程—事件分析"的研究策略对于克服中国社会研究领域中存在的"本土性视角"与"国家中心视角"之间的对立也有重要价值。按照孙立平的描述，"对于中国社会的研究，或多或少地受到两种理论模式的影响，一种可以称之为整体论模式，一种可以称之为本土性模式。前者实际上是一种国家中心论。这种模式表现为：强调党和国家机器的压倒一切的作

---

　　① 孙立平：《"过程—事件分析"与对当代中国农村社会生活的洞察》，见王汉生、杨善华主编：《农村基层政权运行与村民自治》，11～12 页，北京，中国社会科学出版社，2001。

　　② 同上书，12～13 页。

用，强调正式体制对于社会生活的控制，不承认自主性社会生活的存在；认为不存在独立的社会力量和大众文化；民众是被动的，民众的反抗如果不是没有的话也是微不足道的；在压倒一切的党和国家的支配下，社会生活是整齐划一的；变革的动力来自党和国家机器的推动。""而本土性模式的形成，最初来自于对整体论理论模式的批判。这种批判由来已久，先是现代化理论的批判，接着是新制度主义和地方性模式的批判。······在对于苏东和中国改革前社会生活的研究中，新制度主义模式表现出对于如下因素的关注：经济的和社会的因素，相对于正式体制的非正式因素，相对于上层精英的从属群体和大众文化，非正式反抗的作用。而在国内学术界，受格尔兹'地方性知识'概念的影响，则出现了一场'寻庙运动'。这些学者强调的是独立于国家之外的地方性知识的作用，而这些地方性知识往往是与传统的血缘格局、地方宗教等因素联系在一起的。这样的努力很像在任何一个地方都探寻出一个'传统的庙宇'。而几十年的社会主义的生活经历，国家对社会的渗透和控制，甚至连国家因素本身，都不存在了。这样两种理论模式的问题是明显的，而应用'过程—事件分析'的研究策略来研究当代中国农村国家与社会的关系，则有助于我们克服这两种模式的非此即彼的对立。因为在一种事件性的过程中，无论是国家的因素还是本土的因素，无论是正式的因素还是非正式的因素，无论是结构的因素还是文化的因素，都介入了进来，都融入这样的一种过程之中。事件和过程所展示的不是某个片面的一方，而是它们之间的复杂互动关系，而且，就这些因素的关系而言，在一个动态的过程中，也不是一成不变的，而是处于一种不断建构的过程之中。"①

　　"过程—事件分析"的研究策略酝酿和形成于 20 世纪 90 年代末期（初次发表于 1999 年由北京大学社会学系"中国农村基层组织建设研究"课题组主持召开的一次国际研讨会上）。几年之后，似乎是为了进一步加强这一"研究策略"的理论基础，孙立平又开始倡导"实践社会学"这一概念，试图把"过程—事件分析"与所谓"实践社会学"联系起来，使前者成为后者的一个逻辑组成部分。这一推进主要体现在《迈向对市场转型实践过程的分析》一文中。

---

　　① 孙立平：《"过程—事件分析"与对当代中国农村社会生活的洞察》，见王汉生、杨善华主编：《农村基层政权运行与村民自治》，19~20 页，北京，中国社会科学出版社，2001。

《迈向对市场转型实践过程的分析》一文首先对 20 世纪 90 年代以来美国社会科学界"社会主义国家市场转型研究"领域中兴起的"布达佩斯学派"的理论与研究方法在中国的适用性进行了分析讨论。作者指出，布达佩斯学派对苏联和东欧共产主义国家市场转型的研究具有以下几个特点：

第一，无论是对于市场转型的研究，还是对于后共产主义社会的研究，布达佩斯学派所关心的主要是其正式组织和制度等结构性特征。

第二，对于结构性特征的关注，主要是通过大规模问卷调查的方式进行的，特别是撒列尼所主持的中欧精英转换的研究。

第三，基本的理论视角是自上而下的，其对精英问题的重视，突出表现出这一视角的特征。

第四，作为上述三点前提和基础的，是布达佩斯学派所研究的市场转型国家主要是东欧，特别是中欧的匈牙利，在这些社会中，市场转型伴随着政体的断裂。①

这几点当中，最后一点是最为重要的，其至可以说是一个前提。布达佩斯学派的主要理论取向、研究视角和所使用的方法，都与此有着直接的关系。因为"苏东的市场转型是与政体的断裂连在一起的，这意味着在大规模的市场转型发生之前，政体和主导性的意识形态都发生了根本性的'转变'。这样就为名正言顺的、大规模的、以国家立法形式进行的市场转型提供了可能性。在这种转型过程中，在很短的时间内，社会中基本的制度安排得到了根本的改造。因此，布达佩斯学派有理由将他们研究的主要注意力放在制度和结构的特征上，放在不同时期正式制度结构的比较上"②。同样，由于在这样的市场转型过程中，原来的权力精英由于政体的断裂而失去了原有的资源，而新的经济精英还没有发育起来，这就为知识精英提供了舞台，使得知识精英在整个转型过程当中起着非常重要的作

---

① 孙立平：《迈向对市场转型实践过程的分析》，见孙立平：《现代化与社会转型》，412～413 页，北京，北京大学出版社，2005。

② 同上。

用。这也就使我们可以理解在布达佩斯学派中"为什么对上层精英给予非常高度的重视，并使用了一种自上而下的理论视角"。此外，我们也可以理解布达佩斯学派在研究方法上的特点，因为"对于研究大规模的正式制度的变迁来说，大规模的问卷调查的方式，也无疑是有优势的"①。

然而，中国的市场转型过程与苏联东欧国家却有着明显的不同。这种不同大体上可以概括为以下三个方面。

第一，中国的市场转型是一种"政体连续性背景下的渐进式改革"，即"在基本社会体制（特别是政治制度）和主导性意识形态不发生变化的前提下"进行改革。这是中国社会转型一个最基本的特征。②

第二，与此相联系，或者作为上述特征的一个直接后果，中国市场转型过程中的精英转换也与苏联、东欧国家有着明显差别。由于政体的连续性，原有政治精英的强势地位并没有受到削弱，结果是导致在中国社会转型时期精英的形成，不是一个不同类型精英的转换过程，而是原有的政治精英利用自己的优势地位不断向新的社会领域扩张，使自己转变成为一个集"文化资本、政治资本和经济资本"于一身的"总体性资本精英集团"③。

第三，中国的市场转型主要是在主导性意识形态连续性背景下通过各种"非正式运作"的方式来进行的。"政体断裂背景下的市场转型，基本上是以立法、通过正式制度推进的方式进行的。这种转型过程，为正式制度发挥作用提供了广阔的空间"。而中国的转型过程几乎伴随着不间断的意识形态争论，这就迫使改革者采取两种应对策略，"一种是将新的改革措施或市场因素纳入原有的意识形态当中，如'社会主义的市场经济'等；另一种方式，则是'不争论'。在实际的社会生活中，就是能做不能说。而实质性的改革措施，有许多是通过变通的方式进行的"④。

概括起来，与苏联、东欧国家相比，中国的市场转型具有许多独特性："第一，政体和意识形态是连续性的，在改革进行了20多年后的今天，居于支配地位的仍然是原来的政体和意识形态；第二，由于政体和意

---

① 孙立平：《迈向对市场转型实践过程的分析》，见孙立平：《现代化与社会转型》，413页，北京，北京大学出版社，2005。
② 参见上书，415页。
③ 同上书，416页。
④ 同上书，417页。

识形态是连续的，许多重要的改革和转型过程是使用变通的方式实现的；第三，在变通的过程中，特别是在开始的阶段，新的体制因素往往是以非正式的方式出现并传播的；第四，非正式体制的生长和发育，往往是发生在体制运作的过程当中。"① 孙立平认为，这表明布达佩斯学派的那一套理论和研究方法难以运用来研究中国的社会转型过程，表明我们在研究中国市场转型的时候，不能像布达佩斯学派那样，把注意力主要集中于正式的结构和制度层面上，而必须对各种非正式因素给予足够的关注，要进入到市场转型过程的"实践层面"，用对市场转型过程的"实践分析"来取代布达佩斯学派的"结构—制度分析"，对市场转型过程的实际运作进行深入透彻的分析。

孙立平现在使用"实践社会学"这一概念来指称他所倡导的对市场转型过程进行"实践分析"的研究策略。他解释说，所谓的"实践社会学"，指的是一种面向实践的社会学，而"这里所说的面对实践的社会学，强调的不是社会学这门学科本身的实践性，不是社会学知识在实际社会生活中的可应用性。面对实践的社会学所强调的是，要面对实践形态的社会现象，要将一种实践状态的社会现象作为社会学的研究对象"。那么，什么是实践？什么是社会现象的实践形态？"大体上说，实践状态就是社会因素的实际运作过程。面向实践的社会学，所要面对的就是处于实际运作过程中的社会现象。对于过去人们主要从静态角度关注的现象，如社会关系、社会结构等，面向实践的社会学意味着要从实际运作过程的角度重新加以关注。实际上，这涉及对作为社会学研究对象的社会现象或社会事实的看法，或者说，涉及对社会事实性质的假设。在传统上，人们往往将社会事实看作是一种固态的、静止的、结构性的东西（在涂尔干那里是一种集体表象）。面对实践形态社会现象的社会学，则将社会事实看作动态的、流动的，而不是静态的。也就是说，社会事实的常态，是处于实践的状态中。"②

例如，对于国家与农民或国家与社会之间的关系，以往的研究"往往是将这样的一种关系当作一种结构的形态来进行研究。在这种假设的基础

---

① 孙立平：《迈向对市场转型实践过程的分析》，见孙立平：《现代化与社会转型》，417 页，北京，北京大学出版社，2005。

② 同上书，422 页。

上，他们试图回答的是，它们的关系是怎样的一种模式，是什么样的因素造就了这样的模式，这样的结构模式意味着什么，这种关系模式形成了一种什么样的结构体。还有些类似的研究，则回答了双方理论的强弱，各自的自主性等问题。……在这种结构模式的研究中，国家—农民关系的一个重要方面被屏蔽掉了，这就是：国家—农民关系在现实的生活中是如何运作的？这种关系在日常生活中是如何显现的？在实际的实践状态中，有无一些新的而且重要的因素生成？运作的过程仅仅是结构因素在动态过程中的展开吗"[1]？事实上，只有通过对诸如定购粮的收购等具体的实践过程进行深入细致的考察，我们才能够很好地回答上述这些问题，因为国家与农民或国家与社会之间的关系就存在于这些具体而现实的实践活动之中。

孙立平指出，从实践社会学的角度来研究中国的社会转型，就需要认真研究和分析普通人的日常生活。因为市场转型的实践逻辑往往是在那里产生的，也往往是在那里体现出来的。他认为"'日常生活'视角是一种与'自上而下'的视角和'自下而上'的视角都不相同的视角"。前者如前面讲的"国家中心论"或"整体论"模式，"强调党和国家机器的压倒一切的作用，强调正式体制对于社会生活的控制，不承认自主性社会生活的存在"，"民众是被动的"，"社会生活是整齐划一的；变革的动力来自党和国家机器的推动"。后者如前面讲的"本土性模式"或"地方性知识"模式，则强调"独立与国家之外的地方性知识的作用"，"普通人的日常生活，在很大程度上是自主的，是一块没怎么受外部权力浸透的净土"。而他对日常生活的强调与上述两者是不同的，"我们不是将普通人的日常生活看作是一个完全自主的领域，而是看作普通人与国家相遇和互动的舞台。因此，我们要采取的，也不全然是一种自下而上的视角，而是强调自上而下和自下而上两种视角的均衡和整合。实现这种均衡和整合的关键，就是关注作为国家和民众相遇并互动的舞台"[2]。

孙立平承认他的实践社会学是来自于布迪厄，但他认为布迪厄并没有成功地将实践社会学付诸实现。"在把实践社会学付诸实践的时候，布迪厄失败了。他对实践的分析仍然是衷情于定量和结构分析，对于总体性本

---

① 孙立平：《迈向对市场转型实践过程的分析》，见孙立平：《现代化与社会转型》，422 页，北京，北京大学出版社，2005。

② 同上书，424～425 页。

身在实践中的生成机制，他几乎完全没有涉及"；他"用一种非实践的精神与方式对待实践……他将实践抽象化了，于是实践就死掉了"①。而布迪厄在倡导实践社会学上之所以失败，"是因为没有找到一种面向实践状态社会现象的途径"。而孙立平他们近些年来所倡导的"过程—事件分析"则正是"面向实践状态社会现象"的一种有效途径。"我们提倡'过程—事件分析'的研究策略，目的是为了接近实践状态的社会现象，或者说是找到一种接近实践状态社会现象的途径。……实际上，实践状态的社会现象，是非常难以接近的。'过程—事件分析'从某种意义上来说，是在把实践弄死的地方重新激活了它，让实践真正成为一种实践的状态。"因为"事件性过程的特性是把实践状态浓缩和集中了，因而包含了更多的信息，这是其一。其二，事件性的实践过程，具有一种创造性的机制……（这）是一种生产的机制，是一种过程的再生产机制。其三，也是更重要的，是它提供了实践状态的可接近性"②。

　　孙立平最后提出，可以把"对实践状态社会现象的研究概括为四个环节，即过程、机制、技术和逻辑"。"过程"是"进入实践状态社会现象的入手点，是接近实践状态社会现象的一种途径"，"实践状态社会现象的逻辑，往往是在事件性的过程中才能更充分地展示出来"；"机制""是逻辑发挥作用的方式"；"技术"是"指实践状态中那些行动者在行动中所使用的技术和策略。对这些技术和策略的强调，主要是为了凸显实践活动中的主体性因素。实践是实践的参与者能动地发挥作用的过程。这种能动的作用，是塑造实践逻辑的一个重要因素。我们不能忽视这样一个极为重要的因素"；而"逻辑则是我们研究的目标"，"实践社会学在面对实践状态的社会现象的时候，要找到的，就是实践中的逻辑。然后通过对这种实践逻辑的解读，来对我们感兴趣的问题进行解释"③。而要完成这四个环节，最适宜的研究方法就是深度个案研究。对于研究社会生活实践状态中的逻辑，"深度的个案研究是有着明显的优势的。因为它可以使得我们深入到现象的过程中去，以发现那些真正起作用的隐秘的机制"。当然，孙立平

---

① 孙立平：《迈向对市场转型实践过程的分析》，见孙立平：《现代化与社会转型》，426页，北京，北京大学出版社，2005。

② 同上。

③ 同上书，426～427页。

指出，他在这里所强调的不是一般意义上的个案研究，而是注重"事件性过程"的深度个案研究，"这种研究策略和路径，所要起的作用不是推断，而是发现逻辑，实践的逻辑"①。

······ 二、张静：对"结构—制度"分析的辩护 ······

所谓"结构—制度分析"，是张静使用的一个概念，大体含义是从宏观的结构和制度方面来观察和解释社会现象的一种分析方法。这一概念的出现似乎是受 20 世纪后期在西方国家社会科学领域中兴起的"新制度主义"学派影响的结果。从词义上看，它似乎是想把社会学者以往较熟悉的侧重于从社会结构角度来观察和解释社会现象与"新制度主义"侧重于从制度方面来观察和解释社会现象这两种宏观的社会分析方法结合在一起。不过，张静提出这一概念的初衷是回应孙立平对"过程—事件分析"的倡导及对他所谓"静态结构分析"进行批评。

针对孙立平对"结构分析"所作的批评，张静在其所著《基层政权：乡村制度诸问题》一书的"导言"部分专辟了一节来进行回应。

首先，张静指出"结构—制度分析"方法的特点是"重视行为的社会规则"。不过，这里所说的"规则"不是通常所说的"规律"："它们的不同在于前者不断变化，而且是在社会生活中自然形成的，而后者被誉为绝对'真理'，并总是显示出'改造世界'的意图（因而有'宿命'之嫌）。"② 张静认为："人类对自身秩序控制的进步，突出地体现在，新的行动总是试图（正式或非正式地）确立新行为的正当性，即确立新的社会规则。思想大师这样做，理论论证这样做，日常生活中的行动者也在这样做。对行为正当性（规则）的创造是人类生活的自然需求，不是外在于他们的东西，规则对于人类生活的意义不仅仅有强制的一面，很多时候，人

① 孙立平：《迈向对市场转型实践过程的分析》，见孙立平：《现代化与社会转型》，427 页，北京，北京大学出版社，2005。

② 张静：《基层政权：乡村制度诸问题》，10 页，杭州，浙江人民出版社，2000。

们需要规则增进安全和预期。"① 张静说，与关注"事件"与"过程"的
"过程—事件"分析者不同，"结构—制度"分析者比较注重规则，这种差
异主要是和研究者们各自所关心的问题有着密切的关系。"这种关心的差
异，大约可以追溯到他们拥有的不同知识背景、学术训练、个人经验乃至
哲学观念和价值信仰上去。这些差异决定着学者对各种'问题'之重要性
的评估，而这类评估在某种程度上，强烈地影响着他们选择（或建构）理
论及分析框架的目的——他们总是企图发现在其心目中十分重要的那个东
西的性质。""运用结构—制度方法分析社会行为时，分析者往往会特别重
视具体'事件'或'过程'所反映的社会（结构）关系，因为他们假定，
人的行动是被他生存于其中的（正式或非正式的）制度所刺激、鼓励、指
引和限定的，'事件'是现时各种制度、社会关系（结构）复杂作用的
'产物'。在这假定中，制度之于行动显然具有更为重要的单位，因为不同
的制度，会刺激出不同的行为（发生不同的事件），比如，废除公费医疗
（制度）引发了一些人抢购药品的行为（行为/事件）。显然，'事件'的发
生和制度变化的实质——不同人群的权利关系（结构）变化有关。"②

张静所著《基层政权：乡村制度诸问题》一书正是一部自觉从上述
"结构—制度分析"立场出发来对当前中国乡村基层政权的行为机制、存
在问题及其解决途径所做的一项范例性研究。在本书中，作者明确地提出
要从结构及制度分析的角度去探讨"当前基层政权面临的政治困难"或
"基层社会秩序的低度稳定"这样一些现实问题。作者说自己在这本书中
"基本上是从两个角度观察基层政权的：一是结构的角度，由此观察基层
政权和其他组织的关系，特别是和现代社会两种主要的政治单位——国家
和社会的关系；二是制度的角度，由此观察基层政权周边的社会建制的作
用和影响"。而这两个角度或方面又是相互关联的："因为只有社会建制对
其权威构成支持的时候，基层政权才可能在国家和社会之间独享'自主'，
形成我们通常所说的'地方势力'。"③ 面对着乡村基层政权与乡村民众之
间的关系不断恶化这样一些似乎由社会转型所产生的"新"现象，一些人
似乎认为这在一定程度上是因为向市场经济体制的转型使得上级政府对乡

① 张静：《基层政权：乡村制度诸问题》，10~11页，杭州，浙江人民出版社，2000。
② 同上书，11页。
③ 同上书，287页。

村政权的监督控制能力减弱，从而使得基层政权行为失范、常常与民争利所致，因而解决问题的办法主要就是要通过各种方式来恢复国家体制"对基层政权的监控，通过提高其自律水平缓解它与村民的冲突"；另一些人则认为这主要是由于向市场经济体制的转型使得基层政权所能控制和掌握的权力资源减少、乡村普通民众对基层政权的依赖和服从程度降低所致，因此，解决问题的主要办法就是要通过各种方式来为基层政权寻找新的权力资源，使基层政权在与乡村普通民众的交往中重新占据主导性地位。张静认为这两种看法都没有能够恰当地揭示当前中国乡村社会失序的真实原因，以及提出解决问题的有效办法。张静认为，当前中国农村基层社会失序的真实原因不是在于上级政府对基层政权的监控程度降低，也不是在于基层政权所掌握的权力资源减少，而是在于乡村基层社会的结构与制度本身就内在地包含着一系列可能导致基层社会不稳定的因素。张静写道："很明显，基层的'稳定'困难不是一个新现象（虽然它的表现方式与社会变化有关），而是历史上延续至今的地方社会治理方式及其原则多次危机的再现。这种不断的再现，令我们有充分的理由去研究，基层社会结构及制度建制中是否存在着紧张关系。是否，这些紧张关系经由一系列制度变迁（如人民公社制）得到进一步的延续和强化？而由于各种因素的影响，这些关系今天又明显浮现出来？是否，一个多世纪以来，在几种政治体制下不断探索的基层秩序问题——如何提高基层权威的效率，使其既能有效治理社会，同时又能完成国家给予的任务——仍然没有获得有效的解决方案？"[①] 通过一系列的分析，张静得出的结论是："乡村社会的冲突问题，根源在于它通行的一系列制度性规则的缺陷。这些制度在构造基础政权与社会的权利义务关系方面，存在着生产结构性冲突的特性，它所造就的社会关系存在着内在的利益紧张。"[②]

张静指出，随着近代国家政权建设的逐步开展，原来由"国家—（乡绅构成的）地方权威—农民"所构成的传统社会结构逐渐为"上级国家政权—乡村基层政权—农民"所构成的新型社会结构所代替。自 20 世纪初期以来，虽然包括基层政权在内的国家政权几经更替，但这种新型的社会结构却一直维持下来。这样一种结构性替代的结果是：（1）地方基层权威

---

① 张静：《基层政权：乡村制度诸问题》，4～5 页，杭州，浙江人民出版社，2000。
② 同上书，287 页。

的授权来源和合法性基础发生了根本性变化。在传统社会，地方权威主要来源于其对于建构地方共同利益的贡献，其合法性基础主要是地方社区成员的认可。而在现代社会，地方基层政权的权威主要是由上级国家政权所授，其合法性基础也主要是国家的认可。由此导致（2）地方基层权威与地方基层社会之间的利益关系发生了根本性变化。由于授权来源和合法性基础的变化，地方权威与地方社区之间的利益一致性便逐渐弱化，地方体整合结构遂逐渐解体。"它破坏了原本完整的社区单位，结果是中央的政令容易下达了，却堵住了自下而上的利益传递轨道，形成了基层'单轨政治'的局面。"① 由此又进一步导致了（3）地方基层社会组织化程度的降低和地方基层权威的自主性的增强。前者是由于地方权威的"离去"，后者则是由于地方权威在整个现代社会结构中的特殊地位：它不仅保留了以往的治理原则、管辖范围和规则，而且还由于从上级国家政权那里获得了征收税、租、赋等方面的身份和权力，从而在国家和农民两者那里都获得更大的自主权和自主行动空间。面对农民，它代表的是国家政权，拥有农民无法约束也难以抗拒的合法权力；面对国家，它又是基层社会的直接治理者，拥有上级政府无法拥有因而必须依赖的知识和能力。正是这样一种在社会结构中的特殊地位，使得地方基层政权形成了一种独特的地方势力。它构成了一种"隔离地带"，将国家和农民隔离开来，一方面阻止了国家管辖权的干预，另一方面也使国家失去了直接、有效地保护农民权益的法律地位，致使地方官员滥用职权时国家也很难实行应有的监督。久而久之，这些地方官员便形成一个离间国家和社会的特别集团群体，"它对整体结构的作用是产生冲突、危及基层秩序的稳定"②。这样一种社会结构也"使国家经常面临不可跨越的治理矛盾：一方面，为协调基层冲突和政治稳定，它不得不采用各种方法限制基层政权的恣意行为，比如限定税金——规定税金占收入比率的底线；另一方面，国家又不得不依赖基层政权发放贷款，实施免税、捐赠、福利和其他管治，这又支持了基层权威的合法性，助长了它们的权力。于是，国家经常处于两难的境地：如果保护基层政权的威信，往往会激化基层政权和社会利益的冲突；如果保护村民权益，又不能不在结果上'损害'基层政权的权力。国家似乎总是徘徊于

---

① 张静：《基层政权：乡村制度诸问题》，30 页，杭州，浙江人民出版社，2000。
② 同上书，288 页。

两极中间，因事而异，不断补救基层政权和社会之间出现的冲突"。张静认为，这正是基层社会秩序处于低度稳定状态的重要根源。而这也表明，在既有的结构和制度框架范围内，无论是通过加强对基层政权的监控还是增加它的权力资源，都不可能彻底解决乡村社会治理中所存在的失序问题。要想真正彻底地解决乡村基层治理中存在的这些问题，就必须对结构和制度进行变革，其中最重要的就是要将"基层政权的授权来源问题"提上议事日程，"将政治变革适时地推进为社会变革——建立社会个人或组织权利对（地方基层）公共权威的确认和授权关系，用这种授权保证基层政权与授权人利益的紧密联系，从而迫使它（不得不）为授权人服务。新型的公共政权只可能在权威和社会的平衡关系中产生"①。

"过程—事件"分析的倡导者常以"制度"对人们行为的约束有限，许多制度往往形同虚设、得不到有效执行等为由来说明"结构—制度"分析的局限性。对此，张静也表示了不同意见。她解释了她所说的"结构—制度"分析方法中"制度"一词的确切含义，并提出了"真制度"和"非真制度"两个概念来辅助说明。她说，"结构—制度分析"一词中所说的"制度"，"不是通常意义上的'规定'，因为没有实际作用的'规定'并不是社会规范意义上的'制度'，制度可能潜藏暗中，但必须是真正规范行为的东西。笼统地说，'制度'是广义的，它是对社会各种行为正当性的确定体系。由于'正当'的另一种意思，是确定行动的权利/责任/义务的边界，人们的政治、经济和社会关系都需要依循这种基本边界（虽然也不乏有条件的弹性），故而'制度'也确定着人们的关系'结构'。制度有文字或非文字的形态，许多制度规则是以非文字形态的形式存在的，例如人们所说的惯例、传统或文化。但是，无论以什么方式存在，第一，它应实际规范着人们的行为；第二，它包含着一系列人们熟悉、效法乃至认同的基本原则。比如，村干部用'非正式'的方法向朋友收粮款的成功，说明那里通行着——不能让朋友破费替自己垫付——的行为规则，不符合这一原则的做法会被当事人双方认为是不正当的。如果这种原则在特定的条件下一再被发现，即证明了那里通行着这样的制度（规范）惯例"②。她认为："制度执行得严格与否造成的差异，并不是'结构/制度'分析预设的

———

① 张静：《基层政权：乡村制度诸问题》，46 页，杭州，浙江人民出版社，2000。

② 同上书，11~12 页。

条件，它并未假定有制度可以不执行的情况——这在他们是难以理解的事情。或许原因在于，社会规范意义上的'制度'起源于行为合约，它是依据大家同意的程序和原则产生的（因而规则往往同时也包含对违反者的惩罚方法）。而另有一些制度只是反映单方面意愿的'规定'，它没有惩罚，或可有可无，或虽有惩罚'规定'但因实施成本过高而无法实现，这样的'制度'起不到社会规则的作用。在制度主义者看来，'制度'必定包含一系列监督它运作的制度体系，它们的作用是发现和排除那些不执行者，因此普遍不执行的现象很难发生。左右这些，都包括在对'制度'的假定中。故，未执行的'制度'并不是一个真制度，用非真的制度批评制度分析框架似乎没有足够的说服力。"①

张静进一步追问道："为何在不同的事件中，会发现不同的行动策略？难道这不是规则的变化吗？"张静认为："某种策略被选择，说明了在当下的制度体系中，包括正式或非正式的结构关系中，它们比较有效。这些背后的东西运行的结果，使得行动者能够预见应采取的'策略'方向和后果，而在其他的制度和关系结构下，该策略可能难以刺激出来。这就是说，不同的制度运作体系影响着行动'策略'的选择和其有效性，策略的变化方向和幅度遵循一定的制度逻辑。因此，'事件'分析不会像其倡导者说明的那样，弱化正式制度的作用，相反，它还给'制度'和'行动策略'的相关选择关系提供了证据。只是，'事件'分析的关注重点在策略和过程，而不是影响策略选择背后的东西——它的论证目的不在制度而已。"②

退而言之，张静说："在中国，人们熟悉的大量制度规定并没有运转（因此它们不应当被视为社会规范意义上的'制度'），但这些东西，或许尤以中国研究为甚，也并非完全没有进行'制度分析'的价值。黄宗智教授新近的研究，就将'表达'和'实践'之间的'背离'界定为清代法律的制度性本质：'县官老爷们的道德辞令和具体做法乍看似相互抵牾，正像一些诉讼当事人表面上的怯弱温顺与实际上的无耻和狡诈看上去难以共存一样——这些似是而非的矛盾，只有放在一个同时考虑表达和实践这两个矛盾方面的解释体系中，才能得到理解。'她指出，有些时候，某种制度看上去未能有效运转，研究者常以为是人们的策略行动所致，但其实只

---

① 张静：《基层政权：乡村制度诸问题》，12 页，杭州，浙江人民出版社，2000。

② 同上书，12～13 页。

是一些相互矛盾的制度因素相互作用、相互干扰的结果。"有的时候，一些矛盾性的制度因素相互作用，结果形成了一种任何单一方面都不能独立解释的现象。例如乡村干部收公粮行为的权威，受到多边制度变化的影响：粮食交易市场价格（之规则或制度）的出现，给了农民其他的选择机会，这种变化提高了传统渠道收公粮的机会成本。但收粮的'强制性'契约仍然可以达成，乃是因为土地（'公有'或'集体'）所有制度的关系，在这种制度下，不签订上述合约，收回该农民土地的行动便成为正当。这两个方面，都蕴含了制度体系对农民和乡村干部两方面行为预期的指引，市场规则的出现，是降低干部收粮权威的因素，而土地集体所有制又是加强这种权威的因素。所以结论是，基层政权收粮的'有力'程度，以及农民行动的基本策略，随着他们所处的各种（实际运行着的）制度关系的作用而变化。而这些制度分别代表着不同的权利分配体系，其中有些有利于强化基层政权的权力，有些则有利于增强农民的选择权。"[①]

张静还认为，和"过程—事件"分析倡导者们的说法不一样，"结构—制度"分析与"过程—事件"分析之间其实并不完全排斥，前者其实也"十分重视过程（历史）因素"。例如，"T. Skocpol 从俄国、法国、中国三个社会的历史发展过程中寻找结构变动的依据；V. Shue 以中国传统社会结构作为当今农村变革的基础历史资源；V. Nee 则以在社会学中拓展制度分析为己任。更为突出的例子，是制度经济学家 D. North，他的主要工作，便是用结构和制度的变动过程解释经济史"，而孔飞力的专著《叫魂》也是"从一个民间的'事件'中，分析出君主权力和官僚权力的（结构性）紧张关系"。"这些制度分析的杰作表明，结构—制度分析和'过程'、'事件'关系密切，它们不是相互排斥的。"[②]

对"结构—制度"分析的另一个批评是认为它对社会经济现象所作的分析过于简单。对于这一批评，张静回应说："是的，结构—制度分析追求用概括的术语表达一些关系的最简洁形式，以突出它的特征。但简单不是肤浅，一个简单公式表达的往往是抽象关系，但这些抽象关系极可能是对丰富材料——包括过程和事件分析——进行深入分析得出的结果。结构—制度分析方法并不轻视丰富复杂的实际描述，至少并不对立于它，只

---

① 张静：《基层政权：乡村制度诸问题》，13 页，杭州，浙江人民出版社，2000。

② 同上书，13～14 页。

是它的主要追求，即它的论证目的，不在于描述社会现象，而在于评估一种作为认识工具的分析概念或框架。这就是我所理解的学术工作中的一类，当然还有其他别的工作，例如访问、记录和收集资料，例如描述，例如评述或评论，例如批判或战斗，它们都各有目标，且关心的问题或要实现的任务是不同的。分析工具的'简单'和'形式化'，在于它省略了大量的资料，它已经从具体的历史概念上升为抽象的分析概念，因此具有某种程度的'中立化'，但它的丰富性并非不存在，相反是深嵌在简单'公式'的支持系统中的。"她指出，真正的危险不是分析框架本身简单，而是对分析框架的简单运用。比如，"猴子为什么上树？交易成本使然"；"农村为什么发生冲突？'国家与社会'紧张关系使然"；"为什么设立基层组织？国家政权建设使然"；"为什么出现社会运动？'公民社会'使然"；"为什么实行选举？推行民主使然"；等等。"不用多说，读者就会分辨，这些结论的不可靠，与其说是框架的问题，不如说是应用框架所致。"①一个分析框架是简单还是复杂丰富，其实与其对错无关，而只是与研究工作的抽象程度有关。她借内森（A. Nathan）的话来表达这一意思："事件的独特性在研究者的处理中是抽象阶梯状态的一个函数，它随着抽象位置的移动而变化。在这个阶梯中，向上走是一个简化过程（减少定义属性的数量），事件的抽象性增加；而向下走是一个复杂化的过程，事件的丰富性增加；由上至下，分析事件的属性趋于复杂、具体和独特。"张静认为，"这种抽象性阶梯是研究者的工具，没有它，不能想象人们如何辨认、分类、定性其认识的对象。知识活动，是研究者根据他关注之问题的需要，对'抽象阶梯'的各种位置进行选择的认识活动"，只不过研究者在这一过程中必须保持清醒，不要把由这种抽象阶梯任一位置上的分析框架所制定的"定义的真实"误认为是"事实的真实"。只要认识到这一点，那么无论何种分析框架，其实就都是研究者可以考虑和选取的。"不同方法将引导研究者发现不同的东西，因而更适当的态度是，不妨去尝试各种方法。因为，既然我们都同意世界的不确定性，就'没有人知道我们面临问题的真正答案'，自然也就没有人可以肯定，认识这些问题的最佳方法是什么，以及，是否存在着某种唯一正确的方法。"② "研究应进行'因果'

---

① 张静：《基层政权：乡村制度诸问题》，15 页，杭州，浙江人民出版社，2000。

② 同上。

分析还是'过程'分析，是'结构'分析还是'事件'分析，应交由研究者根据他关心的问题及所得到的资料性质去决定。"因为我们看不出这些分析有什么根本的对立，其结论上的对立更难预见。"'过程—事件'分析，如果它以丰富的、具体的、过程的描述为己任，甚至以未经加工的资料记录为目的，也并不表示它和抽象的、模式化的、分析性的模式相对立，因为，它们完全可以被模式分析进一步使用。"① 从这个意义上说，在方法论问题上唯一恰当的态度或许就是"对各种框架有益成分的包容，而不是排斥"；唯一恰当的方法论原则就应该是"因不同的问题关怀及所得资料的性质"② 来尝试选择不同的分析方法。

······ 三、孰是孰非：从多元话语分析的视角看 ······

由上可见，"结构—制度分析"与"过程—事件分析"这两种分析视角之间的分歧表现的正是社会学领域中长久存在的一个最基本的理论分歧，即关于"社会（结构/制度）"与"个人"之间关系问题上的意见分歧。"过程—事件分析"的倡导者们强调的是"社会（结构/制度）"因素对于个人行为进行约束的无效性，以及个人在社会运行过程中的主观能动性；而"结构—制度分析"的倡导者们则正好相反，强调的是"社会（结构/制度）"因素对个人行为的"刺激、鼓励、指引和限定"作用，以及个人在社会运行过程中的受动性。〔正如张静说的那样，"不同的制度，会刺激出不同的行为（发生不同的事件）"，"'事件'的发生和制度变化的实质——不同人群的权利关系（结构）变化有关"。〕

那么，这两种不同的研究取向到底何种才是更为适当的研究取向呢？

首先，应该说，作为一个初步的尝试，"过程—事件分析"或"实践社会学"在目前显然还具有不少的瑕疵。在孙立平等人目前对于"过程—事件分析"及"实践社会学"的有关论述中，就有不少问题尚有待进一步澄清。例如，在孙立平的文章中，在讨论到在什么情境条件下以及为什么

---

① 张静：《基层政权：乡村制度诸问题》，15～16 页，杭州，浙江人民出版社，2000。
② 同上书，14～15 页。

要采用"过程—事件分析"方法这个问题时，就曾经至少先后有过三种不同的回答：

（1）之所以要采用"过程—事件分析"，是社会生活本身的性质使然："之所以要采用'过程—事件分析'的研究策略和叙事方式，从方法论上说是由于静态结构分析所存在的局限······事物本身的一些重要特征，事物内部不同因素之间的复杂关联，以及这一事物在与不同的情境发生遭遇时所可能发生的种种出人意料的变化······只有在一种动态的过程中，这些东西才可能逐步展示出来。"按照这一回答，"过程—事件分析"就应该是一种在任何时候、任何地方都普遍适用的社会研究模式，不应该有什么例外。

（2）之所以要采用"过程—事件分析"，是当前中国农村社会生活本身的性质使然："与城市中的社会生活相比，农村中社会生活程式化和模式化程度是很低的。也就是说，缺少一成不变的正式程序和正式规则。在许多情况下，即使存在这样的程序和规则，有时也不会真正起作用。相反，一些重要而敏感问题的解决，往往要采取非正式的方式或相机处置的弹性手段，即使是政府的行动也是如此。"① 按照这一回答，"过程—事件分析"就应该是一种只适合于用来对当前中国农村的社会生活进行研究的模式，在其他情境条件下则不一定适合。

（3）之所以要采用"过程—事件分析"，是当前中国社会转型过程的特征使然：在苏东的转型过程中，"很短的时间内，社会中基本的制度安排得到了根本的改造。因此，布达佩斯学派有理由将他们研究的主要注意力放在制度和结构的特征上，放在不同时期正式制度结构的比较上"②。"中国市场转型的过程与苏联、东欧相比是非常独特的"，"这就要求我们在研究中国市场转型的时候，必须对非正式因素，特别是对体制的运作过程，给予足够的关注。这意味着在研究中国社会转型的时候，要更加重视转型的实践层面"③。按照这一回答，"过程—事件分析"则是一种只适合

---

① 孙立平：《"过程—事件分析"与对当代中国农村社会生活的洞察》，见王汉生、杨善华主编：《农村基层政权运行与村民自治》，5页，北京，中国社会科学出版社，2001。

② 孙立平：《迈向对市场转型实践过程的分析》，见孙立平：《现代化与社会转型》，413页，北京，北京大学出版社，2005。

③ 孙立平：《社会转型：发展社会学的新议题》，见孙立平：《现代化与社会转型》，446页，北京，北京大学出版社，2005。

于用来对当前中国的社会转型过程进行分析的社会研究模式，在其他情境条件下（譬如苏联、东欧的社会转型过程）就不适用。

无疑，这三种回答是相互冲突、不可兼容的，我们必须于三者中择其一而确认之。

还可以举出其他一些论述上的瑕疵来。例如，为了凸显"过程—事件分析"策略的独特性，孙立平还对其与布迪厄"实践理论"之间的差异进行了说明。在此说明过程中，孙立平批评布迪厄的"实践理论"具有不彻底性，是一种失败的理论等。但综观作者在对布迪厄进行批评时所依据的资料，始终只是《实践与反思》这一本由美国社会学者华康德编辑的布迪厄授课记录，而对于布迪厄大量的其他著述，却始终未置一词。这不能不使人感到这些批评的理据有所不足。

然而，尽管如此，我们还是必须肯定，作为 20 世纪 80 年代社会学重建以来我国社会学者自己尝试建构的本土化社会学分析模式之一，"过程—事件分析"模式的提出对于中国社会学的发展来说无疑还是具有非常积极的意义的。众所周知，自 20 世纪 80 年代社会学重建以来（甚至可以说自 20 世纪初期社会学被引入中国以来），在中国社会学界长期占据主流地位的研究框架基本上都是些结构—制度取向的框架，如历史唯物主义、功能主义（或结构功能主义）、新制度主义、社会系统论、社会协调运行论等，非结构—制度取向的研究框架（如社会交换论、理性选择理论、现象学社会学等）只是在近年来才逐渐得到了人们的特别关注和探讨，而"过程—事件分析"即是这些非结构—制度取向的研究框架中相对而言思路比较新颖，影响也较大者之一。"过程—事件分析"的倡导者们试图克服中国社会学界以往过于偏重从"静态的"结构—制度分析角度来描述和分析社会现实的局限，将一种偏重"动态的"过程—事件分析的研究视角引入社会学的研究领域，丰富和扩展了中国社会学者的研究工具；不仅如此，这些倡导者们还努力尝试以本土研究为基础，从当代中国社会转型研究所提出的相关问题中（而不是简单地从对国外相关理论的演绎中）来生成和发展这一研究策略，从而使这一研究策略具有十分强烈的本土化色彩，与当代中国社会转型的研究实践之间具有高度的贴切性，为中国社会学的本土化论坛提供了一份可供进一步深入开拓的讨论课题。这不能不说是这一研究策略的倡导者们对当代中国社会学的一项重要贡献。

不过，尽管如此，我们认为，从多元话语分析的角度来看，对于"过程—事件分析"或"实践社会学"现有论述中所隐含的给定实在论预设，仍有进一步讨论的必要。这种讨论将会有助于我们更适当地理解这一研究策略的性质，以及对运用这一研究策略所取得的研究成果有一个适当的评估。

对于这一"给定实在论"预设，我们可以从孙立平文章中的以下有关段落中略窥一二。孙立平写道：

> 问题的关键是寻找一种方法，一种能够再现复杂而微妙的事情并能够对其进行清楚解释的方法，或者说是一种研究策略。在进行其他农村生活研究时我们发现，有一种方法可以将这种"微妙性""连根拔起"，这就是观察人们的社会行动，特别是由他们的行动所形成的事件与过程。甚至也可以说，这种"微妙性"也正是隐藏在人们的社会行动，特别是事件性过程之中。这是在正式的结构中、在有关的文件上，甚至在笼统的"村庄"和"乡镇"社区中很难见到的东西。我们将这样一种研究策略称为"过程—事件分析"。而研究的目的，就是对这样的事件与过程，进行叙事性再现和动态关联分析。[1]

> 如果我们将社会学看作一门科学，看作一门揭示和解释社会生活那些"隐秘"的科学，那也就可以说，"过程—事件分析"，是展示这种微妙性的一种合适的方式。[2]

> 过程—事件分析的研究策略在对待社会现象的时候，就如同印象派画家将空气和阳光看作流动的一样，将社会现象看作流动的、鲜活的，在动态中充满了种种"隐秘"。[3]

> 我们提倡"过程—事件分析"的研究策略，目的是接近实践状态的社会现象，或者说是找到一种接近实践状态社会现象的途径。⋯⋯实践状态社会现象的逻辑，往往是在事件性的过程中才能更充分地展示出来。[4]

---

[1]　孙立平：《"过程—事件分析"与对当代中国农村社会生活的洞察》，见王汉生、杨善华主编：《农村基层政权运行与村民自治》，6页，北京，中国社会科学出版社，2001。

[2]　同上书，7页。

[3]　同上书，11页。

[4]　孙立平：《迈向对市场转型实践过程的分析》，见孙立平：《现代化与社会转型》，426页，北京，北京大学出版社，2005。

可以把这些隐含着的理论预设简要表述如下：

（1）存在着一种不以我们的主观意志或话语系统为转移的客观实在，科学研究的目的就是要尽量准确地再现这些客观实在，社会科学的目的就是要尽量准确地再现社会实在。

（2）存在着种种试图再现社会实在的研究策略，但相对而言，在这些策略中只有"过程—事件分析"才能够更好地再现社会实在。其他的那些研究策略，如结构分析、制度分析、历史分析等，都不能够很好地帮助人们实现这一目的。

我们想要讨论的问题是：上述两个理论预设能够成立吗？真的存在着一种不以我们的主观意志或话语系统为转移的客观实在吗？"过程—事件分析"又真的能够比其他研究策略更好地再现这种客观实在吗？

多元话语分析学者认为：（1）不存在一种脱离人们的话语而存在的、纯粹自然的"客观实在"（包括社会实在），我们所能够言说的一切"实在"都是作为言说者的我们运用一定的话语（概念、陈述、修辞和主题）策略建构起来的，是一种"话语性实在"；（2）这种话语性实在也并非完全是言说者个人主观意志的产物，而是言说者在特定话语系统的约束和引导下、遵循特定的话语构成规则而完成的一项建构活动的产物；（3）处于不同话语系统约束和指引之下的言说者对于"实在"将可能会有不同的建构：在话语系统 A 中被建构成对象 a 的某一现象，在话语系统 B 中将有可能被建构成与 a 完全不同的对象 b，而且，对于这些不同的话语建构，我们很难找到一个纯粹"客观"的标准来对它们之间的是非优劣作出终极的判断，因此，话语建构是多元的；等等。

从多元话语分析学者的上述观点来看，"过程—事件分析"策略的倡导者们应用这种研究策略所得到的那些研究结果，也绝非什么对社会世界"真实奥秘"更为适当的揭示或再现，而只是研究者们在特定话语系统的约束与指引之下运用特定的概念、陈述、修辞和主题策略所完成的一种话语建构。为了说明这一点，我们可以对"过程—事件分析"这一研究策略的具体程序和方法作一点分析，来看一看它们是否是真的像这一研究策略的倡导者们所说的那样能够更为真实或恰当地揭示社会世界的隐秘。

如上所述，按照孙立平等人自己的说法，"过程—事件分析"研究策略最基本的特点，就是要力图以"讲故事"的形式，通过对某些相关

事件之形成和发展过程的详细描述，来揭示或展现有关研究对象形成和
变化的实践逻辑。那么，一个"过程─事件分析"研究策略的信奉者，
在采用这一策略来对某一社会现象进行研究时，他将如何来完成这一
"讲故事"的任务呢？他最终所讲出来的那个"故事"又到底能是一个
什么性质的故事呢？是像这一研究策略的倡导者们所想象的那样是一种
处于流动、鲜活状态之中的社会世界本身，还是像多元话语分析学者所
认为的那样仅仅只是故事的讲述者在特定话语系统的约束和引导下所完
成的一种话语建构？

　　为了回答上述问题，我们需对"讲故事"这一任务的完成程序及方法
做一简要的考察。

　　首先，为了能够"讲故事"，采用"过程─事件分析"策略的研究者
必须通过一些不同的方式来获得建构一个故事所必需的素材。这些素材的
获得可以有以下几种基本的方式：（1）通过亲身参与观察所要叙述和分析
的事件过程而获得；（2）通过搜集与所要叙述和分析的事件过程相关的二
手资料而获得，这些二手资料大体又包括此一事件过程亲历者对事件过程
的叙述（采访时的口述、回忆文字、日记、书信等），间接"知情者"的
对事件过程的叙述（采访时的口述、回忆文字、日记、书信等）以及有关
此事件过程的历史记载、新闻报道、文书档案，等等。

　　其次，为了能够"讲故事"，在通过上述方式得到了有关事件过程的
基本资料以后，采用"过程─事件分析"这一研究策略的研究者还必须对
这些基本资料进行分析、整理，从这些原本可能杂乱无章、毫无秩序或内
在逻辑可言的资料信息中清理出一个主题相对明确、情节相对合理、线索
相对清晰、逻辑相对严密的故事结构来。

　　最后，为了能够完成"讲故事"这一任务，采用"过程─事件分析"
策略的研究者还必须选择某种研究者自认为合适的体裁，按照研究者自己
喜爱的某种叙事风格，遵循某种写作规则，以文本的形式将这一故事书写
出来。

　　现在要问，通过上述所有这些环节后，采用"过程─事件分析"策略
的研究者最终书写出来的这个"故事"是否可以被认定为一个能够比其他
研究策略更好地揭示社会生活之奥秘（或"隐秘"）的"故事"？对于这一
问题，笔者的回答是否定的。原因很简单：在上述所有环节上，研究者所
能够得到的东西都不是什么社会世界的"真实"，而只是相关社会成员在

特定话语系统的约束和引导下所完成的某些话语建构物。

首先，从素材搜集这一环节来看。无论是通过上述两种素材搜集方式中的哪一种所得到的资料，都不是什么对预先存在于我们话语系统之外的、纯粹给定之事件过程的"客观"记录，而只是资料的作者在特定话语系统的约束和引导下所建构出来的一些"话语"而已。以上述第二种方式所获得的那些二手资料如此，以上述第一种方式（即亲身参与观察）所得到的那些一手资料也是如此：正如波普尔、库恩、费也阿本德、加达默尔、海德格尔等人所指出的那样，没有什么纯粹"客观"的观察，任何观察都渗透着一定理论或话语系统，都是在一定的理论或话语系统的约束、指引下完成的；我们只有将自己置身于一定的理论或话语系统之中，才能够比较清晰地"看"见一些东西；我们将自己置身于什么样的理论或话语系统之中，就能够"看"到什么样的景观。就"过程—事件分析"这种研究策略而言，所欲观察的是一个什么"过程"？这一"过程"的时空边界如何界定？应从何时何处何人的何行为开始观察，又应到对何时何处何人何行为的观察截止？哪些内容应该是我们观察的重点？等等。这些显然都是一些事关重大的问题。而对这些问题的回答，则在很大程度上取决于观察者所处的话语系统。因此，面对着"同一个"事件过程，处于话语系统A之下的观察者通过亲身观察所得到的印象或素材集与处于话语系统B之下的观察者通过亲身观察所得到的印象或素材集可能会大相径庭。

其次，从资料整理这一环节来看。就像不存在着什么纯粹自然的、不以我们的话语系统为转移的事物本身的内在逻辑一样，也不存在着什么纯粹自在的、不以我们的话语系统为转移的资料本身的内在逻辑。任何一堆以文本形式存在的资料，其内部各部分之间的关系、秩序或逻辑都是由我们在对它们进行分析、整理时所置身于其中的话语系统所赋予的，是以我们置身于其中的话语系统的转移而转移的。例如，对于一个体温高于"常态"的人所叙述的那样一些身体现象（"症状"），处于传统医学话语系统之下的研究者与处于现代临床医学话语之下的研究者将会诠释和梳理出相当不同的"患者"故事。对于一个言语和行为逻辑与我们大不相同的人所说或写下的一堆言辞，处于现代精神病学诞生之前和之后的研究者之间，或者处于弗洛伊德精神分析学话语系统之下的研究者与处于其他精神病学话语系统之下的研究者之间，也会诠释和梳理出非常不同的"故事"。因此，即使面对着一堆"相同"的资料文本，在对这些资料文本进行分析、整理时，处于不同话语系统之下的研究者最终分析、梳理出来的"故事"
在主题、情节、线索和逻辑等方面也可能会有相当大的差异。

　　最后，从故事书写这一环节来看。人们常常以为，书写只是一个将作
者心中已经形成的某些观念、意识以符号形式表达出来的过程。在书写和
观念、意识之间，前者是第一性的，后者才是第二性的；一部好的书写作
品就是能够尽量准确地表述、再现作者观念或意识的那些作品。然而，德
里达和福柯则从不同的角度对这种书写观进行了批评。德里达认为，在文
字与言语、意识之间，文字并非永远只是第二性的。文字一旦成型就有了
自己独立的存在，它不仅不是言语和意识的再现，而且反过来还限制和规
定着我们的言语和意识："文字既构造主体又干扰主体。"[1] 福柯则指出，
作为一种话语实践，任何书写都不可避免地要受到书写者在写作时所置身
于其中的话语构型或话语规则（包括其背后的权力关系）的约束和引导。
这些话语构型或话语规则规定了在特定的场合下什么是可说的，什么是不
可说的，什么话该由什么人来说，怎么说，等等。因此，一旦作者置身于
某种话语构型或话语构成规则之中，他就不可避免地要按照这一话语构型
或话语规则所规定好的秩序去言说，去书写，以至于我们可以说：不是我
们在言说、在书写，而是话语、文本在说（写）我们。[2] 从这样一些观点
出发，我们就可以理解为何说在故事书写这一环节上，采用"过程—事件
分析"策略的研究者最终书写出来的"故事"也只能是作者在特定话语系
统约束和指引下所完成的一种话语建构，而不可能是对什么社会世界"真
实隐秘"的更佳揭示。

　　概而言之，与倡导者们所想象和宣称的不同，"过程—事件分析"或
"实践社会学"并非是一种与"结构—制度分析"等社会分析框架相比能
够更好地揭示社会生活之隐秘的研究策略，而只不过是一种与后者不同的
描述和解释社会现象的话语系统而已。用这种研究策略来对社会生活进行
描述和解释，虽然可以使人们得到一种看上去与用"结构—制度分析"来
描述和解释时相当不同的"印象"和"画面"，但它们依然不过是这种研
究策略或话语系统的从属者在这种话语系统的约束和引导下所完成的一种
话语建构而已，而并非是（也不可能是）什么对社会现实及其奥秘更加真

---

①　［法］德里达：《论文字学》，汪堂家译，97 页，上海，上海译文出版社，1999。
②　参见［法］福柯：《知识考古学》，谢强、马月译，北京，三联书店，1998。

实的再现。我们在阅读和欣赏"过程—事件分析"或"实践社会学"的倡导者们贡献给我们的那些精妙故事时，必须要将这一点和那些精妙的故事一起牢牢地铭记在心里。

不仅如此，作为一种与"结构—制度分析"不同的话语系统，"过程—事件分析"尽管能够为我们呈现出一幅与前者所能呈现出来的图画相当不同的"印象"和"画面"，我们也无法说在由其和前者所呈现出来的这两幅"图画"中，哪一幅更为精美、更为适当或可取。正如库恩、（早期）福柯等人所指出过的那样，两种不同的话语系统尽管在对象的构成模式、陈述模式、概念使用模式、主题论证模式以及实践效果等方面都会有很大差异，但它们相互之间却是缺乏精确的可通约性的。因此，我们只能说"结构—制度分析"和"过程—事件分析"各有什么特点或用处，却很难说这两者之间谁比谁更好或更适当。举例而言，孙立平认为"过程—事件分析"之所以比"结构—制度分析"更为可取的理由之一是社会生活在本质上说是动态的、流动的、过程性的，而非静态的、固化的、结构性的。这种带有浓厚本质主义色彩的说法其实并不恰当：社会生活固然可以被当作一种动态的、流动的、过程性的，而非静态的、固化的、结构性的存在来看，但相反的做法却也不能说是错的或不适当的。就举孙立平自己所用的例子为例：假如我们要研究"下岗"问题，那么，虽然我们需要从"动态的、流动的、过程性的"的角度来对"'下岗'这样一件事情中那些更为微妙的逻辑和机制"加以描述，但我们同样也需要从一种"静态的、固定的、结构性"的角度来对"第一产业、第二产业、第三产业总共能提供多少个就业机会，现在的劳动力人口有多少，两者的差异有多大"这样一些状况加以描述。我们很难说前一种描述就一定比后一种描述更为重要或更为适当，而只能说它们对于我们的实践来说都同样重要，同样有用。因此，在这个意义上，笔者同意张静的说法："结构—制度分析"和"过程—事件分析"其实不过是两种同样具有价值的研究策略。不过，笔者更愿意说，它们只不过是我们可以用来建构社会现实的两种不同的话语系统。在它们的引导和约束之下，我们能够采用不同的话语策略，对社会现实做出不同的话语建构。但对于这两种话语系统及人们在它们各自的引导和约束之下所完成的那些话语建构之间到底孰优孰劣这样的问题，我们却难以做出绝对的判断和回答。

四、作为一种话语的"过程—事件分析"：实例考察

　　简单地说，我们也可以把上述第二和第三两个环节合并起来，从而将一次采用"过程—事件分析"策略来展开的研究过程视为一个二度话语建构的过程。之所以称为"二度话语建构"，是因为研究者通过访谈、文献搜集和观察等途径所得来的那些一手或二手资料本身已经是这些资料的作者们在特定话语系统的引导和约束下采用某些话语策略所完成的一种话语建构，而研究者通过对这些资料的分析整理所得到的研究成果则也只不过是研究者在特定话语系统的引导和约束下采用某些话语策略对这些资料进行再度建构的结果而已。

　　为了使上面表达的观点不显空洞抽象，我们举《"软硬兼施"：正式权力非正式运作的过程分析——华北 B 镇收粮的个案研究》这篇被孙立平明确认定为采用了"过程—事件分析"方法的文章为例来加以说明，看一看这些文献是否真的更好地再现了研究者所欲再现的那些客观现实。

从文章所使用的原始素材来看

　　文章使用的原始素材有两种，一是访谈中得到的他人对有关人或事件的叙述，二是作者亲身观察所得到的一些情形。从多元话语分析学者的角度来看，这两类材料所陈述的"事实"并非都是什么纯粹给定的自然事实，而是"他人"或作者本人在特定话语系统的引导和约束下所完成的一种话语建构。

　　以下是《"软硬兼施"：正式权力非正式运作的过程分析——华北 B 镇收粮的个案研究》一文（以下简称《"软硬兼施"》）所引用的一个得自访谈的他人陈述：

　　　　这是镇干部 Q 对其一次成功的征收工作的详尽回忆。
　　　　我们那天在王村，就是我包的那个村，碰上一个村民 C 不交公粮，因为发居民身份证时罚了他 50 块钱。我跟他谈了谈，不交。他找村支书去了，说："我过不了了，你也踏实不了。"支书说："你威

胁我啊，打算怎么着啊？"这时我不得不说话了，我说："这么着啊，你这小伙子你挺年轻是吧，生活道路还是很长的，今儿我就开诚布公地跟你说说这事。你还威胁你们村支书，凭什么你不交公粮？我上这儿包村来了，你不信惹急了我给你两嘴巴，不论怎么回事，我打你了。你在中央、省、地（市）有人吗？你要有人，可能要端我的饭碗，我违法了；要没人呐，我打你白打，你不信你动我一下试试。打了你也得交公粮，你该交公粮交公粮去。我让你唬着？就冲我们这一去，你跷着二郎腿跟我们说话，我们那司机都看不下去了，他就要上（公安）分局找人，为什么一个司机都火了啊？"我说："我也不搭理你，到时候真把你冰箱、彩电都抄了去，你小日子你过，就凭你，你有什么新鲜的？我跟你说的都是肺腑之言，你考虑考虑有没有道理。你、我，咱们这都属于腻虫，中国人太多了，你有什么了不起的？"他说："江泽民来了也不能这么横啊？"我说："你跟我弄这个，就凭你，你有什么资格提江泽民啊？你、我，咱们都算在一块儿，咱们是腻虫一样。你也是腻虫，太多了，消灭了你也不算什么。你老实待着，说话就打药了。"农村工作你光跟他讲道理不行，他跟你胡搅蛮缠。他说："谁都交完了我才交。""我就让你交，你就给我乖乖地交去，你还有什么说的？你还这个那个的，你还威胁支书，怎么着啊？准拾掇了你。二十多岁一个小伙子，整天不恣不恣的那劲头，下回惹急了我就抽你嘴巴，我让你捣乱，让你影响我们村交不了。"我说："你比我儿子还小呢。你就是看我怵老实。我在这儿包村，一般也没打过人，也没骂过人。你要惹急了我我就拾掇你；可你要动我一下也不行，（包村的挨打）这就是个事件了。包村的挨拾掇了，哪有这事？我要真弄了你，你准得跟我论了亲戚了。我在那村亲戚还怵多，他父母就得找我。"那天要抄他来着，副镇长去了，说："拾掇他！弄电视。"要抄他，他急了，我说"你还不赶紧张罗钱去"。后来罚了他50 块钱。[①]

假定：（1）上述这位镇干部所讲的每一句话都非凭空捏造而是有据可

① 孙立平：《"软硬兼施"：正式权力非正式运作的过程分析——华北 B 镇收粮的个案研究》，载孙立平：《现代化与社会转型》，368~369 页，北京，北京大学出版社，2005。

查；（2）文章作者在引证时未作删改或其他修饰。那么，试问上面记录的这位镇干部所陈述的故事是否就是"事实"？回答是：既"是"又"不是"。

所谓既"是"，是指我们已经假定这位镇干部所讲的每一句话都非凭空捏造、是有据可查且上文作者也未对其有过删减或修改，那么，按照人们通常对于"事实"一词的理解，这位镇干部所述的那些内容当然应该被视为是一些"事实"；而所谓又"不是"，则是指即使如此，这位镇干部所作的上述陈述也不能被视为一种脱离特定话语系统而独立自存、价值中立的纯粹给定的"事实"，而只能且应该（甚至必须）被看作他在某一（或某些）特定话语系统的引导和约束下对其经历的某一事件所作的一种话语建构。稍作分析我们即可看到，这位镇干部在进行上述陈述时至少自觉或不自觉地采用了以下言说策略：

（1）明确地使用了"胡搅蛮缠"、"捣乱"这样一些术语来描述或界定"村民 C"的行为，并且有选择地引用了"村民 C"的一些行为和话语（如"不交公粮"、"我跟他谈了谈，不交"、"他找村支书去了，说：'我过不了了，你也踏实不了。'"、"跷着二郎腿跟我们说话，我们那司机都看不下去了"、"二十多岁一个小伙子，整天不忿不忿的那劲头"、说"谁都交完了我才交"等）来强化"村民 C"的这种形象，使听者不知不觉地把整个故事理解为一个有关公粮收购过程中的"胡搅蛮缠"者或"捣乱"者"村民 C"的故事。

（2）同样，言说者也用了一些特定的词语来刻画自己的形象。如对"村民 C"的态度本来还不强硬，只是看到后者竟然敢来威胁村支书，才"不得不说话了"；强调"我在这儿包村，一般也没打过人，也没骂过人"；还有，副镇长真的带人来抄"村民 C"的家时，对他说"你还不赶紧张罗钱去"，显出一副颇讲情意的样子等。这些看似不经意的描述却具有在听者的心目中形成一个夹在政府与村民之间，既要履行作为政府官员必须履行的那些职责又试图尽量照顾到与村民的情感关系这样一位具有人情味的包村镇干部形象的功能，无形中也在一定程度上增加其所述内容对听者的影响力。

（3）言说者复述了大量自己的话语来叙述作为一个"包村镇干部"的自己是如何采用各种不同的策略来应对这位"胡搅蛮缠"者或"捣乱"者的。一是来"软"的，包括诚心诚意地对"村民 C"加以劝说，如"你这小伙子你挺年轻是吧，生活道路还是很长的"、"开诚布公地跟你说说这事"、"我也不搭理你，到时候真把你冰箱、彩电都抄了去，你小日子你过"、"我跟你说的都是肺腑之言，你考虑考虑有没有道理"，也包括和其在一定程度上套套近乎，如对其说"你、我，咱们这都属于腻虫"等。二是从道理上对其行为加以质疑问难："凭什么你不交公粮？"三是来"硬"的，用顽固不交可能带来的负面后果对其加以威胁，如"惹急了我给你两嘴巴"、"你在中央、省、地（市）有人吗？······要没人呐，我打你白打"、"打了你也得交粮"、"你也是腻虫，太多了，消灭了你也不算什么"、"你还威胁支书，怎么着啊？准拾掇了你"，等等。这样一些有关"软硬兼施"的叙述，再加上言说者在其叙述过程中表面看去似乎是稍带而出的但实则具有总结意味的一句话"农村工作你光跟他讲道理不行"，综合起来给听者传送的都是这样一种印象：这位包村镇干部还真是一位颇具农村工作经验、对农村工作的复杂情境有着深刻理解并拥有丰富的实际工作策略和很强实际工作能力的基层政府官员。

无疑，镇干部 Q 所述的故事在很大程度上是与上述这样一些言说策略紧密相连的，是 Q 自觉或不自觉地在特定话语系统的引导和约束下应用这些言说策略来对"事件"加以组织或建构的结果。我们无法预料，假如换了一位言说者（如言说者变成故事中的那位村支书或村民 C），他将会采用一些什么样的言说策略来重新组织或建构这个事件。[①]假如这位新言说者是处于一种与 Q 不同的话语系统的引导与约束之下，那么他就将（自觉或不自觉地）采用一些与 Q 不同的话语策略来组织或建构这一事件。他将可能为村民 C 塑造一个新的形象（如"通情达理"而非"胡搅蛮缠"：他由于错过了村委会擅自确定的办理身份证的期限而被罚款，他认为这不合理；因为别无他法，他就试图借镇干部和村干部催交公粮之机要还被罚的款额；他承诺只要归还不公正的罚款他就马上按质按量上交公粮；等等)，也还可能为我们提供一个新的镇干部 Q 的形象（不主持公正，一味袒护村干部；动不动就说"我要揍你"，还说"我揍你也白揍"；骂村民是"腻虫"，"太多了，消灭了也不算什么"；以抓进公安局对 C 相威胁；阴险毒辣，故意把副镇长叫来唱

---

① 这并不是说，另一位言说者所应用的言说或话语策略（以及由此完成的对该事件的话语建构）必将与 Q 不同，而只是说有可能甚至很可能与 Q 不同。

红脸他装作唱白脸；等等），从而可能为我们提供一个与 Q 提供的上述故事有所不同甚至有很大不同的新故事。因此，我们不可以将这些不同的言说者可能在不同的话语系统引导及约束下以不同的言说策略建构起来的故事当作一种独立自存的事实本身，并进而将以此为基础得出的一些结论看作对社会现实之奥秘的真实"揭示"，而应该充分意识到它们所具有的话语建构性质。

虽然上面讨论的是得自他人叙说的材料，但所作的分析也适用于作者亲身观察得到的那些资料。限于篇幅，此处不再举例说明。

从研究者对所得资料加以分析整理并得出相应研究结论这一过程来看

以下是《"软硬兼施"》一文的作者对上引镇干部 Q 所述故事的分析，作者认为：

> 这是一个在同一过程中使用软与硬两套权力技术的典型案例，从中我们可以感受到许多有关权力运作的信息。"你还年轻，生活道路还很长"，语重心长，诚心诚意地替对方打算；"惹急了我打你两嘴巴，打了你你也得交粮"、"你比我儿子还小呢"则既表达了对抗拒交粮的愤怒，又带有长辈对小辈的教训责备，实际上以一种非常微妙的方式拉近了与对方的距离；指责对方"人性次"，不老实，影响了全村的交粮，并说其父母都不赞成他，甚至连跟去的司机都忍不下去了，是在动用社会舆论，用亲属和公众评价对对方施加压力，迫使其对权力就范；至于威胁说搬走冰箱、彩电，叫"你小日子过不成"，是直接用强制性的行政权力进行威慑；但在搬出硬武器的同时，又以"肺腑之言"道出"你、我，咱们都是腻虫"、"太多了，消灭了你也不算什么"，这既是让对方知晓权力的暴力性质和国家的权威，同时也把自身划入与对方同样的社会地位范围内，达到在权力结构和社会位置上与对方的一种接近。Q 在其所包的村庄中身份是相对模糊的，作为帮助村里工作的镇干部，他是政府官员身份，是国家意志的执行者和政务的实施者；但同时他与该村的一些干部、村民又有密切的亲戚关系，加之多年包村工作建立起来的感情与关系基础，因而处处表现出与村民的一种熟和近。在上述征收工作中，他的行为、语言方式都带有这种熟悉和亲近的味道，从而使权力关系与村社中的人际关系

融合为一。而基于这样一种融合关系的权力过程——规劝加威慑，软硬兼施，强弱并用，在艰难的征收工作中实现了功效。如果仅仅依靠强制性的硬武器——拉牲口、搬电视、扣押人员······权力目的的实现是很难想象的。①

　　文章作者明确地将镇干部 Q 所述故事诠释为"一个在同一过程中使用软与硬两套权力技术的典型案例"。这一诠释是否正确或适当呢？要对这个问题做出具有唯一性的回答是很困难的。从多元话语分析的立场出发，我们完全可以将上述分析理解为作者在特定话语系统（如孙立平所说的社会主义国家与社会之间关系研究领域中的新制度主义话语）的引导和约束下运用某些话语策略对 Q 所述故事的一种话语建构。限于篇幅，我们不再对这里所运用的话语策略作过多细致分析。我们只想简单地指出一点，即上述诠释的适当性在很大程度上依赖于对"软"和"硬"这两类"权力技术"的界定。如果我们将"硬权力技术"仅仅限制在"拉牲口、搬电视、扣押人员"一类强制性行为的使用上，那么上述诠释看上去才会有些道理，否则上述诠释就并非一定"合适"。以下文本当可以表明：对镇干部 Q 所述的故事完全可以有另类的诠释（或话语建构）；并且，我们并无绝对的标准来判断在上述文章作者的诠释与下述诠释之间何者更为正确或适当：

　　　　这是一个政府官员运用手中掌握的正式权力来对村民的越轨行为进行强制性控制和矫正的典型案例。"你挺年轻是吧，生活道路还是很长的"，是要让村民 C 意识到反抗可能带来的巨大损失；"我上这儿包村来了，你不信惹急了我给你两嘴巴"，这是赤裸裸地以暴力相威胁；"不论怎么回事，我打你了。你在中央、省、地（市）有人吗？你要有人，可能要端我的饭碗，我违法了；要没人呐，我打你白打，你不信你动我一下试试"、"打了你也得交粮，你该交公粮交公粮去"，这更是要让 C 知道国家权力的厉害；"我让你嗷着？就冲我们这一去，你跷着二郎腿跟我们说话，我们那司机都看不下去了，他就要上

---

　　① 孙立平：《"软硬兼施"：正式权力非正式运作的过程分析——华北 B 镇收粮的个案研究》，见孙立平：《现代化与社会转型》，369 页，北京，北京大学出版社，2005。

（公安）分局找人"、"我也不搭理你，到时候真把你冰箱、彩电都抄了去，你小日子你过，就凭你，你有什么新鲜的"，这些是要把国家权力的威胁具体化、可见化；"你、我，咱们这都属于腻虫，中国人太多了，你有什么了不起的"、"你也是腻虫，太多了，消灭了你也不算什么。你老实待着，说话就打药了"、"你还这个那个的，你还威胁支书，怎么着啊？准拾掇了你"、"二十多岁一个小伙子，整天不怂不怂的那劲头，下回惹急了我就抽你嘴巴，我让你捣乱，让你影响我们村交不了"、"你要惹急了我我就拾掇你，可你要动我一下也不行，（包村的挨打）这就是个事件了。包村的挨拾掇了，哪有这事"，等等，这些都是要让 C 在强大的国家权力面前自惭形秽，自觉投降。所有这一切，都是在向 C 充分显示国家权力及意志的强大、威猛和不可抗拒性，促使 C 不得不低头就范，回复到国家意志为其确定的行为轨道上来。

有谁能够提出绝对充足的理由来断定上述诠释是不适当的，或与前引《"软硬兼施"》一文作者的诠释相比显得是更不适当的？

其实，《"软硬兼施"》一文中的许多分析都与上述分析类似，很容易被看出是一种在特定话语系统引导和约束下的话语建构。为了表明这一点，我们不妨再举几例。

以下陈述的是上文作者及其同伴在辖村所作的一次观察：

下午 3 时许，L 镇长、一位副书记 H、镇办公室的包村干部及派出所的警察和司机若干名来到辖村村主任家中，届时村干部七八人已经在那儿等候。镇、村两级干部首先讨论的是钉子户的确定问题。H 书记说："赶紧说钉子户吧，各片定下'我就是不交'的那种户，数量也不要太多。"经过讨论决定每个片（村民小组，全村共七个片）定两户。这 14 个"钉子户"的产生是一个极为艰苦，可以称得上是难产的过程，负责各片的村干部低头抽着烟，喝着茶，都不说话。村主任催促说："各片都得说，各片要不说，镇长他们一走，你就得负起责任。"H 书记说："昨天，我跟镇长商量了三个条件，你给我按这个条件，拿出八到十家来。第一个是去年不清的，第二个是有能力交今年不交的，第三个，在村里人性太次的。"L 镇长强调说："可不要把那些老实窝囊的报上来，拔这样的户，折我们镇政府的手艺。"村主任找了张纸，说："拉单子吧。"H书记催问道："拔钉子这个任务在 10 号之前得把它完成了，钉子户有吧？"一个包片村干部回答："你叫他有就有，你叫他没有就没有。"村主任说："要是钉子户一户没有，你镇政府就回头得了。"L镇长："你先什么也别说了，先闹出 14 户，抄完这 14 户今晚就走了。一个组两户，今天抄完我们就走，最好是去年就没交的。"H书记说："就老账新账一块算。"包片的村干部个个面带难色，只顾吞云吐雾。最后由各片干部报名，村主任执笔记名单，一个片一个片地定，终于确定了一个 15 户的名单，这个过程持续了两个多小时。[①]

假定上述观察记录中的每一句话都非凭空捏造而是有据可查，且作者在对每句话加以转述时都准确无误，没有删减和修饰。那么，试问：作者从上述观察中看到的是一个什么样的"事实"呢？

以下是作者对上述观察所作的分析：

令我们感兴趣的还不是直接的拔钉子过程，因为那无非是实施强制性措施的过程，是权力正式行使的方式之一。更有价值的是我们所观察到的确定钉子户的全过程，这有助于把握和理解强制性权力运作的策略和微妙隐秘之处。**"拔钉子"的案例在粮食征收中并不是经常出现的，这意味着正式权力以暴力形象出现时常是不得已而为之。**辖村确认"钉子户"的艰难过程表明正式权力在使用强制方式时的慎重，而这种慎重出于建立和保持政府的合理正当形象的考虑，既要按时按量完成征收任务，又需避免造成以强凌弱甚至伤天害理的印象。在镇政府提出的"钉子户"标准中，尤其值得注意的是第三条，所谓"人性太次"，公众舆论反映不好实际上与定购粮的交纳并没有直接的关系，但"拾掇"了在社区中名声不好的家户，有利于强化政府的道德优势和老百姓对政府行为的认同。这无疑是从人心向背的考虑出发的。**镇干部反复强调的"可不要把那些老实窝囊的报上来，拔这样的**

---

① 孙立平：《"软硬兼施"：正式权力非正式运作的过程分析——华北 B 镇收粮的个案研究》，见孙立平：《现代化与社会转型》，365～366 页，北京，北京大学出版社，2005。

户，折我们镇政府的手艺"，正是重视自身形象的一种表白。①

在上述分析中：（1）和前面那段文本出现的情形一样，"'拔钉子'的案例在粮食征收中并不是经常出现的，这意味着正式权力以暴力形象出现时常是不得已而为之"一句能够成立的前提是对"暴力形象"的特殊界定：正式权力只有直接动用（拉牲口、搬电视、扣押人员一类的）暴力才算是"以暴力形象出现"，否则这句话的适当性就可能受到质疑；（2）镇长强调说："可不要把那些老实窝囊的报上来，拔这样的户，折我们镇政府的手艺。"作者将镇长的这句话诠释为"重视自身形象的一种表白"，我们虽然没有充分的理由说这一诠释有何特别不适当，但如果我们将镇长的这句话诠释为要通过对那些不"老实窝囊"者的征服来显示政府权力之强硬的话，似乎也没有什么不合适之处。

在该文的另一个地方，作者在自己亲自观察到的 Y 副镇长率领镇干部参与收粮活动的过程之后分析总结道：

> 从 Y 副镇长的言谈来看，除了讲道理、严格地把握对话说理的边界之外，还经常会有表扬、鼓励性的话语。有时是给对方戴高帽，诸如"你去年积极今年还应该积极"、"去年带头交粮今年还得带头"、"我知道你这人特别讲道理"，等等；有时则是站在对方的立场替对方着想，如建议"连去年带今年的一次就交清了，跑一趟比跑两趟强，少耽误工夫"、"交玉米比交花生或交钱划算"，等等。这样的工作方式虽然与人们想象中的官员工作方式相去甚远，却是行之有效的。②

此段的最后一句显然是全段的主题句，但它的成立显然也依赖于对"人们想象中的官员工作方式"的特定诠释：只有把"人们想象中的官员工作方式"严格限定在"高高在上而非平易近人"、"以强凌弱而非善讲道理"、"冷若冰霜而非和颜悦色"一类与 Y 副镇长的言谈举止不同或相差甚远的那样一些行为方式上，这段话所作的全部分析才是适当的；反之则

---

① 孙立平：《"软硬兼施"：正式权力非正式运作的过程分析——华北 B 镇收粮的个案研究》，见孙立平：《现代化与社会转型》，366 页，北京，北京大学出版社，2005。
② 同上书，364 页。

完全可能遭到读者的拒斥。

　　总而言之，正如前面已经分析过的那样，尽管"过程—事件分析"可以为我们提供一种与"结构—制度分析"等相当不同的话语系统，但它和后者一样，所提供的最终也只不过是一种对"现实"的话语建构而已，而不是什么社会生活的"真实隐秘"。

第八章	话语或权力：福柯前后期话语分析理论之间的矛盾及其消解之道

本章摘要："知识考古学"和"权力谱系学"是福柯在其写作生涯的不同时期对"话语"进行分析时采用的两种基本模式。在福柯的这两种话语分析模式中存在着一种明显的对立或矛盾倾向。这种对立或矛盾倾向也不可避免地影响了人们对福柯话语分析理论的理解和接受，导致了对福柯话语分析理论各取所需式的不同阐释。本章试图在对福柯提出的这两种"话语分析"模式的内容和特征进行概括性描述与分析的基础上，揭示出在这两种不同话语分析模式之间所存在的对立性质，并就如何消解这种对立提出一个初步的意见。

关键词：福柯　话语分析　知识考古学　权力谱系学　多元话语分析

尽管当今社会—文化研究领域中的"话语分析"方法并不单纯来源于福柯的著作，但正如英国著名话语分析学家费尔克拉夫所指出的那样，福柯对当今社会—文化研究领域中话语分析方法的影响却是巨大而又深远的。终其一生，福柯都是把各种各样的人文—社会科学

"话语"（精神病学话语、临床医学话语、语言学话语、生物学话语、经济学话语、性话语等）作为自己的研究对象之一，用他自己倡导的"知识考古学"、"权力谱系学"等方法来对这些话语的构成、来源和社会历史效应进行别具一格的描述和分析。在当代社会科学和人文科学领域中，不仅"'话语'概念的流行，话语分析作为一种方法的流行"在很大程度上都要归功于福柯著作所产生的影响，而且福柯的话语分析方法也"被社会科学家广泛地当作一种模式"①。正因为如此，福柯才被人们看成当代西方社会—文化研究领域中"话语分析"方法的一个主要代表人物。对福柯的话语分析理论和方法加以了解和考察，也就成为所有试图对当代西方社会—文化研究领域中"话语分析"方法加以了解的人无法回避的一项工作。

众所周知，"知识考古学"和"权力谱系学"是福柯在其写作生涯的不同时期对"话语"进行分析时采用的两种基本模式。然而，很少有人明确地指出过，在福柯的这两种话语分析模式中存在着一种明显的对立或矛盾倾向。这种对立或矛盾倾向也不可避免地影响了人们对福柯话语分析理论的理解和接受，导致了对福柯话语分析理论各取所需式的不同阐释。本章的主要目的就是试图在对福柯提出的这两种"话语分析"模式的内容和特征进行概括性描述与分析的基础上，揭示出在这两种不同话语分析模式之间所存在的对立性质，并就如何消解这种对立提出一个初步的意见。

····· 一、福柯早期的话语分析：知识考古学 ·····

福柯将自己早期的研究工作称为"知识考古学"。所谓"知识考古学"，顾名思义，就是一种应用"考古学"的意识和方法来对"知识"或"观念"的构成（前提、条件、机制）与演变过程进行考察和分析的方法。按照福柯在《词与物——人文科学考古学》一书中的说法，"知识考古学"的主要目的是"重新发现在何种基础上，知识和理论才是可能的；知识在哪个秩序空间内被构建起来；在何种历史先天性基础上，在何种确实性要素中，观念得以呈现，科学得以确立，经验得以在哲学中被反思，合理性

---

① ［英］费尔克拉夫：《话语与社会变迁》，殷晓蓉译，36 页，北京，华夏出版社，2003。

得以塑成，以便也许以后不久就会消失"；知识考古学的叙述"应该显现的是知识空间内的那些构型，它们产生了各种各样的经验知识"①。按照福柯后来的追述，他早期的几部主要著作《疯癫与文明》、《临床医学的诞生》和《词与物》等就是以不同的知识领域（精神病学、临床医学、生物学、语法学、经济学等）为例，从不同的角度或方面来对知识的构成和演变过程进行"考古学"分析的一些尝试。

在《疯癫与文明》一书中，福柯力图表明，疯癫并非是种一直现成地存在于那里等待着我们不断去增进了解的自然现象，而是"社会空间"中的一个知觉对象，是在历史过程当中由多种社会实践建构起来的。在不同的时代，人们曾经把疯癫建构成不同的对象。而现代文明的形成过程，在一定程度上就是理性将包括疯癫在内的各种非理性成分日益与自己分离开来，将其建构为自己的对立面，并最终建立起对它们的绝对统治的过程。现代文明的历史，就是理性对非理性的征服史。本来，非理性和理性一样也是人类生活中一个重要方面，它完全可以同理性和平共存。世界本来也许会由于非理性的存在而显得更加绚丽多彩，而理性对非理性的征服和排斥却消除了这种多样性。正是理性的独裁才使得现代社会变得如此空洞和乏味。

在《临床医学的诞生》一书中，上述知识建构论的思想得到了进一步的发挥。在这本书中，福柯以古典时期（18世纪）的分类医学和现代时期（19世纪以来）临床—解剖医学两种医学知识/话语类型之间的更替过程为例，详细地说明了知识/话语类型之间的结构性转变过程。按照福柯的描述，古典医学和现代临床医学是两种相互之间在许多方面存在着明确对立的医学话语，两者遵循着完全不同的构成规则。例如，古典医学将疾病看成一种可以与人体分离开来、有着自己独立存在空间的、自由流动的实在，病人的身体只不过是疾病借以存身的物质载体而已，现代医学则将疾病看成人类自身躯体的异常或畸变，疾病就是人体自身的一种特异状态；古典时期的疾病是通过带有极其强烈的形而上学色彩的分类学话语表述出来的，现代时期的疾病则是通过带有强烈实证主义色彩的临床—解剖学的话语表述出来的；等等。因此，福柯认为，从古典分类医学向现代临床医学的转变不是一个渐近的、积累的知识进步过程，而是一个彻底的结

---

① ［法］福柯：《词与物——人文科学考古学》，莫伟民译，10页，上海，三联书店，2001。

构性转变过程："新医学精神不能被归因于心理学和认识论的净化，它只不过是关于疾病的句法重组。"①

福柯还指出，从古典医学向现代临床医学的转变，在很大程度上也是医学话语将人体或人逐渐转变或建构为自身对象的过程。古典医学话语的对象实际是外在于人的"疾病"本身，而不是人。只有到了现代临床医学这里，人、人体，才第一次彻底地进入了医学话语的视野。并且，也正是由于现代临床医学的发展，"人"才逐渐进入到现代人文科学的话语之中。因此，现代临床医学的形成和发展，对于现代人文科学话语的形成和发展具有重要的作用。或许正是这样一种思路，推动了福柯去进一步探讨人文科学话语的演变过程，写出了《词与物——人文科学考古学》一书。

在《词与物》一书中，福柯明确提出了"知识型"（episteme）这样一个概念，用它来概括在西方文化的不同历史时期中为同一时期各个不同知识或学科领域所共有的那样一些规定着人们在思维中如何有序地把事物组织起来的基础性原则或知识建构方式。"知识型"是一种处于"文化的基本代码"与"科学理论与哲学阐释"之间的知识构型，它贯穿在同一时期的不同知识领域中，并把它们连接起来，使它们在思维或知识建构方式上具有某种程度的相似性或一致性。在不同的历史时期，人们拥有不同的知识型。这些不同的知识型，拥有不同的思维原则或知识建构方式。它们之间并不存在着逻辑上的历史传承关系，存在着的只是思维原则或知识建构方式上的断裂。福柯以语言学、生物学和经济学这三个主要知识领域的历史演变资料为基础，侧重考察了 16 世纪文艺复兴以来到当时西方思想发展过程中几个不同历史时期之"知识型"的形成和更替过程。福柯将西方近现代思想的历史大体上划分为"文艺复兴时期"、"古典时期"和"现代时期"三个时期。与此相应，西方文化也就经历了两次认知结构上的断裂，先后产生了三种不同的知识型：以"相似性"原理为特征的文艺复兴时期的知识型、以同一性与差异性原理以及"表象分析"为特征的古典知识型和以结构分析与历史分析为特征的现代知识型。

尽管《疯癫与文明》、《临床医学的诞生》和《词与物》等书也不时地讨论了一些有关知识考古学的方法论问题，但总体上说，这几本书属于福

---

① ［法］福柯：《临床医学的诞生》，刘絮恺译，287 页，台北，时报出版公司，1944。

柯"知识考古学"的案例研究。只是在《知识考古学》一书中，"知识考古学"的方法论问题才成为福柯集中思考的对象。

在《知识考古学》一书中，福柯明确地使用"话语"一词来指称自己以前描述和分析的那些"知识"或"观念"类型。"知识考古学"也就明确地成为一种对"话语"（的构成和演变过程）进行考察和分析的研究方法。

那么，什么是"话语"？这是作为一种"话语分析"方法的"知识考古学"不能不首先加以回答的重要问题。初看起来，在这方面，福柯的看法与其他那些话语分析学家们的看法似乎没有什么重要的区别。综合福柯的看法，可以先给"话语"作出这样一个界定，即它是根据某些分析标准而被我们确认为属于同一系统的陈述群（group of statements）①。被称为"话语"的这一"陈述群"至少具有以下三个特征：第一，它是由一些已经实际上被说出来的话或"陈述"构成的②；第二，它在结构上是由一"群"陈述而不是由单个的陈述构成的；第三，它在外延上也要大于我们通常所说的学科③。然而，进一步考察福柯的论述，我们就会发现他的"话语"概念与其他话语分析学家们使用的"话语"概念实际有着重大的不同。这种不同主要源自于双方在确认某些陈述是否属于同一"话语"类型时所采用的不同标准。

---

① 在《知识考古学》一书中，福柯对"陈述"一词赋予了特定的含义。他详尽地论述了"陈述"与语言学家所说的"句子"、逻辑学家所说的"命题"和分析哲学家所说的"言语行为"之间的区别，指出陈述不是一种与句子、命题和言语行为并列的结构性语言单位，而是一组符号所具有的功能方式。详见该书第三章"陈述和档案"。

② 话语或陈述"标志着一组已经有效地产生出来的符号的存在方式。对陈述的分析只能针对那些已经说出的东西，那些已经说出或者写出的句子，那些划出或读出的成分的'意义'……陈述分析只涉及那些已实现了的词语运作"〔Michel Foucault，（1972）*The Archaeology of Knowledge*，Pantheon Books，109. 英文版原文的意思与此正好相反。本书根据谢强、马月的法文中译本对引文进行了修正〕。

③ 首先，相互独立、有着明确界限的学科（如生物学、经济学、精神病学等）是 19 世纪以后才有的概念。在这之前，没有所谓的"学科"，却始终有着相关的话语（自然史、财富分析、神经疾病方面的描述和分析等），而且正是这些话语构成了相关"学科"产生的前提之一。其次，在相关学科产生之后，与这一学科密切关联的那一话语也不仅仅限于此一学科范围之内。例如，即使是在 19 世纪之后，精神病话语在外延上也大大超出了精神病学这一学科，而广泛地存在于司法文件、文学作品、哲学思考、政治决策以及日常谈话等领域中。因此，尽管我们常常会使用"生物学话语"、"经济学话语"、"精神病学话语"之类的词汇，但我们必须注意不能把它们同某个学科相混淆。

当我们将某些分散在不同时间、空间区域内的陈述确认为属于同一个陈述群或"话语"类型时，我们的主要依据是什么？"人们怎么能够说由维里斯和夏尔诊所作出的关于头部疾病的分析是属于同一类话语呢？""在所有这些以熟悉而坚定的方式形成神秘群体的陈述之间，可有效地辨识出什么样的关联呢？"① 这可以说是话语分析中非常核心的问题。在《知识考古学》一书中，福柯用了近三分之一的篇幅来深入地考察这些问题。

福柯指出，在开始的时候，我们可以像人们通常所想的那样，从以下四种不同的方面出发来回答上述问题：我们可以——第一，根据对象方面的同一性；或者第二，根据表达形式和连贯类型方面的同一性；或者第三，根据所用概念系统的同一性；或者第四，根据主题方面的同一性——将某一组陈述确定为属于同一个话语单位。然而，一旦实际操作起来，我们就会发现，这些思路都是完全错误和不可实现的。实际情况往往是：第一，并没有一种在话语之外或之前就存在的纯粹"客观"的对象；任何陈述或话语所指涉的对象不仅都是由这些陈述或话语本身建构起来的，而且其范围和界限也往往是变动不居、充满着"差异、间隙、替代和转换的游戏"② 的。因此，要想先找出一个客观对象，然后再根据这个对象是否为某些陈述所共同指涉来确认这些陈述之间的关联，无疑是一种"缘木求鱼"式的行为。同样，第二，当我们仔细对某个时期医学等知识领域中的陈述形式和连贯类型进行实际考察的时候，我们也会发现在这些知识领域中并没有普遍一致、确定不变的陈述形式和连贯类型，有的是"一些层次极不相同，功能极其相异的表达，以至于它们不能衔接和组合在独一形态中"③。因此，如果说可以把某个时期的医学话语确认为一种话语类型，它的确认原则也绝不是陈述的某种确定形式或连贯类型。第三，我们也会发现，不仅很难找到所有概念都完全一致的陈述，而且表面上看似相同和一致的概念在不同陈述中含义也可能大相径庭。我们还会在概念系统看似相同的陈述当中"身不由己地发现一些新概念的产生，其中有一些可能是从旧概念中派生出来的，但是，其他的概念是异质的，并且其中有些甚至

---

① ［法］福柯：《知识考古学》，谢强、马月译，37～38 页，北京，三联书店，1998。
② 同上书，46 页。
③ 同上。

与它们是不相容的"①。因此，要想根据概念系统的一致性来确认陈述之间的关联，也是非常困难的。最后，我们也会发现处理同一主题的一些陈述在很多方面（基本概念、分析类型、对象范围等）是截然不同的。例如，同样是有关"进化"的主题，"在 18 世纪，进化论的思想是确定在物种的亲缘关系上。物种的这种亲缘关系从一开始就形成一个规定的连续体（只有自然灾害可能使它中断），或者说这个连续体随着时间流逝而逐渐形成。在 19 世纪，进化论的主题则很少涉及物种的连续图表的构成，更多地涉及描述不连续群，和分析各组成部分都连贯的有机体和一个为其提供实际生活条件的环境之间的相互作用的方式"②。因此，如果从主题当中来寻找确认陈述群或话语类型的原则，同样会误入歧途。

那我们到底可以或者应该根据一些什么样的标准来对话语类型加以确认呢？通过进一步的分析，福柯认为，我们实际上只能从对象构成规则的同一性、陈述模式构成规则的同一性、概念构成规则的同一性和主题构成规则的同一性这四个维度来确认一个"陈述群"或话语类型。福柯将以这样一种方式得到确认的话语单位称为"话语构成"（discursive formation）。他说："只要我们能够在一定数目的陈述之间描述这样的散布系统，只要我们能够在对象、陈述类型、概念和主题选择之间确定某种规则的话（一种秩序、一致性关系、位置和功能、转换），为方便起见，我们就可以说我们正在处理一种话语构成。"③

这样，所谓的"话语分析"在一定程度上也就变成了对"话语构成"的分析。它在具体内容上包括对话语的对象、陈述模式、概念和主题选择等方面之构成规则的分析。

1. 对象的构成规则

福柯认为，话语的对象不是存在于话语之外或之前的纯"客观"现象，而是由一定类型的陈述或话语本身建构起来的。这些陈述在建构自己的对象时应当具有某些共同的规则，使某个特殊的陈述群或"话语"类型得以确定的依据之一应当正是在这个群体中"被确定、被描述、被分析、

---

① ［法］福柯：《知识考古学》，谢强、马月译，42 页，北京，三联书店，1998。

② 同上书，45 页。

③ 同上书，47 页。Michel Foucault（1972），*The Archaeology of Knowledge*，Pantheon Books，38.

被估计或者被判断的各种各样对象同时或者连续出现的规则"①。

对象构成的规则可以从三个方面来加以分析：

（1）对象的出现层面（surfaces of emergence）：某一个特殊的话语对象可能出现的地点。如就 19 世纪的精神病学而言，其对象所出现的"层面"就有可能是家庭、社会团体、工作场所、宗教社群等。

（2）对象的界定权威（authorities of delimitation）：是谁在对话语的对象作出权威性的界定。例如，在 19 世纪，医学成为一种对精神病的对象进行界定、标示、命名和确认的主要权威（当然，医学并不是这方面唯一的权威。除了医学之外，司法、宗教和文学批评等在精神病话语对象的界定方面也起着一定作用）。

（3）对象的分类框架（grids of specification）：用来对话语对象进行分离、对比、联系、组合、分类和说明的架构。如 19 世纪精神病话语中分类框架是：心灵、躯体和个人的生活与人格史。②

2. 陈述模式的构成规则

福柯指出，定性描述、自传性叙事、测定、解释和符号聚合、类比推理、演绎、统计结论、经验证明以及其他许多陈述形式都可以在 19 世纪医生们的话语中被发现。那么，到底是什么东西把它们联结在一起呢？又是什么必然性把它们联结在一起呢？为什么联结在一起的正好是这些陈述而不是其他陈述呢？福柯认为，把这些陈述联结在一起的也是这些陈述模式的构成规则。通过对这样一些规则的辨识，我们也有可能将有关陈述确认为属于同一个陈述群或话语单位。

陈述模式的构成规则也可以从三个维度来加以分析：

（1）谁在说话。或者说，根据规则，这些陈述是由谁来制作的，谁有

---

① ［法］福柯：《知识考古学》，谢强、马月译，39 页，北京，三联书店，1998。

② 福柯指出，由此我们可以认识到：（1）标志着某种话语（如 19 世纪的精神病话语）出现的不是什么特殊的对象，而是这个话语借以形成它的对象的那种方式。（2）话语的对象并不是那种被某种障碍阻挡在光线的边缘、等待着被人们去揭示的存在。话语对象"不能混同于语言学家所说的指称物——被语言词符号指称的实际事物。话语不是关于对象的，更确切地说，倒是话语构成了对象"（谢里登：《求真意志：福柯的心路历程》，尚志英、许林译，129 页，上海，上海人民出版社，1997）。（3）由于话语对象的形成取决于一系列复杂苛刻的条件，因此，形成一个新的话语对象是件非常不容易的事情。光是"睁大眼睛，集中注意力或有悟性是不足以使新对象马上就闪耀并在地平线上发出曙光的"（福柯：《知识考古学》，谢强、马月译，55 页，北京，三联书店，1998）。

权力和资格使用这些语言，他的地位如何，等等。例如，在医学话语中，有权力和资格使用这种语言来进行医学陈述的人就是医生及各种辅助人员。

（2）在什么地方说话。或者说，这些陈述被制作、获得合法性并加以应用的地点是什么。例如，对于现代社会中的医学话语来说，这样的地点就是医院、私人诊所、化验室、图书馆或资料室等。

（3）在什么情景位置上说话。即这些陈述是说话者在什么情景当中（相对于对象而）处于什么主体位置上时制作出来的。以医学话语而言，各种陈述是由说话者可能处于以下不同情景位置时制作出来的：向患者提问时的"提问主体"、倾听患者叙述时的"听的主体"、阅读相关表格时的"看的主体"、描述疾病类型时的"观察主体"等。

3. 概念的构成规则

如果我们不是从概念的一致性方面，而是从概念出现的同时性或连续性方面、从概念在其中出现和流动的组织规则等方面来寻找陈述之间的共同特征，我们也有可能获得辨认一个陈述群或话语类型的有效方法。

对概念构成规则的分析也包括三个方面：

（1）概念接续（succession）的形式。又包括：第一，陈述系列的各种秩序（orderings of enunciative series），例如推理、连续蕴含、论证的秩序，或者描述的秩序、所遵从的概括或说明模式、它们所覆盖的空间的分布，或者描述性统计的秩序、在以线型方式前后接续的陈述中时间性事件的分布方式，等等。第二，各种陈述的从属类型（types of dependence），例如"假设—证明"、"判断—批评"和"一般规律—特殊应用"等。这些类型并非总是与陈述系列之间明显的接续方式相同或相重叠的。第三，各种修辞模式（rhetorical schemata）。根据这些修辞模式，一系列陈述得以结合在一起（即描述、演绎、定义——它们的接续刻画着一个文本的结构特征——如何被结合在一起）。

（2）概念共存（coexistence）的形式。概念共存的形式至少可以通过以下几种方式勾画出来：第一，在场领域（field of presence）。通过这种形式，在其他地方形成、被某种话语所采用并被承认为真理的所有陈述都得以直接再现在一个陈述群或话语单位中。第二，伴随领域（field of concomitance）。它包括一些所涉对象范围完全不同、所属话语类型也截然不同的陈述，这些陈述在被研究的陈述当中活动，它们或者被用于类比性确证，或者作为一般原则和为某个推理过程所接受的前提，或作为可被用于其他内容的模式，或作为比某些命题必须服从的权威更高一级的权威而起作用。第三，记忆领域（field of memory）。它包括那些不再被接受或被争论，因此不再界定某个真理实体或有效性范围，却与形成、发生、转变、连续性和历史的不连续性关系密切相关的陈述。

（3）可被合法地应用于陈述的介入（干预）程序（procedures of intervention）。这些程序在不同的话语构成中是不同的。这些程序可以从以下方面显示出来：各种重写的技术（例如使古典自然学家能够在分类图表中重写某些线性描述的技术，这些分类图表与中世纪和文艺复兴期间确立起来的亲属关系和列表无论在规则上还是在构型上都不相同）、用某种或多或少形式化和人工化的语言对那些以自然语言连接起来的陈述加以改写的各种方法、将定性陈述翻译为定量公式（或者反过来）的各种模式、用来增加陈述的近似性和提高其精确性的各种手段、通过扩展或限制的途径来重新限定陈述之有效性范围的方式、人们将某种陈述类型从一个应用领域转用于另一个应用领域的方式（例如将植物特性转用于动物分类或者将对有机体表面特征的描述转用于对内部要素的描述），以及对先前已经提出但以分离形式存在的诸命题加以系统化的各种方法，或者对那些已经连接在一起的诸陈述在一个新的系统化整体中重新加以配置的各种方法，等等。

4. 主题的构成规则，即陈述者用来构成某一主题的基本策略

通过"测定在任何选择和对主题任何偏爱的范围之内，确定一个策略可能性的范围"①，我们也有可能获得确认一个陈述群或话语类型的有效标准。

主题构成的分析也包括三个方面的分析工作：

（1）确定话语的可能衍射点。每种话语中都可能存在着一些既等值（因为它们是在同样的条件下、在同一规则的基础上以同样的方式形成的，并且位于相同的层次上）又不相容的成分（不同的对象、陈述类型、或者概念），这些成分本身隐含了主题或理论选择方面的多种可能性。对话语之可能衍射点的分析使我们认识到，一种话语（譬如 18 世纪的财富分

---

① ［法］福柯：《知识考古学》，谢强、马月译，45 页，北京，三联书店，1998。

析）并不是某些不同概念（如货币、需求对象的交换、价值形式和价格、地租等）简单地同时组合或前后连接的结果，相反，它只是打开了一个可能的机会空间，使得各种相互排斥的理论建筑能够同时或者轮流出现。

（2）确定某一主题被选择的内在权威或根据，即"话语的权威或根据"。并非话语在主题或理论选择方面所隐含的所有可能性都能够被实现。在特定时间、空间条件下，能够实现的选择往往只是其中的一个或一些。为了说明在所有可能做出的选择当中已经做出的那些选择，我们就必须描述指导着人们做出这些选择的特殊权威（根据）。福柯认为，这样一种特殊的权威或根据首先存在于被研究的话语所属的话语丛（discursive constellation）中不同话语之间的关系当中。通常话语丛中各个话语之间存在着各种不同的关系。例如，某种话语可能起一种形式系统的作用，其他话语只是这一系统在不同语义场中的应用；它也可能起一种可在一个更高的抽象水平上被应用于其他话语的具体模式的作用①；它也可能与其他话语处于类比、对立、补充②或相互限定的关系之中。这些关系的整体形成了一种决定原则，它在一个特定的话语内部允许或者排斥一定数量的陈述，即那些本来是可能的（就其自身的构成规则来说没有任何东西能够证明其缺席的正当性）但在一个更高的层次和更广阔的空间范围内被某个话语丛所排斥的概念系统、陈述系列和对象群体。可见，一个话语构成并不能完全占据它的对象构成、陈述构成和概念构成系统向它开放的所有空间；由于策略选择构成系统的作用，它在本质上永远是不完全的。此外，一个特定的话语构成，当被置于一个新的话语丛中加以理解时，就能揭示出一些新的可能性。

（3）确定某一主题被选择的外在权威或根据，即"非话语的权威或根

---

① "例如，17 和 18 世纪的普通语法就可视为一般符号和再现理论的一个特殊模式。"［Michel Foucault（1972），*The Archaeology of Knowledge*，Pantheon Books，66］

② "例如，在古典时期，财富分析和自然史之间就存在着类比关系：前者是需要和欲望的再现。后者是感知和判断之间的再现。自然史和普通语法之间则存在着一种对立的关系，前者是关于自然特征的理论，后者则是关于一种惯用符号（conventional signs）的理论，反过来，这两者作为定性符号的研究与作为定量符号研究的财富分析之间也是对立的，而这三者又各自发展了三种相互补充的再现符号作用中的一种：标示、分类、交换。"［Michel Foucault（1972），*The Archaeology of Knowledge*，Pantheon Books，66~67］

据"。实际做出的理论选择还依赖于另一种权威或根据。这种权威或根据首先包括被研究的话语在一个非话语实践领域（a field of non-discursive practices）中必须执行的功能（例如普通语法在教学实践中所起的作用，财富分析在政府的政治和经济决策、处于上升阶段的资本主义的日常实践以及古典时期的社会政治斗争中所起的作用）。其次也包括话语的挪用规则和过程（the rules and processes of appropriation），因为无论是在我们这个社会还是其他社会中，话语财产（说话的权力，理解的能力，合法地和直接地接近已形成的陈述库以及在决策、机构和实践中投资这项话语的能力）事实上总是保留给某个特殊人群的（例如在17世纪以来的资产阶级社会中经济学话语从来就不是一种共同的话语）。最后，这种权威或根据还包括与话语相关的欲望的位置（possible positions of desire in relation to discourse）：话语事实上可以成为一个幻觉性再现的场所、一种符号化的要素、一种禁忌形式、一种派生性满足的指南。

福柯认为，在对象构成、陈述模式构成、概念构成和主题构成这四个方面之间存在着一种相互依附或制约的关系。这种依附或制约关系使得并非所有的主体位置、陈述和概念之间所有的共存类型、所有的理论策略都有同等的可能性，而只有被前（或后）一个构成所允许的才有可能性。例如，对象的构成系统就排除了某些陈述模式，同时也接纳了另一些陈述模式；给定主体的位置，也就比如排除陈述之间的某些共存形式。反过来，某种理论策略的选择也必然包含了对某些概念构成和陈述模式的排斥或接纳（例如在重农主义者的文本中就不可能找到功利主义者的分析中所存在的那种整合数据资料和测量的模式）。

福柯强调，话语构成勾勒的主要是在特定的话语实践中必须被加以运用的规则系统，而不是固定不变的对象、陈述模式、概念组合和理论策略。一个话语构成系统就是一个在特定的话语实践中作为规则起作用的复杂的关系网络。在一个特定的话语实践中，这种复杂的关系网络规定了这样那样一种对象的形成和转变、这样那样一种陈述的制作和创新、这样那样一种概念的使用和演变以及这样那样一种理论策略的选择和修订所必须关联到的东西。因此，界定一个话语构成系统就是要通过描述一种话语实践的规则来刻画一种话语或一个陈述群。在一个特定的话语实践中，它的对象、陈述模式、概念和理论策略都可以发生变化，但只要规定它们出现和转变的实践规则不变，其所属的话语构成也就不变。

　　福柯指出，正是这些各色各样的"话语构成"为各种具体的知识或话语提供了"历史的先天性基础"。这些"话语构成"标志着一种话语经过时间的历练已经形成了其统一性。这种统一性"界定着某个领域，在这个领域中，形式的同一性、主题的持续性、概念的转换和论辩性的沟通或许得以展开"①。人们所有的言说和书写都是在特定话语构成的规范下产生出来和分布开来的。所谓的"话语"，就是共同遵循某一特定的话语实践规则、"隶属于同一话语构成系统的陈述群"②。探询特定历史时期将人们的某些"陈述"（言说和书写）联结成某一特定"话语"类型的实践规则，以及导致一种话语类型向另一种话语类型转化的规则转换机制，从这些实践规则及其转换机制当中去考察各个历史时期人们的各种言说与书写得以出现、保存、分布和流传的条件与过程，从而达到对这些言说和书写的一种适当理解，就是福柯在其早期著作中以"考古学"名义所展开的各种话语分析工作的基本目的和主要任务，只不过在不同的著作中分析的侧重点有所不同而已。③

---

　　①　Michel Foucault（1972），*The Archaeology of Knowledge*，Pantheon Books，127.

　　②　Ibid.，117.

　　③　"在我摸索着进行分析的那些话语领域的过程中，每次都是根据它们固有的特征描述话语在其所有维度上的形成，因此，每次都应该规定对象、陈述模式、概念、理论选择等的形成规律。但有时会出现这样的情况：分析的难点和最引人注目的东西每次都不相同。在《疯癫与文明》一书中，我处理的是一种其理论选择点很容易测定的话语形成。它的概念体系的数量不多，也不复杂；它的陈述规则最终也相当一致和单一。相反，它的对象则混乱复杂，这一对象的完整整体的出现成了难题。因此，为了在精神病话语的特殊性中测定它的总体，就应先描述这些对象的形成。在《临床医学的诞生》一书中，研究重点是18世纪末和19世纪初的医学话语陈述形式被改变的方式。因此，分析偏重于结构、机构设置的场所、说话主体介入的环境和方式，而不是概念的体系或理论选择的形成。而在《词与物》中，我所研究的基本内容是针对概念的网络和它们的形成规律（相同或相异的），正如我们在普通语法、自然史和财产分析中对它们进行测定的那样。至于策略的选择，它们的位置和它们的内涵都已经被指示出来（比如，我们谈到的林内、布封，或重农主义者和功利主义者）；但对它们的测定还很粗略，而且分析尚未集中在它们的形成上。可以说，（在上述著作中）理论选择的分析还刚刚起步，有待于在今后的研究中得到人们的关注。"［福柯：《知识考古学》，谢强、马月译，79～80页，北京，三联书店，1998；Michel Foucault（1972），*The Archaeology of Knowledge*，Pantheon Books，64-65］

······⌈二、福柯后期的话语分析：权力谱系学⌉······

　　福柯早期的著作侧重于描述和探讨知识（或话语）本身的构成规则，而对于这些规则的"来源"问题则涉猎不多（尽管也有所涉及，尤其是在最早的那些著作如《疯癫与文明》、《临床医学的诞生》当中）。但大约从1969 年至 1970 年间起，福柯的研究主题或侧重点开始发生重要转变。他开始把知识（话语）的"来源"问题作为自己的核心主题①，开始从所谓的"考古学"研究转向所谓的"谱系学"研究。这一转变在《尼采、谱系学、历史》、《话语的秩序》等文章以及《规训与惩罚》、《性经验史》（第一卷）等著作中逐渐显现和成形。在这一转变过程中，福柯逐渐形成了一个后来产生了深远影响的观点，即在现代社会中，权力和知识之间是相互渗透、相互建构的。② 福柯的话语分析工作的焦点也由此转向对现代社会中的权力及其与话语之间关系的探讨，试图由此获得对现代社会中的权力

---

　　① 在福柯的著作中，"来源"（herkunft）、"涌现"（entstchung）是与"起源"（ursprung）完全不同的概念（尽管在德文中后者也包含了前两者的意思）：后者主要是历史研究所追寻的目标，前两者则是谱系学要追寻的目标。对后者的研究实际上包含着以下一些基本预设：首先，它预设着事物从源初到现在始终没有发生根本的变化，始终保持着某种基本的同一性；其次，它预设着事物在其源初状态时更接近本质，因而要比以后的状态更珍贵，更完美；最后，它预设着起源才是关于事物的真理之所在，而在后来的发展过程中这种真理则有可能被遮蔽。谱系学研究则完全否认事物从源初到现在所具有的同一性、连续性，否认事物源初状态所具有的优越性。谱系学研究的任务是要辨认出事物之间的差异和特性，梳理出它们之间相互连接的复杂网络或序列（参见［法］福柯：《尼采、谱系学、历史》，王简译，见杜小真主编：《福柯集》，上海，远东出版社，1998）。

　　② 这并不是说，权力与知识之间相互渗透、相互建构的思想在福柯此前的著作中就毫不存在。福柯曾经针对这种理解明确地表示抗议说："在《疯癫与文明》······中，除了权力以外我还谈论了什么？"（Michel Foucault，Power/Knowledge，*Selected Interviews and Other Writings 1972—1977*，Edited by Colin Gordon，New York：Pantheon Books，115）但尽管如此，我们还是可以说，这一观点在福柯前期的著作中只是若隐若现，在其后期的著作中才得到了明确的表达和系统、深入的探讨。

运作和话语形成机制的一种恰当理解。① 不过，在这一过程中，福柯对权力概念的理解以及对权力与知识之间关系的看法前后也有一个较大的变化。

在《尼采、谱系学、历史》一文中，福柯已经开始比较明确地阐释"权力和知识之间相互渗透、相互建构"、"权力是知识的主要来源"的思想。在这篇据讲演改成的文章中，一方面，福柯明确地宣称，要从权力和人们为争取生存而展开的权力斗争中去寻求包括规则、话语等在内的各种历史事件的来源。在人类社会中，各种规则以及作为这些规则之解释的不同的道德、观念、形而上学概念，实际上都是作为统治者与被统治者之间相互斗争的产物而涌现出来的。"从某种意义上说，在这无场所的舞台上演出的戏剧总是千篇一律的：统治者和被统治者反复上演的戏剧。一部分人对另一部分人的统治，这就是价值分歧的开始；一个阶级对另一个阶级的统治，这就是自由观念的萌生；人们对生存所必需的东西的攫取，给它们加上原本没有的持存，或者说粗暴地将它们相互同化，这就是逻辑的创造。"② 另一方面，话语在权力斗争当中又具有重要的作用。"一切规则，其自身是空洞、野蛮、无目的的；它们被制定出来服务于一定的对象，屈从于某些人的意愿。历史的伟大游戏，属于占有法则的人，属于占据使用法则的位置的人，属于乔装改扮，歪曲规则，颠倒地运用规则，使它们反过来反对规则制定者的人。"③ 而对规则的这种占有和运用在很大程度上就是通过解释来实现的。"解释是借助暴力和欺瞒对自身并无本质意义的规则系统的占有，是将它置于一定方向，使它屈从于新的意愿，进入新的游戏，服从二级规则"；就此而言，"谱系学就是解释史：作为不同解释出现的道德、观念、形而上学概念的历史，自由观念和禁欲观念的历史"④。谱系学要把这些规则和解释作为历史舞台上权力斗争的事件展现出来。

---

① 福柯后来在回顾自己的研究经历时明确地说："我越是进行持久的研究，就越是认识到，对话语的形成和知识的谱系所进行的分析，不应该根据意识的种类、感知的方式和思想的形态来进行，而应该从权力的战略和战术的角度出发。"（福柯：《权力的眼睛》，严锋译，212 页，上海，上海人民出版社，1997）

② ［法］福柯：《尼采、谱系学、历史》，王简译，见杜小真编：《福柯集》，154 页，上海，远东出版社，1998。

③ 同上书，155 页。

④ 同上书，155～156 页。

在《话语的秩序》一文中，福柯则进一步明确指出，话语的这种重要作用必然使任何社会中的人都对它产生一种焦虑和恐惧，这是一种"当感到这种话语活动（不管它看上去似乎是多么单调、灰暗）的背后存在着可直接想象到的权力和危险时的焦虑；当怀疑到那些言词虽然由于长期使用而失去了一些棱角，但在它们的后面却有过许多的斗争、凯旋、伤害、统治和奴役时的焦虑"①。这种对话语的焦虑必然促使任何社会的人都意识到必须对话语进行控制，使话语的生产、流通和分配得以在特定秩序的规制下有序地进行。这种使话语的生产、流通和分配得以有序进行的秩序，就是"话语的秩序"。对这种"话语的秩序"加以揭示和分析，就成为这篇文章的主要任务。

在这篇文章中，福柯明确表述了这个关于"话语的秩序"的假设，这个假设就是："在每个社会中，话语的生产都是依据一定数量的程序来被控制、选择、组织和再分配的，这些程序的作用在于防范话语的力量和危险，应对其偶发事件，规避其沉重而可畏的物质性。"②

福柯紧接着指出了在"我们这样的社会"中用来"控制、选择、组织和再分配"话语的一些基本程序。这些程序由一系列规则构成。这些规则大致上可以分成"外部规则"、"内部规则"和"使用规则"三组。

首先是这样一组规则，这组规则主要是从话语的外部对话语的生产、流通和分配进行控制。由于其功能主要是排斥某些东西，使之不能进入话语的生产、流通和分配过程，因此，也可以将其称为排斥（exclusion）规则，它主要又由以下三类规则构成。

（1）禁律（prohibition）。即对说话的内容、场合和主体权力所作的限制。例如关于言语对象的禁律（我们没有随意谈论任何事情的权利），关于言语环境的禁律（我们不能随心所欲地在任何时候、任何场所谈论某些事情），以及关于言语主体的禁律（不是每一个人都有权随便谈论什么）等。

（2）区分和拒斥（division and rejection）。即对说话者进行划分，只接受和认可其中某些类型说话者所说的话，而对另一些类型说话者的话则加以拒斥。例如"理性"与"疯狂"这两种范畴之间的区分以及相应而来

---

① Michel Foucault（1972），"The Discourse on Language"，in *The Archaeology of Knowledge*，Pantheon Books，216.

② Ibid.

的前者对后者的拒斥。

（3）求真意志（will to truth），或真理和谬误的对立。即对话语本身进行分类，将其中一些确定为"真实的"并因此而加以接受，另一些则确定为"虚假的"并因此而加以排斥。与人们通常想象的不一样，真理与谬误的划分其实也是一种历史的、可修正的和制度性的话语限制系统。不同的时期人们有不同的划分真理与谬误的标准，而且，这种划分也必须依靠制度来加以维持。

第二组规则则是从话语的内部对话语的生产、流通和分配进行控制。这组规则可称为净化（rarefaction）规则，因为"这是一些话语用来对自身施以控制的规则，一些有关分类、秩序和分配原则的那些程序。此时我们涉及的似乎是要控制话语的另一维度：事件和机会"①。这组规则也主要包括以下三方面的规则。

（1）评论（commentary）规则。这组规则将话语分成两类，一类是基本或原始的话语（例如那些原创性的宗教教义、法律条文、文学作品和科学论文等），另一类则是那些不断地对基本或原始话语进行复述、诠释和评论的派生话语。"评论消除话语中的偶然因素：它给我们一个机会以让我们说文本之外的某些东西，但这必须得以谈论文本本身为条件，在一定意义上是对文本的完善。"②

（2）作者（author）规则。这一规则要求人们从一组特定著作或陈述的作者那里去寻求它们的统一性和意义的来源。作者规则在某种程度上是对评论规则的一个补充："评论通过以重复和相同为形式的认同行为来限制话语中的偶然因素，作者规则则是通过以个性和自我为形式的认同行为来达到同样的结果。"③

（3）学科（disciplines）规则。学科是一个无名的系统，它是由一组对象、一套方法、一串所谓的真实命题、一套相互渗透的规则和定义以及技术和工具来加以界定的。一个学科若要始终得以存在，就必须符合某些必要的规则或条件。学科规则也允许人们去建构话语，但也只能在一个狭

---

　　① Michel Foucault（1972），"The Discourse on Language", in *The Archaeology of Knowledge*，220.

　　② Ibid.，221.

　　③ Ibid.，222a.

窄的框架之内。"学科在话语的生产中构成了一个控制系统，它通过一种以持续激活规则为形式的认同行为来限制话语。"①

第三组规则则涉及话语的使用权限。它不是用来控制话语的力量或其出现过程中的偶然性，而是用来确定话语的使用条件，用来对言语的主体进行精选，对话语的使用者给予一定的规范。"除非符合一定的条件，否则任何人都不得进入有关某一特殊主题的话语。更准确地说，并非所有的话语领域都是同等地开放和可进入的；有一些是属于被禁止的区域，另一些则是对所有人都开放，没有任何预先的限制。"②

福柯描述了四种此类限制规则。首先是我们称之为"仪规"（ritual）的那些规则："仪规确定了说话者的个体特征和约定角色。"③ 其次是"话语资格"（the fellowship of discourse）方面的规则："它的作用是保存或再生产话语，但目的是使话语按照严格的规则只在一个封闭的社群中流传。"④再次是"信条"（doctrine）方面的规则：它通过某些特定的陈述且以这些陈述为基础来分辨言说主体，将后者划分为正统和异端；反过来，它又以言说主体为基础来分辨陈述，将后者区分为可接受的和不可接受的，因为信条总是作为忠于某一阶级，某一社会或种族地位，某一民族或利益，某一斗争、反叛、抵制或接受的符号、表现和手段。最后是"话语的社会占有"（social appropriation of discourse）方面的规则：每个社会都会有一些特定的规则和机制来对知识或话语进行分配，教育就是其中最主要的一种，"每一种教育体系都是维持或修改话语占有以及其所承载的知识和权力的政治手段"⑤。

福柯指出，对话语秩序的上述认识当使我们认识到，对话语的分析应该遵循一些与传统的话语分析完全不同的方法论原则来进行。这些原则大体包括：

（1）反向原则（principle of reversal）：必须在那些传统上认为是话语源头的地方，在那些被视为具有积极作用的因素（如作者原则、求真意志

---

① Michel Foucault（1972），"The Discourse on Language"，in *The Archaeology of Knowledge*，224.

② Ibid.，224 – 225.

③ Ibid.，225.

④ Ibid.

⑤ Ibid.，227.

等）当中，辨认出对话语进行控制（切割和精选）的消极活动。

（2）非连续性原则（principle of discontinuity）：不能认为在各种话语控制机制之外本来存在着一个连续的、沉默的、未受限制的巨大话语，我们的任务就是要通过揭露那些控制机制并恢复这一话语；"话语必须被当作不连续的实践来对待，它们有时彼此共存，有时也相互排斥"①。

（3）特殊性原则（principle of specificity）：不能通过一套预先存在的意义系统来确认话语，不能想象世界本有一副清晰的面貌，我们需做的只是去对其加以辨认而已，"根本就没有先于话语的命运在按我们的喜好安排这个世界。我们必须将话语视为我们施于事物的一种暴力，或我们强加于其上的一种实践"②。

（4）外在性原则（principle of exteriority）：不要试图去挖掘话语那隐藏的内核，去揭示呈现在话语中的思想或意义的中心，而应该只是在话语本身的基础上，在它的表层和规律性上去寻找它得以存在的外部条件，寻找引发那些事件的偶然性系列以及去确定它的界限。

这四个原则可以归结为四个基本概念：事件、系列、规则性和可能性条件。与之相对的四个概念则是创造、整体、原创和意义。正如福柯在《知识考古学》里已经指出的那样，这后四个概念实际上主宰了传统的思想史。通过这些概念，人们努力去寻找创造之点，一部著作、一个时代或一个主题的统一性，个人原创性的标志，以及被隐藏之意义的无限财富。而福柯的任务，就是要通过上述四个基本原则或四个基本概念的运用，来从事和展开一种新型的话语分析工作。这种新型的话语分析工作大体上可以分成两个方面。一是"批判分析"，即通过上述"反向原则"的运用来区别和揭露前述各种话语控制规则（如排斥、限制、占有等），展示它们按照何种需要得以形成，又如何被修正和置换，它们对话语的生产、流通和分配有效地施加了哪些限制，它们又在何种程度上被影响，等等。二是"谱系学分析"，即通过前述四原则中后三个原则的运用来探讨话语系列是怎样通过、不顾或借助于这些限制系统而形成的，对它们当中的每一个来说，其具体的规范是什么，出现、发展和变化的条件又是什么，等等。这

---

① Michel Foucault（1972），"The Discourse on Language"，in *The Archaeology of Knowledge*，229.

② Ibid.

两方面的分析工作虽然在任务上有所不同，但也不可能是完全割裂的，而是相互交替、相互支持和相互补充的。

不过，在《尼采、谱系学、历史》、《话语的秩序》等文章中，福柯主要是从禁止和控制等消极方面去看待权力及权力在话语的出现、保存、分布和流传过程中的作用的，"即把权力看成本质上是一种司法机制，它制定法律，实行禁止和拒绝，产生一系列否定的效果：排除、拒斥、否定、阻碍、掩藏等"①。但到了《规训与惩罚》、《性经验史》等更晚些的著作当中，福柯的看法有了较大的变化。在这些更晚些的著作中，福柯开始认为上述这种关于权力的概念是"不充分的"，试图"抛弃《话语的秩序》中把权力与话语的关系认同为一种否定性的机制的做法"②，试图向读者表明：权力对话语形成、保存、分布和流传的作用并不完全都是通过禁止和控制之类的方式来展开的；权力（尤其是现代社会中的权力）不仅仅是一种压制性的力量，而且也可以是（并更多的是）一种生产性的、建构性的力量；权力和知识/话语之间是相互建构的。

在《规训与惩罚》、《性经验史》等著作和《两个讲座》等有关讲演中，福柯认为，伴随着西方社会从中世纪社会向现代社会转变，西方社会的权力机制也发生了一次深刻的变化。综合起来看，在中世纪，西方社会的权力观具有以下特征：

（1）强调权力的中心性。认为所有权力都是（或都应当是）围绕着一个至高无上的权力中心即国王而自上而下地形成和建构起来："在西方，权利就是国王的权利。"当我们谈到权力以及相关的法律体系等时，"涉及的总是国王，他的权利、权力和最终的极限。······在每一种情况下我们谈论的都是国王的权力"③。

（2）强调权力的法律性。认为权力主要是通过法律来加以实施，通过法律来得以保障的："在君主的独裁统治和绝对权力建立的过程中，罗马法的复活扮演了一个技术性的和参与性的角色。"④ "权力的纯粹形式存在于立法者的实践之中······它的行为方式是法律论证性的"，"人们总是将权

---

① ［法］福柯：《权力的眼睛》，严锋译，173 页，上海，上海人民出版社，1997。
② 同上。
③ ［法］福柯：《两个讲座》，载《权力的眼睛》，严锋译，229 页，上海，上海人民出版社，1997。
④ 同上。

力图解为法律的形式，并将其效果定义为服从。面对作为法律的权力，只有服从——被臣服——的人才被承认为它的臣民"①。

（3）强调权力的否定性和禁忌性。权力与其对象的关系被认为是否定性的，"如抛弃、排斥、拒绝、阻碍、隐藏或遮掩。……权力不会'干'别的，只会说不，如果它产生了什么，那么就是缺席或断裂"。而且权力总是被认为只能通过禁忌的方式来控制其对象："你不应接近，你不应接触，你不应享用，你不应体验快感，你不应开口，你应表现自己"，等等。采取的手段则无非是对各种违反禁忌的行为进行惩罚。②

（4）强调权力的统一性。权力对对象的控制方式在任何层次上都被认为是一样的。"自上而下，总体决策也好，细枝末节的干涉也好，无论它依赖于何种办法或制度，它总是以一种统一的和大规模的方式出现"；"从国家到家庭，从君主到父亲，从法庭到各种日常小小的惩罚，人们都可以找到权力的一般形式，只是规模不同而已"③。这种一般的权力形式就是犯禁和惩处、合法与不合法、统治和服从等。

福柯将具有上述特征的权力模式称为权力的"司法—话语"模式。这种模式既是中世纪西方社会的人们对权力的基本认知，在很大程度上其实也是中世纪西方社会中权力机制的主要情形。然而，大约自17世纪开始，随着社会经济形态的转型，西方社会的权力机制开始逐渐发生重大的变化。

福柯认为中世纪西方社会中的权力模式是与特定的社会历史形式相联系的。在这种特定的社会历史形式中，由于生产过程本身的组织和管理不是权力的直接任务，因此权力主要是一种"攫取"的权力，一种"把一部分财富据为己有的权力，以及向臣民勒索财物、服务、劳动和生命的权力。这里，权力首先是获取的权力：获取东西、时间、肉体和生命的权力"④。在这种社会历史形式中，人的肉体和生命对于权力而言没有直接的经济价值，相反，为了维护权力的效力，权力及其法律总是将剥夺人的生命作为其最重要的手段。它是一种通过"或者让你死或者让你活"来加以保障的权力。然而，随着资本主义生产方式的逐步发展，权力的性质也

① ［法］福柯：《性经验史》，佘碧平译，61～62页，上海，上海人民出版社，2000。
② 参见上书，60、61页。
③ 同上书，61～62页。
④ 同上书，98页。

逐渐地发生了重要的变化。在资本主义的生产过程中，对生产过程的组织和管理开始成为权力的核心任务之一。权力不再仅仅是或首先不是对已经生产出来的财富进行攫取的权力，而首先是一种生产性的权力，"是一个旨在生产各种力量，促使它们增大，理顺它们的秩序而不是阻碍它们、征服它们或者摧毁它们的权力"①。与此相应，作为生产过程的基本要素之一，人的肉体和生命对权力而言也开始具有直接的经济价值，对肉体和生命加以悉心的维护、强化、控制和管理，成为权力的主要日常活动之一。"如果不把肉体有控制地纳入生产机器之中，如果不对经济过程中的人口现象进行调整，那么资本主义的发展就得不到保证。"② 现在，权力不再是一种以死亡为主要内容的"死亡权力"，而是一种以强化和管理生命为主要内容的"生命权力"，"权力的主要作用是确保、维护、强化、增加生命和理顺生命的秩序"，"权力的最高功能从此不再是杀戮，而是从头到尾地控制生命"，"以君主权力为代表的旧的死亡权力现在被对肉体的管理和对生命的有分寸的支配小心翼翼地取代了"③。随着权力性质的这种转变，权力的主要运作机制或技术手段也逐渐地发生了转变。④ 权力性质的这种转变要求一种既能够提高人们的劳动力和活动性能、提升他们的生命价值而又不至于使他们变得更加难以驾驭的权力机制或技术。这种机制或技术不可能单纯只靠以往那种以国家机器为中心、以法律为主要形式、以禁止为主要内容的权力体系来提供，而必须要在这种传统的权力体系之外来加以构成。自 17 世纪以来，这种新的权力机制或技术确实逐渐地产生出来了。它有两种主要的形式。其中之一（也是首先形成的技术）是人体的"规训"技术，它是以被视为机器的肉体为中心而形成起来的，"如对肉体的矫正、它的能力的提高、它的各种力量的开发、它的功用性和顺服性的同步发展、它被整合进有效的经济的控制系统之中，所有这些都是由具有规训特点的权力程序来保障的"⑤。福柯将这种规训技术称为"人体的解

① ［法］福柯：《性经验史》，佘碧平译，98 页，上海，上海人民出版社，2000。
② 同上书，101～102 页。
③ 同上书，99、101 页。
④ "在 17 和 18 世纪，我们看到一种重要的现象的产生，一种新的权力机制的出现或者说发明，这种权力机制拥有高度特殊的技术程序、全新的工具，完全不同的机器。"（［法］福柯：《两个讲座》，见《权力的眼睛》，严锋译，237～238 页，上海，上海人民出版社，1997）
⑤ ［法］福柯：《性经验史》，佘碧平译，100 页，上海，上海人民出版社，2000。译文略有改动。

剖政治"。另一种技术则是人口的调控技术。"它是以物种的肉体、渗透着生命力量并且作为生命过程的载体的肉体为中心的，如繁殖、出生和死亡、健康水平、寿命和长寿以及一切能够使得这些要素发生变化的条件；它们是通过一连串的介入和'调整控制'来完成的。"① 福柯将这种技术称为"人口的生命政治"。肉体的规训和人口的调控构成了生命权力机制展开的两极。与传统的"司法—话语"权力模式相比，由这两种新的权力形式所构成的权力模式具有许多完全不同的特征。在这种权力模式中：

（1）权力不再是某种可以获得的、夺取的或分享的东西，不是某种可以保留或丧失的东西，不是一种所有权。权力只是众多的力量之间的关系，是这些不平等的力量之间相互作用的产物。"权力不是一种制度，不是一个结构，也不是某些人天生就有的某种力量，它是大家在既定社会中给予一个复杂的策略性处境的名称。"② 因此，不要试图去"寻求谁拥有权力和谁被剥夺了权力；也不应寻求谁有认识的权力和谁被迫处于无知状态之中"，而"应当探求各种力量关系在相互作用过程中所隐含的变动图式"③。

（2）权力（或更准确地说：权力关系）不是通过法律系统来实现的，而是通过一系列的技术或策略来实现的。因此，这种权力关系并不是一种外在于其他形式的关系（经济过程、认知关系、性关系等），而是内在于这些关系当中的东西，"它们是在此产生出来的分享、不平等和不平衡的直接结果"④。与此相应，这种权力也不再主要是否定性和禁止性的，而主要是生产性的。它们通过对人们的肉体、灵魂、话语的强化和生产而非禁止和限制来发挥自己的作用。"权力能够生产。它生产现实，生产对象的领域和真理的仪式。个人及从他身上获得的知识都属于这种生产。"⑤

（3）权力不是来自于宏观社会结构的某个中心（国家机器），而是"来自下层"，来自于微观世界中无数异质的局部领域（家庭、工厂、学校、军队、修道院、监狱、医院等）。这些起源互不相同的权力及其机制

---

① ［法］福柯：《性经验史》，佘碧平译，100 页，上海，上海人民出版社，2000。
② 同上书，67～68 页。
③ 同上书，72 页。
④ 同上书，68 页。
⑤ ［法］福柯：《规训与惩罚》，刘北成、杨远婴译，218 页，北京，三联书店，1999。

不是完全同质的东西，其"原则和普遍基础不是统治者与被统治者之间的整体的二元对立"①，而是各"有自己的历史，自己的轨道，自己的技术和战略"②。因此，在考察这种权力关系时，"重要的不是要推算权力从中心朝向基层的渗透程度，不是要推算它怎样在社会最微小的元素层面对自己进行再生产的程度；而是应该分析权力的不断升级，它从无限小的机制开始……然后看这些权力的机制怎样被不断一般化的机制和不断普遍化的支配所投入、殖民化、利用、卷入、改变、转移、扩展，等等"③。对于这种权力来说，也不可能存在一种能从总体上对其加以"根本拒绝"的基地，存在着的只能是无数细小的、既相互联系又相互区别的阻力点。

（4）权力是通过网状的组织来运作和实施的。"权力并不在独占权力的人和无权而顺从的人之间制造差异。权力可以看成是在循环的过程中，具有一种链状的结构。它从不固定在这里或那里，不是在某某人的手中，不像商品或是财富。权力是通过网状的组织运作和实施的。个人不仅在权力的线路中来回运动，他们同时也总是处于实施权力的状态之中。他们不仅是被动接受的对象，他们也是发号施令的成员。"④ 在这种网状的权力结构中，权力关系既是有意向性的（有个人的意向过程参与其中）又是非主观的（不是作为主体的个人选择或决定的后果）。"既不是统治阶层、控制国家机构的集团，也不是手握最重要的经济决策大权的人控制着在社会中起作用的整套权力网络。"⑤ 个人只是权力的效应以及权力的运载者。

权力的这种"微观物理学"模式或"策略"模式对资本主义的发展起了重大的推动作用。"假如像权力机构这类庞大国家机器的发展为生产关系提供了保证，那么18世纪所发明的作为社会机体各个层面无所不在的和被不同的机构（家庭或军队、学校或警察、个人医疗或集体管理）使用的解剖政治和生命政治概念，在经济过程及其发展和维持经济发展的力量

---

① ［法］福柯：《性经验史》，佘碧平译，68页，上海，上海人民出版社，2000。
② ［法］福柯：《两个讲座》，载《权力的眼睛》，严锋译，233页，上海，上海人民出版社，1997。
③ 同上书，233页。
④ 同上。
⑤ ［法］福柯：《性经验史》，佘碧平译，69页，上海，上海人民出版社，2000。

方面发生了效应。"①

　　随着权力机制的转型，权力与知识/话语之间的关系以及权力在知识/话语出现、保存、分布和流传过程中的作用方式也逐渐发生了重大变化。权力不再像以往那样主要通过禁止和否定的形式来控制知识/话语的出现和分布，而是直接成为知识/话语的生产者和建构者。在这种新的权力运作机制中，权力的实施必须要以一系列有关对象和过程的知识/话语的形成与使用为手段。这些相关知识/话语的形成与使用是权力关系和权力机制的内在组成部分。没有这样一些知识/话语的形成与使用，权力就无法有效运作。因此，这些权力关系的实施或实现过程，必然同时也就是相关知识/话语的形成和使用过程。权力通过知识/话语的直接生产来对知识/话语的形成、保存、分布和流传发挥作用。具体来说：

　　第一，特定领域中的权力关系为特定知识/话语的形成提供了可能的认识对象。例如，"如果性经验成为一个认识的领域，那只是因为权力关系使之成为可能的研究对象"；当然，反过来看，"如果权力能以其为对象，这是因为认知的技术和话语的程序能够塑造性经验"②。

　　第二，特定领域中的权力关系也为特定知识/话语的形成提供了必要的条件和途径。实际上，权力实施的某些程序和技术，同时也就是相关知识/话语形成的程序和技术。例如，在"规训"权力的实施过程中，对规训过程进行检查的程序和技术就同时也形成了一大批按人头、按时间汇集的详细档案资料，从而使把普通个人当作描述、分析和比较对象的各种"人的科学"（临床医学、精神病学、教育学、犯罪学、社会学、经济学等）成为可能（在这之前，只有那些帝王将相或英雄人物才能够成为书写的对象）。

　　由此可见，在现代社会中，权力是通过"制造"或"生产"知识来对知识/话语的形成、保存、分布和流传发挥作用的。指出现代社会中权力对知识/话语的这种生产性、建构性关系，是《规训与惩罚》、《性经验史》（第一卷）等福柯晚期著作中的基本目的。

---

　　①　［法］福柯：《性经验史》，余碧平译，102 页，上海，上海人民出版社，2000。
　　②　同上书，71 页。

三、福柯前后期话语分析理论之间的对立及其消解之道

综合上面的描述，我们可以看到，福柯的话语分析理论至少前后分别有两个非常突出然而却相互对立、相互冲突的倾向或特征。

福柯前期的话语分析理论突出强调了话语的自主性和建构性。这在《临床医学的诞生》、《词与物》以及《知识考古学》这几部早期著作中表现得特别明显。①

在福柯的《词与物》一书中，对于话语的自主性有过一个很好的说明。福柯此书的一个重大特点就是突出"知识型"②本身在人们的认知过程中所具有的自主性。这种自主性甚至超越了权力或利益对人们认知过程的影响作用，使得本来属于不同社会集团、具有不同利益并在一些具体问题上持不同观点的人们都不得不采用完全相同的知识型来思考问题。例如，在讨论到古典时期财富分析领域中重农主义和功利主义这两种对立观点之间的关系时，福柯指出，虽然在一定意义上我们可以说重农主义观点反映了地主阶级的利益，功利主义观点反映了商人和企业主阶级的利益，因此，"属于某个社会集团"这类事实总是可以在一定程度上说明某些人为什么会选择这一思想体系而不选择另一些思想体系；但是，无论一个人（出于自身的阶级利益）最终选择了哪个思想体系（重农主义或功利主义），这个体系本身得以形成和被思考的条件却并不在于这个集团的存在，而是在于某个特定知识型的存在。尽管重农主义和功利主义之间存在着诸多对立，但这两种观点之间事实上却拥有一些共同的理论因素和基本命题，例如：所有的财富都诞生于土地；物品的价值与交换联系在一起；货币的价值就是作为流通中财富的表象；流通要尽可能地简单和完整；等等。这种理论因素和基本命题方面的相通正是基于双方属于同一个知识

---

① 在福柯早期的著作中，虽然也指出过各种社会经济条件（或"非话语实践"）对话语/知识形成和变化的影响，但总的来说，话语/知识的自主性还是其中的主旋律。而且，从《疯癫与文明》到《词与物》、《知识考古学》，这一主旋律一直呈逐渐强化之势。

② 当然，在福柯那里，《词与物》一书中的"知识型"概念和后来《知识考古学》一书中的"话语（构成）"概念在内涵和外延上并不一致。

型，只不过这些相同的要素和命题被争论双方"安排进相反的秩序之中"①。马克思主义的"革命经济学"与李嘉图等人的"资产阶级经济学"之间的关系也是如此：虽然二者之间存在着诸多对立，代表着不同的阶级利益，但双方却同属于一个知识型②。它们之间（以及重农主义和功利主义之间）的对立和争论本质上只是同一种知识型内部两种立场之间的对立和争论，并且，正是因为同属于一个知识型，二者的形成及对立才得以可能。据此，福柯提出，在对思想史进行考古学研究时，"我们必须仔细地区分两个研究形式和两个研究层面。第一个将是研究诸多见解，以知晓在18世纪谁是重农主义者，谁是反重农主义者；有关的旨趣或利益是什么；争论的要点和论据是什么；为权力而进行的斗争是如何展开的。第二个并不考虑有关的人物及其历史，而是在于定义这样的条件，即从这些条件出发，我们就有可能以连贯和同时的形式去思考'重农主义的'知识和'功利主义的'知识"③。福柯当时认为，第一种分析正是人们通常所做的那种分析，"属于老生常谈"，没有什么新意；只有第二种分析才属于知识考古学要作的分析。

话语的建构性则是贯穿于福柯早期著作中的一个基本思想。

首先，在福柯那里，话语不再被视为对某种纯粹外在于话语、先于话语而存在的东西的表达或再现。在《疯癫与文明》、《临床医学的诞生》、《词与物》等书中，福柯就已经比较明确地提出了像精神病学话语、临床医学话语、语言学话语、生物学话语和经济学话语等话语都并非是对某种一直现成地存在于那里等待着我们不断去增进了解的自然现象的反映或再现，相反，它们只不过是在特定的历史时期中由特定的话语实践而建构起来的一些特定的知识形态。此外，也根本就没有什么纯粹外在于、先于话

---

① ［法］福柯：《词与物——人文科学考古学》，莫伟民译，265页，上海，三联书店，2001。

② "虽然马克思主义与'资产阶级的'经济学理论相对立，虽然在这个对立中，马克思主义设想了一种对大写历史的彻底改变来反对这些'资产阶级的'经济学理论，但这个冲突和这个设想的可能性条件，并不是重振整个大写的历史，而是这样一个事件，即整个考古学都能确切地确定这个事件的位置，并且这个事件已经按照相同的模式同时规定了19世纪的资产阶级经济学和革命经济学。它们之间的争论徒劳地激起了某些波浪并构成了表面的涟漪：这些只是小孩涉水潭中的风暴。"（［法］福柯：《词与物——人文科学考古学》，莫伟民译，340～341页，上海，三联书店，2001）

③ 同上书，266页。

语而存在的话语对象，所有的话语对象实际上都是由特定话语建构出来的。例如，"疯癫"就并非是种先于和外在于话语、一直在那里等待着人们去增进了解的自然现象，而是在历史过程当中由不同的话语实践建构起来的"对象"。在不同的时代，人们曾经把疯癫建构成性质不同的对象。同样，"人"、"人体"也不是一种完全外在于和先于话语而存在的现象，而是在特定历史时期中由临床医学等特定的话语所建构出来的一种话语对象。"人只是一个近来的发明，一个尚未具有 200 年的人物，一个人类知识中的简单褶痕"①；"人"只是知识之基本排列在现代时期发生变化的结果，"假如那些排列会像出现时那样消失，假如通过某个我们只能预感其可能性却不知其形式和希望的事件，那些排列翻倒了，就像 18 世纪末古典思想的基础所经历的那样——那么，人们就能恰当地打赌：人将被抹去，如同大海边沙地上的一张脸"②。在《知识考古学》一书中，福柯更是明确地指出，没有什么在话语之外或之前就存在的纯粹"客观"的对象，任何陈述或话语所指涉的对象不仅都是由这些陈述或话语本身建构起来的，而且其范围和界限也往往是变动不居、充满着"差异、间隙、替代和转换的游戏"③ 的；话语的对象并不是那种被某种障碍阻挡在光线的边缘、等待着被人们去揭示的存在。话语对象"不能混同于语言学家所说的指称物——被语词符号指称的实际事物。话语不是关于对象的，更确切地说，倒是话语构成了对象"④。标志着某种话语（如 19 世纪的精神病话语）出现的因素之一不是某种被发现的新对象，而是这个话语借以形成它的对象的那种方式。

其次，在福柯那里，话语的陈述主体也同样不是某种在话语之外、先于话语而存在的东西。福柯明确指出：不能把陈述的主体归结于说出或写出这句话的个体（即我们通常所认为的"作者"）。虽然，一个符号系列要能够存在的话，就必须要有一个"作者"，但这个"作者"并不就等于陈

---

① ［法］福柯：《词与物——人文科学考古学》，莫伟民译，13 页，上海，三联书店，2001。
② 同上书，506 页。
③ ［法］福柯：《知识考古学》，谢强、马月译，46 页，北京，三联书店，1998。
④ ［英］谢里登：《求真意志：福柯的心路历程》，尚志英、许林译，129 页，上海，上海人民出版社，1997。福柯还指出，由于话语对象的形成取决于一系列复杂苛刻的条件，因此，形成一个新的话语对象是件非常不容易的事情。光是"睁大眼睛，集中注意力或有悟性是不足以使新对象马上就闪耀并在地平线上发出曙光的"。

述的主体。例如，当某人阅读由他人撰写的文章或演员背诵由剧作家撰写的台词时，作者与陈述主体之间就是分离的；当同一个作者在某部小说中以不同方式（例如从外部提供一个故事，或者以一个匿名的、不可见的、中性的见证人的形式来进行描述或者以内心独白的形式来讲述某人默默经历的事情等）来进行陈述时，这些陈述的主体也是各不相同的；在一篇数学论文中，序言里那些解释为什么要写这篇论文、使用什么方法做这项研究等问题的陈述，与正文中引用某个定理的陈述，虽然都为同一作者所写，但其主体却是完全不同的（可见同一个"作者"可以在同一陈述群中轮流占据不同的位置、充当不同的主体角色）。事实上，陈述主体也是由话语建构出来的。"陈述主体是一个可由不同的个体来加以填充的特殊的、空白的位置"，"这个位置不是被一次性地永久界定下来并始终维持在某个文本、书或作品之中，而是在变化——或者宁可说它具有足够的可变性以使自己或者贯穿几个句子保持不变或者随着每一个句子的变化而变化"①。如果一个命题、一个句子、一组符号可以被称为"陈述"，那不是因为某天有某个人碰巧说出了它们或使它们进入了某种具体的书写形式，而是因为其主体的位置可以被确定。因此，"要描述一个作为陈述的表达，并不在于要去分析作者和他所说的东西（或者他想说、或者已说出但并不情愿说的东西）之间的关系，而是要去确定任何个体若想成为它的主体而能够和必须占据的位置"②。

可见，与人们通常对话语所作的理解不同，对福柯来说，无论是话语的陈述对象还是话语的陈述主体，都不是一种先于话语而存在的东西。它们都是由人们通过特定的话语实践、按照特定的话语构成规则建构起来的。在福柯这里，不是作为言说主体的人运用话语来再现和表达某种纯粹在话语之外、先于话语而存在的东西（纯粹客观的外部现实、言说者的主观意识、言说者对他人行动的期待等），而是特定的话语建构了它自己的言说对象和言说主体，规定了谁是言说者、他可以说什么、以什么方式说以及可以用哪些概念来说，等等。福柯早期的这些思想与 20 世纪西方哲学与人文社会科学领域中逐渐兴起的"话语建构论"思想显然具有相当大的一致性。

---

① Michel Foucault（1972），*The Archaeology of Knowledge*，Pantheon Books，95.
② Ibid.

福柯的上述思想对于话语分析有着重要的意义。福柯以前的话语理论大多以以下两个基本假设为前提：（1）有某种纯粹在话语之外、先于话语而存在的言说对象（纯粹客观的外部现实、言说者的主观意识、由共同认可的社会规范所确定的相互期待等）①，话语就是对这些纯粹在话语之外、先于话语而存在的东西的表达或再现；（2）有某种纯粹在话语之外、先于话语而存在的言说主体（言说者），话语只不过是这些言说者用来对自己所意识到的那些话语内容（纯粹客观的外部现实、言说者的主观意向、言说者的相互待等）进行表达的工具。总而言之，话语既非一种自主存在的东西（它的存在和变化受作为言说主体的言说者的控制），亦非一种具有建构作用的东西（它只是对在它之外、先于它而存在的东西的表达或再现）。显然，福柯的上述话语建构论思想对当代的话语分析理论有着重要的启示价值。②

然而，与其早期的思想非常不同的是，福柯晚年的权力—话语分析理论则特别强调了话语和权力之间的关联性，尤其是权力对于话语的优先地位和支配作用。

表面上看，晚年福柯虽然多次说过权力和知识/话语之间是一种相互建构的关系，但仔细阅读福柯的著作后，我们却会产生这样一种印象：在福柯的著作中，就权力与知识/话语之间的相互关系而言，无论是从时间上看还是从逻辑上看，权力对于知识/话语都具有一种优先性。从时间上看，某种权力的产生和变化似乎总是优先于与这种权力技术相对应的知识/话语的产生和变化，知识/话语总是作为某种权力技术的结果或效应而产生和变化的；从逻辑上看，在已经形成的权力—知识体系当中，权力相对于知识/话语也始终具有一种优先地位或支配地位。

从福柯晚年的著作和有关谈话中找到的许多言语都能在不同程度上印证我们的上述印象。

例如，在《规训与惩罚》一书中，福柯就曾多次非常明确地表述了

---

① 在西方传统话语观中，"话语"被看作或者是（1）对客观现实的一种再现（具有认识客观现实的功能：以言达义）；或者（2）对言说者主观世界的一种表达（具有表达言说者之主观世界的功能：以言表意）；或者（3）人和人之间进行社会交往的一种工具（具有在接受共同社会规范的不同言说主体之间实现交往的功能：以言行事）。

② 关于此点，可以参看费尔克拉夫在《话语与社会变迁》（殷晓蓉译，北京，华夏出版社，2003）第2章中的有关论述。

"权力制造知识"、"权力造就了知识"、知识不过是权力的"效应"、知识随着权力技术的变化而变化等等观点。譬如，在第一章后面部分谈及权力和知识之间的关系时，福柯就明确提出我们应该完全抛弃以往那种传统的想象，即以为权力和知识是两个独立的领域，因此"只有在权力关系暂不发生作用的地方知识才能存在，只有在命令、要求和利益之外知识才能发展"，"权力使人疯狂，因此弃绝权力乃是获得知识的条件之一"。福柯明确地主张："权力和知识是直接相互连带的；不相应地构建一种知识领域就不可能有权力关系，不同时预设和建构权力关系就不会有任何知识。因此，对这些'权力—知识关系'的分析就不应建立在'认识主体相对于权力体系是否自由'这一问题的基础上，相反，**认识主体、认识对象和认识模式应该被视为权力—知识的这些基本连带关系及其历史变化的众多效应**。总之，不是知识主体的活动产生某种有助于权力或反抗权力的知识体系，**相反，权力—知识，贯穿权力—知识和构成权力—知识的过程和斗争，决定了知识的形式及其可能的领域**"[①]。

在《规训与惩罚》一书中，福柯还明确指出，"知识"或者"话语"的对象其实首先是作为权力的对象而出现的，它们其实只是由于首先成为权力的对象然后才成为"知识/话语"的对象（因为权力或权力关系的运作与实施需要借助于"知识/话语"）。譬如在现代社会中，作为干预和改造对象的人的"灵魂"首先就是作为权力的对象而产生出来的。"由于一种权力的运作，它（人的灵魂）不断地在肉体的周围和内部产生出来。……它体现了某种权力的效应、某种知识的指涉、某种机制。借助这种机制，**权力关系造就了一种知识体系**，而知识则扩大和强化了这种权力的效应。围绕着这种'现实—指涉'，人们建构了各种概念，划分了各种分析领域：心理、主观、人格、意识等。围绕着它，还形成了具有科学性的技术和话语以及人道主义的道德主张。"[②]

在讨论作为规训权力机器的"全景敞视建筑"的效应时，福柯也明确指出，正是由于这种建筑所特有的观察机制，人们才获得了深入观察人们行为的一种途径，从而才使得对"人"的深入研究成为可能。可见，正是**"随着权力取得的进展，知识才取得进展"**；正是**"在权力得以施展的事物**

---

① ［法］福柯：《规训与惩罚》，刘北成、杨远婴译，29～30 页，北京，三联书店，1999。
② 同上书，32 页。

表面，知识发现了新的认识对象"①；它表明了"**任何权力的增长都可以在它们里面促成某种知识**"，并且，正是权力和知识之间的这种联系"使得在规训因素中有可能形成临床医学、精神病学、儿童心理学、教育心理学以及劳动的合理化。因此，这是一种双重进程：一方面，通过对权力关系的加工，实现一种认识的'解冻'，另一方面，通过新型知识的形成与积累，使权力效应扩大"②。

在《性经验史》一书的第一卷中，上述观点似乎表达得更为明确。在谈到性话语和权力之间的关系时，福柯非常明确地断言：18 世纪以来"这些关于性的话语从未在权力之外或在与权力对抗的情况下增殖，而是恰恰在权力的范围之内并且作为权力运作的手段"来增殖③。现代社会正是"**小心地按照权力的需要使话语增殖**"④，甚至连我们的性经验也是"通过权力的扩张而得到增殖"的⑤。"**如果性经验成为一个认识的领域，那只是因为权力关系使之成为可能的研究对象**"。正是因为各种"性话语"是由权力建构和生产出来的，因此相信存在着一种"性真理"是一件令人"感到好笑"的事情。"也许将来有一天，在另一种肉体的和快感的结构中，大家将不再明白性经验和支持性经验展布的权力怎样使用诡计让我们服从于这一严厉的性王国，并且承担起歪曲它的秘密和强迫这一幽灵做出最真实的坦白的无限任务。"⑥

在 1976 年于法兰西学院所做的一次讲演中，福柯说他当时主要关心的问题是"权力如何运作"："我试图把权力的机制与两个方面连接起来：一方面是为权力划定范围的权力的规则；另一方面则是这种权力产生和发展的真理的效应，这种真理的效应反过来又再生产权力。""我的问题是这样的：权力关系在生产真理的话语的时候，执行了什么样的权利的规则，或者，什么样的权力形态倾向于产生在我们社会具备潜在效应的真理的话语？……在我们这样的社会以及其他社会中，有多样的权力关系渗透到社会的机体中去，构成社会机体的特征，如果没有话语的生产、积累、流通

① ［法］福柯：《规训与惩罚》，刘北成、杨远婴译，230 页，北京，三联书店，1999。
② 同上书，251 页。
③ 参见［法］福柯：《性经验史》，佘碧平译，24 页，上海，上海人民出版社，2000。
④ 同上书，54 页。
⑤ 同上书，37 页。
⑥ 同上书，116 页。

和发挥功能，这些权力关系自身就不能建立起来和得到巩固。我们受权力对真理的生产的支配，如果不是通过对真理的生产，我们就不能实施权力。……我们被迫生产我们社会所需要的权力的真理，我们必须说出真理，我们被命令和强迫去承认或发现真理。权力从不停止它对真理的讯问、审理和登记：它把它的追求制度化、职业化，并加以奖励。"①

在 1977 年的一次访谈中，福柯又说到贯穿其著作的中心问题其实正是权力如何生产出"真理"的问题②。例如《疯癫与文明》一书的核心问题就是："对疯子施加的权力是如何生产精神病医生的'真实'的话语的？"同样，《性经验史》一书（至少是第一卷）的核心问题也是"对人们的'性'所施加的权力是如何生产出各种各样的性话语的"。福柯认为，通过对这些问题的研究我们发现，像"精神病学"和"性知识"一类的话语其实都不过是一些权力控制的工具而已。③

在发表于 1984 年的一次谈话中，当访谈者问"你有一个论点，说权力的策略实际上产生了知识"时，福柯也明确地回答道："在人文科学里，所有门类的知识的发展都与权力的实施密不可分。……当社会变成科学研究的对象，人类行为变成供人分析和解决的问题时，我相信这一切都与权力的机制有关——这种权力的机制分析对象（社会、人及其他），把它作为一个待解决的问题提出来。所以人文科学是伴随着权力的机制一道产生的。"④

所有这些言辞都使人不能不认为：福柯在其后期著作中想要突出强调或表达的观念，不是别的，就是权力对于知识/话语的建构或生产作用。这种权力—话语分析理论事实上已经是一种彻底的"权力建构论"，而非真正意义上的"话语建构论"；它所完成的分析其实更主要是一种"权力

---

①　［法］福柯：《两个讲座》，载《权力的眼睛》，严锋译，227～228 页，上海，上海人民出版社，1997。

②　"我要说我关心的问题从来都是一贯的：权力的效应和'真理的生产'。"（同上书，43 页）

③　同上书，36～39 页。

④　同上书，31 页。在很长一段时间里，福柯一直很谨慎地将作为权力效应的"知识/话语"类型限制在人文科学的范围之内；但在后来，他开始逐渐地承认像地理学一类"自然科学"知识/话语的形成和发展也可视为权力的一种效应。（参见上书，199～213 页）

分析"，而非一种真正意义上的"话语分析"。①

福柯晚期的权力—话语分析理论与其早期的话语分析理论之间所存在的对立和冲突主要体现在以下几个方面。

首先，在福柯早期的话语分析理论中得到突出强调的话语自主性原则在其晚期的权力—话语分析理论中遭到了彻底的否定。如前所述，在福柯早年的著述中，权力和利益只是在一个较低的话语（如"重农主义"与"功利主义"，或马克思主义的"革命经济学"与李嘉图的"资产阶级经济学"）层次上才会产生比较重要的、足以影响和左右某些话语产生和流传的作用。但在一个较高的话语（如"知识型"）层次上，话语的形成和发展则完全超越了权力和利益的影响与作用。而且，即使是在前一较低层次上的话语，其形成和发展也在相当程度上受到后一层次话语的制约，必须以后一层次的话语为前提。因此，福柯才认为对知识/话语的分析至少可以有两种方式，一是从权力—话语关联的角度去展开，二是从探讨话语的"历史先天性"前提角度展开，并且认为前者是一种老生常谈。可是，到了晚年，福柯的立场却刚好颠倒过来。当年被认为是"老生常谈"的"权力—话语分析"现在却成了福柯理论的正统信条。

其次，福柯早年关于话语建构性的思想在其晚年的权力—话语分析理论中也遭到一定程度的否定。如前所述，按照福柯早期的"话语建构论"，人们言说的对象、言说的主体都是由作为人们言说之"历史先天性"的"知识型"或"话语构型"建构起来的，而非一种纯粹给定的、先于任何话语/知识的存在而存在的实在。无疑，假如这一"话语建构论"在逻辑上要做到融贯一致的话，它所说的言说对象显然应该毫无例外地包括人们言说的一切对象，其中自然也包括"权力"这一言说对象在内。然而，假如真像晚年福柯所说的那样，在任何时候、任何地方话语都是作为权力（或权力关系）的效应而由权力（或权力关系）生产、制造或建构出来的，没有什么处于权力（或权力关系）之外的知识/话语，那么不仅话语的自主性完全被否定，话语的建构性实际上也要大打折扣。因为，它意味着至

---

① 福柯晚期在"权力谱系学"名目下所展开的权力—话语分析理论也在人文社会科学领域中产生了广泛而又深远的影响。福柯之前的话语分析（无论是语言学还是社会学等学科中的话语分析）很少探讨权力与话语之间的关系。福柯之后，话语和权力之间的关系（尤其是权力在话语的形成、保存、分布和流传过程中的支配作用）则逐渐地成为各个学科中话语分析领域的一个中心主题。

少有一种东西是处于话语的建构作用之外，这种东西就是权力（或权力关系）。

可见，在福柯早期的"话语建构论"立场和晚期的"权力建构论"立场之间，存在着一种无法相容的矛盾和冲突，它们实际上属于两种取向完全不同并且相互对立的话语分析理论。对于这两种理论立场，我们无法兼而得之，必须在两者之间做一选择。

那么，到底何种选择才是比较适当的呢？

无疑，解决这一问题的关键取决于对下面这一问题的回答：到底有无可能存在着一种在时间上和逻辑上都先于、独立于"话语/知识"之外的权力？如果答案是"可能存在"，那么福柯晚期的"权力建构论"就可以成为我们的选择；反之，我们应该加以选择的就应该是福柯早期的"话语建构论"。

毫无疑问，像古往今来发生在人们之间的诸多争议一样，对于这个问题我们也无法找到一个终极性的答案。但作为一项个人的选择，笔者倾向于"话语建构论"。从 20 世纪的哲学社会科学所取得的理论成果来看，在目前的知识情境下，"话语建构论"显然具有更多的理据。正如笔者在《走向"多元话语分析"：后现代思潮的社会学意涵》一文中所归纳的那样，20 世纪初期以来西方众多哲学社会科学家都自不同的领域，从不同的角度，以不同的理据否定了传统的"给定实在论"，指出包括"外部实在"、"主观意识"和"社会世界"在内的所有对象世界无一例外都具有话语建构的性质。例如，波普尔、库恩和费也阿本德等人就明确指出过作为科学家们研究对象的世界其实并非一种纯粹"自然"或"给定"的世界，而是由科学家们所采用的理论"范式"建构出来的。在不同范式之下从事研究工作的科学家们，所面对的实际上是完全不同的世界，它们拥有完全不同的组成成分、结构联系以及运行规律。例如，在亚里士多德的信徒们生活和工作的世界里，不会有"摆"这样的东西存在，也不会有关于"摆"的所有那些"客观规律"存在；在道尔顿之前，化学家们生活和工作的世界，无论其成分、关系以及规律也都与道尔顿之后的世界大不相同；在欧氏几何学所描述的世界当中永远不可能有"内角之和不等于 180度"的三角形，这样一个三角形只有在非欧几何学描述的世界当中才能被确认为一种"客观现实"；等等。拉康和罗蒂等人则试图否认人的主观精神世界的给定性质。拉康试图确认人的"无意识"的语言性，试图表明人的"无意识"其实也是由话语（或文本）建构起来的；罗蒂甚至认为作为西方近现代哲学（尤其是认识论哲学）之讨论对象的"心"及其运作规律（如感性经验如何被综合成为理性的概念与命题等）也根本不是一种纯粹的给定之物，而完全是由笛卡儿、洛克和康德等人的哲学话语建构起来的一种东西。加达默尔和德里达等人则更是全面地否定"给定实在论"。加达默尔明确指出无论是作为我们理解、诠释之对象的"意义"世界还是作为自然科学探究之对象的"自然"世界，都不是一些"只需我们坚守的固定而自在的对象"，一种我们能够从人类语言世界之外的某个方位出发去遭遇的"自在存在的世界"[①]；"世界就是语言地组织起来的经验与之相关的整体"，"世界自身所是的东西根本不可能与它在其中显示自己的观点有区别"，"一切认识和陈述的对象都总是已被语言的世界视域所包围"，因此，"能被理解的存在就是语言"，"能被理解的东西只是语言"，"谁拥有语言，谁就'拥有'世界"[②]。德里达则特别强调书写"文字"及"文本"的地位和作用，指出文字不仅不是言语的再现而且还是言语和思维的前提；在有文字的时代，我们意欲通过理解过程去把握的一切（言语、经验等）实际上都是由特定的文字而建构起来的，人们不通过文字便无法思维和言说，"文字既构造主体又干扰主体"[③]；德里达还将自己的文本主义思想简练地概括为"文本之外别无他物"（There is nothing outside of the text）[④] 这句短语，指出这不仅是因为只有通过各种文本我们才能够接近各种所谓"现实"，而更主要的是因为作者意欲通过"文本"去表述的一切实际上都是由文本自身建构起来的，因此这些文本就不可能是其之外某种纯客观事物的再现：在各种"文本"作者的现实生活中，在被定义为他们的著作的东西之外和背后，"除了文字之外别无他物；除了替补、除了替代的意义之外别无他物。······绝对的呈现、自然、'真正的母亲'这类的语词所表示的对象早已被遗忘，它们从来就不存在"[⑤]。

上述这些观点在当代知识界几乎已经成为常识。显然，按照这些观

---

① ［德］加达默尔：《真理与方法》，洪汉鼎译，580、616 页，上海，上海译文出版社，1992。
② 同上书，580、584、588、615 页。
③ ［法］德里达：《论文字学》，汪堂家译，97 页，上海，上海译文出版社，1999。
④ J. Derrida（1976），*Of Grammatology*，Translated by G. C. Spivak，Baltimore：The Johns Hopkins University Press，158.
⑤ ［法］德里达：《论文字学》，汪堂家译，230 页，上海，上海译文出版社，1999。

点，在这个世界上是不可能存在这样一种在时间上和逻辑上都先于、独立于"话语/知识"之外或之前的权力的：假如"文本之外"真是"别无他物"，那么在这"别无"之物当中，自然也应该包括"权力"这一项。从文本主义的角度来看，所有的权力（无论是统治或治理的权力还是反抗的权力）都不应该也不能够是外在于文本的东西。所有的权力都应该是也只能是内在于某一特殊文本当中的，都是由文本建构起来的，而不是相反。不应该说"知识/话语/文本"是权力的效应，相反，而应该说权力是特定"知识/话语/文本"的效应。"知识/话语/文本"并不像福柯常说的那样，完全受权力的支配，"知识/话语/文本"不仅有着自己相对的独立性，而且反过来，权力还要受到"知识/话语/文本"的支配。① 权力［无论它在韦伯那里被界定为一种可以不顾他人的阻挠来实现自己意志的能力，还是在福柯那里被界定为一种在人与人的关系当中用来对他人实施支配（或反抗他人支配）的那些行为策略的效应］，像所有曾经被看作给定性实在的那些事物一样，也都不过是一种由特定话语所建构出来的现象。而且，特定的权力和特定的话语系统相联系，是由这特定的话语系统所赋予的，而不是相反。例如，在现代社会中，科学家、教授、医师、工程师等所谓"专家"的权力是由"理性主义"或"科学主义"一类的话语系统所赋予的，资本家的权力是由"自由主义"的话语系统所赋予的，科层体制中上级对于下级的权力则是由"功利主义"的话语系统所赋予的，现代社会中"正常人"对于"精神病人"的权力是由"精神病学话语"所赋予的，等等。从这样一种立场和角度来看权力和知识/话语之间的关系，我们就能够对权力以及知识/话语的形成和变化获得一种富有潜力的新理解。当然，关于这一点，我们还需作出更进一步的分析和说明。但以笔者目前的水平和能力，我们的讨论就只能进行到此为止。

---

①　在某种程度上。这一基本观点上的冲突也正是导致福柯和德里达之间围绕着《疯癫与文明》一书产生激烈争论的重要原因之一。关于这场争论，具体参见［法］德里达：《我思与疯狂史》，载《书写与差异》，张宁译，北京，三联书店，2001；［法］福柯：《我的身体，这纸，这火》，尚恒译，见杜小真编：《福柯集》，上海，远东出版社，1998；［法］福柯《答德里达》，董芳译，见杜小真编：《福柯集》，上海，远东出版社，1998；Boyne, R. (1990), *Foucault and Derrida：The Other Side of Reason*, London：Unwin Hyman；陆扬：《后现代性的文本阐释：福柯与德里达》，上海，三联书店，2000；等等。

| 第九章 | # 多元话语分析：社会分析模式的新尝试 * (代结语) |

本章摘要："话语分析"就是要对那些已经实际说出来的东西到底是以一些什么样的方式以及按照什么样的规则被说出和被传播的过程加以分析。多元话语分析就是要从多元主义的立场来进行话语分析。倡导多元话语分析的一个主要目的是为了消除以实证主义和古典诠释社会学为主要代表的传统"实在论"分析模式在社会研究中的影响。多元话语分析包括话语策略分析和话语构成规则分析等基本程序。采用多元话语分析模式来进行社会研究对我们具有多方面的重要意义。

关键词：多元主义　话语分析　社会分析模式

大家看到的这个标题"多元话语分析：社会分析模式的新尝试"是我为这次讲座专门取的。我在此讲的内

---

　　* 这是本书作者于 2008 年 6 月中旬在北京大学社会学系所做的一次同题演讲的记录修改稿。在这次演讲中，笔者简要地解说了什么是多元话语分析、为什么要在社会科学中进行多元话语分析、如何进行多元话语分析以及多元话语分析的意义是什么等问题，对于本书读者复习、理解前面各章节所涉内容有一定的参考价值。故尽管与前面部分写作风格不同，仍置于此处，权充本书的结语。

容，是我正在做的一个国家社科基金资助项目的研究成果，这个课题的名字叫"社会研究中的话语文本分析——后现代思潮的社会学意涵"。我在对后现代主义的文本进行解读的过程中，感到在后现代主义思想家的作品当中包含着一些我认为是合理的，或者说是应该被我们吸取的、应该保存下去的有价值的东西。其中最有价值的部分就是：从后现代社会思潮里面能够概括提取出一种跟以往的实证主义分析模式、古典诠释学的分析模式，还有传统的批判理论的分析模式都有所不同的新的社会分析模式。这种新的分析模式，我把它叫做"多元话语分析"。

　　"多元话语分析"这个名称是我自己取的，但是它的基本思想、内容则是我从后现代主义者的一些代表性作品中概括出来的。关于这个课题，我已经写了八篇文章。

　　第一篇是《走向多元话语分析：后现代思潮的社会学意涵》，这是一篇概论性的文章。这篇文章主要讨论了现代主义社会学的特征、局限与弊端，后现代主义社会学对现代社会学提出了什么样的挑战，我们怎么看待这种挑战，在后现代主义的文本中是否包含一些合理的成分值得我们吸取等问题。在这篇文章里，我站在和当前很多人不太一样的立场上，认为后现代主义里面应该还是有很多思想是值得我们吸取的，有很多可以开阔我们视野的东西，其中最重要的东西就是"话语建构论"和"多元主义"这两个观点。我把这两个方面的内容结合起来，概括成"多元话语分析"这样一种新的社会研究模式。在这篇文章里面我对多元话语分析的基本特征作了一个概要的描述。

　　之后我又写了几篇，其中有三篇进一步举了一些例子来解说《走向多元话语分析》这篇文章中提出的"多元话语分析"模式是怎样一种分析模式，如果我们用它去做社会研究的话，应该怎么做。这三篇文章，一篇是以自杀研究为例，来图解、具体说明多元话语分析对我们从事自杀一类个体行为的经验研究有什么作用。再一篇则是以社会分层现象的研究为例。社会分层是社会结构的一个方面，社会分层研究是关于社会结构的研究，以社会分层为例来看多元话语分析在社会学中的作用，就是想具体说明在社会结构层次的研究中多元话语分析有什么特点，跟传统的实证主义研究模式、诠释学模式和传统的批判理论相比较能够得出一些什么样不同的结果。自杀是个体行为层次上的现象，社会分层是社会结构层次上的现象，但不管个体行为方面的研究还是社会结构方面的研究，都还只是通常所说的静态社会学方面的研究。社会学里面还有很大的一块内容是关于社会变迁的，即所谓动态社会学方面的研究。所以第三篇文章就是想以现代化研究为例来看一看多元话语分析在社会变迁这样一种所谓动态社会学的研究领域中会具有什么样的特点，如果我们用多元话语分析这种模式来分析社会变迁过程又会得到一些什么样的与传统研究模式相比有所不同的研究结果。因此这三篇文章分别从个体行为的研究、社会结构的研究和社会变迁的研究三个层次来探讨多元话语分析的特点，探讨用多元话语分析来指导我们个体行为层面的经验研究、社会结构层面的经验研究以及社会变迁领域的经验研究（或者其他任何一种社会现象，如吸毒研究、农民工研究、家庭研究、组织研究等）会有什么样的结果。

第五篇文章是在《中国农业大学学报》上面发表的，即《结构—制度分析，还是过程—事件分析？——从多元话语分析的角度看》。这篇文章从多元话语分析的立场、视角来看待这几年在中国社会学研究领域中出现的两种分析模式，尝试从多元话语分析的视角来分析这两种分析模式的关系如何，它们有什么样的优缺点，我们如何看待这两种模式之间的争论。

还有一篇刚发表在《江海学刊》。他们本意是要我写一篇关于中国研究方法论的文章，我就尝试着从多元话语分析的视角来看中国研究，从多元话语分析的角度来看当前的中国研究有什么样的局限，从多元话语分析的视角看，中国研究有什么样的一个话题可以作为我们新的开始。文章从梁漱溟和毛泽东的争论开始讨论。毛泽东代表了马克思主义的说法，即坚定地认为中国社会是一个阶级社会，自古以来就是一个阶级社会，所以我们要搞阶级斗争，要搞革命，要搞无产阶级专政，有一整套的分析模式。梁漱溟则有他自己的看法，他认为中国不是阶级社会，不应该搞阶级斗争，应该走另外一条道路，他叫做乡村建设，认为中国应该走乡村建设的道路。所以，在梁漱溟那里，乡村建设不是一个简单的农村发展的问题，它实质上是探讨在现代化发展过程中中国的现代化应该怎么走。在现代中国的环境中，中国的社会发展是应该通过阶级斗争来实现一种跨越呢，还是要通过其他的道路？梁漱溟认为中国不是阶级社会，搞阶级斗争是没有出路的，必须要走另外一条道路，也就是乡村建设。通过乡村建设，通过恢复传统儒家的一些理念才能够使中国走上一条繁荣的道路。他提出了一套与毛泽东完全不同的理论和实践模式。对于这两个人之间的争论，我们怎么看？这篇文章从这个问题说起，试图从多元话语分析的视角来看待他们之间的争论。

第七篇是 2008 年在北京大学与台湾南华大学组织的海峡两岸社会学理论研讨会上宣读的一篇文章——《从多元话语分析的角度重新看待布鲁默的符号互动主义》，试图从多元话语分析的视角看布鲁默的符号互动主义有什么样的局限。这篇文章在《社会理论学报》上发表。

第八篇文章讨论福柯的话语分析理论。福柯的话语分析在西方学术界很有影响。话语分析在西方学术界首先是在语言学、传播学、新闻学和社会学里面的一派——常人方法学等领域里产生和流行起来的，刚开始时对其他社会科学比如政治学、经济学、社会学的影响并不大，但到现在几乎西方所有的社会科学都受到了话语分析的影响。话语分析从只是语言学等学科里面的思想发展到影响其他所有社会科学领域，很大程度上是因为福柯（尤其是福柯早期）的研究。我们一般把福柯的思想历程分为三个阶段：第一个阶段是所谓的知识考古学，第二个阶段是权力谱系学，第三个阶段是自我技术理论。这三个阶段都与话语分析有关，第一个阶段是最典型的。他的"知识考古学"可以说就是话语分析的一种新模式。福柯在《知识考古学》这本书里面要分析的主要对象就是话语构型（discourse formation），即用来引导支配人们怎么去说话，用来支配引导一个社会的话语如何生产、流通、分配的那些规则，他称之为话语构型（在他更早的作品——《词与物》——中，称为认知型、知识型）。他前期的一些著作，像《疯癫与文明》、《临床医学的诞生》、《词与物》、《知识考古学》这四本书，都是在讨论话语构型问题。前三本书是他的案例研究（经验研究），类似涂尔干的《社会分工论》、《自杀论》，是研究具体的社会现象，对福柯而言是研究具体的话语构型。《知识考古学》则相当于涂尔干的《社会学研究方法论》，是要讨论福柯在前三本书里面所运用的方法是什么，他把这个方法叫做"知识考古学"。在《词与物》和《知识考古学》这两本书里面，尤其是在《知识考古学》里面，他把他的分析方法讲得很细致。到后期，他就开始走向权力分析。权力分析与前面的话语分析也是相关的。在前期他认为是话语构型支配着话语的生产、流通、分配，他没有重点讨论话语构型的产生和变化本身受什么影响，虽然也涉及了，但谈得不多。后期他把研究重点放在支配话语构型产生、变化的重要因素——权力上。他后期研究权力谱系学，提出"权力—知识"连带这么一个新的概念，认为任何知识、话语构型背后都有权力，是某种权力影响了话语。这篇文章即侧重讨论了福柯前期的知识考古学和他后期的权力谱系学之间的关系，认为它们之间存在一定的矛盾。我试图从多元话语分析的角度来看这个矛盾，提出一些修补的建议。

到目前为止，我只写了这八篇文章，但应该还有一些文章更具体地去讲什么是话语分析，什么叫多元话语分析，怎么去进行多元话语分析，进行多元话语分析的技巧、程序如何。但是因为时间问题，这些只能留到以后去细说了。现在只笼统地把我在从事这个课题研究的过程中觉得最核心的一些想法给大家简单地、概括性地介绍一下，使大家明白通过这个课题我在做些什么。

我想主要谈四个问题：什么是多元话语分析，为什么要在社会科学中进行多元话语分析，如何进行多元话语分析，多元话语分析的意义是什么。

······ 一、什么是多元话语分析 ······

"多元话语分析"可以拆分成两个词——"多元"和"话语分析"。"多元"即多元立场、多元视角；"话语分析"是最近几十年西方学术界首先在语言学、常人方法学、传播学和教育学等领域中形成发展起来并扩散到整个社会科学领域的一种新的社会研究方法、研究模式。多元主义和话语分析都不新鲜，都不是我的发明，但把这两个方面整合在一起是我正在尝试去做的工作。

首先给大家讲一讲什么是"话语分析"。不过，又要先解释一下什么是"话语"。"话语"这个词在英文里是 discourse，可以说是讨论、推论、辩论、话语之意，我国香港、台湾的学者译为"论述"（所以他们也把"话语分析"译为"论述分析"），我觉得译为"话语"要好一点。"论述"在汉语中太文绉绉了，"话语"则要通俗得多。现在关于话语分析的书很多，关于"话语"一词的解释很不同。在对这些不同的解释做了研究之后，我觉得有一个解释相对来说比较好一点。这个解释就是：话语就是人们已经实际说出来的东西。广义的"说"有两种形式，一种是声音，一种是书写的符号。凡是已经用声音说出来的、用符号写出来的话或"文本"

就是话语，相当于索绪尔的"言语"。

福柯认为"话语"是根据某些分析标准而被我们确认为属于同一系统的陈述群（a group of statements）。这一陈述群应该具有以下三个特点：

第一，它由一些实际上被说出来的话或者陈述所构成，没有被说出来的不算。

第二，它在结构上是由一群陈述而不是单个陈述所构成的。

第三，它在外延上大于我们一般所说的学科。福柯的《疯癫与文明》这本书就是研究精神病学话语，而不是研究精神病学这个学科的。精神病学话语要超出精神病学学科的范围，作为一个学科，它只是被极少数的精神病学学者所研究，精神病学话语则超出了这个学科学者的范围，政府官员、企业家、民众都会采用这套话语。话语要大于学科。

索绪尔区分了言语与语言。言语就是我们在日常生活中的说话行为，语言是以特定的词汇为原料，按照一定的语法规则可能被建构出来的所有的句子和文本，比如英文、中文。一套语言系统可以产生出来的话语可能是无限多样的。我们说了几千年的中文，现在还在说，而且会永无止境地说下去。但在一套语言系统下最终能够实际被说出来的句子却是相当有限的。这并不仅仅是因为说话的人数和时间有限，更多的是因为人们的说话行为除了受到语法规则约束之外，还受到很多语法之外的其他各种规则的约束和限制。对这样一些规则进行探讨，就是话语分析的主要任务。

因此，所谓的"话语分析"就是要对那些已经实际说出来的东西到底是以一些什么样的方式以及按照什么样的规则被说出和被传播的过程加以分析。索绪尔认为我们研究语言的时候并不需要研究这套语言系统下的人实际说了什么，只需要研究一套语言系统有哪些词法、句法就可以了。只要把一个语言系统借以产生的那些语言规则了解清楚，我们就可以知道人们将会或应该会怎么说话了。在索绪尔那里，语言学就是要研究词法、语法，我们懂了词法、语法，就知道人们将要说什么、应该怎么说以及他们说得标准不标准，没有必要去研究实际的言语行为。话语分析正好相反，话语分析就是要研究已经说出来的话，要探讨它为什么会被说出来、它为什么会以这种方式说出来。语言学研究的是包括已经说出来的和未被说出来的那些话，只要在语法的范围内运用这些词和词组可能说出来的话都是语言学要研究的。话语研究正好相反，它要研究的是为什么在一个语言系统里面，尽管有很多话从语法角度来讲，它应该可以被构造出来，但是为什么到今天为止却没有被构造出来；为什么只有这些话能够被构造出来，并且是以特定的形式说出来。它要研究的是实际上已经说出来的那些话如何被说出来、为什么被说出来。按照福柯的说法，就是已经被说出来的话是怎么被生产、被流通、被分配的，支配着已经被说出来的话以这种方式被说出来的规则是什么，这就是话语分析要做的工作。话语就是指实际上已经被说出来的东西，没有被说出来的不叫话语，也不是话语分析要分析的对象。

我再说一遍：话语是已经被说出来的那些词句，话语分析就是要研究已经被说出来的话是如何被说出来、为什么以这种方式说出来、为什么是在此时此地以这种方式被说出来。比如说一个政府工作报告为什么是在人民大会堂说出来，为什么在别的地方不能被说出来；为什么要以那种格式来说而不是以小说的格式或者我们写论文的格式来说；等等。这里面都是有规矩、有讲究的。话语分析就是要研究已经被说出来的话为什么被说出来、为什么以这种方式来说、为什么要在这种场合说、为什么要在这个地点这个时间来说。它要研究的是实际上已经被说出来的话被说出来的过程和规则是什么。这与语言学的研究是很不相同的。

总之，话语分析不等于传统的语言分析，按照索绪尔提出的言语与语言的两分概念，语言分析的任务就是探寻语言构成的规则和形式，而言语则是语言在实际生活中的使用和具体表现，没有科学分析价值，我们只要懂得语法规则就可以了。因此长期以来语言学家集中探讨的是语言构成的那些规范性形式和规则，即词法、句法，而对语言的实际使用不太重视。话语分析则相反，它是对实际使用中的言语过程加以分析，以探讨实际使用中的言语过程的形式和规则，如实际使用中的话语的类型、话语的结构、话语的策略、话语进行的规则等。在这方面，语言学家做过很多研究，有不少有价值的成果，如格莱斯的合作原则，列文森的会话三原则、话语轮换规则等。哈贝马斯关于沟通的规则也属于话语的规则，他讨论在什么条件下我们的话语能够正常进行并且通过我们的会话得到大家的一些共识。哈贝马斯的沟通行动理论深受话语分析的影响，如果我们不懂话语分析，不懂得语言学家的讨论，就很难真正理解他的那些理论。

支配着话语生产、流通和分配的那些规则和以往的语法学所研究的那些语言规则之间差别非常大。一句话可能很符合语法规则，但是如果它不符合某个特定的环境里面支配着话语生产和流通的那些规则（按照福柯的

说法就是那些话语构型的规则），那么这句话就不会被说出来。比如说
"打倒皇帝"这句话，它完全符合语法规则，但是在中国古代封建专制时
期这句话是不能被说出来的，说出来的人会有灭顶之灾。不能说这句话，
不是因为它是病句，而是因为它不符合当时的话语构成规则，不符合那个
时代支配着话语生产、流通和分配的原则。我们今天有今天的话语规则，
也有一些话是不能说的，尽管它很符合语法规则，但是不能被说出来。有
些话可以在私下说，可以在酒桌上说，可以在教室里说，但是不能在报纸
上说，不能在电视上说，这些都是有规则的。这些都是由话语规则所决定
的。符合语法的东西不一定能够被说出来。可见话语分析与语言分析是完
全不同的两个东西。

　　多元话语分析是从以往的话语分析而来的，因此，要大量吸取语言学
家、常人方法学家所发展起来的话语分析成果。但多元话语分析与以往的
话语分析又是有区别的。以往的话语分析背后往往有这样的理念，即认为
进行话语分析的目的是更好地理解和把握话语的原意和本意。尤其是传统
的语言学家，他们认为之所以要搞话语分析、要超出索绪尔的语言学禁
区，是因为如果我们只去研究语法而不去研究实际生活中使用的语言，我
们就永远不能理解日常生活中人们如何实际说话。因此话语分析的目的是
更好地理解现实生活中人们说话的原意，话语分析只能有一个最符合或最
接近原意或者本意的分析结果。可见，以往的话语分析论者基本上是一元
论的，他们以为通过他们所倡导的话语分析方法就能得到一个最接近说话
者主观意图的结果。他们首先预设话语有一个唯一的本意、原意，通过话
语分析的程序和技巧就能够达到这个本意、原意，所以要进行话语分析。
这样一种话语分析的理念从某种程度上讲还是现代主义的，即认定有一个
最终的真理，这与后现代主义是有一定差别的。多元话语分析就是要把后
现代主义里面一些有价值的思想——多元主义——与话语分析结合起来，
形成一种新的话语分析模式。这种新的话语分析模式就是多元话语分析。
后现代主义也有很多不同流派、解说，对于什么是后现代主义，不同的人
有不同的理解、阐释。我认为，如果说后现代主义对我们还有一定的启发
和参考价值的话，其中最重要的一点就是它所包含的多元主义。这种多元
主义不等于虚无主义。后现代主义思潮里面有大量的虚无主义成分存在，
这种虚无主义是要抛弃掉的。但多元主义是有它的价值的，要把它保留下
来，把它和现代主义里面的东西结合起来，形成一些新的东西、新的视

角、新的立场，就有可能使我们超越现代主义和消极的后现代主义。多元话语分析是多元主义与话语分析的结合，它的基本理念是试图否认话语存在着某种唯一的原意或者本意，试图否认我们能够准确地获得这种原意或本意，认为即使说话者有原意或者本意的话，我们作为阐释者也未必能够准确地把握这一个原意或本意；甚至可以更极端地说，即使某人在说某句话的时候他自己觉得有一个本意或原意，但是到了最后，随着时间的推移，对于他自己当时说这句话的时候想要表达的原意或本意是什么，他自己也未必能够说得清楚，未必有一个永恒不变的回答。多元话语分析认为面对一个话语文本，我们可能形成多种不同的分析结果，对于这些不同的分析结果，我们很难对谁更符合或更接近被分析的话语的本意作出绝对的判断。可以有一个暂时的判断，觉得那个更符合"本意"，但只能是暂时的，因为经过一段时间后，就可能会有一些新的线索，使人可能会觉得之前的理解是不对的，会有新的理解。比如《蒙娜丽莎的微笑》这幅画到底要表达的是什么，到现在都没有最后的定论。我们是否要在其中选择一个答案而排除其他的答案？按照现代主义的理念，我们只能有一个合理的答案可以选择，其他的都是要被排除的。后现代主义则认为每一种答案都有它的特点，都有它的价值，尽管每一种答案也都有它的盲区和褊狭之处。不能说只有一种答案可以选择，而是每一种答案都有它可取的地方。多元话语分析主张，我们应该允许多种分析结果同时存在，不一定非要排斥其他的答案。不是说我们不可以选择，我们可以选择，可以根据各种不同的理由来选择，但只是在多种选择中暂时选择某一个。一定要明白这种选择不是绝对的，而是相对的，同时也一定要对其他的答案保持一种开放的心态。不要以为某个答案就是永恒的。多元话语分析也要作话语分析，但是它尝试使用一种多元的立场，它并不认为自己通过一套程序、方法得到的结果就是唯一的真理，它认为可能存在着其他不同的结果。它与后现代主义有更多的亲和之处。

二、为什么在社会（学）研究中要进行多元话语分析

倡导多元话语分析的一个主要目的是消除以实证主义、古典诠释学和

传统的批判理论为代表的传统的实在论分析模式在社会研究中的影响。实证主义、古典诠释学和传统的批判理论都属于现代主义的分析模式。它们之间尽管有很多差别，但也有一些共同之处，这些共同之处用一个词来概括就是"传统的实在论"。"传统的实在论"包括了五个基本特征。第一，给定实在论。认为作为我们研究对象的各种事物，各种现象都是先于我们、独立于我们的话语系统而存在，不以我们的符号和话语系统为转移的给定性实在。它在我们对它进行研究之前就已经存在，并且不管我们如何研究它，都不会改变自己的存在方式。第二，表现主义。认为科学研究的目的就是要尽量客观、准确、真实地再现独立于我们的话语系统的那些给定性实在。第三，相符真理论。主张判断一项知识或话语是否正确的唯一标准就是看它与我们试图再现的给定性实在是否相符合。符合就接受，不符合就抛弃。第四，本质主义。认为现实是由现象和本质组成的，我们通过主观感觉得到的是事物的表象，在现象的背后有本质。现象是多样的，本质是固定的。现象是由本质规定的，是本质的不同表现。因此，我们对某个给定性实在进行研究的时候，只有把握了在现象背后规定着现象变化的本质才能更好地把握事物。第五，基础主义。认为事物有特殊与普遍两个层面，这两个层面之间存在着一种归纳—演绎性质的逻辑关系：普遍是从特殊中归纳而来，特殊则可以从普遍当中演绎出来，因此只有把握住了具有普遍性这个层面的认知才是最佳的认知。传统的实证主义、诠释学和传统的批判理论虽然存在着各种差别和分歧，但在上述五个方面还是有一致性的。

　　后现代主义者对传统的实在论进行了批评。首先，他们坚持一种可以被称为话语实在论或话语建构论的观点，认为作为我们研究对象的任何实在（包括客观实在和主观实在）都是由特定的符号、话语建构起来的，不是纯粹给定的，所有的实在都是一种话语性的实在。有人可能会认为这种观点是唯心主义，好像说一切东西都是我们的主观实在，一切都是话语，除了主观存在之外没有别的东西。尤其是德里达说过这样一句话："文本之外别无他物。"很多人认为这句话很荒唐，怎么可能文本之外别无他物呢？明明还有一瓶水嘛，明明还有桌子，还有其他实实在在的东西嘛。这种理解是一种过于简单的理解。德里达不可能这么笨，他难道不知道除了他的文本之外还有德里达这个人的存在吗？他肯定知道的。"文本之外别无他物"、"话语之外别无他物"并不是说文本之外没有其他的东西，当然是有的，而是说假如我们人类跟动物一样没有话语，没有符号，那么对我们来讲，我们大脑之外存在的实在就是一片混沌的。或者更加恰当一点说，这些实在至少不是我们今天所看的这个样子。比如拿到一个东西（一瓶矿泉水），我们不会说它是矿泉水，不会说它是塑料瓶，它会叫什么我们不知道，就像我们不知道一只猫、一条狗会怎么看这个东西一样。就我们人类今天所能达到的精确程度来说，它可能是一片混沌，是一个很难以我们今天这种方式来加以精确描述的世界。人类今天所能看到的世界是经过我们的话语系统、符号系统过滤的，正如海德格尔所说的，我们看到的是我们话语里面有的东西，我们话语里面没有的东西我们是看不到的。心理学里面有大量的实验说明这一点。如给你一幅图，你所能看到的是你已经知道的东西，不同的人会看到不同的东西，因为每个人的知识背景都有所不同。人的认识有一个架构，这个认识架构中最重要的东西就是话语，我们是根据我们的话语、符号来给外部世界来命名的。比如在我们汉语的词汇中，颜色有赤橙黄绿青蓝紫，我们关于数字的表达可以从一二三到千万等等。人类学的研究表明有的民族并没有那么多的颜色概念，据说有的民族只有两种颜色——黑和白，他们的颜色分类和我们很不一样；有的民族在计数方面可能只能数到十，超过十的数字他们怎么表达与我们也很不一样。有的民族没有抽象的概念只有具体的概念，比如说他们没有"树"这样的抽象概念，只有这一棵树、那一棵树的概念，他们会像我们给个人命名一样来给每一棵树命名，他们要表达我们所说的"树"这种东西的时候与我们也是不同的。表达方式决定了他们能看到的东西。我们可以看到很多"树"，但一个没有"树"的抽象概念的人是看不到我们所说的这种"树"的，他看到的是这里一个 β，那里一个 γ，他看到的是很多很多各不相同的东西，而不是像我们看到的是很多有共同特征的东西——树，他看到的、感受到的世界与我们是有很大差别的。人类能够感受的、能够思考的、能够言说的那个实在和世界是经过了我们的符号系统和话语系统过滤的，因此也是由我们特定的话语系统所建构的，不再是完全纯粹自然的。纯粹的自然本身究竟是什么样子，我们不知道，它之所以成为现在我们感受和理解中的那个样子，是由我们人类的话语所给予的。人类有很多的民族，不同的民族有不同的话语体系、不同的分类体系。不同的话语借助不同的分类，建构出各种不同的自然。那么，是否不同的话语系统之间完全不能沟通呢？也不是的。我们说的是不同的话语系统之间可能存在很大的差异，并不是说它们之间只有差异，只有不同。它们之间在内涵和外延上是交叉的。有些概念比如"鱼"和"fish"之间有很多差异，但也有大量相同的地方、重叠的地方。因为有重叠，所以就可以沟通，可以翻译；但又因为有差异，所以翻译时可能会有误解。有的人特别强调差异，就认为不可翻译；有的人强调相同，就认为可以完全翻译。其实应该既不是可以完全翻译也不是完全不能翻译的。即便如此，我们还是要看到各种话语之间存在着差异，不同话语体系下的人们所感受到的、所思考的、所表述的那个世界是不同的。外部世界是我们人类通过自己的话语和符号系统去建构起来的，不是纯粹自然的东西，不是某种它本来就存在、我们非如此叫它不可的东西，不是这样的。不是说这矿泉水瓶里面装的就是"水"，我们非叫它"水"不可，不是这样的。我们的祖宗可以不叫它"水"，我们今天放在"水"这个名词之下的这些东西也不是都要用"水"来概括的。我们今天可能把有些叫"水"，另外一些不叫"水"，这都是可以的，完全取决于最初的祖先是如何给它们命名的，以及在后来的传播过程中是如何改变这些言语的意义的，这是话语演变的过程。所以说，不存在某个东西必须要叫某个名称。前些年残联开会讨论什么叫"残疾人"，哪些人是必须叫"残疾人"的。"残疾人"的界定不同，你的研究对象也就不同。那么，有没有一个东西使得我们必须把某些人叫"残疾人"，非这样说不可，"残疾人"必须只能这样定义？有没有这样一种东西存在呢？没有。这完全取决于我们的话语系统、我们的共识。我们觉得怎么界定比较合适，它背后有很多因素在起作用，比如政治的、经济的、文化的因素。刚开始，"残疾人"的定义采纳的是什么样的口径？现在又是什么口径？这个变化的背后的因素是什么？有没有政治的、经济的、文化的因素或者别的什么因素在影响着"残疾人"定义的变化？这本身就是一个问题，显示我们是如何建构外部世界的。在我们中国13亿人中，哪些人属于"残疾人"？我们说中国有5 000万残疾人，这就是关于中国当代社会结构的一个描述。从"正常人"/"残疾人"这样的概念系统，我们划分了两种人，一种人是"正常人"，一种人是"残疾人"。总人口是13亿，其中"残疾人"是5 000万（听众插话说是8 000万）。8 000万，数字有了增加对不对？这个描述完全取决于"残疾人"的定义。"残疾人"的定义是怎么出来的呢？是有某种特定的话语规则在起作用吗？或者它背后有些什么因素在影响、支配着它呢？这就是我们要研究的东西。这是语法学家永远回答不了的。

作为社会结构的社会现实是我们建构的。不仅仅是社会现实，自然现实也是我们的话语系统所建构的。据说九大行星中的冥王星已经被开除出"行星"的行列了。为什么以前是，现在又不是呢？它背后也有一个命名规则的问题，话语规则的问题。

只要实在不是给定的，只要实在可以被理解为通过我们的话语系统而被我们建构起来的，是一种话语性的实在，后面的几点就好理解了。因此，后现代主义的第二个重要观点就是反表象主义。认为一切知识话语都不是对某种给定性实在的再现，而只是人们在特定的话语系统及其规则的约束指引下完成的话语建构。比如，我们对"残疾人"的话语就不是对作为一种什么纯粹自然的、客观实在的"残疾人"的某种再现。不存在某种纯自然的"残疾人"现象，好像只要我们按照某种纯粹客观的程序就能够对它的特征、它们之间的关系客观地表现出来，描述出来。不是这样的。我们的描述、我们对它们的解释，完全取决于我们如何去命名它，如何界定它。我们针对"残疾人"的一切话语都取决于、受制于我们所属的那套关于"残疾人"的话语系统，它不是对某种纯粹自然的事物的一种表现，它只是人们在特定的话语系统及其规则的约束和指引下完成的一种话语建构。

后现代主义的第三个重要观点就是：处于不同话语体系下的人可以对同一"对象"作出完全不同的话语建构，并且，对于这些话语建构之间的真假对错，我们很难作出绝对的判断。不是不可以作判断，是可以作判断的，但是很难说它是绝对的真、绝对的假，绝对的对、绝对的错。比如说按照前几年的"残疾人"定义，我们可以作出一套对当前的中国残疾人现状的描述，也可以提出相应的一套政策分析。可如果按照某个新的"残疾人"定义，我们就又会有一套关于中国当前残疾人的一套新的描述。那么这两套描述之间谁真谁对呢？都真，都对！这取决于你选择哪一套话语，你使用以前的"残疾人"定义还是使用现在的"残疾人"定义。如果你认为前一种"残疾人"的定义更合适，那么就应该按照前面那种口径来做；如果你认为现在的"残疾人"定义更合适，那么就采用现在这种口径。这两套残疾人的定义之间到底谁真谁假呢？这是个很难回答的问题，很难作绝对的判断，因为它们可能是各有合理的部分，也各有不同的局限。最后如何去判断这两个处于不同时期的"残疾人"定义，取决于你所取的价值立场，甚至取决于你的政治立场，取决于所谓"真""假"之外的因素。

因此我们的结果应该是多元的，我们不应该说只有某个结果是真的、某个结果是假的。可以有相对的判断。从我的立场出发，我认为这个好，可能就更倾向于这个定义，根据它所作的描述就是更可取的；如果我是另外的立场，我就会认为要改变，认为这个定义不合适，就要换一种新的理解，认为根据新的定义所作的描述才是可取的。所以我们的判断标准就不再在学术本身而在学术之外。

后现代主义的第四个重要观点就是反本质主义，认为事物不存在什么纯粹给定的、唯一的本质，事物的本质也是由我们的话语系统去建构出来的，因而也是随着话语系统的转变而转变的。现代主义则认为任何一个定义都是在揭示我们所表达的这个对象的本质特点。譬如说什么是残疾人呢？那我们一定是把"残疾人"与"正常人"之间最重要的那个特点区别拿出来作一个定义，这个定义就是"残疾人"的"本质"。而按照后现代主义者的思想，这个所谓的"残疾人"的"本质"也应该是我们依照我们所属的话语系统定义的，不是残疾人本身自然的一种属性。虽然是"残疾人"的一种属性，但是把它界定为"残疾人"最重要的、最本质的一种属性，则是我们自己界定的，不是纯自然的一个结果。不同时代、不同文化的人对什么是"残疾人"最重要的特征会有不同的理解。对"残疾人"的内涵和外延界定不同，对"残疾人"的描述也就不一样，提出的相关问题也会不一样，制定出的相关问题解决方案或对策也就会不一样。所以事物的"本质"也是随话语系统的变化而变化的。

后现代主义的第五个重要观点就是反基础主义，即反对现代主义那种认为在有关事物的特殊性（或者叫地方性）知识和普遍性知识当中后者更具有重要性的观点，认为我们有关事物的那些特殊性或地方性知识话语对于我们了解和理解这些事物其实具有更为重要的作用，从这些特殊性或地方性知识当中归纳出来的普遍性知识不仅不比这些特殊性或地方性知识更具优越性，而且还不如后者有价值，有意义，因为在这种归纳过程中有许多细节性的知识都被抽象掉、过滤掉了，而对我们了解和理解事物具有关键意义的可能正是这些细节性的知识。

这些就是所谓后现代主义者对于传统的实在论所作的一些批评、挑战，他们提出了一套新的观点，这套新的观点就是话语建构论的观点。除了对第五个观点有所保留之外，我认为这套观点总体上看是有一定道理的，传统的实在论者看待事物的观点确实是有点过于简单化。

　　我认为，就社会研究领域而言，后现代主义者对现代主义研究模式所提出的这样一些批评至少包含着以下两层重要启示：

　　第一层重要启示是，使我们意识到话语在社会生活过程当中所具有的建构作用，意识到在社会研究的对象方面应该有一种重要的转换。假如社会实在确实如后现代主义者所指出的那样，不是一种纯粹自然的给定性的存在，而是一种由社会成员在各种话语系统的约束和引导下自觉或不自觉建构起来的话语性"实在"，那么我们在对某种社会现象进行研究时，就不能将这一现象当作一种给定的现实来看待，不能像传统的实在论者那样单纯地去探讨导致这一现象产生、变化的"客观"机制和规律，而是应该把它们当作一种话语的建构物来看待，致力于去揭示相关社会成员在相关话语系统的约束和引导下将其作为某种特定"现实"或"对象"建构出来的机制和过程（包括在这一建构过程当中相关社会成员所采用的话语策略及其实践效应，约束和引导社会成员采用这些策略的话语规则，这些话语规则作用于社会成员的具体机制等）。例如，我们在研究"残疾人"这一现象时，就不能把我们现在所说的"残疾人"当作一个世界上本来就有的，自然存在的，其本质固定不变的，一直在那里等待着我们去发现、了解、研究的对象，而应该意识到就像福柯所讨论的"精神病"人一样，它也只不过是由特定话语建构出来的一个对象，不仅其内涵和外延，而且各种状态（数量、种类、特征、产生和变化的规律等）都是可以随着相关话语（如"残疾人"的定义）的变化而变化的。因此，我们在研究"残疾人"现象时，就不能将我们的研究工作仅仅限于依据特定的"残疾人"定义去对相应范围内的个体或群体的有关状况进行考察，更要去探讨这些"残疾人"作为我们的考察对象是如何被我们所属的相关话语系统建构出来的，探讨我们所属的社会世界中的社会成员在相关话语系统的约束和引导下将这些个体或群体建构为"残疾人"的具体机制、过程和实践效应。不仅对于"残疾人"的研究如此，对于所有社会现象（如"自杀"现象、"阶级"现象、"家庭"现象、"农民工"现象、"吸毒"现象等）的考察也都应当如此。

　　第二层启示是，使我们意识到不仅作为我们研究对象的某一特定社会现实是人们在特定话语系统的约束和引导下建构出来的，而且我们在对这一特定社会现实进行研究时所获得的那些研究结果本身也只是一种话语建构，而非对这种特定社会现实及其话语建构过程的简单再现。

　　首先，社会学家在对任何一项社会现实加以研究时，第一步就是要观察，包括深入观察、问卷调查、访谈、收集相关文献资料等，通过这些观察得到一些关于这一现实的经验资料。这些资料可以分成两类，一类就是你自己亲自观察得到的一些资料；另一类就是你通过问卷调查，访谈以及从新闻报刊或者是别人的日记、书信上获得的材料，这些资料不是亲身观察得来的，是别人告诉你的。但无论是你自己记录下来的亲身经历也好，还是你拿到的他人的访谈记录、问卷、新闻采访、书信、日记也好，都是一些话语。而所有人的话语，包括我们自己的观察记录，都已经是在特定话语系统的约束和引导下面所完成的。这些话语或文本就不是什么纯粹自然的东西了，它已经是你自己在脑子里面既有的（也许有明确的意识，也许没有）话语规则的约束和引导下完成的话语建构。你首先会感觉（看见或听见）这样一些东西，而对另一些同时在场的东西却视而不见；在看到或听到的那些东西里面，你又会感觉哪些该记录，哪些不该记录，哪些是重点，哪些不是重点，哪些可以忽略，哪些不可以忽略。然而，为什么你会看到或听到这些内容，而忽视了另一些内容？为什么这些东西被你记录下来了，那些东西没被你记录下来？这就和你脑子里既有的那些话语系统的影响有关，你不知不觉地就觉得这个东西印象特别深刻，那个东西印象不深刻；这东西比较重要，那东西不太重要。然后你就看见或听见这些内容，其他一些东西就看不见或听不见了；把这些东西记录下来，那些东西就不记录；在被记录下来的那些东西里你认为这个是重点，那个不是重点。你的所有感受和记录都会受这些话语系统的影响。比如我们中国人讲家族主义，讲忠孝，讲仁义礼智信等，儒家的这套话语会对我们的感受、我们的体验、我们的记忆产生深刻的影响，当然也影响到我们对现实所作的记录。因此，当你面对一堆有关某种社会现象的资料时，你就要对它们的话语建构性质有一种明确的意识。过去我们会直接地把自己所记录的东西，还有问卷或访谈得到的材料看作对现实的反映，然后就说现实怎么样怎么样。现在我们要意识到，我们所得到的这一整套资料实际上是在特定话语的引导下搜集而来，是话语建构的产物，所以我们首先应该要关注这一整套资料是通过一些什么样的话语策略被建构出来的，它背后所隐含的话语系统、话语规则是什么，努力去将这套话语系统及其规则发掘出来。

　　其次，作为社会研究人员的我们，在对观察得来的各种资料进行分析、整理、得出结论并最终将研究发现诉诸文字的时候，也不可避免地要受到我们脑海里既有的某些话语系统的约束和指引。因此，我们通过对资料进行分析整理最终所得的结果也只能被看作我们在自己所属的那些话语系统的约束和指引下所完成的一项话语建构，而不能被视为对相关资料的纯粹客观的解读。处于不同话语系统（结构功能主义、社会冲突理论、现象学社会学、符号互动主义、社会交换理论、批判理论、理性选择理论、吉登斯结构化理论、布迪厄实践社会学等）约束和引导下的研究人员，面对同一批观察资料，可能会有不同的感受、解读和取舍，因而也就可能会得出不同的研究结果。

通过上面的分析我们也可以看到，一项所谓的社会"现实"，当它作为一项社会学研究的结果而由社会学家呈现在我们面前时，至少要经历两重甚至多重的话语建构过程。这就是：由最初的一些社会成员在相关话语系统的约束和引导下将这一"现实"在社会世界中建构出来的过程；由某些社会学者在相关话语系统的约束和引导下通过对上述过程进行观察、解读、分析而将这一"现实"作为科学研究成果建构出来的过程。这就是我们为什么不可以将一项社会"现实"简单地视为纯粹自然的给定性实在的主要原因，也是我们为什么要在社会研究中进行话语分析的主要原因。

这就是第二个问题，即为什么要做话语分析，为什么不能单纯地按实证主义，或者诠释学的方式，或者传统批判主义的方式去做一项社会研究。

······ 三、如何进行多元话语分析 ······

第三个问题就是在社会研究中如何进行多元话语分析。这里本来是应该将前人关于话语分析的方法、程序作一个描述，作一个概括，然后说明它们的优点和缺点是什么，但是由于时间问题，这里不准备这样展开。我自己在这方面主要是受福柯等人的影响。下面主要只以对社会现象的研究为例，讲讲如果是我作为社会研究人员采用多元话语分析这种研究模式去对某个时间、空间范围内存在的某种"社会现实"进行研究时，基本环节将是哪些。

　　按照前面的分析，采用多元话语分析模式来对某种"社会现实"进行研究，主要工作就是要去对人们在特定话语系统的约束和引导下将这一"社会现实"建构出来的过程和机制加以考察。这里的工作具体包含以下几个基本环节。

　　首先，是要对该时间、空间范围内的人们以各种话语形式（日常生活中的言论、新闻报道、政府文件、书刊文章、日记、书信、广告、电影、电视节目、音乐、时装、建筑等）来建构某一社会现实（譬如"残疾人"、"靓女"、"农民工"、"吸毒"、"自杀"、"经济增长"等）时所采用的话语策略及其社会效应进行分析。对话语策略的分析又包括以下四个方面的内容。

　　第一是对特定话语形式所采用的对象描述策略加以分析，即分析说话者采用了哪些词语来描述被言说的对象。如果对象是"残疾人"的话，我们用什么词语来描述呢？不是所有的国家在所有的时候都用"残疾人"这个词来描述我们现在所说的"残疾人"。描述我们现在所谓"残疾人"的名称是有很多的，如"残疾人士"、"残障人士"等，哪个词更合适是有讲究的。每一个不同的名词背后都是有一整套理念、一整套价值观念的。它就等于代表了一套不同的关于"残疾人"的话语系统。即使是同样使用"残疾人"这个词汇的话语，其内涵和外延也并非一定相同。所以你首先要看他采用了什么词来描述他的言说对象，分析它属于哪一套关于"残疾人"的话语体系。

　　第二是对特定话语形式采用的陈述模式进行分析，分析说话者采用了哪些陈述模式来陈述他要陈述的内容。陈述模式有很多，有量化的模式，有质性的模式，有表格模式、图像模式、公式模式、模型模式、混合模式等各种各样的模式。不同的话语系统有不同的陈述模式。比如，现代临床医学的陈述模式，它的表达方式是要求尽量客观，尽量准确。如果今天你去做体质的化验，最终会拿到一套化验结果表，这是一套表格式的量化陈述模式。另外的说话者可能就用另外的陈述模式。譬如中医就有中医的一套陈述模式，它和西医的陈述模式之间有很大差别。不同的话语系统陈述模式可能会不一样。

　　第三是对说话者采用的修辞策略进行分析，分析说话者采用了哪些修辞手段（腔调、节奏、省略、重复、语词或句子的先后次序、排比和比喻等手段的运用、对权威话语或相关文献的引用方式等）来进行言说，通过这些修辞手段，分析言说者试图突出或强调的东西是什么。

第四是对说话者的主题构成策略进行分析。分析他用什么方式去强化他的主题。比如，他这个主题是先表达出来，然后分一二三四五提出论据来支持的，还是先提出论据再提出论点？他提出来作为立论基础的那些根据又是什么？为什么这些东西有资格成为他立论的根据，而其他一些东西则不能？在同一个问题上，除了他正在着力加以论证的主题（论点）之外，还有没有其他可能的主题（论点）？如果有，为什么他要将其他可能的主题（论点）加以排除？根据又是什么？等等。

这四个方面就构成了我们说的一个言说者或者一个书写者在言说或书写自己的话语时所采用的一些话语策略。举个例子来讲，你遇到一个所谓的"打工仔"向你讲述他自己的故事，或者得到一份有关"打工仔"的新闻报道、学术论文、日记书信，或者观看一部关于"打工仔"的电视连续剧，或者阅读一份关于"农民工"的政府文件等的时候，千万不要以为这些话语或文本向你展示的那些东西就是纯粹自然、客观的东西。这些文本展示给你的那些内容，本身已经是一种话语建构。这些文本的作者们在创造这些文本时自觉或不自觉地会考虑什么东西应该告诉你，什么东西不应该告诉你，应该重点告诉你什么，不该告诉你什么。因此，你要分析他是用什么样的词语来描述他的言说对象，用什么陈述模式来陈述他的故事，用什么修辞策略来修饰他的言说效果，以及他的言说大概隐隐约约在强化一个什么样的主题，等等。话语分析首先就是要去分析这样一些东西。

完成了话语策略方面的分析之后，紧接着要去分析的就是话语的社会效应，即要去分析：上述有关某一社会现实的那些话语对于社会世界的运行到底起着什么样的效果？这些话语在此时此地的社会生活中到底各自具有什么样的地位和作用？它们是通过一些什么样的具体方式、途径和机制来影响社会生活的？等等。这也是话语分析中比较重要的一个内容。关于这一点，我目前在细节上研究得还不够，还无法给你们讲更多内容。

其次，就是要对这些策略背后的话语系统以及它们的话语规则和作用机制进行分析。刚才是分析各种话语形式所言说的那套话语中采用了什么样的对象建构策略、什么样的陈述策略、什么样的修辞策略以及什么样的主题强调策略。但那些言说者为什么会采用这样一套策略？为什么不采用一些别的策略？这就涉及了言说者们在说话或书写的时候，受其影响最大的一种或几种话语构成或话语构型，或者更通俗一些说，是"话语系统"，以及跟它相连的话语的构成规则是什么。你要去了解一个文本的作者受什么话语系统的影响，他日常处于其下的话语系统是什么。当然这个步骤比较难，但是你必须要做。如果你做不到这一点，你就不能理解他的话为什么是这样说的，他为什么会说这些，你就很可能把他说的当成事实本身，以为事情就是他说的这样，其实不一定是。不是说一定不是，也可能是。但是究竟是不是，我们很难判断，我们一定要了解在背后支配着这个人言语行为的那套话语系统以及相关的话语构成规则。对这套话语系统及其相关规则的了解越多越深入，对这个人言辞的可靠性就会相对了解得越多。

对话语系统以及话语构成规则的分析，也可从四个方面来进行：

第一是话语对象构成的规则。在文本作者所处的话语系统当中，可以言说的主要对象是哪些？这些对象是由哪些人在什么样的时间、空间区域中依据一些什么样的标准界定出来的？将一些事物归入这一对象而将其他一些事物排除在这一对象内涵之外的理据是什么？等等。例如我们前面讲的"残疾人"，它就总是由特定的一些人，在特定的时间和空间情境条件下，依据一些特定的理据，借助于一些特定标准界定或者说"建构"出来的。一套特定的"残疾人"话语，总是会就自己所言说的"残疾人"的界定标准、界定者的标准等做出相对明确的规定。这些规定就是一套特定的有关"残疾人"这一话语对象的构成规则。

第二是陈述构成的规则。即什么人可以在什么情境之下，以什么方式，对什么内容加以陈述。举个例子来说，政府工作报告要由总理在人民大会堂发表，这就是我们的官方政治话语规则。总理的身份以及所处的话语系统决定了他在那个时间、那个场合，以那种方式来说那些内容。他不能在别的时候、别的场合来说这些，也不能在那个时候、那个场合说其他东西，而且也只能以那种方式说，不能以别的方式说，这就是话语构成的规则。我们对调查对象进行访谈的时候面临的情境也是一样。访谈的时候被访者也会对自己被访的身份作一个界定，他也会在想：在此时此刻我的身份是什么？我的角色是什么？我可以说什么，不可以说什么？他在这个时候如何界定自己，以及如何根据对自己角色的界定来决定自己什么可以说什么不可以说，都取决于他自己脑子里面已经有的某一种话语系统。

第三是对修辞构成规则的分析。不同的话语系统有不同的修辞模式。学术话语有学术话语的规则，过去的学术话语跟现在的学术话语规则也不一样，现在的学术话语有自己一整套的规则。比如，一篇学术论文一开始要提出自己的问题，要作文献评估，然后要交代你自己的研究方案，再陈述你的资料来源、研究过程，最后是你的研究结论，这是一整套非常刻板化的八股式的东西。它的陈述也要非常客观。如果你引用谁的话，必须要注释，注释的格式也很有讲究……你违反了这些规则，就不合格，就会拿不到学位。在大学里学习是干什么呢？在大学里面学习的一个重要任务就是要学习如何按学术界的规则去说话。如果你不会按学术界的话语规则去说话，就不能毕业。

第四是主题构成的规则。不同的话语系统可能会有不同的主题构成规则，譬如，在经典马克思主义的话语系统之内，基本的论述主题就是"生产力决定生产关系"（或"生产关系一定要与生产力水平相适应"）、"经济基础决定上层建筑"（或"上层建筑一定要与经济基础相适应"）、"社会存在决定社会意识"（或"社会意识状况一定要与社会存在状况相适应"）、"阶级斗争推动着历史进步"、"社会主义一定要替代资本主义"等。只有这些主题（论点）才是可以选择的主题，凡是与这些主题相对立的主题都应该受到排斥。用来论证这些主题的基本根据则主要包括："历史事实"，马克思、恩格斯和列宁等经典作家的相关论述等。

在分析了话语系统及其相应的话语构成规则之后，我们还要对这些话语构成规则的作用机制进行分析，要去探讨和揭示各个话语系统及其话语构成规则是通过什么途径，以什么方式作用于言说者，使得言说者自觉或不自觉地按照这些规则去言说，去书写。这也当是话语分析的重要环节之一。在社会世界中，不同的话语系统对于行动者可能会有非常不同的作用途径和作用方式。譬如和民间话语系统相比，官方话语系统就可能更多地通过一些正式的、制度化的渠道，以行政运作的方式来对行动者发生作用，而前者则可能只能通过一些非正式的、零散的渠道，以口传一类的初级传播方式来对行动者发生影响。

上面讲的是话语分析的两个基本环节或步骤，第一步比较好做，第二步比较难。难在哪里呢？难在我们不容易通过一些简单的对话去发现其背后的话语规则。发现话语规则的过程大体相当于一个长期学习语言的过程，你得跟某个人有大量的交往，通过他的大量的话语文本，你才能够分析出这个人大概是在什么样的话语体系下说话。就像我们学一门新外语一样，你要学习很多很多的文本后才能渐渐掌握这门语言的规则。比如，你长期学习英文以后才能渐渐了解英国人的说话方式。英文领域的表达方式是先开门见山地表达主题，然后以同心圆的方式渐渐展开。而中国人不一样，中国人的主题构成是八股式的，先有一堆套话，最后才有一个结论。英语世界的人是先把结论给出来，然后再一步一步地展开。罗纳德·斯考伦和苏珊·斯考伦在他们所著的《跨文化交际：话语分析法》一书中举的一个例子很好地说明了这一点。在一次商务会议上，一个来自中国香港的商人对其北美同行说了下面这样一段话："因为现在我们大部分产品在中国生产，唔——现在还不能肯定 1997 年以前政府过渡时期会有什么样的表现；还有，从经费考虑，我认为对于电视广告问题我们得谨慎一些。因此，我建议我们在莱格高公司作出决定以后再做打算。"罗纳德·斯考伦和苏珊·斯考伦指出，如果是由一个西方人来陈述，这段话将会变成以下这个样子："我建议我们在莱格高公司作出决定以后再做打算。这是因为从经费考虑对于电视广告问题我们应该谨慎一些。另外，现在我们大部分产品在中国生产，现在还不能肯定政府在 1997 年前的过渡时期会有什么样的表现。"① 罗纳德·斯考伦和苏珊·斯考伦还用一个例子来说明由于不了解对方的说话规矩所造成的不良后果："王先生和理查德森先生的会谈使理查德森先生很高兴，他在分手时表示要找个时间与王先生共进午餐。王先生欣然应允；几周后他开始怀疑对方毫无诚意，因为理查德森先生在发出邀请后，再没有来约定午餐的具体时间和地点。"② 罗纳德·斯考伦和苏珊·斯考伦指出，正是由于中国人习惯于将最重要的话置于谈话的结尾，而西方人则习惯于将重要事项置于谈话的前面部分，而将一些被认为无关紧要的客套话置于谈话结尾这样一种说话习惯引发了这一误解：中国人王先生不懂西方人的说话规矩，不明白别人讲的是礼貌的话、客气的话，不是真的要请他吃饭，他懂了以后就明白了。如果事先没有人指点的话，他想懂得这些规矩，就要花很多时间和西方人交往，通过很多的实例才会明白。我们理解一个人背后的话语系统也一样，要通过大量的话语—文本分析才能够做到，所以这个工作的确有一定难度。

多元话语分析的第三个重要环节就是要去发掘和展示话语建构的多元

---

① ［美］罗纳德·斯考伦、苏珊·斯考伦：《跨文化交际：话语分析法》，施家炜译，1～2 页，北京，社会科学文献出版社，2001。

② 同上书，5 页。

性。不同的话语系统可能会有不同的话语对象构成规则、不同的陈述构成规则、不同的修辞构成规则、不同的主题构成规则。话语的分类是一个很复杂的东西，可以根据不同的标准进行分类。我们可以根据话语所在的领域分成官方话语和民间话语。官方话语里有政治话语还有别的如外交话语，外交话语有外交的一套辞令，对外的和对内的也不一样。在民间话语里面还有行业话语，比如学术话语是一套话语，商业话语是一套话语。还有公开的话语以及"黑话"之间的区分，还有成人话语和儿童话语等，都是不同的。在学术话语内部又可以按研究对象分为不同话语，如哲学话语、经济学话语、社会学话语、政治学话语、历史学话语等；在学科内部又可以按理论取向来区分出不同的一些话语，如在社会学内部就可以区分出马克思主义话语、功能主义话语、现象学社会学话语、理性选择学派话语等。总之，在现实生活中存在着多种不同的话语系统，它们可能各有自己的一套对象构成规则、陈述构成规则、修辞构成规则和主题构成规则。在不同话语系统的约束和引导下，人们对现实可能会有不同的感受、理解和言说，因而也就会有不同的观念和行为方式。人们如果依照这些不同的观念和行为方式去行动，就可能会产生不同的社会效果。例如，像福柯所说的那样，当我们在精神病学话语的约束和引导下将"疯子"看成和说成一种虽然异于我们却并非在智力或其他能力方面低于我们的个人类型时，我们最多会将"疯子"驱赶到另一个地方居住，而不会将后者当作"病人"隔离、监禁起来加以控制和矫治。或者，像我在讨论"现代化"的那篇文章中所说的那样，当我们在所谓的"英格尔斯现代化指标体系"这套话语系统约束和引导下去看待和言说"现代化"过程时，我们就会去努力地将"人均国民生产总值"、"工业产值在国民市场总值中所占结构"、"人均预期寿命"、"城市化比重"等指标作为实践工作和政策促进的基本方向甚至唯一方向。但当我们将自己置于帕森斯的"现代化"话语系统之下时，我们的实践工作和政策促进的努力方向就都将发生较大的变化。这里面每一种感受、理解和言说及其相应的观念和行为方式都有其自身的特点和优点，当然也都会有自己的局限。你要把它罗列出来说哪一种要比另一种绝对更加正确、更加好，这是很难判断的。所以我主张不作这种绝对的是非优劣判断。我们最好是把不同的话语作比较，看它们的优点是什么、缺点是什么，这样的话我们就明白每一种话语的优点和缺点。在这个情况下，我们的视野就开阔了。因此，话语分析工作应该尽量从多种角度进行，应该尽量将话语建构的多种可能性揭示出来，展现出来，使人们真正意识到社会现象的话语建构性，意识到自己各自原本所在的话语系统的局限性。在实际生活中，可能是多种话语系统中的某一种或几种话语系统占据着主导或优势地位，因而约束和引导着人们朝着与这种（或几种）话语系统相适应的方向去感受、思考、言说和行动。但在多元话语分析中，我们却应该去探讨有无朝着其他方向去感受、思考、言说和行动的可能性，如果我们的感受、思考、言说和行动是在另外一些不同的话语系统的约束和引导下来进行的，那么又会有什么样的一些结果；等等。通过这种多元化的分析，我们得以跨越自身所在话语系统的界限，达到一种对社会现象的多元理解，进而实现各种不同话语之间的相互沟通、和谐共存。

　　具体来说，上述分析工作至少又包括以下相互关联的几个方面。我们在这里简单地提一下，不展开说了。一个方面就是要对互有关联的不同话语系统的基本特征进行分析。所谓互有关联的话语系统，指的是那些话语对象之间在外部特征上存在着一定类似之处的话语系统。例如福柯在《疯癫与文明》一书中提到的现代精神病学话语和之前社会上流行的有关"疯子"的话语，传统医学话语和现代临床医学话语等。互有关联的不同话语系统可能会在话语构成规则（既可能在对象构成规则、陈述构成规则、修辞构成规则和主题构成规则四个方面都有较大差别，也有可能只在其中的某一或某些方面有较大差别。至于它们相互之间的差别到底在何处，有多大差别，这是一个经验的问题，而非一个理论的问题，需要通过具体的经验考察来加以回答）作用机制和社会效应方面存在较大差别。对这些差别进行分析是我们对社会世界的话语建构过程达到多元化理解的基本前提之一。通过这种分析，使我们既分辨出已有的"社会现实"主要是由人们在哪一种（或哪几种）话语系统的约束和引导下建构出来的，又意识到如果这种建构过程是在另外一种（或一些）话语系统的约束和引导下来进行，那么我们又将会有一种什么样的"社会现实"。另一个方面则是要对互有关联的不同话语系统之间的相容性问题进行分析。前一个方面是要对互有关联的不同话语系统之间的相异之处进行分析，以明白它们之间的差别何在。这后一个方面则是相反，是要对互有关联的不同话语系统之间可能存在的相通之处进行分析，以了解它们之间的联系何在。在我已经完成的那些以"自杀"现象为例、以"社会分层"现象为例和以"现代化"现象为例来说明多元话语分析模式的文章中，多次提到，尽管存在着许多不同之处，但许多互有关联的话语系统之间或多或少似乎也还是有着一定的相似或相通之处。那么，这些相似或相通之处到底何在？又到底有多大？基于这些相似或相通之处，我们是否有可能将它们综合成为一种概括程度更高一些的新的话语系统？这些问题也是一些需要靠具体的经验研究才能够加以回答的问题。显然，这两个方面的工作对于我们更好地了解与理解互有关联的不同话语系统之间的区别与联系，更好地理解属于不同话语系统之下的人们的话语行为，都是具有相当大意义的。

　　以上讲的是采用多元话语分析模式去对一项社会现实进行研究时所包含的一些基本环节。其实，它也适合于用来对我们所进行的上述这一社会研究过程本身进行反思性分析。如前所述，我们的社会研究过程本身也不过是我们这些社会研究人员在自身所属的特定话语系统约束和引导下对作为我们研究对象的那一社会现实（实质即特定时间、空间下的人们如何在特定话语系统的约束和引导下将某一社会现实建构出来的过程）进行话语建构的过程。因此，对于这一话语建构过程，我们同样可以采用多元话语分析的方法来加以分析。其具体环节也和上面说的一样，即对研究者在作为研究成果的那些文本中采用的话语策略及其社会效应进行分析，对在这些话语策略背后支配着研究人员话语行为的话语系统及其构成规则、作用机制进行分析，对研究成果的多元可能性进行分析，等等。限于时间，这里不再展开说明。

······ 四、多元话语分析对我们具有什么意义？ ······

　　第四个问题是多元话语分析对我们具有什么意义。对于这个问题，当然也是仁者见仁，智者见智。以我自己的体会，多元话语分析对我们来说至少具有下面这几方面的意义：

　　第一，从社会研究这个方面来讲，它使我们完成了一种社会研究对象方面的转换。现代主义社会学家认为社会研究的对象就是社会现实本身，而按照多元话语分析模式的理解，我们看到所谓的现实"本身"是不存在的，任何一种现实都是社会成员通过特定的符号或话语系统建构起来的，所以我们在对某种社会实在进行研究的时候就要将研究对象从这种实在"本身"转化为对这种"实在"的话语建构过程。因此，当我们拿到一份有关某一社会现象的文本资料时，就不应再把它简单地当作是对客观事实的描述，而是首先要问这套文本资料本身是如何被建构出来的。当然在这里我也要补充一点，有人会说，你这样讲的话我们就不要去或不可能去研究"事实"本身了，只要解释有关那个"事实"的描述性话语是如何产生的就可以了。当然不是这样的。这种针对所谓"事实"本身的分析和研究还是可以做的，只是我们现在要意识到这些所谓的"事实"以及对于这些"事实"的描述和分析都只是在特定的话语系统下才是有效的，离开了这个特定的话语系统它就无效了。那种直接对"现实"进行描述和分析的研究是可以做的，那是另一个层次的研究。这是第一点，它让我们明白在社会研究对象方面所发生的一个重大转换。

第二，它使我们了解到对于任何一种既定的"社会现实"，其产生和变化的路径、方向甚至方式等其实都不是由某种唯一的、必然的"客观规律"所决定的，而是存在着多种可能性；对任何一个社会问题的回答或解决方案都不会是唯一的，而是存在多种可能性。对处于不同话语系统约束和引导下的人们来说，会有不同的社会历史"规律"。这些不同的社会历史"规律"可能会具有大体相同的"真实性"和"客观性"，我们很难对它们做出绝对的取舍。在"同一个"社会历史情境条件下，处于不同话语系统下的人们，对于自身所处的社会历史情境可能会有不同的感受、理解和言说，因而也就可能会提出不同的问题，制定出一些不同的实践方略或行动方案，从而可能将社会实践导向不同的方向，建构出不同的社会现实。这正是造成人类文化和社会类型多样化的重要根源之一，也是人类文化和社会类型的多样化状态将长期存在的重要根源之一。

第三点是从前面两点引申出来的，就是启发我们要以多元主义而不是一元主义的观点看待这个世界。因为世界本身到底是什么样的，今天的人类也无法确切地加以言说。我们只要开口去说，甚至只要睁眼去看，我们所看到的东西、所感受到的东西就已经是我们自己所属的那个话语系统约束我们、引导我们去看或感的东西，已经不是纯自然的东西。所以世界不是我们睁眼一看就看到的那些东西。如果我们能够了解更多的话语系统，那么看到的世界一定是很不一样、千姿百态的。至少我们应该在理论上知道，世界是多元化的。所以我们要学会以多元主义而不是一元主义的观点看世界，世界不仅仅是我们在现有的话语系统之下所看到的这个样子，它一定是有些别的样子。这就是我所说的多元话语分析的两个方面：一方面，它是话语实在论，强调所有的实在都是由话语建构起来的，所以我们要清楚，对世界（包括社会世界）所作的任何描述都只是在特定的话语体系下才有效，离开这个话语体系就是无效的；另一方面，它又是多元主义的，强调不同的话语体系对世界会有不同的描述，这些不同的描述各有自己的价值，所以我们感受、观察、言说世界的视角就应该是多元主义的。既是话语建构论的又是多元主义的，这就是多元话语分析的基本理念。它就是想在这样一套理念下去探求一种观察社会、描述社会、研究社会、分析社会的社会研究模式。对这种分析模式的基本特征加以描述，就是我在前面说的几篇文章中所做的工作；对这种分析模式的细节加以描述、说明并尝试加以应用，是我下一步准备去做的工作。我希望大家能够一起来做这个方面的工作，一起来努力使社会研究中的多元话语分析模式逐渐变得成熟起来，使它能够为更多的人所接受、所采用，为中国的社会研究做出自己的贡献。

参考文献

Agger B.. "Derrida for Sociology? A Comment on Fuchs and Ward". in *American Sociological Review*, 1994, (Vol. 59)

Aminzade, R.. *Class, Politics, and Early Industrial Capitalim: A study of Mid-Nineteenth Century Toulouse, France.* State University of New York Press, 1981

Aminzade, R.. *Ballots and Barricades: Class Formation and Republican Plitics in France, 1830—1871.* Princeton University Press, 1993

Bauman, Z.. "Is there a Postmodern sociology?", in S. Seidman, *The Postmodern Turn: New Perspectives on Social Theory.* Combridge University Press, 1994

Bauman, Z.. *Intimations of Postmodernity.* Routledge, 1993

Bertens, H.. *The Idea of the Postmodern: A History.* Routledge, 1995

Berlanstein R. (ed.). *Rethinking Labor Histo-*

ry. University of Illinois Press，1993

Blumer，H.. "The Methodological Position of Symbolic Interaction-ism". In：*Symbolic Interactionism Perspective and Method*. Berkeley：University of California Press，1969

Boyne，R.. *Foucault and Derrida：The Other Side of Reason*. London：Unwin Hyman，1990

Brown，R.. "Rhetoric，Textuality，and the Postmodern turn in Sociological Theory". in：S. Seidman. *The Postmodern Turn：New Perspectives on Social Theory*. Combridge University Press，1994

Butler，J.. "Contingent Foundations：Feminism and the Question of 'Postmodernism'". in：S. Seidman. *The Postmodern Turn：New Perspectives on Social Theory*. Combridge University Press，1994

Cahoone，L.（ed.）.*From Modernism to Postmodernism*. Blackwell，1996

Charles，J..*The Language of Post-modern Architecture*. Rizzoli，1977

Deleuze，G..& Guattari，F.，*A Thousand Plateaus：Capitalism and Schizophrenia*. University of Minnesota Press，1987

Derrida，J..*Of Grammatology*. Translated by G. C. Spivak. The Johns Hopkins University Press，1976

Derrida，J..*Writing and Difference*. University of Chicago Press，1978

Dickens R. and Fontana A.（ed.）.*Postmoderniam and Social Inquiry*. The Guilford Press，1994

Dijk，V. A.（ed.）.*Handbook of Discourse Analysis*，Vol. IV，*Discourse Analysis in Society*. Academic Press，1985

Dijk，V. A..*News as Discourse*. Erlbaum，1988

Douglas，J. D.. "The Sociological Analysis of Social Meaning of Suicide". in：A. Giddens（ed.）.*The Sociology of Suicide：A Selection of Readings*. Frank CASS & Co. Ltd.，1971

Dreyfus，H. and Rabinow，P..*Michel Foucault：Beyond Structuralism and Hermeneutics*. Harvester Press，1983

Fairclough N. . *Discourse and Social Change*. Polity Press，1992

Fairclough N. . *Critical Discourse Analysis： The critical study of language*. Longman，1995

Fairclough N. . *Analysing Discourse： Textual Analysis for Social Research*. Routledge，2003

Brown，G. . *Discourse analysis*. Cambridge University Press，1983

Foucault，M. . *The Archaeology of Knowledge*. Pantheon Books，1972

Foucault，M. . "The discourse on Language". in： *The Archaeology of Knowledge*. Pantheon Books，1972

Foucault，M. . *Power / Knowledge： Selected Interviews and Other Writings 1972—1977*. Edited by Colin Gordon. Pantheon Books，1980

Fuchs S. and Ward S. . "What is Deconstruction，and Where and When dose it Take Place? Making Facts in Science，Building Cases in Law". in： *American Sociological Review*. 1994，Vol. 59

Giddens，A. （ed. ）. *The Sociology of Suicide： A Selection of Readings*. Frank CASS & Co. Ltd. ，1971

Hanagan，M. . *Nascent Ptoletarians： Class Formation in Post-Revolutionary France*. Basil Blackwell，1989

Henderson，W. ，Dudley-Evans T. and Backhouse，R. （ed. ）. *Economics and Language*. Routledge，1993

Hodgson，D. E. . *Discourse，Discipline and the Subject*. Ashgate，2000

Hollinger，R. . *Postmodernism and Social Sciences： A Thematic Approach*. Sage，1994

Katznelson，I. & Zolberg，A. （ed. ）. *Working-Class Formation： Nineteenth-Century Patterns in Western Europe and the United States*. Princeton University Press，1986

Kellner，D. . " Postmodernism as Social Theory： some challenges and problems". in： *Theory，Culture & Society*. 1988，No. 5

Lacan，J. . *Ecrits： A Selection*. Tran. by Sheredan，A. . W. W. Norton & Company，Inc. ，1977

Lash，S. （ed.）.*Post-Structuralist and Post-Modernist Sociology*. Edward Elgar Publishing Limited，1991

Lee，D.，Turner，B. （ed.）.*Conflicts about Class：Debating Inequality in Late Industrialism*. Longman Group Limited，1996

Lemert，C.. "Post-structuralism and Sociology".in：S. Seidman. *The Postmodern Turn：New Perspectives on Social Theory*. Combridge University Press，1994

Lemert，C..*Postmodernism is not What you Think*. Paradigm Publishers，2005

Lyotard，J..*The Postmodern Condition：AReport on Knowledge*. University of Minnesota Press，1984

Kellner，D.. "Postmoderism as Social theory：Some Challlenges and Problems". *Theory, Culture and Society*. 1988，5：239 - 269

O'Neill，J.. *The Poverty of Postmodernism*. Routledge，1995

Owen，D. （ed.）. *Sociology after Postmodernism*. Sage，1997

Parsons，T.. "A Revised Analytical Approach to the Theory of Social Strtification".in：*Essays in Sociological Theory*. The Free Press，1954

Parsons，T.. "A Analytical Approach to the Theory of Social Strtification".in：*Essays in Sociological Theory*. The Free Press，1954

Parsons，T.. "Social Classes and Class Conflict in the Light of Recent Sociological Theory".in：*Essays in Sociological Theory*. The Free Press，1954

Parsons，T..*The Evolution of Societies*. edited by Toby，J.. New Jersey：Prentice-Hall，1977

Ritzer，G..*Postmodern Social Theory*. The McGraw -Hill Companies，Inc.，1997

Samuels W.J. （ed.）.*Economics As Discourse*. Kluwer Academic Publishers，1990

Seidman，S.. "The end of Sociological Theory".in：*The Postmodern Turn：New Perspectives on Social Theory*. Combridge University Press，1994

Seidman，S. and Wagner，D.（ed.）．*Postmodernism and Social Theory*．Basil Blackwell，1992

Steven，B. and Kellner，D.．*Postmodern Theory*：*Critical Interrogations*．The Guilford Press，1991

Toolan，M.（ed.）．*Critical Discourse Analysis*．Routledge，2002

〔法〕阿隆．阶级斗争：工业社会新讲．周以光译．南京：译林出版社，2003

艾思奇主编．辩证唯物主义　历史唯物主义．北京：人民出版社，1962

〔美〕艾利克森．后现代主义的承诺与危险．叶丽贤，苏欲晓译．北京：北京大学出版社，2006

〔法〕巴特．S/Z．屠友祥译．上海：上海人民出版社，2000

〔英〕巴恩斯，布鲁尔，亨利．科学知识：一种社会学的分析．邢冬梅，蔡仲译．南京：南京大学出版社，2004

〔美〕Berkhofer. F.．超越伟大故事：作为文本和话语的历史．邢立军译．北京：北京师范大学出版社，2008

〔英〕鲍曼．后现代伦理学．张成岗译，南京：江苏人民出版社，2003

〔英〕波特，韦斯雷尔．话语和社会心理学．肖文明等译．北京：中国人民大学出版社，2006

〔俄〕布哈林．历史唯物主义理论．北京：人民出版社，1983

〔美〕布莱克编．比较现代化．杨豫，陈祖洲译．上海：上海译文出版社，1996

〔美〕布鲁默．论符号互动论的方法论．霍桂桓译，见：苏国勋，刘小枫主编．二十世纪西方社会理论文选（Ⅱ）：社会理论的诸理论．上海：三联书店、华东师范大学出版社，2005

陈剑，夏沁芳．北京离现代化有多远．北京：北京出版社，2003

陈向明．质的研究方法与社会科学研究．北京：教育科学出版社，2000

成伯清．走出现代性：当代西方社会学理论的重新定向．北京：社会科学文献出版社，2006

〔美〕Carbtree B. F. and Miller W. L.．最新质性方法与研究．黄惠雯等译，台北，韦伯文化国际出版有限公司，2003

〔美〕戴维·波普诺.社会学．刘云德，王戈译．沈阳：辽宁人民出版

社，1988

　　［法］德里达．论文字学．汪堂家译．上海：上海译文出版社，1999

　　［法］德里达．声音和现象．杜小真译．北京：商务印书馆，2001

　　［法］德里达，胡塞尔《几何学的起源》引论．方向红译．南京：南京大学出版社，2004

　　［法］德里达．书写与差异．张宁译．北京：三联书店，2001

　　［荷］戴伊克．话语、心理、社会．施旭，冯冰编译．北京：中华书局，1993

　　［荷］迪克．话语分析——一门新的交叉学科．徐赳赳译．国外语言学．1990年第2期

　　［荷］迪克．话语、心理和社会．施蓄等编译．北京：中华书局，1993

　　［荷］迪克．作为话语的新闻．曾庆香译．北京：华夏出版社，2003

　　［法］多斯．从结构到解构：法国20世纪思想主潮．季广茂译．北京：中央编译出版社，2005

　　［美］费也阿本德．反对方法．周昌忠译．上海：上海译文出版社，1992

　　［英］费尔克拉夫．话语与社会变迁．殷晓蓉译．北京：华夏出版社，2003

　　［荷］佛克马、伯斯顿编．走向后现代主义．王宁等译．北京：北京大学出版社，1991

　　［美］福克斯、米勒．后现代公共行政——话语指向．楚艳红等译．北京：中国人民大学出版社，2002

　　［法］福柯．疯癫与文明．刘北成、杨远婴译．北京：生活·读书·新知三联书店，1999

　　［法］福柯．临床医学的诞生．刘絮恺译．台北：时报出版公司，1944

　　［法］福柯．权力的眼睛：福柯访谈录．严锋译．上海：上海人民出版社，1997

　　［法］福柯．规训与惩罚．刘北成等译．北京：三联书店，1999

　　［法］福柯．性经验史．佘碧平译．上海：上海人民出版社，2000

　　［法］福柯．词与物——人文科学考古学．莫伟民译，上海：三联书

店，2001

杜小真编．福柯集.上海：上海远东出版社，1998

[法] 福柯．知识考古学．谢强，马月译．北京：三联书店，1998

[德] 加达默尔．真理与方法．洪汉鼎译．上海：上海译文出版社，1992

高宣扬．后现代论．北京：中国人民大学出版社，2005

高一虹．语言文化差异的认识与超越．北京：外语教学与研究出版社，2000

[美] 格伦斯基编．社会分层．北京：华夏出版社，2005

[美] 古德曼．构造世界的多种方式．姬志闯译，上海：上海译文出版社，2008

[英] 哈拉兰博斯．社会学基础：观点、方法、学说．孟还等译，上海：上海社会科学出版社，1986

[美] 哈山．后现代的转向．刘象愚译．台北：时报文化出版公司，1993

[德] 胡塞尔．生活世界现象学.倪梁康，张廷国译．上海：上海译文出版社，2002

[德] 胡塞尔．欧洲科学危机和超验现象学．张庆熊译．上海：上海译文出版社，1988

胡幼慧主编．质性研究：理论、方法及本土女性研究实例．台北：巨流图书公司，1996

胡壮麟．理论文体学．北京：外语教学与研究出版社，2000

胡春阳．话语分析：传播研究的新路径．上海：上海世纪出版集团，2007

[美] 怀特．后现代历史叙事学．陈永国，张万娟译．北京：社会科学出版社，2003

[美] 吉尔兹．地方性知识．王海龙、张家瑄译．北京：中央编译出版社，2000

[韩] 具海根．韩国工人：阶级形成的文化与政治．梁光严，张静译．北京：社会科学文献出版社，2004

[美] 卡勒．论解构．陆扬译．北京：中国社会科学出版社，1998

[美] 柯文．历史三调：作为事件、经历和神话的义和团．杜继东译.

南京：江苏人民出版社，2000

[美] 库恩．科学革命的结构．金吾伦，胡新和译．北京：北京大学出版社，2003

[美] 肯迪斯，方坦纳编．后现代主义与社会研究．周晓亮，杨深，程志民译．重庆：重庆出版社，2006

[法] 拉康．拉康文集．褚孝泉译．上海：三联书店，2001

[美] 赖特．阶级．刘磊，吕梁山译．北京：高等教育出版社，2006

[美] 赖特．后工业社会中的阶级．陈心想等译．沈阳：辽宁教育出版社，2004

[美] 伦斯基．权力与特权：社会分层的理论．关信平等译．杭州：浙江人民出版社，1988

[苏联] 列宁．伟大的创举．列宁选集．第 4 卷．北京：人民出版社，1995

[法] 利奥塔．后现代状况．车槿山译．北京：三联书店，1997

李强．当代中国社会分层与流动．北京：中国经济出版社，1993

李培林，李强，孙立平等．中国社会分层．北京：社会科学文献出版社，2004

李培林，张翼，赵延东，梁栋．社会冲突与阶级意识：当代中国社会矛盾问题研究．北京：社会科学文献出版社，2005

李春玲．断裂与碎片：当代中国社会阶层分化实证研究．北京：社会科学文献出版社，2005

李悦娥，范宏雅．话语分析．上海，上海外语教育出版社，2002

刘禾．跨语际实践——文学，民族文化与被译介的现代性．宋伟杰等译．北京：三联书店，2002

刘虹．会话结构分析．北京：北京大学出版社，2004

陆扬．后现代性的文本阐释：福柯与德里达．上海：三联书店，2000

陆学艺主编．当代中国社会阶层研究报告．北京：社会科学文献出版社，2002

罗荣渠．现代化新论．北京：北京大学出版社，1993

[美] 罗蒂．哲学与自然之镜．李幼蒸译．北京：三联书店，1987

[美] 罗蒂．后哲学文化．黄勇编译．上海：上海译文出版社，1992

[美] 罗斯诺．后现代主义与社会科学．张国清译．上海：上海译文

出版社，1998

　　梁漱溟．乡村建设理论．上海：上海世纪出版集团，2006

　　马克思恩格斯选集．北京：人民出版社，1995

　　〔德〕马克思．资本论．北京：人民出版社，2003

　　〔英〕马尔凯．词语与世界：社会学分析形式的探索．李永梅译．北京：商务印书馆，2007

　　毛泽东．毛泽东选集．2 版．北京：人民出版社，1991

　　〔美〕麦克洛斯基等．社会科学的措词．许宝强等译．北京：三联书店；牛津：牛津大学出版社，2000

　　〔美〕迈克洛斯基．经济学的花言巧语．石磊译．北京：经济科学出版社，2000

　　〔澳〕McCullagh，B.．历史的逻辑：把后现代主义引入视域．张秀琴译．北京：北京师范大学出版社，2008

　　〔美〕帕森斯．社会行动的结构．张明德等译．南京：译林出版社，2003

　　〔法〕乔治·米诺瓦．自杀的历史．李佶、林泉喜译．北京：经济日报出版社，2003

　　〔美〕瑞泽尔．后现代社会理论．谢立中等译．北京：华夏出版社，2003

　　〔美〕塞德曼．有争议的知识：后现代时代的社会理论．刘北成等译．北京：中国人民大学出版社，2002

　　〔美〕塞尔．社会实在的建构．李步楼译．上海：上海世纪出版集团，2008

　　〔奥〕塞蒂纳．制造知识：建构主义与科学的与境性．王善博等译．北京：东方出版社，2001

　　〔苏联〕斯大林．斯大林选集．北京：人民出版社，1980

　　〔英〕斯特罗克．结构主义以来．渠东，李康，李猛译．沈阳：辽宁教育出版社；牛津：牛津大学出版社，1998

　　苏联科学院哲学研究所．马克思主义哲学原理．沈阳：辽宁人民出版社，1959

　　孙立平．社会的现代化．北京：北京大学社会学系内部打印稿，1986

　　王汉生，杨善华主编．农村基层政权运行与村民自治．北京：中国社

会科学出版社，2001

　　孙立平．迈向对市场转型实践过程的分析．见：现代化与社会转型．北京：北京大学出版社，2005

　　［美］Strauss A. and Corbin J.．质性研究概论．徐宗国译．台北：巨流图书公司，1997

　　［瑞士］索绪尔．普通语言学教程．高名凯译．北京：商务印书馆，1996

　　索振宇．语用学教程．北京：北京大学出版社，2000

　　［加］泰勒．现代性之隐忧．程炼译．北京：中央编译出版社，2001

　　谭学纯，朱玲．广义修辞学．合肥：安徽教育出版社，2008

　　［英］汤普森．英国工人阶级的形成．钱乘旦等译．南京：译林出版社，2001

　　［英］特纳编．社会理论指南．李康译．上海：上海人民出版社，2003

　　［法］涂尔干．社会学研究方法论．胡伟译．北京：华夏出版社，1988

　　［法］涂尔干．自杀论．钟旭辉等译．杭州：浙江人民出版社，1989

　　［英］谢里登．求真意志：福柯的心路历程．尚志英，许林译．上海：上海人民出版社，1997

　　谢立中，孙立平主编．二十世纪西方现代化理论文选．上海：三联书店，2002

　　谢立中．如何看待社会发展指标的综合评估．光明日报，2001－08－02

　　谢立中．关于所谓“英克尔斯现代化指标体系”的几点讨论．江苏行政学院学报，2003（3）

　　谢立中．社会理论：反思与重构．北京：北京大学出版社，2006

　　辛斌．批评语言学：理论与应用．上海：外语教育出版社，2005

　　徐赳赳．话语分析20年．外语教学与研究，1995（1）

　　许宝强，袁伟选编．语言与翻译的政治．北京：中央编译出版社，2001

　　叶启政．进出“结构—行动”的困境——与当代西方社会学理论论述对话．台北：三民书局，2004

　　杨继绳．中国当代社会各阶层分析．兰州：甘肃人民出版社，2006

杨大春.文本的世界.北京:中国社会科学出版社,1998

姚大志.现代之后——20世纪晚期西方哲学.北京:东方出版社,2000

[英]伊格尔顿.后现代主义的幻象.华明译.北京:商务印书馆,2000

[美]伊格尔斯.二十世纪的历史学:从科学的客观性到后现代的挑战.何兆武译.济南:山东大学出版社,2006

[德]韦伯.社会学的基本概念.顾忠华译.台北:远流出版事业股份有限公司,1993

[德]韦伯.经济与社会.林荣远译.北京:商务印书馆,1997

[德]韦尔策编.社会记忆:历史、回忆、传承.季斌等译.北京:北京大学出版社,2007

王岳川.后现代主义文化研究.北京:北京大学出版社,1992

汪民安.罗兰•巴特.长沙:湖南教育出版社,1999

汪民安.福柯的界限.北京:中国社会科学出版社,2002

汪民安、陈永国、马海良主编.后现代性的哲学话语——从福柯到赛义德.杭州:浙江人民出版社,2000

[美]詹明信.晚期资本主义的文化逻辑.张旭东编.北京:三联书店,1997

张国清.中心与边缘.北京:中国社会科学出版社,1998

张汝伦.意义的探究——当代西方释义学.沈阳:辽宁人民出版社,1987

张志林,陈少明.反本质主义与知识问题.广州:广东人民出版社,1995

张静.基层政权:乡村制度诸问题.杭州:浙江人民出版社,2000

张绍杰.语言符号任意性研究——索绪尔语言哲学思想探索.上海:外语教育出版社,2004

章启群.伽达默尔传.石家庄:河北人民出版社,1998

赵光武,李澄,赵家祥.历史唯物主义原理.北京:北京大学出版社,1982

中国科学院可持续发展研究组.2001中国可持续发展战略报告.北京:科学出版社,2001

中国现代化报告课题组.中国现代化报告2001.北京：北京大学出版社，2001

周晓虹主编.全球中产阶级报告.北京：社会科学文献出版社，2005

周晓虹主编.中国中产阶级调查.北京：社会科学文献出版社，2005

朱伟志.社会学在当代面临的挑战.社会理论学报.2006（1）

朱庆芳，吴寒光.社会指标体系.北京：中国社会科学出版社，2001

图书在版编目（CIP）数据

走向多元话语分析：后现代思潮的社会学意涵/谢立中著.
北京：中国人民大学出版社，2009
（国家社会科学基金"十五"规划资助项目；社会学前沿论丛）
ISBN 978-7-300-11010-3

Ⅰ．走…
Ⅱ．谢…
Ⅲ．社会学-研究
Ⅳ．C91

中国版本图书馆 CIP 数据核字（2009）第 129170 号

国家社会科学基金"十五"规划资助项目
社会学前沿论丛
走向多元话语分析
后现代思潮的社会学意涵
谢立中　著

出版发行	中国人民大学出版社			
社　　址	北京中关村大街 31 号		邮政编码	100080
电　　话	010 - 62511242（总编室）		010 - 62511398（质管部）	
	010 - 82501766（邮购部）		010 - 62514148（门市部）	
	010 - 62515195（发行公司）		010 - 62515275（盗版举报）	
网　　址	http://www.crup.com.cn			
	http://www.ttrnet.com（人大教研网）			
经　　销	新华书店			
印　　刷	北京山润国际印务有限公司			
规　　格	170 mm×240 mm　16 开本		版　次	2009 年 9 月第 1 版
印　　张	20.25 插页 2		印　次	2009 年 9 月第 1 次印刷
字　　数	326 000		定　价	39.80 元